Springer-Lehrbuch

Springer-Verlag Berlin Heidelberg GmbH

Oskar Gans · Rainer Marggraf

Kosten-Nutzen-Analyse und ökonomische Politikbewertung 1

Wohlfahrtsmessung und betriebswirtschaftliche Investitionskriterien

Mit 60 Abbildungen
und 5 Tabellen

 Springer

Prof. Dr. Oskar Gans
Ruprecht-Karls-Universität Heidelberg
Wirtschaftswissenschaftliche Fakultät
Lehrstuhl für internationale Wirtschafts- und Entwicklungspolitik
Im Neuenheimer Feld 330
D-69120 Heidelberg
Tel. +(49) 6221-548919
Fax +(49) 6221-548819
e-Mail: Oskar.Gans@urz.uni-heidelberg.de

Prof. Dr. Rainer Marggraf
Georg-August-Universität Göttingen
Fakultät für Agrarwissenschaften
Arbeitsbereich Umwelt- und Ressourcenökonomik
Platz der Göttinger Sieben 5
D-37073 Göttingen
Tel. +(49) 551-394829
Fax +(49) 551-394812
e-Mail: rmarggr@gwdg.de

Redaktion:
Ulrike Frese
Forschungsstelle für Internationale Agrar-
und Wirtschaftsentwicklung eV (FIA)
Ringstr. 19, D-69115 Heidelberg
Tel. +(49) 6221-183056
Fax +(49) 6221-167482
e-Mail: FIA@urz.uni-heidelberg.de
http://www.rzuser.uni-heidelberg.de/~108

ISBN 978-3-540-63506-2   ISBN 978-3-642-58279-0 (eBook)
DOI 10.1007/978-3-642-58279-0

Die Deutsche Bibliothek - CIP-Einheitsaufnahme
Gans, Oskar: Kosten-Nutzen-Analyse und ökonomische Politikbewertung: Wohl-
fahrtsmessung und betriebswirtschaftliche Investitionskriterien / Oskar Gans; Rainer
Marggraf. - Berlin; Heidelberg; New York; Barcelona; Budapest; Hongkong; London;
Mailand; Paris; Santa Clara; Singapur; Tokio: Springer
 (Springer-Lehrbuch)
 Bd. 1 (1997)

Dieses Werk ist urheberrechtlich geschützt. Die dadurch begründeten Rechte, insbesondere die der Übersetzung, des Nachdrucks, des Vortrags, der Entnahme von Abbildungen und Tabellen, der Funksendung, der Mikroverfilmung oder der Vervielfältigung auf
anderen Wegen und der Speicherung in Datenverarbeitungsanlagen, bleiben, auch bei
nur auszugsweiser Verwertung, vorbehalten. Eine Vervielfältigung dieses Werkes oder
von Teilen dieses Werkes ist auch im Einzelfall nur in den Grenzen der gesetzlichen Be-
stimmungen des Urheberrechtsgesetzes der Bundesrepublik Deutschland vom 9. September 1965 in der jeweils geltenden Fassung zulässig. Sie ist grundsätzlich vergütungs-
pflichtig. Zuwiderhandlungen unterliegen den Strafbestimmungen des Urheberrechtsgesetzes.

© Springer-Verlag Berlin Heidelberg 1997
Originally published by Springer-Verlag Berlin Heidelberg New York in 1997

Die Wiedergabe von Gebrauchsnamen, Handelsnamen, Warenbezeichnungen usw. in diesem Werk berechtigt auch ohne besondere Kennzeichnung nicht zu der Annahme, daß
solche Namen im Sinne der Warenzeichen- und Markenschutz-Gesetzgebung als frei zu
betrachten wären und daher von jedermann benutzt werden dürften.

SPIN 10645226   42/2202-5 4 3 2 1 0 - Gedruckt auf säurefreiem Papier

Vorwort

Das Gesamtwerk über "Kosten-Nutzen-Analyse und ökonomische Politikbewertung", dessen 1. Band hiermit vorliegt, entstand im Laufe der letzten fünfzehn Jahre durch Rückgriff auf eine Vielzahl von Vorarbeiten aus *Lehre*, *Forschung* und wirtschaftspolitischer *Beratung*. Bei der Entwicklung des Grundgerüsts standen Bedürfnisse der akademischen *Lehre* im Vordergrund. Hieraus ergaben sich je nach fachlicher Ausrichtung spezifische Anforderungen; dies erklärt unter anderem den Umfang des Buches. Tatsächlich wurden von den Autoren Teilmanuskripte in Vorlesungen, Übungen und Seminaren verschiedener Fächer bzw. Fachbereiche der Universitäten Heidelberg, Göttingen, Hamburg und Bonn eingesetzt und in Kooperation mit Studierenden und Mitarbeitern weiterentwickelt. Trotz unterschiedlicher fachlicher Schwerpunktsetzungen wurde jedoch stets dem Grundsatz gefolgt, wonach anwendungsbezogene Konzepte der "Praxis" nicht von ihren theoretischen Grundlagen getrennt werden dürfen.

In das Buch sind Ergebnisse eines *Forschungs*programms des Südasieninstituts der Universität Heidelberg eingeflossen ("Methodische Ansätze zur Analyse der Wirtschaftspolitik in Ländern Süd- und Südostasiens"), auf dessen zugehörige Arbeiten jeweils an geeigneter Stelle verwiesen wird (u.a. OBERLÄNDER 1985, MARGGRAF 1985, KRAMER 1988, KLÜMPER 1990, GANS 1990, WIEBELT 1996). Die sich aus der Berücksichtigung spezifischer Strukturmerkmale von Entwicklungs- und Schwellenländern ergebende Akzentuierung schränkt aber an keiner Stelle die Allgemeingültigkeit der Bewertungskonzepte ein. Andererseits orientieren sich die Autoren bei der Darstellung der theoretischen Grundlagen (Teil I) an einem breiten philosophisch-wirtschaftstheoretischen Rahmen[1].

Im Bereich der wirtschaftspolitischen *Beratung* konnten sich die Autoren vor allem auf das "Handbuch der volkswirtschaftlichen Beratung"[2] stützen, das federführend von der Forschungsstelle für Internationale Agrar- und Wirtschaftsentwicklung eV (Heidelberg) in Zusammenarbeit mit der Deutschen Gesellschaft für Technische Zusammenarbeit mbH (Eschborn) entwickelt wurde und von seiner Zielsetzung her eine Brücke von der Wissenschaft zur Beratungspraxis schlagen soll. Beide Autoren haben umfangreiche Beiträge in das Handbuch eingebracht. Allerdings sei darauf hingewiesen, daß sich die

---

[1] Siehe hierzu MARGGRAF, R. (1991) : Ist die Kritik an der Wirtschaftsökonomik berechtigt? Habilitationsschrift der Heidelberger Wirtschaftswissenschaftlichen Fakultät

[2] Hrsg.: O. GANS, I. EVERS, Baden-Baden 1990

Bände 1 und 2 der "Kosten-Nutzen-Analyse" auf die Herleitung *theoretischer und konzeptioneller Grundlagen* (Band 1) und die Entwicklung von *Verfahrenstechniken* (Band 2) beschränken, umfassende Fallstudien also nicht enthalten. Für letztere ist ein ergänzender dritter Band vorgesehen, in dem auch an konkrete Erfahrungen auf unterschiedlichen Ebenen wirtschafts- und entwicklungspolitischer Beratung angeknüpft werden soll.

Mit Kosten-Nutzen-Analyse wird hier die Gesamtheit aller derjenigen volkswirtschaftlichen Bewertungsverfahren bezeichnet, die als operationale Maße der neoklassischen Wohlfahrtsökonomik konzipiert sind. In Teil I des Buches wird auf der Grundlage der Wohlfahrtstheorie ein akzeptables *grundlegendes Wohlfahrtsmaß* hergeleitet, das in den Teilen III bis V (Band 2) im Hinblick auf die Beantwortung spezifischer Fragen der volkswirtschaftlichen Bewertung von Investitionsprojekten marktfähiger Güter (Teil III), von Marktordnungen und -interventionen (Teil IV) bzw. von öffentlichen Gütern (Teil V) auszugestalten ist. Die Klasse dieser *anwendungsbezogenen Wohlfahrtsmaße* nennt man Grenzkostenmaße.

Während in Teil I die wohlfahrtstheoretischen Grundlagen der spezifischen Methoden von Band 2 erarbeitet werden, enthält Teil II eine Darstellung von *Techniken* zur Behandlung intertemporaler Bewertungsprobleme (Diskontierungstechniken). Auch diese sind grundlegend für sämtliche Bewertungsverfahren von Band 2, sie spielen aber eine besondere Rolle im Rahmen der volkswirtschaftlichen Projektbewertungen von Teil III.

Trotz des Grundlagencharakters von Band 1 kann man diesen auch unabhängig von Band 2 in der akademischen Lehre einsetzen. So eignet sich u.E. Teil I gut als *Einführung in die normative Ökonomik*, zumal sehr eingehend auch wirtschaftstheoretische Grundlagen diskutiert werden und daher eine nahtlose Verbindung zur mikroökonomischen Theorie besteht. An einigen Stellen wird außerdem die Möglichkeit *qualitativer* Bewertung alternativer ökonomischer Zustände demonstriert, bei der man nicht auf Wohlfahrtsmaße zurückgreifen muß. In Teil II wurde ebenfalls Wert auf eine Einbindung der dort hergeleiteten Diskontierungstechniken in ein umfassenderes und in sich geschlossenes Konzept gelegt. Es erschien sinnvoll, hier auf ein in der Bewertungspraxis bedeutsames Schema zur Erstellung von Machbarkeitsstudien ("feasibility studies") zurückzugreifen, in dessen Rahmen wiederum die *betriebswirtschaftlichen Projektbewertungen* ("financial appraisal of projects")[3] gestellt wurden.

Die Autoren sind einer Vielzahl von Mitarbeitern, die in unterschiedlicher Weise am Zustandekommen dieses ersten Bandes beteiligt waren, zu großem Dank verpflichtet. An erster Stelle sei Frau Dipl.-Übers. Ilka Schlüchtermann von der Forschungsstelle für Internationale Agrar- und Wirtschaftsentwicklung eV (FIA / Heidelberg) genannt, die über mehrere Jahre hinweg bis zum Herbst 1996 nicht nur das Manuskript geschrieben hat, sondern den Autoren in

---

[3] Im Gegensatz hierzu bezeichnet man in der angelsächsischen Literatur die *volkswirtschaftlichen* Projektbewertungen (Teil III) als "economic appraisal of projects".

erheblichem Umfang Koordinierungsaufgaben abnahm. Ohne ihr Engagement hätte das Buch in dieser Form nicht erstellt werden können. Frau Dipl.-Übers. Ulrike Frese (FIA), die Frau Schlüchtermann ablöste und nicht minder engagiert die Arbeiten der schwierigen Endphase übernahm, sei auch dafür gedankt, daß sie mit ihrem technischen Sachverstand Frau Schlüchtermann stets mit Rat und Tat zur Seite stand. Die Autoren danken ebenfalls Frau Martina Striebeck (FIA), die als Dritte im Team die umfangreichen Übersichten angefertigt hat.

Frau Dipl.-Volkw. Elke Friedewald, Herr Dipl.-Volksw. Frithjof Kilp, Frau Dipl.-Volksw. Annette Schiller und Frau Dipl.-Volksw. Sabine Streb, sämtlich Mitarbeiter/innen am Lehrstuhl für internationale Wirtschafts- und Entwicklungspolitik (Wirtschaftswissenschaftliche Fakultät / Südasieninstitut der Universität Heidelberg), sowie Herr Dipl.-Ing.agr. Ulrich Enneking, Herr Dipl.-Agr.oec. Mathias Krämer, Herr Dipl.-Volksw. Felix Rauschmayer, Frau Dipl.-Volksw. Marianne Sikor und Herr Dipl.-Volksw. Markus Sikor, Mitarbeiter/innen des Arbeitsbereichs Umwelt- und Ressourcenökonomik (Institut für Agrarökonomie, Fakultät für Agrarwissenschaften der Universität Göttingen) haben auf der Grundlage kritischer Durchsicht der Manuskripte, häufig in ihrer Eigenschaft als Übungsleiter/innen, wertvolle Anregungen gegeben sowie zahlreiche und teilweise detaillierte Verbesserungsvorschläge entworfen, die wir gerne berücksichtigt haben. In diesem Zusammenhang sei darauf hingewiesen, daß Frau Schiller den Anhang 9 B ("Finanzmathematische Grundlagen") vollständig überarbeitet hat. Die verbleibende Menge an Irrtümern und Fehlern geht selbstverständlich ausschließlich zu Lasten der Autoren.

Heidelberg und Göttingen, im Juli 1997   Die Verfasser

Inhaltsverzeichnis

Kosten-Nutzen-Analyse und ökonomische Politikbewertung 1
Wohlfahrtsmessung und betriebswirtschaftliche Investitionskriterien

Vorwort V

TEIL I Wohlfahrtsökonomische Überlegungen 1

1 Zum wissenschaftlichen Anspruch der Wohlfahrtsökonomik 3
    1.1 Sicheres Wissen als Ziel der Erfahrungswissenschaften 4
        1.1.1 Das Letztbegründungskriterium der Empiristen 4
        1.1.2 Das Letztbegründungskriterium der Rationalisten 5
    1.2 Kritisierbares Wissen als Ziel der Erfahrungswissenschaft 7

2 Individuelle Interessen 11
    2.1 Einführung 11
    2.2 Worauf beziehen sich die Präferenzen der Individuen? 11
    2.3 Wie sehen die Präferenzen der Individuen aus? 13
    2.4 Welche Faktoren begrenzen die Bedürfnisbefriedigung
         der Individuen? 19
    2.5 Wie lassen sich die Präferenzen der Individuen
         beschreiben? 20
        2.5.1 Die direkte Nutzenfunktion 20
        2.5.2 Die indirekte Nutzenfunktion 21
            2.5.2.1 Herleitung 21
            2.5.2.2 Eigenschaften 23
        2.5.3 Die Ausgabenfunktion 25
            2.5.3.1 Herleitung 25
            2.5.3.2 Eigenschaften 27
    Anhang 2 A: Wie lassen sich die Funktionswerte einer Nutzen-
                  funktion interpretieren? 37

Anhang 2 B:	Implikationen der Linearhomogenität der Ausgabenfunktion	39
Anhang 2 C:	Zur Konkavität der Ausgabenfunktion	41

3 Potentielle PARETO-Verbesserungen und Effizienzverbesserungen ... 45

- 3.1 Einführung ... 45
- 3.2 Potentielle PARETO-Verbesserung ... 46
- 3.3 Prüfung auf potentielle PARETO-Verbesserung ... 47
  - 3.3.1 Bewertung einer Umverteilung ... 48
  - 3.3.2 Bewertung einer Produktionsumstellung ... 50
  - 3.3.3 Bewertung einer Umstellung der Außenwirtschaftsbeziehungen ... 53
- 3.4 Potentielle PARETO-Verbesserungen, PARETO-Verbesserungen und PARETO-Optima ... 55
- 3.5 Von der potentiellen PARETO-Verbesserung zur Effizienzverbesserung ... 57
  - 3.5.1 Das SCITOVSKY-Paradox ... 57
  - 3.5.2 Wann sind symmetrische Bewertungen unmöglich? ... 63
    - 3.5.2.1 Bei welchen Handlungen sind symmetrische Bewertungen unmöglich? ... 63
    - 3.5.2.2 Bei welchen individuellen Präferenzen sind symmetrische Bewertungen ausgeschlossen? ... 65
    - 3.5.2.3 Zusammenfassung ... 67
- 3.6 Intransitive Bewertungen ... 68

Anhang 3 A: Graphische Darstellung von Nutzenkombinationen im Nutzen- und Güterraum ... 73
- A1 EDGEWORTH-Tauschbox und Kontraktkurve ... 73
- A2 SCITOVSKY-Indifferenzkurven ... 74
- A3 Nutzenmöglichkeitskurve und Nutzenmöglichkeitsgrenze ... 79

Anhang 3 B: Paretianisches Optimum und Effizienzbedingungen ... 81
- B1 Effizienzbedingungen im Überblick ... 81
- B2 Produktionseffizienz ... 82
- B3 Tauscheffizienz ... 84
- B4 Optimale Produktionsstruktur ... 85
- B5 Effizienzkriterien bei Außenhandel ... 86

4 Das Wohlfahrtsmaß der Kompensierenden Variation ... 91

- 4.1 Die individuelle Kompensierende Variation ... 91
  - 4.1.1 Darstellung ... 91
  - 4.1.2 Beurteilung ... 94
  - 4.1.3 Manipulationsmöglichkeit ... 97

4.2 Individuelle Kompensierende Variationen verschiedener
Handlungsfolgen 99
  4.2.1 Pauscheinkommensänderungen 100
  4.2.2 Preisänderungen bei nicht-rationierten Marktgütern 100
  4.2.3 Preisänderungen bei rationierten Marktgütern 104
  4.2.4 Mengenänderungen bei rationierten Marktgütern 105
  4.2.5 Mengenänderungen bei Nicht-Marktgütern 108
4.3 Die kollektive Kompensierende Variation und das
BOADWAY-Paradox 110
  4.3.1 Kollektive Kompensierende Variation 110
  4.3.2 Das BOADWAY-Paradox: 2 Beispiele 114
  4.3.3 Die kollektive Kompensierende Variation als
       zuverlässiges Wohlfahrtsmaß 120

Anhang 4 A: Mengenindizes 123

5 Alternative Wohlfahrtsmaße 125
5.1 Das Wohlfahrtsmaß der Äquivalenten Variation 125
  5.1.1 Individuelle Äquivalente Variation 125
  5.1.2 Äquivalente Variation und Kompensierende Variation
       im Vergleich 130
    5.1.2.1 Individuelle Äquivalente Variation und
            individuelle Kompensierende Variation 130
    5.1.2.2 Kollektive Äquivalente Variation und
            kollektive Kompensierende Variation 134
5.2 Das Wohlfahrtsmaß der Allgemeinen Variation 136
  5.2.1 Individuelle Allgemeine Variation 137
  5.2.2 Beurteilung des Wohlfahrtsmaßes der
       Allgemeinen Variation 139
5.3 Das Konsumentenrentenmaß 140
  5.3.1 Individuelle Konsumentenrente 140
  5.3.2 Das Problem der Mehrdeutigkeit 146
  5.3.3 Beurteilung 150
5.4 Abschließende Bemerkungen 152

Anhang 5 A: Größenvergleich von individueller Kompensierender
Variation und individueller Äquivalenter Variation
einer Preisänderung bei einem nicht-rationierten
Marktgut 155

Anhang 5 B: Der Zusammenhang von individueller Konsumentenrentenänderung, individueller Kompensierender
Variation und individueller Äquivalenter Variation
bei Preisänderungen nicht-rationierter Marktgüter 161

Anhang 5 C:	**Eindeutigkeitsbedingungen für das Konsumentenrentenmaß**	169
C1	Multiple Preisänderungen	169
C2	Pauscheinkommens- und Preisänderungen	171
C3	Multiple Preisänderung, simultane Pauscheinkommens- und Preisänderungen	173

6 Intertemporale Wohlfahrtsmaße 175

6.1 Intertemporale individuelle Kompensierende und intertemporale individuelle Äquivalente Variation 176
6.2 Intertemporale kollektive Kompensierende und intertemporale kollektive Äquivalente Variation 183

Literaturverzeichnis zu Teil I 191

Index zu Teil I 193

TEIL II Betriebswirtschaftliche Projektbewertung: Investitionsrechnung 195

7 Erfassung von Kosten und Erträgen sowie von Auszahlungen und Einzahlungen 199

7.1 Zeitliche Abgrenzung 199
    7.1.1 Totalerfolg und Periodenerfolg 199
    7.1.2 Vergangenheitskosten ("sunk costs") 201
7.2 Sachliche Abgrenzung: Betriebserfolg und Gesamterfolg 201
7.3 Gewinn- und Verlust- und Cash-Flow-Rechnungen 203
7.4 Ertrags- und Kostenschätzungen auf der Grundlage von Projektentwürfen 209

8 Bewertung von Gütern 215

9 Entscheidungsregeln 217

9.1 Rentabilitätsrechnung für ein gegebenes Projekt 217
    9.1.1 Kapitalwertmethode 218
        9.1.1.1 Finanzierung allein durch Eigenkapital 218
        9.1.1.2 Finanzierung allein durch Fremdkapital 219
        9.1.1.3 Gemischte Finanzierung 220
    9.1.2 Annuitätenmethode 221

	9.1.3 Interne Zinsfußmethode	222
9.2	Projektauswahl	224
	9.2.1 Auswahl von sich nicht gegenseitig ausschließenden Projekten bei begrenzten Finanzierungsmitteln	224
	9.2.2 Auswahl von sich gegenseitig ausschließenden Projekten	226
	9.2.3 Alternative Rentabilitätsmaße	228
9.3	Mehrzweckprojekte: Allokation von "Joint Costs"	229
9.4	Ergänzende Prüfkriterien	230
	9.4.1 Einfache Rentabilitätskriterien ("simple rate of return")	231
	9.4.2 Einfache Effizienzkriterien	232
9.5	Unsicherheit und Risiko	232
9.6	Berücksichtigung von Inflationsprozessen	235

Anhang 9 A: Dynamische Verfahren der Investitionsrechnung 239
Vorbemerkungen 239
  A.1 Rentabilitätsrechnung für ein gegebenes Projekt 240
      A.1.1 Kapitalwertmethode 241
      A.1.2 Interne Zinsfußmethode 249
  A.2 Projektauswahl 266
      A.2.1 Begrenzte Finanzierungsmittel 266
      A.2.2 Auswahl von sich gegenseitig ausschließenden Projekten 270

Anhang 9 B: Finanzmathematische Grundlagen 279
  B.1 Zinseszinsrechnung 279
      B.1.1 Einmalige Zahlung 279
      B.1.2 Mehrjährige Einzahlungen 287
  B.2 Tilgungsrechnung 290
      B.2.1 Allgemeine Regeln 290
      B.2.2 Tilgung in ungleichmäßigen Annuitäten 292
      B.2.3 Ratentilgung 293
      B.2.4 Annuitätentilgung 293
Annex 1 297
Annex 2 299
Annex 3: Finanzmathematische Tabellen 301

10 Tarifanalyse 307

11 Einzelwirtschaftliche Konsistenzplanung: Finanzierungsrechnung und Kreditwürdigkeitsprüfung 309

Literaturverzeichnis zu Teil II 311

Index zu Teil II 313

Kosten-Nutzen-Analyse und ökonomische Politikbewertung 2
Volkswirtschaftliche Bewertungsverfahren

Teil III	Volkswirtschaftliche Projektbewertung: Kosten-Nutzen-Rechnung
12	Von der Theorie zur Technik der Kosten-Nutzen-Analyse
13	Identifizierung volkswirtschaftlicher Kosten und Erträge
14	Bewertungsprinzipien für den Fall ungestörter Märkte
15	Bewertungsprinzipien für den Fall gestörter Märkte
16	Bewertungsverfahren bei Existenz staatlicher Budgetrestriktionen
Teil IV	Volkswirtschaftliche Politikanalyse: Marktsysteme
17	Verfahren zur Messung wirtschaftspolitisch induzierter Marktstörungen
18	Bewertungsverfahren für den Fall ungestörter Märkte
19	Bewertungsverfahren für den Fall gestörter Märkte
Teil V	Volkswirtschaftliche Politikanalyse: Umweltgüter und öffentlich bereitgestellte Güter
20	Die Bedeutung der Substitutionsbereitschaft für die Bewertung von Umweltänderungen
21	Der ökonomische Wert einer Umweltänderung
22	Bewertungsmethoden
23	Unsicherheit

Teil I Wohlfahrtsökonomische Überlegungen

Wohlfahrtsökonomische Untersuchungen erheben einen normativen Anspruch. Bei einem solchen Anspruch werden wohlfahrtsökonomische Analysen deshalb durchgeführt, um die untersuchten Sachverhalte zu bewerten. Dieser Bewertung wird dabei stets eine moralische bzw. ethische Qualität zugesprochen, sie wird nicht als rein subjektive Bewertung verstanden. Wohlfahrtsökonomik ist demnach angewandte Ethik. In der Ethik wird die moralische Beurteilung von Sachverhalten auch als Beurteilung unter Gerechtigkeitsaspekten bezeichnet. Man kann deshalb sagen, daß die wohlfahrtsökonomischen Überlegungen Gerechtigkeitsüberlegungen sind.

Häufig kann man lesen, daß Werturteile - sowohl ethische als auch subjektiv gemeinte - nicht zum Bereich der wissenschaftlichen Aussagen einer Erfahrungswissenschaft wie der Ökonomik gehören. Ob die mit dieser Behauptung verbundenen Zweifel an dem wissenschaftichen Anspruch der Wohlfahrtsökonomik berechtigt sind, untersuchen wir im ersten Kapitel dieses Buches (Kapitel 1).

Die ethische Basis der Wohlfahrtsökonomik ist die ethische Theorie des sozialen Subjektivismus, nach der für die Bewertung eines Sachverhaltes nur die Interessen der betroffenen Individuen relevant sind. Da man in der Ökonomik mehr von Konsumenten als von Individuen spricht, bezeichnet man dieses grundlegende Bewertungsprinzip auch als Prinzip der Konsumentensouveränität.

Um dem Prinzip der Konsumentensouveränität gerecht werden zu können, müssen die Interessen der Individuen ermittelt und zusammengefaßt (aggregiert) werden. Im zweiten Kapitel beschäftigen wir uns mit den Vorstellungen, die die Ökonomen über die individuellen Interessen haben. Die restlichen Kapitel von Teil I (Kapitel 3 - 6) sind dem Aggregationsproblem gewidmet.

Dabei betrachten wir nur die Aggregationsvorschrift, die von den sogenannten neoklassischen Wohlfahrtsökonomen vorgeschlagen wird. In der neoklassischen Wohlfahrtsökonomik wird ein Sachverhalt danach beurteilt, ob er eine Effizienzverbesserung darstellt oder nicht. Dieses Effizienzkriterium erläutern wir in Kapitel 3.

Danach beschäftigen wir uns mit den Vorschlägen, wie man die Effizienzverbesserungen ermitteln, messen kann. In der Literatur werden hierfür verschiedene Wohlfahrtsmaße empfohlen, die wir in den Kapiteln 4 - 6 diskutieren und vergleichen. Zunächst (Kapitel 4 und 5) erfolgt diese Diskussion ohne Berücksichtigung einer zeitlichen Dimension, im letzten Kapitel dieses Teiles (Kapitel 6) erweitern wir die Betrachtung und unterscheiden verschiedene Zeitperioden.

1 Zum wissenschaftlichen Anspruch der Wohlfahrtsökonomik

Vielfach wird die Auffassung vertreten, daß man in den Erfahrungswissenschaften zwar über die Konsequenzen verschiedener Gerechtigkeitsvorstellungen sprechen könne, daß also Werturteile in wissenschaftlichen Aussagen enthalten sein können, daß die Werturteile selbst jedoch keine erfahrungswissenschaftlichen Aussagen seien.

Ein solches Wissenschaftsverständnis stellt den wissenschaftlichen Anspruch der Wohlfahrtsökonomik in Frage. Wir wollen deshalb in diesem Kapitel untersuchen, ob die These
(Th) Gerechtigkeitsurteile gehören nicht zu den erfahrungswissenschaftlichen Sätzen
aufrecht erhalten werden kann. Die Anhänger dieser These beziehen sich auf das Ziel erfahrungswissenschaftlicher Analysen und stützen diese These mit der Behauptung:
(B) Die Erfahrungswissenschaften sollen uns Wissen über die Realität (faktisches Wissen) vermitteln.

Die Kritiker berufen sich also auf ein bestimmtes Ziel erfahrungswissenschaftlicher Analysen und auf die Tatsache, daß man dann, wenn man dieses Ziel verfolgt, keine Gerechtigkeitsurteile abgeben darf. Im folgenden diskutieren wir nicht die Behauptung (B), denn diese Behauptung ist wohl unumstritten. Im folgenden prüfen wir nur, ob (Th) tatsächlich aus (B) folgt. Um dies zu überprüfen, muß man sich zunächst einmal fragen, was für ein Wissen über die Welt uns die Erfahrungswissenschaften vermitteln sollen und wie die Erfahrungswissenschaften dies leisten können.

Üblicherweise bezeichnet man Platons Ideenlehre als den ersten Versuch, auf diese Fragen eine befriedigende Antwort zu geben. Man beschäftigt sich also seit zweieinhalb Jahrtausenden mit diesen erkenntnis- und wissenschaftstheoretischen Problemen. Dabei wurde - mit Ausnahme der letzten fünfzig Jahre - insbesondere folgende Antwort gegeben: Erfahrungswissenschaftliche Sätze sollen sicheres Wissen über die Welt vermitteln, also Erkenntnisse, von denen wir wissen, daß sie wahr sind.

1.1
Sicheres Wissen als Ziel der Erfahrungswissenschaften

Sicheres Wissen erhält man dann, wenn man die erfahrungswissenschaftlichen Sätze auf ein sicheres Fundament - ein Fundament, von dem man weiß, daß es wahr ist - zurückführen kann.

Eine solche Anbindung eines Satzes an ein sicheres Fundament nennt man eine Letztbegründung. Erfahrungswissenschaftliche Sätze sind demnach solche Sätze, die dem Kriterium der Letztbegründung genügen. Die verschiedenen erkenntnis- und wissenschaftstheoretischen Auffassungen, die das Kriterium der Letztbegründung vorschlagen, werden traditionelle oder klassische erkenntnistheoretische Positionen genannt. Man bezeichnet deshalb das Letztbegründungskriterium auch als das Kriterium der traditionellen Erkenntnistheorie.

Um nun feststellen zu können, ob nach dem Letztbegründungskriterium Gerechtigkeitsurteile zu den erfahrungswissenschaftlichen Sätzen gehören oder nicht, muß man zum einen wissen, worin das sichere Fundament des Wissens besteht. Zum anderen muß man wissen, wie das Ableitungsverfahren aussieht, mit dessen Hilfe man - ausgehend von dem sicheren Fundament des Wissens - weitere erfahrungswissenschaftliche Erkenntnisse erlangen kann. Gesucht ist also ein Ableitungsverfahren, um aus wahren Voraussetzungen (Prämissen) Folgerungen zu gewinnen, die zum einen ebenfalls wahr sind und die zum anderen eine Erweiterung des Wissens bedeuten.

1.1.1
Das Letztbegründungskriterium der Empiristen

In beiden Punkten (sicheres Fundament und Ableitungsverfahren) gehen die Meinungen der traditionellen Erkenntnistheoretiker auseinander. Für einige traditionelle Erkenntnistheoretiker - die traditionellen Empiristen - bilden die Sinneswahrnehmungen, insbesondere die Beobachtungen (in allen Varianten, d.h. die zufälligen Beobachtungen, die regelmäßigen Beobachtungen, die quantitativen Beobachtungen (Messungen) und die Beobachtungen unter künstlichen Bedingungen (Experimente)) das sichere Fundament des Wissens. Als Methode, um zu sicheren erfahrungswissenschaftlichen Sätzen zu gelangen, schlagen die traditionellen Empiristen induktive Ableitungsverfahren vor, die es erlauben sollen, von beobachteten Einzelfällen zu allgemeinen Gesetzen aufzusteigen.

Die Auffassungen der traditionellen Empiristen sind wenig überzeugend. Daß die Sinneswahrnehmungen kein sicheres Fundament des Wissens darstellen, folgt schon allein daraus, daß sich immer wieder Beobachtungen als falsch herausgestellt haben. Selbst intersubjektiv bestätigte Beobachtungen können angesichts von Massenpsychosen, Sinnestäuschungen und Halluzinationen kein sicheres Fundament des Wissens sein.

Die vom Besonderen zum Allgemeinen aufsteigenden induktiven Ableitungsverfahren der induktiven Verallgemeinerung (hier schließt man von einer Teilmenge auf die Gesamtmenge) und der voraussagenden Induktion (hier schließt man von einer Teilmenge auf eine andere Teilmenge) sind zweifellos wissenserweiternd. Sind sie aber auch wahrheitsbewahrend? Nun, sie wären dann wahrheitsbewahrend, wenn man von einer Homogenität der Natur oder Ähnlichem ausgehen könnte. Dies ist jedoch nicht der Fall. Die Natur ist nicht gleichförmig, und so haben sich auch zahlreiche zunächst für selbstverständlich angesehene induktive Schlüsse als Fehlschlüsse erwiesen, wie die folgende Zusammenstellung von VOLLMER (1982, S. 22) verdeutlicht:

"Alle Schwäne sind weiß. (In Australien fand man dann aber schwarze Schwäne.) Die Sonne geht durchschnittlich alle 24 Stunden auf. (Das gilt jedoch nicht jenseits der Polarkreise.) Alle Lebewesen müssen sterben. (Einzeller müssen jedoch nicht sterben; sie teilen sich; es gibt keine Leiche.) Brot ernährt. (Humes Paradebeispiel: In Frankreich starb nahezu ein ganzes Dorf an Mutterkornvergiftung.) Alle Lebewesen sind entweder Pflanzen (autotroph) oder Tiere (heterotroph). (Der Einzeller Euglena kann seine Lebensweise umstellen.) Metalle sind schwerer als Wasser. (Die 1807 entdeckten Alkali-Metalle [Na, K, ...] sind leichter.)"

1.1.2
Das Letztbegründungskriterium der Rationalisten

Für andere traditionelle Erkenntnistheoretiker - die traditionellen Rationalisten - stellt das reine Denken, die Vernunft, das sichere Fundament des Wissens dar. Wenn man erst einmal sein Denken von allen Vorurteilen gereinigt hat, dann - so glauben sie - ist es möglich, durch geistige Intuition zu allgemeinen Wahrheiten zu gelangen. (Für Platon waren nur die Philosophen zu dieser Erkenntnisleistung fähig, die späteren Rationalisten ließen diese Einschränkung fallen.) Als Verfahren, um - von den allgemeinen Wahrheiten ausgehend - sichere erfahrungswissenschaftliche Sätze abzuleiten, akzeptieren die traditionellen Rationalisten nur die Regeln der deduktiven Logik.

Die Auffassung der traditionellen Rationalisten über das sichere Fundament des Wissens sind ebenfalls wenig überzeugend. So ist es zwar richtig, daß es das reine, nicht durch Erfahrung erworbene Denken als eine Art ursprünglicher Ausstattung des Geistes (in platonischer Terminologie: angeborene Ideen) gibt. Dies zeigen die Forschungsergebnisse der Biologie (insbesondere der Genetik, der Evolutionstheorie, der Verhaltensforschung und der Neurowissenschaft), der Psychologie und der Linguistik. Danach sind angeboren, also von Natur aus vorhanden,

"Bewegungssehen, Farbwahrnehmung und Zeitempfinden; angeboren ist das räumliche Sehen, also die Fähigkeit, zweidimensionale Netzhautbilder dreidimensional zu interpretieren, und die Scheu vor Tiefe; angeboren sind vor allem auch die Konstanzleistungen, die es erst erlauben, Objekte wiederzuerkennen, die Welt zu 'objektivieren', Klassen und Begriffe zu bilden; angeboren ist die 'Kenntnis' menschlicher Gesichter, Lächeln und Wutmimik, das optische Fixieren einer Schallquelle (auch bei blindgeborenen Kindern!); angeboren sind die Sprachfähigkeit und das Bedürfnis zu sprechen, möglicherweise auch einige grundlegende grammatische Strukturen" (VOLLMER 1982, S. 19).

All diese angeborenen Ideen sind durchweg nützlich und in der Regel auch zuverlässig. Eine Wahrheitsgarantie darf man ihnen jedoch nicht zuschreiben, denn sie sind - wie z.B. das Phänomen der Farbblindheit zeigt - nicht unfehlbar.

Was ist von der Vorstellung der traditionellen Rationalisten zu halten, die Schlußweise der deduktiven Logik sei wahrheitsbewahrend und wissenserweiternd? Die Deduktion ist die Ableitung des Besonderen aus dem Allgemeinen. Eine Aussage ist nur dann eine Aussage über das Allgemeine, wenn sie alle Spezialfälle abdeckt. Die Konklusion eines deduktiven Schlusses (die Aussage über das Besondere) ist also schon in den Prämissen dieses Schlusses (den Aussagen über das Allgemeine) enthalten. Daraus folgt unmittelbar, daß die Deduktion als wissenschaftliche Methode wahrheitsbewahrend ist. Und daraus folgt weiterhin, daß die aus der Deduktion gewonnenen Informationen nur eine Teilmenge der Informationen sind, die uns die Prämissen vermitteln. Dies bedeutet jedoch nicht, daß die deduktiven Schlüsse nicht unser Wissen erweitern, wie oft behauptet wird[1]. Durch Deduktion kann man nämlich das in den Prämissen enthaltene Wissen zum Vorschein bringen, man kann es - durch Kombination verschiedener Prämissen - weiterentwickeln und systematisieren. Dadurch erhält man oft Ergebnisse, die unerwartet sind, die die Wissenschaftler überraschen - und dies stellt ohne Frage eine Erweiterung des Wissens dar, wie der folgende auf Erkenntnisse von HOTELLING (1938) und SAMUELSON (1942) beruhende deduktive Schluß verdeutlicht:

Definiert man einen normalen neoklassischen Konsumenten als einen Konsumenten, der seinen nur von den eigenen Konsumgütermengen abhängigen Nutzen unter der Nebenbedingung einer linearen Budgetrestriktion maximiert und der eine beliebig oft differenzierbare, streng quasi-konkave Nutzenfunktion mit streng positiven ersten Ableitungen besitzt, die weder homothetisch noch additiv-separabel ist (alle diese Begriffe erläutern wir in den nachfolgenden Kapiteln), dann gilt, wie wir in Kapitel 5 zeigen, folgender Schluß:

(i) Die Nutzenänderung eines normalen neoklassischen Konsumenten, die daraus resultiert, daß sich einige Konsumgüterpreise geändert haben, wird mit Hilfe des Konsumentenrentenmaßes gemessen.

(ii) Das Ergebnis der Nutzenmessung ist nicht eindeutig, denn in Abhängigkeit davon, in welcher Reihenfolge die Preisänderungen berücksichtigt werden, erhält man unterschiedliche Ergebnisse.

---

[1] Vgl. KERN (1979) und KROMPHARDT et al. (1979), um nur zwei Beispiele aus der Literatur zur Wissenschaftstheorie der Wirtschaftswissenschaften zu nennen.

Bevor diese Deduktion in der wohlfahrtsökonomischen Literatur zum ersten Mal durchgeführt wurde, wuße niemand, daß man dann, wenn man (i) akzeptiert, auch (ii) akzeptieren muß. Diese Deduktion führte also zweifellos zu einer Wissenserweiterung im Bereich der Wohlfahrtsökonomik - sie bildete im übrigen auch den Anstoß für eine ganze Reihe ähnlicher deduktiver Schlüsse, an deren Ende die Entwicklung von Nutzenmaßen stand, mit deren Hilfe die Nutzenänderung eines normalen Konsumenten eindeutig gemessen werden kann. (Diese Nutzenmaße erläutern wir in den Kapiteln 4 und 5.)

Wir können also festhalten: Wenn es ein sicheres Fundament des Wissens gibt, dann erlaubt es die deduktive Logik, diese Basis zu erweitern. Weder die Empiristen noch die Rationalisten haben jedoch eine solche Basis identifiziert.

Dies bedeutet nicht, wie oft behauptet wird (KERN 1979, S. 18f.), daß man dann, wenn man einen interessanten erfahrungswissenschaftlichen Satz letztbegründen will, zwangsläufig in das sog. "Münchhausen-Trilemma" (ALBERT 1980, S. 9) gerät, d.h. in die dreifache Sackgasse von unendlichem Regreß, logischem Zirkel oder dogmatischem Abbruch des Begründungsverfahrens: Daß man also bei der Suche nach sicheren Grundlagen entweder niemals an ein Ende kommt (unendlicher Regreß) oder daß man dabei einen logischen Fehler begeht, indem man die Letztbegründung auf Aussagen stützt, die sich vorher selbst schon als begründungsbedürftig erwiesen haben (logischer Zirkel) oder daß man das Letztbegründungsverfahren willkürlich an einem Punkt abbrechen und behaupten muß, daß eine Letztbegründung gelungen sei (dogmatischer Abbruch).

Diese Schlußfolgerung ist - so formuliert - nicht richtig. Man weiß ja nur, daß alle bisherigen Versuche, das Basisproblem (worin besteht das sichere Fundament des Wissens?) zufriedenstellend zu lösen, gescheitert sind. Daraus folgt jedoch nicht, daß auch die zukünftigen Versuche, dieses Problem zufriedenstellend zu lösen, scheitern werden. Die Behauptung, daß jede Letztbegründung einer erfahrungswissenschaftlichen Theorie in ein Münchhausen-Trilemma führt, ist kein wahres Theorem der Logik, sondern 'nur' eine Lektion, die man aus den bisherigen diesbezüglichen Anstrengungen der traditionellen Erkenntnistheorie ziehen kann.

1.2
Kritisierbares Wissen als Ziel der Erfahrungswissenschaft

Die meisten der heute lebenden Wissenschaftstheoretiker, insbesondere die kritischen Rationalisten, deren Auffassung viele Ökonomen akzeptieren, sind der Meinung, daß man niemals eine sichere Basis des Wissens finden wird, aus der interessante erfahrungswissenschaftliche Sätze abgeleitet werden können. Sie glauben, daß all unser Wissen immer nur hypothetisch, nicht beweisbar wahr oder falsch sein wird. Von manchem Anhänger der Letztbegründungskonzeption (z.B. von KUHLMANN, 1981, S. 49f.) wird behauptet, daß diese These widersprüchlich sei, d.h. daß von der angenommenen Wahrheit dieser These auf ihre Falschheit und von der angenommenen Falschheit dieser These auf ihre Wahrheit zu schließen sei. Diese Behauptung ist jedoch nicht richtig. Nimmt man an, die These 'All unser Wissen ist hypothetisch' sei wahr, dann hieße das nur, daß diese These unbeweisbar ist, nicht aber, daß sie falsch ist. Nimmt man an, diese These sei falsch, folgt daraus, daß es doch Behauptungen gibt, die beweisbar und damit wahr sind. Zu diesen Behauptungen muß jedoch nicht diese These gehören, d.h. diese These muß nicht wahr sein. Man kann also weder von der angenommenen Falschheit der These auf deren Wahrheit schließen noch umgekehrt, d.h. diese These ist nicht selbstwidersprüchlich.

Wenn es richtig ist, daß es sicheres faktisches Wissen nicht gibt, wenn also niemals beweisbar ist, welche Sätze wahr oder falsch sind, dann können die Erfahrungswissenschaften nur fehlbares Wissen über die Welt produzieren, dann kann sich alles Wissen prinzipiell als Irrtum herausstellen. Wie kann man in diesem Fall die Wirklichkeitserkenntnis verbessern?

Die Mehrzahl der heutigen Wissenschaftstheoretiker kennt nur einen Weg: Man muß versuchen, systematisch die Schwäche des bisherigen Wissens aufzuzeigen. Und dies wiederum erfordert, daß man alles Wissen systematisch der Kritik aussetzt. Erfahrungswissenschaftliches Wissen muß also ständig kritisiert werden, um zu besseren Erkenntnissen zu gelangen. Nur über eine negative Auslese kann man sich der Wahrheit annähern, ohne jemals zu wissen, ob man sie erreicht. Die Mehrzahl der heutigen Wissenschaftstheoretiker ersetzt also das Letztbegründungskriterium durch ein Kritisierbarkeitskriterium: Nur kritisierbare Sätze sind erfahrungswissenschaftliche Sätze.

Zunächst gab es nur eine Art von Kritik, die von den Anhängern des Kritisierbarkeitskriteriums als relevant angesehen wurde: Danach ist ein Satz nur dann erfahrungswissenschaftlich, wenn er falsifizierbar ist, wenn er an der Erfahrung scheitern kann. Nun müssen falsche Erkenntnisse ja nicht immer auch als falsch erkannt werden können. Falsche Erkenntnisse können also nicht immer gleich durch empirische Überprüfung 'entlarvt' werden. Deshalb ergänzte man die Falsifizierbarkeitsforderung bald durch andere denk- und brauchbare Kritiken. Zu diesen Kritiken zählt insbesondere das Kriterium der externen Konsistenz, nach dem der zu untersuchende erfahrungswissenschaftliche Satz mit anderen anerkannten erfahrungswissenschaftlichen Sätzen vereinbar sein muß.

Was nun normative Sätze, wie sie Gerechtigkeitsurteile darstellen, betrifft, so ist heute allgemein anerkannt, daß sie dem Kriterium der externen Konsistenz genügen und damit durch nichtnormative (positive bzw. deskriptive) Sätze kritisiert werden können.

Eine solche Kritik eines normativen Satzes durch nichtnormative erfahrungswissenschaftliche Sätze erfolgt z.B. im Rahmen der Überprüfung, ob der normative Satz das Realisierbarkeitspostulat erfüllt. Dieses Realisierbarkeitspostulat lautet: Sollen setzt Können voraus. Normative Sätze müssen dann dem Realisierbarkeitspostulat genügen, wenn sie - so wie es z.B. Gerechtigkeitsurteile tun - Handlungsvorschläge darstellen, die auch realisierbar sein sollen. Um die Realisierbarkeit zu prüfen, kann man folgende Gesichtspunkte diskutieren. Erstens: Ist der Handlungsvorschlag in sich logisch widersprüchlich? Fordert der Handlungsvorschlag dazu auf, zwei oder mehr Ziele zu verfolgen, die logisch inkompatibel sind? Zweitens: Spricht eine bewährte positive Theorie gegen diesen Handlungsvorschlag? Positive Theorien können diese Frage beantworten, weil sich aus positiven Theorien ja negative Realisierbarkeitsaussagen ableiten lassen, d.h. Aussagen darüber, was nicht erreicht werden kann. Man kann z.B. feststellen: Es gibt kein Mittel, mit dem sich das angestrebte Ziel erreichen läßt, oder es gibt kein Mittel, mit dem sich das angestrebte Ziel A und das angestrebte Ziel B gleichzeitig erreichen läßt. Drittens: Wenn Gerechtigkeitsurteile in konkreten Handlungssituationen gegeben werden, kann man auch untersuchen: Sind die Mittel zur Erreichung des Zieles faktisch gegeben? Nichtkönnen impliziert dann Nichtsollen.

Eine Kritik des normativen Satzes durch nichtnormative Sätze erfolgt auch im Rahmen der Überlegung, ob der normative Satz dem sog. Verknüpfungsprinzip gehorcht. Das Verknüpfungsprinzip lautet: Sollen impliziert die Inkaufnahme notwendiger Bedingungen und Konsequenzen (ABEL 1978, S. 174). Welche Bedingungen und Konsequenzen dies sind, darüber geben die positiven Theorien Auskunft.

Es gibt keine ethische Theorie, die es ablehnt, ihre normativen Sätze durch nichtnormative erfahrungswissenschaftliche Sätze kritisieren zu lassen. Alle ethischen Theorien lehnen Gerechtigkeitsurteile ab, die das Realisierbarkeitspostulat nicht erfüllen, also Gerechtigkeitsurteile, gegen deren Realisierung die Regeln der Logik und/oder nichtnormative erfahrungswissenschaftliche Erkenntnisse sprechen. Alle ethischen Theorien erkennen auch an, daß jemand, der ein Gerechtigkeitsurteil ausspricht, bereit sein muß, die für die Realisierung dieses Urteils nötigen Maßnahmen zu ergreifen und die Wirkungen zu akzeptieren. Normative Sätze können also nicht nur durch positive Sätze kritisiert werden - sie müssen es auch.

Gerechtigkeitsüberlegungen müssen natürlich auch intern konsistent sein. Interne Konsistenz liegt nach RAWLS (1951), einem der einflußreichsten Sozialphilosophen der Gegenwart, dann vor, wenn sich die Gerechtigkeitsüberlegungen in einem Überlegungsgleichgewicht befinden. RAWLS teilt die Gerechtigkeitsvorstellungen - in Abhängigkeit ihrer Allgemeinheit - in drei Kategorien ein: Die Gerechtigkeitsvorstellungen der ersten Kategorie stellen die konkreten Gerechtigkeitsurteile dar, die intuitiv getroffen werden und die sich auf einzelne Sachverhalte beziehen.

Die Gerechtigkeitsvorstellungen der zweiten Kategorie führen zu einem Bewertungsprinzip, für das man sich bewußt entscheidet und das für alle Sachverhalte gültig sein sollte.

Die Gerechtigkeitsvorstellungen der dritten Kategorie beziehen sich auf die Rahmenbedingungen eines adäquaten Gerechtigkeitsprinzips, d.h. auf grundlegende Bedingungen, denen ein Gerechtigkeitsprinzip Rechnung tragen muß. (Mögliche Rahmenbedingungen sind: Ein Gerechtigkeitsprinzip darf nichts

Unmögliches verlangen; ein Gerechtigkeitsprinzip darf nicht zwischen Menschen verschiedener Hautfarbe unterscheiden etc.).

Wenn nun die Gerechtigkeitsvorstellungen aller drei Kategorien kohärent sind, wenn also die konkreten Gerechtigkeitsurteile aus dem Bewertungsprinzip folgen, und wenn das Bewertungsprinzip keine der Rahmenbedingungen eines adäquaten Gerechtigkeitsprinzips verletzt, dann spricht RAWLS davon, daß sich die Gerechtigkeitsurteile, das Bewertungsprinzip und die Rahmenbedingungen in einem Überlegungsgleichgewicht befinden.

Wir fassen zusammen: Wer der Meinung ist, daß Erfahrungswissenschaften nur Vermutungswissen über die Welt vermitteln können und daß alle die Sätze erfahrungswissenschaftliche Sätze sind, die methodologisch kritisiert werden können, der entscheidet anhand des Kritisierbarkeitskriteriums, ob ein Satz erfahrungswissenschaftlich ist oder nicht. Nach diesem Kriterium gehören normative Sätze zu den erfahrungswissenschaftlichen Sätzen. Wer also das Kritisierbarkeitskriterium akzeptiert, der muß die These (Th) ablehnen.

Dies sieht inzwischen auch der kritische Rationalist HANS ALBERT so, der das Kritisierbarkeitskriterium in Deutschland populär gemacht hat und der in seinen frühen Schriften vehement für die These (Th) plädiert hat. ALBERT hält die Idee der kritischen Prüfung heute für ein wirksames Prinzip rationaler Praxis, ein Prinzip, das die Einheit von theoretischer und praktischer Vernunft hat Wirklichkeit werden lassen, und er sieht heute keinen Grund mehr, warum die Methode der Kritik nicht auch in Fragen der Entscheidung über Werte Anwendung finden und dort zu besseren Problemlösungen beitragen kann[2].

Als Ergebnis der Diskussion läßt sich festhalten: Die Kritiker der Wohlfahrtsökonomik, die die These (Th) vertreten, sehen entweder sicheres oder kritisierbares Wissen als Ziel der Erfahrungswissenschaften an. Das Letztbegründungskriterium ist (noch) nicht geeignet, um erfahrungswissenschaftliche Sätze zu kennzeichnen. Nach dem Kritisierbarkeitskriterium gehören normative Sätze und damit auch Gerechtigkeitsurteile zu den erfahrungswissenschaftlichen Sätzen.

---

[2] Einen Überblick über die verschiedenen Phasen des ALBERTschen Denkens vermittelt BOHNEN (1990).

2 Individuelle Interessen

Wir geben zunächst einen Überblick über den Inhalt dieses Kapitels.

2.1 Einführung

In diesem Kapitel beschäftigen wir uns unter vier verschiedenen Aspekten mit den Interessen der Individuen. Zunächst (Abschnitt 2.2) betrachten wir den Gegenstandsbereich der Interessen, danach (Abschnitt 2.3) gehen wir auf die Struktur der Interessen ein, in einem weiteren Abschnitt (Abschnitt 2.4) erläutern wir, welche Faktoren die Interessenbefriedigung der Individuen begrenzen und schließlich (Abschnitt 2.5, Anhang 2A, Anhang 2B und Anhang 2C) stellen wir drei Konzepte vor, mit deren Hilfe sich die individuellen Interessen darstellen lassen.

Bevor wir uns mit dem Gegenstandsbereich der Interessen beschäftigen, d.h. bevor wir uns der Frage zuwenden, woran die Individuen Interesse haben, wollen wir noch eine terminologische Festlegung treffen: In den Wirtschaftswissenschaften spricht man im allgemeinen nicht von individuellen Interessen, sondern von individuellen Präferenzen; außerdem bezeichnet man die Dinge, auf die sich die Präferenzen der Individuen beziehen, üblicherweise als (Konsum-) Güter, weshalb hier auch die Begriffe "Individuen", "Personen" und "Konsumenten" synonym verwendet werden.

Diesem Sprachgebrauch wollen wir uns im folgenden anschließen.

2.2 Worauf beziehen sich die Präferenzen der Individuen?

Wir wollen den *Gegenstandsbereich* der Präferenzen möglichst weit fassen und nehmen deshalb an, daß sich die Präferenzen der Konsumenten beziehen auf
- Güter, die sie auf Märkten kaufen (rationierte und nicht-rationierte Marktgüter);
- Güter, die von der öffentlichen Hand bereitgestellt werden (öffentlich bereitgestellte Güter);
- Güter, die von der Umwelt bereitgestellt werden (Umweltgüter).

Zu den *Marktgütern* gehören zum einen die Güter, die man in der Alltagssprache mit dem Begriff *Konsumgüter* bezeichnet. Zum anderen zählen wir auch die *Freizeit* zu den Marktgütern. Freizeit sind die Stunden, die man nicht arbeitet. Durch das - auf den Arbeitsmarkt gerichtete - Arbeitsangebot der Konsumenten ist deshalb auch ihre Freizeitnachfrage bestimmt. Wer eine Stunde Freizeit mehr nachfragt, d.h. wer auf dem Arbeitsmarkt eine Stunde weniger anbietet, der verzichtet auf den Lohn einer Arbeitsstunde. Der Stundenlohn kann also als Preis einer Stunde Freizeit interpretiert werden.

Bei den Marktgütern unterscheiden wir zwei verschiedene Arten: Rationierte und nicht-rationierte Marktgüter. Von den *nicht-rationierten* Marktgütern können die Konsumenten so viel nachfragen, wie sie wollen - wenn sie bereit sind, den Marktpreis zu zahlen. Rationierte Marktgüter sind Güter, von denen die Konsumenten entweder mehr kaufen wollen, als sie können, oder mehr kaufen müssen, als sie wollen. Ein Arbeitsloser, der bereit ist, zu dem herrschenden Lohnsatz zu arbeiten, aber keine Arbeit findet, ist gezwungen, mehr Freizeit zu konsumieren, als ihm lieb ist. Für einen solchen Arbeitslosen ist die Freizeit also ein rationiertes Marktgut.

Öffentlich bereitgestellte Güter werden von den Konsumenten durch Steuern und Abgaben finanziert, aber nicht durch die Zahlung eines Marktpreises pro nachgefragter Gütereinheit. Öffentlich bereitgestellte Güter können u.a. Verkehrswege, innere Sicherheit (Polizei), äußere Sicherheit (Armee) und Bildungseinrichtungen sein.

Umweltgüter werden von der Natur kostenlos zur Verfügung gestellt. Zu den Umweltgütern zählen Naturschönheiten, saubere Luft, Artenvielfalt, Ruhe etc. Umweltgüter und öffentlich bereitgestellte Güter bilden zusammen die Gruppe der *Nicht-Marktgüter*.

Wie wir später sehen werden, besteht aus der Sicht der Nutzen-Kosten-Analyse der wichtigste Unterschied zwischen Marktgütern und Nicht-Marktgütern darin, daß der einzelne Konsument etwas bezahlen muß, wenn er eine Einheit eines Marktguts mehr verbraucht. Erhöht er dagegen seinen Konsum an Nicht-Marktgütern, dann führt dies nicht unmittelbar zu höheren Konsumausgaben.

Nur aus Vereinfachungsgründen nehmen wir an, daß alle Konsumenten von jedem rationierten Marktgut und von jedem Nicht-Marktgut *die gleiche Menge* bzw. *Qualität* konsumieren. Wir müssen also, wenn wir die verschiedenen Konsumgütermengen durch Symbole darstellen, nur die individuellen nicht-rationierten Marktgütermengen mit einem Index für einen spezifischen Konsumenten versehen.

Für die verschiedenen Konsumgütergruppen verwenden wir unterschiedliche *Symbole*: Mit x_{ik} bezeichnen wir die von dem Konsumenten k nachgefragte Menge des nicht-rationierten Marktguts i; handelt es sich bei Gut i um ein rationiertes Marktgut, dann steht v_i für die von jedem Konsumenten nachgefragte Menge dieses Guts; z_i symbolisiert die Menge bzw. Qualität eines Nicht-Marktguts i, die von der öffentlichen Hand oder der Umwelt bereitgestellt und von den Individuen konsumiert wird.

2.3
Wie sehen die Präferenzen der Individuen aus?

Wir nehmen an, daß die Präferenzen der Konsumenten den folgenden Bedingungen genügen:
1. Jeder Konsument hat nur an den Gütern Interesse, die er selbst konsumiert. Wir gehen also davon aus, daß die Konsumenten *weder neidisch noch altruistisch* sind. Seine konsumierten Gütermengen fassen wir zu einem Güterbündel (Vektor) zusammen.
2. Jeder Konsument vergleicht die Güterbündel paarweise mit der *Präferenzrelation* "mindestens so gut wie". Dies bedeutet: Wenn sich ein Konsument zwischen zwei Güterbündeln A und B entscheiden muß, dann überlegt er,
   a) ob Güterbündel A für ihn mindestens so gut ist wie Güterbündel B, oder
   b) ob Güterbündel B für ihn mindestens so gut ist wie Güterbündel A, oder
   c) ob Güterbündel A mindestens so gut ist wie Güterbündel B und Güterbündel B mindestens so gut ist wie Güterbündel A.

   Gilt a) und gilt nicht b), dann hat der Konsument eine (echte) Präferenz für Güterbündel A, bzw. dann ist Güterbündel A für den Konsumenten besser als Güterbündel B. Im umgekehrten Fall, in dem b) und nicht a) gilt, hat der Konsument eine (echte) Präferenz für Güterbündel B, bzw. ist Güterbündel A schlechter als Güterbündel B. Trifft c) zu, dann ist der Konsument zwischen den Güterbündeln A und B indifferent.
3. Die Präferenzrelation "mindestens so gut wie" ist *vollständig*, d.h. mit dieser Präferenzrelation kann der Konsument alle Güterbündel paarweise miteinander vergleichen. (Wenn wir sagen, daß alle Güterbündel miteinander vergleichbar sind, dann heißt das auch, daß zwei gleiche Güterbündel miteinander vergleichbar sind. Diese Eigenschaft der Präferenzrelation "mindestens so gut wie", auch zwei gleiche Güterbündel vergleichbar zu machen, bezeichnet man als Reflexivitätseigenschaft. Die Eigenschaft der *Reflexivität* folgt also logisch aus der Eigenschaft der Vollständigkeit.)
4. Die Präferenzrelation "mindestens so gut wie" ist *transitiv*, d.h. wenn für den Konsumenten ein Güterbündel 1 mindestens so gut ist wie das Güterbündel 2 und das Güterbündel 2 wiederum mindestens so gut ist wie das Güterbündel 3, dann ist das Güterbündel 1 mindestens so gut wie das Güterbündel 3.
   Eine vollständige, reflexive und transitive (binäre) Relation bezeichnet man als *Ordnung*. Gelten die Annahmen 2 - 4, dann besitzt der Konsument also eine *Präferenzordnung*.
5. Die Präferenzordnung des Konsumenten ist *stetig*. Dies bedeutet: Wenn wir die Gütermengen eines Güterbündels 1, das für den Konsumenten besser ist als das Güterbündel 2, geringfügig variieren, und wenn wir diese geringfügigen Variationen so oft wiederholen, bis wir schließlich das Güterbündel 1 in ein Güterbündel 3 transformiert haben, das für den Konsumenten schlechter ist als das Güterbündel 2, dann liegt auf dem "Weg" von

Güterbündel 1 zu Güterbündel 3 mindestens ein Güterbündel, für das gilt: Der Konsument ist zwischen diesem Güterbündel und dem Güterbündel 2 indifferent.

Bezeichnet man den geometrischen Ort aller Güterbündel, zwischen denen der Konsument indifferent ist, als Indifferenzkurve, dann läßt sich die Eigenschaft der Stetigkeit auch so beschreiben: Auf jedem "Weg" von Güterbündel 1 zu Güterbündel 3 gibt es mindestens ein Güterbündel (Güterbündel 4 im Zwei-Güter-Fall der *Übersicht 2-1*), das mit Güterbündel 2 zusammen auf einer Indifferenzkurve (Indifferenzkurve U_k^2 in *Übersicht 2-1*) liegt.

Übersicht 2-1: Stetige Präferenzen

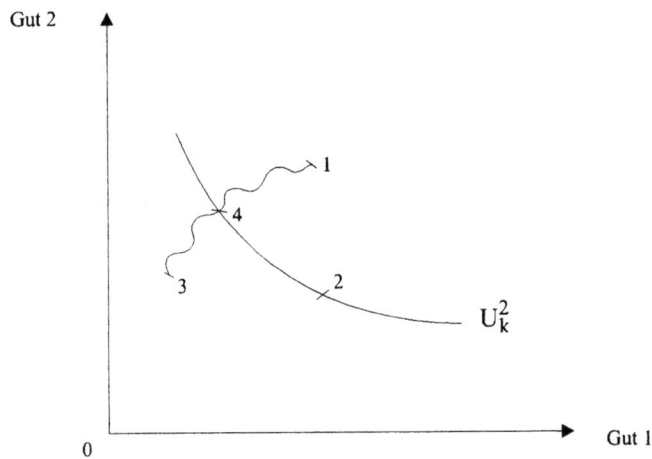

Stetige Ordnungen können durch Funktionen beschrieben werden. Die Annahmen 2 bis 5 erlauben es also, die Präferenzen des Konsumenten durch eine *direkte Präferenz- oder Nutzenfunktion* zu beschreiben, d.h. durch eine Funktion, deren Argumente durch die Konsumgütermengen gebildet werden. Für diese Funktion verwendet man üblicherweise das Symbol U. $U_k(x_{1k},...,x_{nk})$ steht also für die direkte Nutzenfunktion eines Konsumenten k, der (nur) an nicht-rationierten Marktgütern Interesse hat, d.h. dessen konsumierte Güterbündel sich (nur) aus n nicht-rationierten Marktgütern zusammensetzen.

(2-1) $U_k = U_k(x_{1k},...,x_{nk})$

Über die Interpretation der Funktionswerte einer solchen Nutzenfunktion, d.h. über den Ausdruck auf der linken Seite von Gleichung (2-1), haben die Ökonomen verschiedene Vorstellungen. Die Minderheit der Ökonomen nimmt an, daß die Präferenzen *kardinal* bestimmt sind. Bei einer solchen kardinalen Bestimmung geben die Individuen zum einen den Güterbündeln eine bestimmte nutzenmäßige Rangfolge. Zum anderen legen die Individuen auch das Verhältnis der Nutzenunterschiede zwischen den Güterbündeln eindeutig fest, d.h. sie wissen z.B., daß der Nutzenunterschied zwischen den Güterbündeln 1 und 2 größer ist als derjenige zwischen den Güterbündeln 3 und 4. Für die Minderheit der Ökonomen sind also *Ordnung* und *Intensität* der Präferenzen bestimmt. Diese werden numerisch auf einer *Intervallskala* gemessen, auf der gleichen Nutzendifferenzen gleiche Zahlenabstände zugeordnet werden. (Ein Beispiel für eine Intervallskala ist das Fieberthermometer, bei dem gleiche Temperaturintervalle durch gleiche Ausdehnungsmengen von Quecksilber gekennzeichnet sind.) Die Struktur einer Intervallskala ändert sich bei einer *positiven linearen Transformation* der Skala nicht (vgl. *Übersicht 2-2*); denn bei einer solchen Transformation bleibt eine auf der Ursprungsskala gemessene Gleichheit der numerischen Abstände der Skalenwerte erhalten.

Übersicht 2-2: Lineare Skalentransformation

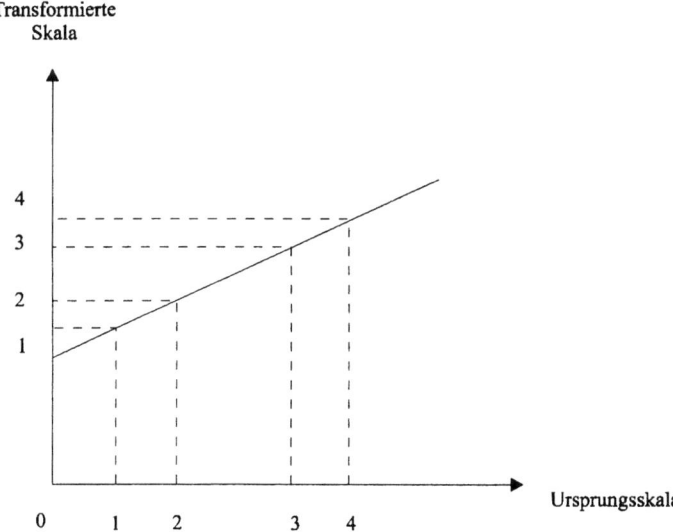

Kardinale Nutzenwerte sind also bis auf positive lineare Transformationen festgelegt, d.h. aus kardinaler Sicht besteht zwischen einer (die Präferenzordnung eines Konsumenten k repräsentierenden) Nutzenfunktion U_k und ihrer Transformierten $U_k^* = a_k + b_k U_k$ (mit $b_k > 0$) kein Unterschied. (Ein Beispiel für eine lineare Transformation ist die Umstellung von Fahrenheit auf Celsius bei der Temperaturmessung: $°C = -17{,}78 + (5/9)\ °F$.)

Die Mehrheit der Ökonomen geht davon aus, daß die Präferenzen nur ordinal bestimmt sind, d.h. daß nur festgestellt werden kann, ob ein Güterbündel einem anderen vorgezogen wird oder nicht. Ordinale Nutzen werden numerisch auf einer *Ordinalskala* gemessen, auf der die Nutzenwerte durch die Relationen "größer", "kleiner" oder "gleich" geordnet werden. Die Struktur einer Ordinalskala ändert sich bei einer *monoton steigenden Transformation* der Skala nicht (vgl. *Übersicht 2-3*); denn bei einer solchen Transformation bleibt die Ordnung der Skalenwerte erhalten. Ordinale Nutzenwerte sind also bis auf monoton steigende Transformationen festgelegt, d.h. aus ordinaler Sicht besteht zwischen einer Nutzenfunktion U_k und ihrer Transformierten $U_k^* = f_k(U_k)$ (mit $f_k' > 0$) kein Unterschied. (Zu weiteren möglichen Interpretationen der Funktionswerte einer Nutzenfunktion vgl. Anhang 2A.)

Übersicht 2-3: *Monotone Skalentransformation*

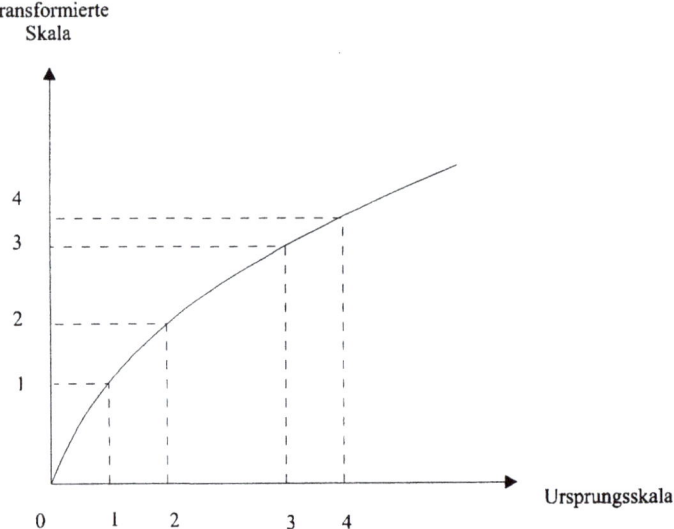

Unterschiedliche Auffassungen vertreten die Ökonomen auch bezüglich möglicher Zusammenhänge zwischen den Nutzenfunktionen der Individuen. Es geht hierbei um die Frage, ob und in welcher Weise die Interessen der Individuen *interpersonell vergleichbar* sind, d.h. inwieweit die Funktionswerte der Nutzenfunktionen verschiedener Individuen sinnvoll miteinander verglichen werden können. Drei verschiedene Standpunkte sind hier möglich: Man kann eine volle interpersonelle Vergleichbarkeit unterstellen, man kann von einer teilweisen interpersonellen Vergleichbarkeit ausgehen und man kann der Meinung sein, die individuellen Nutzen seien interpersonell unvergleichbar.

Volle interpersonelle Vergleichbarkeit bedeutet, daß man die gesamten Informationen über die individuellen Nutzen für interpersonelle Nutzenvergleiche heranziehen darf. Angenommen, wir haben für die Nutzenniveaus der beiden Individuen g und h bei den Güterbündeln 1 und 2 folgende Werte ermittelt: $U_g(1) = 5$, $U_g(2) = 10$, $U_h(1) = 7$, $U_h(2) = 11$. Für einen Anhänger der *ordinalen* Nutzentheorie, der von einer vollen interpersonellen Nutzenvergleichbarkeit ausgeht, sind dann Aussagen der Art "Person g ist mit dem Güterbündel 2 besser gestellt als Person h mit dem Güterbündel 1" sinnvoll. Ein *kardinaler* Nutzentheoretiker, der Nutzen für interpersonell voll vergleichbar hält, würde darüber hinaus Aussagen der Art "Die Verbesserung, die Person g durch einen Übergang vom Güterbündel 1 zum Güterbündel 2 erfährt ist größer als die Verbesserung, die Person h durch diesen Übergang erfährt" für zulässig halten.

Volle interpersonelle Vergleichbarkeit setzt natürlich voraus, daß die - aus kardinaler bzw. ordinaler Sicht - zulässigen Transformationen der individuellen Nutzenfunktionen jeweils für alle Individuen dieselben sind. Nur wenn $f_h = f_g$ bzw. $a_h = a_g$ und $b_h = b_g$ gilt, kann der ordinale bzw. kardinale Nutzentheoretiker sicher sein, daß sich die Ergebnisse seines interpersonellen Nutzenvergleichs nach einer - aus seiner Sicht - zulässigen Transformation der individuellen Nutzenfunktionen nicht ändern.

Teilweise interpersonelle Nutzenvergleichbarkeit bedeutet, daß nur einige der Informationen über die individuellen Nutzen für interpersonelle Nutzenvergleichbarkeit verwendet werden. So kann ein Anhänger der kardinalen Nutzentheorie z.B. der Meinung sein, daß es unmöglich sei, Nutzen*niveaus* interpersonell zu vergleichen, Nutzen*änderungen* verschiedener Personen jedoch sehr wohl miteinander verglichen werden können. In diesem Fall müssen die zulässigen Transformationen der individuellen Nutzenfunktionen der Bedingung $b_g = b_h$ genügen, während sich a_g und a_h unterscheiden können.

Interpersonelle Unvergleichbarkeit der Nutzen bedeutet, daß man keinen sinnvollen Zusammenhang zwischen den Beschreibungen der Interessen der einzelnen Individuen herstellen kann. Interpersonelle Unvergleichbarkeit der Nutzen ist dann gegeben, wenn sich die - aus kardinaler bzw. ordinaler Sicht - zulässigen Transformationen der individuellen Nutzenfunktionen unterscheiden ($a_h \neq a_g$ und $b_h \neq b_g$ bzw. $f_h \neq f_g$).

In der Theorie der Nutzen-Kosten-Analyse geht man davon aus, daß es nicht möglich ist, die Präferenzen aller beteiligten Personen kardinal zu messen und interpersonell zu vergleichen, d.h. man nimmt an:

6. Die Nutzen der Konsumenten sind nur ordinal meßbar und interpersonell unvergleichbar.

Mit dieser Annahme weisen wir also jedem Funktionswert einer Nutzenfunktion nur eine ordinale *Bedeutung* zu, d.h. aus $U_h(1) = 5$, $U_h(2) = 10$, $U_g(1) = 7$ und $U_g(2) = 11$ schließen wir nur, daß beide Konsumenten

Güterbündel 2 dem Güterbündel 1 vorziehen, und nicht, daß Güterbündel 2 für den Konsumenten h doppelt so gut ist wie Güterbündel 1, daß für Konsument h zwischen den beiden Güterbündeln ein Unterschied von 5 Nutzeneinheiten besteht, daß der Austausch von Güterbündel 1 gegen Güterbündel 2 für Konsument h vorteilhafter ist als für Konsument g, usw. Um Mißverständnissen vorzubeugen, wollen wir darauf hinweisen, daß wir die Annahme 6. nicht mit der Behauptung begründen, daß es generell unmöglich sei, Nutzen kardinal zu messen und interpersonell zu vergleichen. Eine solche Begründung ist falsch, denn z.B. messen alle Eltern, die bei der Auswahl der Weihnachtsgeschenke für ihre Kinder darauf achten, daß kein Kind benachteiligt wird, den Nutzen ihrer Kinder kardinal und führen interpersonelle Nutzenvergleiche durch. Wir treffen die Annahme 6. deshalb, weil es die große Zahl und die damit verbundene Anonymität der von einem Projekt betroffenen Personen unmöglich macht, die Informationsanforderungen der kardinalen Nutzenmesssung und der interpersonellen Nutzenvergleichbarkeit zu erfüllen.

Die nächste Annahme legt die *Eigenschaften der individuellen Nutzenfunktion* fest:

7. Jede individuelle Nutzenfunktion hat folgende Eigenschaften:
   a. Sie ist über ihren gesamten Bereich mindestens *zweimal differenzierbar*,
   b. Sie besitzt streng *positive erste Ableitungen*,
   c. Sie besitzt *streng konvexe Höhenlinien* (Indifferenzkurven).

Bereits die Eigenschaft einmaliger Differenzierbarkeit garantiert, daß der Konsument in der Lage ist, zwei Güterbündel auch dann nutzenmäßig zu ordnen, wenn sich diese Güterbündel nur darin unterscheiden, daß bei dem einen Güterbündel die Menge eines Gutes um eine infinitesimal kleine Einheit größer oder kleiner ist.

Die zweite Eigenschaft bedeutet, daß der Konsument von jedem Gut, das er verbraucht, mehr konsumieren möchte. Der Grenznutzen der Güter ist positiv, d.h. der Konsument ist *nicht gesättigt*.

Die dritte Eigenschaft beschreibt ein bestimmtes Verhalten der zweiten Ableitungen (letztere existieren gemäß Eigenschaft a.) und impliziert:

(i) Der Konsument ist stets bereit, von einem Gut etwas herzugeben, wenn er dafür von einem anderen Gut etwas erhält, d.h. der Konsument ist tauschbereit (ist *bereit zu substituieren*). Die Höhenlinien (Indifferenzkurven) der Nutzenfunktion haben also eine negative Steigung.

(ii) Je größer die bereits konsumierte Menge eines Gutes ist, desto weniger wert ist dem Konsumenten eine weitere Einheit dieses Gutes, d.h. desto kleiner ist die Menge eines (beliebigen) anderen Gutes, die der Konsument bereit ist, für eine weitere Einheit des ersten Gutes aufzugeben. Die *Tauschbereitschaft (die Grenzrate der Substitution) des Konsumenten nimmt also ab*. (Um auf einen weitverbreiteten Irrtum hinzuweisen: Abnehmende Tauschbereitschaft bedeutet nicht abnehmenden Grenznutzen).

Maximiert man eine solche "sich wohlverhaltende" Nutzenfunktion mit den Eigenschaften 7a.-7c. unter der Nebenbedingung einer linearen Budget-

restriktion, dann sind zum einen im Optimum alle Konsumgütermengen positiv. Zum anderen sind stets dann, wenn die notwendigen Bedingungen für ein Maximum erfüllt sind, auch die hinreichenden Bedingungen erfüllt. Damit haben wir eine weitere Annahme angesprochen:
8. Die Konsumenten möchten so mit Gütern versorgt sein, daß sie den größtmöglichen Grad an Bedürfnisbefriedigung erreichen - in ökonomischer Terminologie ausgedrückt: daß ihr *Nutzen maximal* ist.
    Mit der nun folgenden letzten Annahme schließen wir aus, daß sich die individuellen Präferenzen vor und nach der Handlung unterscheiden. Wir gehen also von *kurzfristig konstanten Präferenzen* aus.
9. Während der Durchführung der Handlung kommt es zu keinen Änderungen der individuellen Präferenzen.
    Damit haben wir alle Annahmen aufgezählt, die wir über die Struktur der individuellen Präferenzen treffen.

2.4
Welche Faktoren begrenzen die Bedürfnisbefriedigung der Individuen?

Wie wir in Abschnitt 2.2 ausgeführt haben, nehmen wir an, daß die Individuen Marktgüter, öffentlich bereitgestellte Güter und Umweltgüter konsumieren möchten.

Das einzelne Individuum kann die Mengen bzw. Qualitäten der von ihm konsumierten *rationierten Marktgüter, öffentlich bereitgestellten Güter* und *Umweltgüter* nicht beeinflussen. Wenn es Nutzen aus dem Konsum dieser Güter ziehen will, dann muß es das Angebot an diesen Gütern so akzeptieren, wie es ihm vom Staat bzw. von der Umwelt "präsentiert" wird.

Fragt ein Individuum Marktgüter nach, dann muß es dafür einen *Marktpreis* zahlen, auf dessen Höhe es keinen Einfluß hat. Welche Mengen das Individuum nachfragt, hängt auch von seinem Einkommen ab. Einen Teil des Einkommens kann das Individuum nicht beeinflussen, z.B. die Höhe der staatlichen Transferzahlungen (Kindergeld, Wohngeld etc.). Wir wollen diesen Teil im weiteren *Pauscheinkommen* nennen.

Damit haben wir alle Größen aufgezählt, die für die einzelnen Individuen exogene Faktoren sind: die Mengen bzw. Qualitäten der öffentlich bereitgestellten Güter, die Mengen bzw. Qualitäten der Umweltgüter, die Preise der Marktgüter, die Pauscheinkommen und die Mengen der rationierten Marktgüter (die Rationierungsschranken).

Ändern sich diese Größen, dann hat dies Auswirkungen auf die erreichten individuellen Nutzenniveaus, d.h. die o.a. Preis-, Einkommens- und Mengen- bzw. Qualitätsänderungen stellen die Folgen der Handlungen dar, an denen die Individuen interessiert sind.

Nur der Einfachheit halber nehmen wir im folgenden an, daß alle Konsumenten für jedes Gut denselben Preis zahlen müssen. Für den Preis eines nicht-rationierten Marktguts i verwenden wir im weiteren das Symbol p_i. Den Preis eines rationierten Marktguts j stellen wir durch R_j dar und E_k steht für das Pauscheinkommen der Person k.

Damit hat die Budgetrestriktion eines Konsumenten k, die dessen Nachfrage nach den nicht-rationierten Marktgütern beschränkt, folgendes Aussehen

$$(2\text{-}2) \quad E_k = \sum_i p_i x_{ik} + \sum_j R_j v_j$$

Da wir die Freizeit zu den Marktgütern zählen, steht auf der rechten Seite von Gleichung (2-2) auch der Wert der Freizeit, d.h. das Produkt von Lohnsatz und - freiwillig oder unfreiwillig - konsumierten Freizeitstunden. Deshalb müssen wir das Pauscheinkommen E_k in der Weise interpretieren, daß es auch das maximal erreichbare Arbeitseinkommen des Konsumenten k enthält, das als Produkt von Lohnsatz und insgesamt für Arbeit und Freizeit zur Verfügung stehende Stunden definiert ist.

2.5
Wie lassen sich die Präferenzen der Individuen beschreiben?

In diesem Abschnitt erläutern wir drei Konzepte, mit denen die Wirtschaftswissenschaftler die Präferenzen der Individuen darstellen. Dabei kommt es uns nicht auf Vollständigkeit, sondern auf Zweckmäßigkeit an, d.h. wir legen in diesem Abschnitt nur die *mikroökonomischen Grundlagen,* die wir für die Darstellung der Theorie der Nutzen-Kosten-Analyse benötigen. Aus Vereinfachungsgründen und ohne Einschränkung der Allgemeingültigkeit unserer Ausführungen betrachten wir nun die Präferenzen einer Person (k) und nehmen an, daß diese Person lediglich an den Mengen (und nicht an den Qualitäten) von sechs Gütern Interesse hat: an den Mengen der nicht-rationierten Marktgüter 1 und 2, der rationierten Marktgüter 3 und 4 und der Nicht-Marktgüter 5 und 6.

2.5.1
Die direkte Nutzenfunktion

Eine Darstellungsmöglichkeit der Präferenzen haben wir schon in Abschnitt 2.3 angesprochen: die direkte Nutzenfunktion $U_k(\cdot)$, die den Zusammenhang zwischen den Gütermengen und dem Nutzenniveau U_k darstellt.

$$(2\text{-}3) \quad U_k = U_k(x_{1k}, x_{2k}, v_3, v_4, z_5, z_6)$$

Welche Eigenschaften die Nutzenfunktion $U_k(\cdot)$ aufweist, haben wir in Abschnitt 2.3 erläutert.

2.5.2
Die indirekte Nutzenfunktion

Eine weitere Darstellungsmöglichkeit stellt die indirekte Nutzenfunktion ($V_k(\cdot)$) dar.

2.5.2.1
Herleitung

(1) Man erhält die indirekte Nutzenfunktion, indem man in die direkte Nutzenfunktion diejenigen Gütermengen einsetzt, die die Person k in ihrem Nutzenmaximum konsumiert. Wie wir erläutert haben, sind die Mengen der rationierten Güter und der Nicht-Marktgüter den Konsumenten vorgegeben, d.h. Person k kann nur bei den nicht-rationierten Marktgütern frei entscheiden, welche Mengen sie konsumieren will. Welche Mengen dieser Güter die nutzenmaximierende Person k verbraucht, ergibt sich also aus der Lösung des Maximierungsproblems "Maximiere den Nutzen durch geeignete Wahl der nicht-rationierten Konsumgütermengen unter Beachtung des Sachverhalts, daß vorgegebene Mengen der rationierten und der Nicht-Marktgüter konsumiert werden müssen, daß nur ein bestimmtes Pauscheinkommen zur Verfügung steht und daß ein Teil dieses Pauscheinkommens für den Kauf der rationierten Marktgüter ausgegeben werden muß."

Wir erhalten die Lösung dieses *Maximierungsproblems*, wenn wir ausgehend von der LAGRANGE-Funktion

$$(2\text{-}4) \quad L = U_k\big(x_{1k}, x_{2k}, v_3, v_4, z_5, z_6\big)$$

$$+ \lambda_k\big(E_k - p_1 x_{1k} - p_2 x_{2k} - R_3 v_3 - R_4 v_4\big)$$

(mit λ_k = Lagrange-Multiplikator),

die partiellen Ableitungen nach x_{1k}, x_{2k} und λ_k gleich Null setzen.

$$(2\text{-}5) \quad L_1 = U_{1k} - \lambda_k p_1 = 0$$

$$(2\text{-}6) \quad L_2 = U_{2k} - \lambda_k p_2 = 0$$

$$(2\text{-}7) \quad L_\lambda = E_k - p_1 x_{1k} - p_2 x_{2k} - R_3 v_3 - R_4 v_4 = 0$$

Dabei steht L_i (U_{ik}) für $\partial L/\partial x_{ik}$ ($\partial U_k/\partial x_{ik}$), $i = 1, 2$ und $L\lambda$ für $\partial L/\partial \lambda_k$.
Weiter unten (in Gleichung (2-12)) zeigen wir, daß λ_k den *Grenznutzen des Einkommens* angibt. Dividiert man den *Grenznutzen eines nicht-rationierten Gutes* ($\partial U_k/\partial x_{ik}$, $i = 1, 2$) durch λ_k, dann erhält man also den in Geldeinheiten ausgedrückten Wert der zuletzt gekauften Einheit dieses Gutes. Man nennt diesen Wert auch den *Schattenpreis des Gutes*. Aus den Gleichungen (2-5) und (2-6) erkennt man, daß Konsument k von jedem nicht-rationierten Gut so viele Einheiten nachfragt, bis Schattenpreis und tatsächlicher Preis übereinstimmen.

Die Gleichungen (2-5) bis (2-7) lassen sich simultan nach den Variablen x_{1k}, x_{2k} und λ_k auflösen.

(2-8) $\quad x_{1k} = x_{1k}\left(p_1, p_2, R_3, R_4, E_k, v_3, v_4, z_5, z_6\right)$

(2-9) $\quad x_{2k} = x_{2k}\left(p_1, p_2, R_3, R_4, E_k, v_3, v_4, z_5, z_6\right)$

(2-10) $\quad \lambda_k = \lambda_k\left(p_1, p_2, R_3, R_4, E_k, v_3, v_4, z_5, z_6\right)$

Die ersten beiden Gleichungen bestimmen die Nachfrage nach den Gütern in Abhängigkeit von den Güterpreisen, den exogenen Gütermengen und dem Einkommen. Damit entsprechen diese Gleichungen den *normalen* (MARSHALL-) *Nachfragefunktionen* des Konsumenten. Die dritte Gleichung zeigt, daß der LAGRANGE-Multiplikator ebenfalls von den Güterpreisen, den exogenen Gütermengen und dem Einkommen abhängt.

(2) Teilt man Gleichung (2-5) durch Gleichung (2-6), dann erhält man eine *Optimalitätsbedingung*, die die Übereinstimmung von Grenznutzenverhältnis und Preisverhältnis verlangt.

Diese Optimalitätsbedingung und die Budgetrestriktion (2-2) lassen sich simultan nach den Variablen x_{1k} und x_{2k} auflösen. Multiplizieren wir alle Preise und das Pauscheinkommen mit dem gleichen Faktor, dann ändert sich weder die Optimalitätsbedingung noch die Budgetrestriktion. Daraus folgt, daß die normalen Nachfragefunktionen *homogen vom Grade Null* in den Preisen der Marktgüter und im Pauscheinkommen sind. Eine gleich hohe prozentuale Änderung dieser Größen führt zu keiner Änderung des Nachfrageverhaltens.

(3) Setzt man die Gleichungen (2-8) und (2-9) in die *direkte Nutzenfunktion* (2-3) ein, dann erhält man - wie schon erwähnt - die *indirekte Nutzenfunktion* der Person k

(2-11) $\quad U_k = \Big(x_{1k}\left(p_1, p_2, R_3, R_4, E_k, v_3, v_4, z_5, z_6\right),$

$\qquad x_{2k}\left(p_1, p_2, R_3, R_4, E_k, v_3, v_4, z_5, z_6\right)\Big)$

$\qquad = V_k\left(p_1, p_2, R_3, R_4, E_k, v_3, v_4, z_5, z_6\right)$

Die indirekte Nutzenfunktion kann man zunächst gemäß der linken Seite von Gleichung (2-11) als eine spezielle *direkte* Nutzenfunktion interpretieren, die anstelle *beliebiger* Mengen nicht-rationierter Marktgüter nur Optimalmengen dieser Güter enthalten darf. Da letztere aber wiederum Funktionen der exogenen Variablen sind, stellt gemäß der rechten Seite von Gleichung (2-11) die indirekte Nutzenfunktion $V_k(\cdot)$ einen Zusammenhang zwischen dem Nutzenniveau einerseits und allen den (die Bedürfnisbefriedigung begrenzenden) exogenen Größen andererseits her.

2.5.2.2
Eigenschaften

In diesem Unterabschnitt erläutern wir die Ableitungseigenschaften der indirekten Nutzenfunktion, d.h. wir prüfen, wie das maximal erreichbare Nutzenniveau auf eine Veränderung der exogenen Größen reagiert.

(1) Steigt ceteris paribus das *Pauscheinkommen* von k, dann kann k mehr von den Gütern 1 und 2 kaufen, d.h. dann erhöht sich sein Nutzenniveau.

$$(2\text{-}12) \quad \partial V_k / \partial E_k = \left(\partial U_k / \partial x_{1k}\right)\left(\partial x_{1k} / \partial E_k\right) + \left(\partial U_k / \partial x_{2k}\right)\left(\partial x_{2k} / \partial E_k\right)$$

$$= \lambda_k \left[p_1 \left(\partial x_{1k} / \partial E_k\right) + p_2 \left(\partial x_{2k} / \partial E_k\right)\right]$$

$$= \lambda_k > 0$$

Die erste Zeile von Gleichung (2-12) ergibt sich aus Gleichung (2-11), zu der zweiten Zeile von Gleichung (2-12) kommt man, wenn man die Optimalitätsbedingungen (2-5) und (2-6) beachtet, und daß die eckige Klammer in dieser Zeile gleich 1 ist, erkennt man, wenn man die Budgetrestriktion des Konsumenten (2-2) total differenziert.

Gleichung (2-12) verdeutlicht, warum man den LAGRANGE-Multiplikator der LAGRANGE-Funktion (2-4) auch als *Grenznutzen des Einkommens* bezeichnet.

(2) Erhöhen sich ceteris paribus die *Konsumgüterpreise*, dann kann Person k weniger nicht-rationierte Marktgüter kaufen - ihr Nutzenniveau sinkt.

$$(2\text{-}13) \quad \partial V_k / \partial p_i = \left(\partial U_k / \partial x_{1k}\right)\left(\partial x_{1k} / \partial p_i\right) + \left(\partial U_k / \partial x_{2k}\right)\left(\partial x_{2k} / \partial p_i\right)$$

$$= \lambda_k \left[p_1 \left(\partial x_{1k} / \partial p_i\right) + p_2 \left(\partial x_{2k} / \partial p_i\right)\right]$$

$$= -\lambda_k x_{ik} < 0 \qquad i = 1, 2$$

und

$$(2\text{-}14) \quad \partial V_k / \partial R_j = \left(\partial U_k / \partial x_{1k}\right)\left(\partial x_{1k} / \partial R_j\right) + \left(\partial U_k / \partial x_{2k}\right)\left(\partial x_{2k} / \partial R_j\right)$$

$$= \lambda_k \left[p_1 \left(\partial x_{1k} / \partial R_j \right) + p_2 \left(\partial x_{2k} / \partial R_j \right) \right]$$

$$= -\lambda_k v_j < 0 \qquad j = 3, 4$$

In beiden Ableitungen ergibt sich der Übergang von der zweiten zur dritten Zeile aus dem totalen Differential der Budgetrestriktion.

Löst man die letzten Zeilen von Gleichung (2-13) und (2-14) nach x_{ik}, $i = 1, 2$ und v_j, $j = 3, 4$ auf, dann erhält man - unter Berücksichtigung von Gleichung (2-12) - die sogenannten *ROY-Identitäten*

(2-15) $\quad x_{ik} = -\left(\partial V_k / \partial p_i \right) / \left(\partial V_k / \partial E_k \right) \qquad i = 1, 2$

und

(2-16) $\quad v_j = -\left(\partial V_k / \partial R_j \right) / \left(\partial V_k / \partial E_k \right) \qquad j = 1, 2$

die den Zusammenhang zwischen den normalen Nachfragefunktionen bzw. den rationierten Marktgütermengen und der indirekten Nutzenfunktion angeben.

(3) Werden ceteris paribus mehr *Nicht-Marktgüter* bereitgestellt, dann erhöhen sich auch der Güterkonsum und das Nutzenniveau von k.

(2-17) $\quad \partial V_k / \partial z_i = \left(\partial U_k / \partial x_{1k} \right)\left(\partial x_{1k} / \partial z_i \right)$

$$+ \left(\partial U_k / \partial x_{2k} \right)\left(\partial x_{2k} / \partial z_i \right) + \partial U_k / \partial z_i$$

$$= \lambda_k \left[p_1 \left(\partial x_{1k} / \partial z_i \right) + p_2 \left(\partial x_{2k} / \partial z_i \right) \right] + \partial U_k / \partial z_i$$

$$= \partial U_k / \partial z_i > 0 \qquad i = 5, 6$$

(4) Wie sich eine *Erhöhung der Rationierungsschranken* auf das Nutzenniveau auswirkt, ist ungewiß.

(2-18) $\quad \partial V_k / \partial v_i = \left(\partial U_k / \partial x_{1k} \right)\left(\partial x_{1k} / \partial v_i \right)$

$$+ \left(\partial U_k / \partial x_{2k} \right)\left(\partial x_{2k} / \partial v_i \right) + \partial U_k / \partial v_i$$

$$= \lambda_k \left[p_1 \left(\partial x_{1k} / \partial v_i \right) + p_2 \left(\partial x_{2k} / \partial v_i \right) \right] + \partial U_k / \partial v_i$$

$$= -\lambda_k R_i + \partial U_k / \partial v_i \gtreqless 0 \qquad i = 1, 2$$

Der Gesamteffekt der Erhöhung der Rationierungsschranke v_i läßt sich in zwei Effekte zerlegen: In einen *positiven direkten Effekt* $\partial U_k / \partial v_i$, der angibt, um wieviel das Nutzenniveau von k steigt, weil k jetzt mehr Einheiten von Gut i konsumieren kann, und in einen *negativen indirekten Effekt* $-\lambda_k R_i$, der angibt, um wieviel das Nutzenniveau von k sinkt, weil k jetzt weniger Geld zur Verfügung hat, um nicht-rationierte Marktgüter zu kaufen.

Würde k ceteris paribus gerne mehr von dem rationierten Gut erwerben, dann übersteigt der positive Effekt den negativen. Gibt k hingegen - seiner Meinung nach - schon zu viel für dieses Gut aus, dann bedeutet eine Lockerung der Rationierungsschranke für ihn noch mehr unerwünschte Ausgaben. In diesem Fall ist also die Auswirkung der Lockerung auf das Nutzenniveau negativ. Die (infinitesimal kleine) Lockerung der Rationierungsschranke kann auch keine Auswirkungen auf das Nutzenniveau haben. Das ist dann der Fall, wenn k freiwillig genau die Menge des rationierten Guts nachfragen würde, die er nachfragen muß.

2.5.3
Die Ausgabenfunktion

Eine dritte Darstellungsmöglichkeit der Präferenzen der Person k stellt seine Ausgabenfunktion ($e_k(\cdot)$) dar.

2.5.3.1
Herleitung

(1) Die Ausgabenfunktion gibt das minimale Einkommen bzw. die minimalen Ausgaben an, das erforderlich ist bzw. die erforderlich sind, damit der Konsument bei den Preisen p_1, p_2, R_3, R_4, den Rationierungsschranken v_3, v_4 und den Nicht-Marktgütermengen z_5, z_6 ein bestimmtes Nutzenniveau U_k erreichen kann.

Die Ausgabenfunktion wird also aus der Lösung eines zum Nutzenmaximierungsproblem ("Maximiere den Nutzen bei gegebenen Preisen, Rationierungsschranken, Nicht-Marktgütermengen und bei gegebenem Einkommen") *dualen Minimierungsproblem* ("Minimiere die Ausgaben bei gegebenen Preisen, Rationierungsschranken, Nicht-Marktgütermengen und vorgegebenem Nutzenniveau") gewonnen. Beide Probleme sind dann dual, d.h. ergeben dann die gleichen Lösungen (optimale Gütermengen x_{1k}, x_{2k}), wenn das gegebene Einkommen des Maximierungsproblems gleich dem minimalen Einkommen des Minimierungsproblems ist, bzw. wenn das vorgegebene Nutzenniveau des Minimierungsproblems gleich dem maximalen Nutzen des Maximierungsproblems ist.

Das Minimierungsproblem lösen wir mit Hilfe der LAGRANGE-Funktion

(2-19) $\quad L = p_1 x_{1k} + p_2 x_{2k} + R_3 v_3 + R_4 v_4$

$\qquad\qquad + \alpha_k \big(U_k - U_k \big(x_{1k}, x_{2k}, v_3, v_4, z_5, z_6 \big) \big)$

(mit α_k = Lagrange – Multiplikator)

Die notwendigen Bedingungen für ein Minimum lauten:

(2-20) $L_1 = p_1 - \alpha_k U_{1k} = 0$

(2-21) $L_2 = p_2 - \alpha_k U_{2k} = 0$

(2-22) $L_\alpha = U_k - U_k(x_{1k}, x_{2k}, v_3, v_4, z_5, z_6) = 0$

$\left(\text{mit } L_i(U_{ik}) = \partial L / \partial x_i (\partial U_k / \partial x_{ik}), \; i = 1,2 \text{ und } L_\alpha = \partial L / \partial \alpha_k\right)$

(2) Betrachten wir die Gleichungen (2-20), (2-21), (2-5) und (2-6), dann erkennen wir, daß die *LAGRANGE-Multiplikatoren* des Nutzenmaximierungsproblems und des Ausgabenminimierungsproblems *in inverser Beziehung* zueinander stehen.

(2-23) $\lambda_k = 1 / \alpha_k$

Die Gleichungen (2-5), (2-6), (2-20) und (2-21) verdeutlichen: Im Ausgabenminimum gilt die *gleiche Optimalitätsbedingung* (Preisverhältnis = Grenznutzenverhältnis) wie im Nutzenmaximum. Wir wissen weiter: Der Konsument will das größtmögliche Nutzenniveau erreichen, d.h. das festgelegte Nutzenniveau des Ausgabenminimierungsproblems entspricht dem maximalen Nutzenniveau des Nutzenmaximierungsproblems. Daraus folgt: Bei der Lösung des Nutzenmaximierungsproblems erhalten wir dasselbe Ergebnis wie bei der Lösung des Ausgabenminimierungsproblems, d.h. das optimale Güterbündel des Nutzenmaximierungsproblems entspricht dem optimalen Güterbündel des Ausgabenminimierungsproblems. Wir können die realisierte Nachfrage eines Konsumenten k nach den nicht-rationierten Gütern also entweder als Lösung eines Nutzenmaximierungsproblems oder als Lösung eines Ausgabenminimierungsproblems darstellen. Im ersten Fall bestimmen wir die Nachfrage in Abhängigkeit der *Güterpreise*, der exogenen Gütermengen und des *Einkommens* (vgl. die Gleichungen (2-8) und (2-9)). Im zweiten Fall bestimmen wir die Nachfrage nach den Gütern in Abhängigkeit der *Preise der nichtrationierten Güter*, der exogenen Gütermengen und des fixierten *Nutzenniveaus* und interpretieren damit die nachgefragten Gütermengen als Funktionswerte der *kompensierten* (HICKS-) *Nachfragefunktionen* $(\tilde{x}(\cdot))$.

(2-24) $x_{1k} = \tilde{x}_{1k}(p_1, p_2, v_3, v_4, z_5, z_6, U_k)$

(2-25) $x_{2k} = \tilde{x}_{2k}(p_1, p_2, v_3, v_4, z_5, z_6, U_k)$

Die Gleichungen (2-20) bis (2-22) zeigen, daß die Preise der rationierten Güter nicht zu den Argumenten der kompensierten Nachfragefunktionen (2-24) und (2-25) gehören und daß die kompensierten Nachfragefunktionen homogen vom Grade Null in den Preisen der nicht-rationierten Gütermengen sind (vgl. die Ausführungen zur Homogenität der normalen Nachfragefunktion). Die Plausibilität des ersten Ergebnisses ergibt sich daraus, daß von Preisänderungen rationierter Güter die gleichen Effekte ausgehen wie von Pauscheinkommensänderungen und letztere bekanntlich (ebenfalls) nicht Argumentwerte von kompensierten Nachfragefunktionen sind.

(3) Setzen wir nun die kompensierten Nachfragefunktionen in die rechte Seite der *Budgetrestriktion* (2-2) ein, dann erhalten wir die *Ausgabenfunktion*

$$(2\text{-}26) \quad p_1 \tilde{x}_{1k}(p_1, p_2, v_3, v_4, z_5, z_6, U_k) + p_2 \tilde{x}_{2k}(p_1, p_2, v_3, v_4, z_5, z_6, U_k)$$

$$+ R_3 v_3 + R_4 v_4$$

$$= e_k(p_1, p_2, R_3, R_4, v_3, v_4, z_5, z_6, U_k)$$

bzw. wegen der Gleichungen (2-24) und (2-25)

$$(2\text{-}27) \quad E_k = e_k(p_1, p_2, R_3, R_4, v_3, v_4, z_5, z_6, U_k)$$

Gemäß der rechten Seite von Gleichung (2-26) sind die minimalen Ausgaben allein eine Funktion der exogenen Variablen des Minimierungskalküls. Nach Gleichung (2-27) stimmen die minimalen Ausgaben stets mit dem (vorgegebenen) Pauscheinkommen überein.

2.5.3.2
Eigenschaften

In diesem Unterabschnitt erläutern wir zunächst, daß die Ausgabenfunktion linear-homogen in den Preisen ist. Danach betrachten wir die Ableitungseigenschaften der Ausgabenfunktion und die Implikationen, die sich aus diesen Eigenschaften ergeben.

(1) Wenn sich alle Preise proportional ändern, dann wählt der ausgabenminimierende Konsument zur Realisierung des ursprünglichen Nutzenniveaus wieder dasselbe Güterbündel wie zuvor, da das Preisverhältnis konstant geblieben ist (vgl. die Optimalitätsbedingungen (2-20) bis (2-22)). Seine Ausgaben ändern sich somit um den gleichen Proportionalitätsfaktor wie die Preise.

$$(2\text{-}28) \quad ap_1 \tilde{x}_{1k}(\cdot) + ap_2 \tilde{x}_{2k}(\cdot) + aR_3 v_3 + aR_4 v_4$$

$$= e_k(ap_1, ap_2, aR_3, aR_4, v_3, v_4, z_5, z_6, U_k)$$

$$= a\big(p_1 \tilde{x}_{1k}(\cdot) + p_2 \tilde{x}_{2k}(\cdot) + R_3 v_3 + R_4 v_4\big)$$

$$= a e_k\big(p_1, p_2, R_3, R_4, v_3, v_4, z_5, z_6, U_k\big) \quad \text{mit } a > 0$$

Die Ausgabenfunktion ist also *linear-homogen* in den Preisen der rationierten und nicht-rationierten Marktgüter.

Dies bedeutet zum einen, daß die Ausgaben gleich sind der Summe der mit den jeweiligen Preisen gewichteten ersten Ableitungen der Ausgabenfunktion nach den Preisen. Zum anderen folgt daraus, daß die ersten Ableitungen der Ausgabenfunktion homogen vom Grade Null sind. Beide Implikationen erläutern wir in Anhang 2 B.

Die *Ableitungseigenschaften* der Ausgabenfunktion sehen folgendermaßen aus:

(2) Je höher das *Nutzenniveau* ist, das der Konsument erreichen will, desto mehr muß er ceteris paribus ausgeben.

Formal läßt sich diese Ableitungseigenschaft wie folgt herleiten:
Wegen Gleichung (2-27) können wir

$$(2\text{-}29) \quad U_k = V_k\big(p_1, p_2, R_3, R_4, v_3, v_4, z_5, z_6,$$
$$e_k\big(p_1, p_2, R_3, R_4, v_3, v_4, z_5, z_6, U_k\big)\big)$$

schreiben.

Leitet man Gleichung (2-29) nach U_k ab, erhält man

$$(2\text{-}30) \quad 1 = \big(\partial V_k / \partial E_k\big)\big(\partial e_k / \partial U_k\big)$$

Da der Grenznutzen des Einkommens gleich λ_k ist, läßt sich Gleichung (2-30) zu

$$(2\text{-}31) \quad \partial e_k / \partial U_k = 1 / \lambda_k > 0$$

umformen.

Diese Ableitungseigenschaft ist unmittelbar einleuchtend: Hat der Konsument ein ausgabenminimales Güterbündel gewählt und will danach ein höheres Nutzenniveau erreichen, dann geht dies - ceteris paribus - nur dann, wenn er mehr Geld ausgibt. Diese Eigenschaft zeigt auch, daß die Ausgabenfunktion eine monoton zunehmende Transformation der direkten Nutzenfunktion ist.

(3) Die partielle Ableitung der Ausgabenfunktion nach dem Preis eines rationierten Gutes ergibt die rationierte Menge dieses Gutes

$$(2\text{-}32) \quad \partial e_k / \partial R_i = v_i \qquad i = 3, 4$$

Diese Ableitungsfunktion folgt direkt aus Gleichung (2-26).

Kapitel 2: Individuelle Interessen

(4) Die partielle Ableitung der Ausgabenfunktion nach der *Menge eines rationierten Gutes* i ist gleich der Differenz zwischen dem *tatsächlichen Preis* dieses Gutes und dem Quotienten aus dem Grenznutzen des Gutes und dem Grenznutzen des Einkommens. Diesen Quotienten, d.h. den in Geldeinheiten ausgedrückten Wert der zuletzt gekauften Einheit eines Gutes i nennt man - wie schon erwähnt - den *Schattenpreis* dieses Gutes (R_{ik}).

(2-33) $\quad \partial e_k / \partial v_i = R_i - (\partial U_k / \partial v_i) / \lambda_k$

$\qquad \qquad = R_i - R_{ik} \qquad \qquad i = 3, 4$

Diese Ableitungseigenschaft ergibt sich aus folgender Überlegung:
Ersetzt man in Gleichung (2-27) U_k durch die indirekte Nutzenfunktion und leitet die Gleichung dann nach v_i ab, so erhält man

(2-34) $\quad 0 = \partial e_k / \partial v_i + (\partial e_k / \partial U_k)(\partial V_k / \partial v_i) \qquad i = 3, 4$

bzw. unter Beachtung von Gleichung (2-18)

(2-35) $\quad \partial e_k / \partial v_i = -(\partial e_k / \partial U_k)\left[(\partial U_k / \partial v_i) - \lambda_k R_i\right] \qquad i = 3, 4$

Nach Gleichung (2-31) gilt $\partial e_k / \partial U_k = 1 / \lambda_k$, d.h. wir können Gleichung (2-35) zu Gleichung (2-33) umformen.

Der Schattenpreis des rationierten Gutes i, i = 3, 4 ist eine Funktion des vorgegebenen Nutzenniveaus des Ausgabenminimierungsproblems, der Güterpreise der nicht-rationierten Marktgüter und der dem Konsumenten vorgegebenen Gütermengen

(2-36) $\quad R_{ik} = R_{ik}(p_1, p_2, v_3, v_4, z_5, z_6, U_k) \qquad i = 3, 4$

Die Funktion $R_{ik}(\cdot)$ bezeichnet man auch als Zahlungsbereitschaftsfunktion oder als inverse kompensierte Nachfragefunktion.

Zur *Interpretation* der für spätere Überlegungen wichtigen Gleichung (2-33) wollen wir den Fall betrachten, in dem der Konsument k von dem rationierten Gut i mehr Einheiten konsumieren möchte als ihm tatsächlich zugeteilt werden. Eine solche Konstellation bildet *Übersicht 2-4* ab.

Übersicht 2-4: Schattenpreis und Marktpreis eines rationierten Gutes

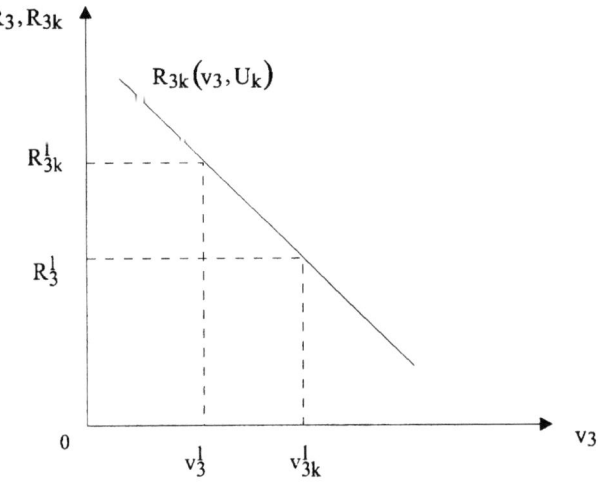

$R_{3k}(v_3, U_k)$ bezeichnet die inverse kompensierte Nachfragefunktion des Konsumenten k nach dem rationierten Gut 3. Sie ist ein Spezialfall der Funktion (2-36) mit i = 3 und unter Vernachlässigung der Argumente $p_1, p_2, v_4, z_5,$ und z_6.

Beim Marktpreis R_3^1, der ein Höchstpreis ist, existiert ein individueller Nachfrageüberschuß in Höhe von $v_{3k}^1 - v_3^1$ (v_3^1 bezeichnet die zugeteilte Menge, v_{3k}^1 die individuelle (normale und kompensierte) Nachfrage beim Preis R_3^1). Mit dem Nachfrageüberschuß korrespondiert ein Überschuß der "marginalen Zahlungsbereitschaft" für Gut 3 (= in Geldeinheiten ausgedrückter Wert der zuletzt gekauften Einheit des Gutes 3) über den tatsächlich zu zahlenden Preis ($R_{3k}^1 > R_3^1$). Falls nun dem Konsumenten k eine zusätzliche Einheit des Gutes 3 zugeteilt wird, wächst ihm offenbar ein "geldwerter" Nettovorteil in Höhe von $R_{3k}^1 - R_3^1$ zu. Genau um diesen Betrag kann man daher sein Einkommen vermindern, ohne daß sich dadurch seine Nutzenposition verändern würde. Da im Optimum bekanntlich das (Pausch-)Einkommen (E_k) und die minimalen Ausgaben ($e_k(\cdot)$) übereinstimmen, läßt sich auch sagen, daß die minimalen Ausgaben zur Realisierung eines vorgegebenen Nutzenniveaus um ($R_{3k}^1 - R_3^1$) sinken. Genau dies gibt Gleichung (2-33) an ($R_i - R_{ik} < 0$).

(5) Die partielle Ableitung der Ausgabenfunktion nach der *Menge eines Nicht-Marktguts* i ergibt den Schattenpreis dieses Gutes (Z_{ik}).

(2-37) $\partial e_k / \partial z_i = -(\partial U_k / \partial z_i)/\lambda_k = -Z_{ik}$ \hspace{1em} i = 5, 6

Man erhält Gleichung (2-37), wenn man in Gleichung (2-27) U_k durch die indirekte Nutzenfunktion ersetzt und die Gleichung dann - unter Berücksichtigung von Gleichung (2-31) - nach z_i, i = 5, 6 ableitet. Gleichung (2-37) läßt sich als Spezialfall von Gleichung (2-33) auffassen: Die Veränderung der Menge eines Nicht-Marktgutes hat auf die minimalen Ausgaben die gleiche Wirkung wie die Veränderung eines rationierten Marktgutes, das den Konsumenten zum Nulltarif zur Verfügung gestellt wird. In einem ökonomischen Modell, das die Position eines individuellen Konsumenten abbildet, lassen sich somit ein gratis zur Verfügung gestelltes rationiertes Marktgut und ein Nicht-Marktgut analytisch nicht voneinander unterscheiden. Dies darf jedoch über die nach wie vor bestehenden grundlegenden Unterschiede zwischen Marktgütern und Nicht-Marktgüter nicht hinwegtäuschen.

Der Schattenpreis des Nicht-Marktgutes i, i = 5, 6, ist eine Funktion aller exogenen Variablen des Ausgabenminimierungsproblems

$$(2\text{-}38) \quad Z_{ik} = Z_{ik}\left(p_1, p_2, v_3, v_4, z_i, z_j, U_k\right) \qquad i, j = 5, 6 \quad i \neq j$$

Die Funktion $Z_{ik}(\cdot)$ wird - wie die Funktion $R_{ik}(\cdot)$ als Zahlungsbereitschafts- oder inverse kompensierte Nachfragefunktion bezeichnet.

(6) Die Ausgabenfunktion ist *konkav in den Preisen*, d.h. es gilt

$$(2\text{-}39) \quad e_k\left(tp_1^1 + (1-t)p_1^2, tp_2^1 + (1-t)p_2^2, tR_3^1\right.$$
$$\left. + (1-t)R_3^2, tR_4^1 + (1-t)R_4^2, v_3, v_4, z_5, z_6, U_k\right)$$
$$\geq te_k\left(p_1^1, p_2^1, R_3^1, R_4^1, v_3, v_4, z_5, z_6, U_k\right)$$
$$+ (1-t)e_k\left(p_1^2, p_2^2, R_3^2, R_4^2, v_3, v_4, z_5, z_6, U_k\right) \qquad 0 \leq t \leq 1$$

Diese Definition der Konkavität ist eine einfache Erweiterung der bekannten Definition der Konkavität einer Funktion mit einer Variablen. Die linke Seite von Gleichung (2-37) gibt die Funktionswerte der Linearkombination der beiden Preiskombinationen $p_1^1, p_2^1, R_3^1, R_4^1$ und $p_1^2, p_2^2, R_3^2, R_4^2$ an. In *Übersicht 2-5* sind diese Preiskombinationen - für den Zwei-Güter-Fall - mit A und B bezeichnet. Die Funktionswerte der Linearkombination von A und B sind durch den Graphen von C nach D dargestellt. Die rechte Seite von Ungleichung (2-39) stellt die Linearkombination der zu diesen beiden Preiskombinationen gehörenden Funktionswerte dar, d.h. die rechte Seite von Gleichung (2-39) beschreibt die Gerade CD in *Übersicht 2-5*.

Übersicht 2-5:   Ausgabenfunktion im Preis-Raum

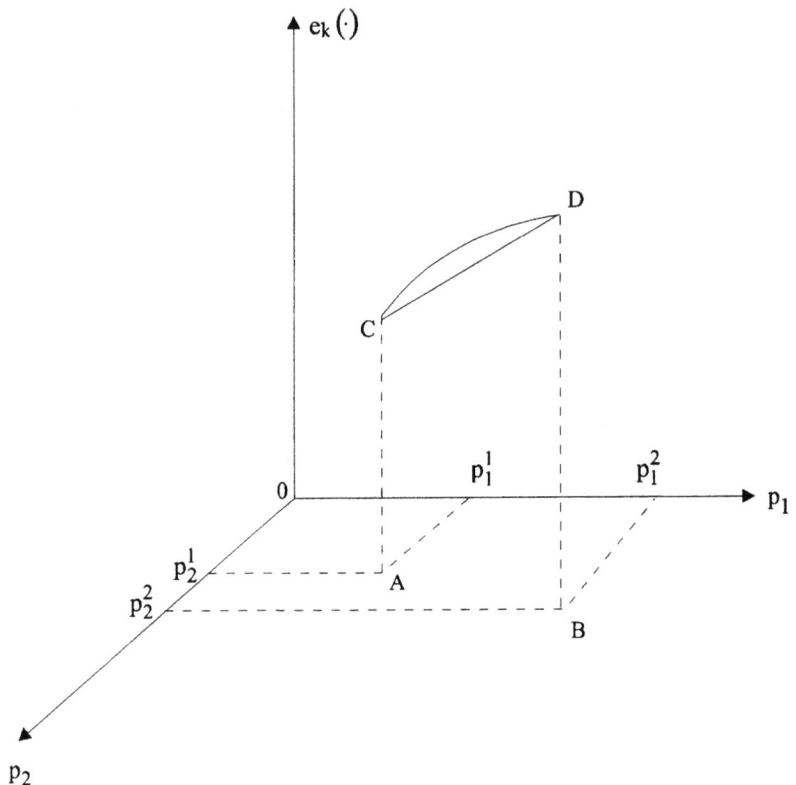

Konkavität einer Ausgabenfunktion $e_k(\cdot)$ in den Preisen bedeutet damit, daß der Graph dieser Funktion nicht unterhalb dieses Geradenstücks verlaufen darf. Die Ausgabenfunktion darf also nicht "nach unten" gekrümmt sein.

Daß die Ausgabenfunktion konkav in den Preisen ist, liegt an den Substitutionsprozessen, die durch die Preisänderungen ausgelöst werden. So wird z.B. der ausgabenminimierende Konsument k auf eine Preiserhöhung bei Gut 1 in der Weise reagieren, daß er dieses Gut durch andere Konsumgüter ersetzt - mit der Folge, daß die Konsumausgaben, die k tätigen muß, um weiterhin sein altes Nutzenniveau zu erreichen, nur unterproportional (zur Preiserhöhung) zunehmen.

Die Konkavität der Ausgabenfunktion in den Preisen beweisen wir in Anhang 2 C.

(7) Die partielle Ableitung der Ausgabenfunktion nach dem *Preis eines nicht-rationierten Marktgutes i* ergibt die kompensierte Nachfragefunktion nach dem entsprechenden Gut.

(2-40) $\partial e_k / \partial p_i = \tilde{x}_{ik}(\cdot)$

Diese Ableitungseigenschaft der Ausgabenfunktion ist auch als *SHEPHARDs Lemma* bekannt.

Zum Beweis von Gleichung (2-40) betrachten wir das Güterbündel $(\tilde{x}_{1k}^1, \tilde{x}_{2k}^1)$, mit dem der Konsument k bei den Preisen p_1^1 und p_2^1 und den exogenen Mengen v_3, v_4, z_5 und z_6 das Nutzenniveau U_k ausgabenminimal erreicht. Bei anderen Preisen ist dann dieses Güterbündel nicht ausgabenminimal, weshalb der Wert einer Funktion $f(\cdot)$, die durch

(2-41) $f(\cdot) = e_k(p_1, p_2, v_3, v_4, z_5, z_6, U_k)$

$- \left(p_1 \tilde{x}_{1k}^1(\cdot) + p_2 \tilde{x}_{2k}^1(\cdot) + R_3 v_3 + R_4 v_4 \right)$

bestimmt ist, nur bei den Preisen p_1^1 und p_2^1 gleich Null ist; in allen anderen Fällen ist der Wert von f negativ. Dies bedeutet wiederum, daß die Funktion f bei $p_1 = p_1^1$ und $p_2 = p_2^1$ ihr Maximum hat, d.h. daß an dieser Stelle die ersten Ableitungen von f nach p_1 und p_2 gleich Null sind.

(2-42) $\partial f / \partial p_i \big|_{p_i = p_i^1} = \partial e_k / \partial p_i \big|_{p_i = p_i^1} - \tilde{x}_{ik}^1(\cdot) = 0 \qquad i = 1, 2$

Da die Preise p_1^1 und p_2^1 in beliebiger Höhe festgesetzt werden können, folgt aus Gleichung (2-42) unmittelbar Gleichung (2-40).

(8) Damit kommen wir zu den *Implikationen der Ableitungseigenschaften*, die für uns relevant sind.

Mit Hilfe der Ableitungseigenschaft (2-40) können wir den Zusammenhang herleiten, der zwischen den *Preisreaktionen der normalen und der kompensierten Nachfrage* besteht.

Wie wir bereits erläutert haben, können wir die realisierte Nachfrage nach den nicht-rationierten Marktgütern entweder als normale oder als kompensierte Nachfrage interpretieren.

(2-43) $\tilde{x}_{ik}(p_1, p_2, v_3, v_4, z_5, z_6, U_k)$

$= x_{ik}(p_1, p_2, R_3, R_4, E_k, v_3, v_4, z_5, z_6) \qquad i = 1, 2$

Die Ableitung von Gleichung (2-43) nach den Preisen p_j, j = 1, 2, ergibt bei Beachtung von Gleichung (2-27)

(2-44) $\partial \tilde{x}_{ik} / \partial p_j = \partial x_{ik} / \partial p_j + (\partial x_{ik} / \partial E_k)(\partial e_k / \partial p_j) \qquad i, j = 1, 2$

bzw.

(2-45) $\partial x_{ik} / \partial p_j = \partial \tilde{x}_{ik} / \partial p_j - x_{jk}(\partial x_{ik} / \partial E_k)$ $\qquad$ i, j = 1, 2

Gleichung (2-45) ist die *SLUTSKY-Gleichung*, die die Preisreaktion der normalen Nachfrage in einen Substitutionseffekt ($\partial \tilde{x}_{ik} / \partial p_j$) und in einen Einkommenseffekt ($x_{jk}(\partial x_{ik} / \partial E_k)$) zerlegt.
Durch Erweiterung erhält man die SLUTSKY-Gleichung in *Elastizitätsschreibweise*

(2-46) $(\partial x_{ik} / \partial p_j)(p_j / x_{ik}) = (\partial \tilde{x}_{ik} / \partial p_j)(p_j / x_{ik})$

$\qquad - (x_{jk} p_j / E_k)(\partial x_{ik} / \partial E_k)(E_k / x_{ik})$ $\qquad$ i, j = 1, 2

Sie zeigt an, daß der Unterschied zwischen den Preisreaktionen der normalen und der kompensierten Nachfrage nach Gut i abhängt von der Einkommenselastizität der Nachfrage nach diesem Gut und von dem Ausgabenanteil des Gutes, dessen Preis sich ändert.

(9) Aus der Konkavität der Ausgabenfunktion in den Preisen und aus Gleichung (2-40) ergeben sich zwei Implikationen.
 a. Die Ableitung der kompensierten Nachfragefunktion nach dem Eigenpreis (der Eigenpreiseffekt) ist negativ, d.h.

(2-47) $\partial \tilde{x}_{ik} / \partial p_i < 0$ $\qquad$ i = 1, 2

Dies folgt unmittelbar aus der Tatsache, daß $\partial \tilde{x}_{ik} / \partial p_i$ gleich der zweiten Ableitung der (in den Preisen) konkaven Ausgabenfunktion nach p_i ist, denn die zweite Ableitung einer konkaven Funktion ist bekanntlich negativ.
 b. Die Ableitung einer kompensierten Nachfragefunktion $\tilde{x}_{ik}(\cdot)$, nach dem Preis p_j entspricht der Ableitung der kompensierten Nachfragefunktion $\tilde{x}_{jk}(\cdot)$, nach dem Preis p_i (*symmetrische Kreuzpreiseffekte*), d.h.

(2-48) $\partial \tilde{x}_{ik} / \partial p_j = \partial \tilde{x}_{jk} / \partial p_i$ $\qquad$ i, j = 1, 2 $\quad$ i ≠ j

Dies ergibt sich ebenfalls aus der Tatsache, daß die ersten Ableitungen der kompensierten Nachfragefunktion gleich den zweiten Ableitungen der Ausgabenfunktion sind, denn nach einem mathematischen Theorem (YOUNGs Theorem) spielt die Reihenfolge der Ableitungen keine Rolle, wenn man zweite (und höhere) Ableitungen einer Funktion bildet: Ganz gleich ob man zuerst nach dem ersten Argument und dann nach dem zweiten Argument der Ausgabenfunktion ableitet (und damit $\partial \tilde{x}_{1k} / \partial p_2$ erhält), oder ob man zuerst nach dem zweiten Argument und dann nach dem ersten Argument dieser Funktion ableitet (und damit $\partial \tilde{x}_{2k} / \partial p_1$ erhält) - das Ergebnis ist in beiden

Fällen dasselbe. (Natürlich nur unter der Voraussetzung, daß die entsprechenden Ableitungen auch existieren und stetig sind).[1]

Damit wollen wir die Diskussion der Ausgabenfunktion und auch die Übersicht über die Darstellungsmöglichkeiten der individuellen Präferenzen abschließen, denn wir haben jetzt alle Aspekte erläutert, die wir für unsere weiteren Ausführungen brauchen.

---

[1] Eine Erläuterung dieses Theorems findet sich in SILBERBERG 1991, S. 74 - 76.

Anhang 2 A:
Wie lassen sich die Funktionswerte einer Nutzenfunktion interpretieren?

Wir erläutern die sechs verschiedenen Möglichkeiten der Interpretation und ihre meßtheoretischen Implikationen anhand folgender Zahlen:

Vier unterschiedliche Güterbündel (1, 2, 3, 4) ergeben - eingesetzt in die Nutzenfunktion eines Konsumenten k - die vier Funktionswerte $U_k(1) = 10$, $U_k(2) = 5$, $U_k(3) = 2$, $U_k(4) = 1$.

Was bedeuten diese Zahlen?

I. Eine Antwort könnte heißen: Die Zahlen geben die Höhe der Nutzwerte an, die die Güterbündel für den Konsumenten haben.

Mit Güterbündel 1 sind zehn Nutzeneinheiten verbunden, mit Güterbündel 2 fünf Nutzeneinheiten usw. Bei dieser Interpretation - der "stärksten" Interpretation dieser Zahlen - wird vorausgesetzt, daß der Nullpunkt der Nutzenskala und eine Nutzeneinheit definiert sind. Anders formuliert: Bei dieser Interpretation wird der Nutzen auf einer absoluten Skala gemessen.

II. Wer der Meinung ist, eine Nutzeneinheit sei nicht definiert, die Konsumenten wüßten nur, wo ihr Nutzennullpunkt liegt, der lehnt die Interpretation I ab und würde die Zahlen höchstens wie folgt interpretieren:

Aus $U_k(1) = 10$ und $U_k(2) = 5$ folgt, daß der Nutzen von Güterbündel 1 zweimal so groß ist wie der Nutzen von 2. Bei dieser Interpretation wird also nur den Verhältnissen der Nutzenfunktionswerte ein Sinn gegeben (und nicht den absoluten Zahlen), weshalb man auch sagt, daß bei dieser Interpretation die Nutzenfunktionen bis auf multiple Transformationen ($a_k U_k$, $a_k > 0$) festgelegt sind, bzw. daß der Nutzen auf einer Ratioskala gemessen wird.

III. Man kann natürlich auch die entgegengesetzte Meinung zu II. vertreten: Man kann also die Rede von einem Nutzennullpunkt für sinnlos halten, eine Nutzeneinheit jedoch als ein sinnvolles Konstrukt ansehen.

In diesem Fall würde man behaupten, daß der Vergleich von $U_k(1)$ und $U_k(2)$ zeigt, daß Güterbündel 1 um fünf Einheiten mehr Nutzen stiftet als Güterbündel 2.

Bei dieser Interpretation hat man gegen additive Transformationen der Nutzenfunktionen ($U_k + b_k$) nichts einzuwenden. Weil hier Nutzendifferenzen (und nicht den absoluten Größen und den Verhältnissen der Nutzenwerte) ein Sinn gegeben wird, bezeichnet man diese Interpretation als Nutzenmessung auf einer Differenzskala.

IV. Bei einer noch "vorsichtigeren" Interpretation der Zahlen wird nur dem Verhältnis von Nutzendifferenzen ein Sinn zugeordnet. Man formuliert hier höchstens Aussagen wie: "Tauscht der Konsument Güterbündel 2 gegen

Güterbündel 1 ein, dann ist das für ihn fünfmal so gut, als wenn er Güterbündel 4 gegen Güterbündel 3 eintauscht".

Bei dieser Interpretation ist weder der Nutzennullpunkt noch eine Nutzeneinheit definiert, weshalb hier die Nutzenfunktion bis auf positiv lineare (affine) Transformationen ($a_k U_k + b_k$, $a_k > 0$) festgelegt sind. Wer Anhänger dieser Interpretation ist, geht von einer sog. streng kardinalen Nutzenmessung aus bzw. mißt den Nutzen auf einer Intervallskala.

V. Auch Anhänger der schwach kardinalen Nutzenmessung lassen positive lineare Transformationen von Nutzenfunktionen zu. Im Unterschied zu IV. ist für sie durch die Nutzenmessung jedoch nicht das Verhältnis, sondern nur die Ordnung von Nutzendifferenzen festgelegt. Ein Anhänger der schwach kardinalen Nutzenmessung würde aus den angegebenen Zahlen also nur die Schlußfolgerung ziehen: "Ein Tausch von Güterbündel 2 gegen Güterbündel 1 ist für den Konsumenten besser als ein Tausch von Güterbündel 4 gegen Güterbündel 3." Man spricht auch davon, daß bei der schwach kardinalen Nutzenmessung der Nutzen auf einer Ordinal-Ordinal-Skala bzw. Hyperordinalskala gemessen wird.

VI. Die "schwächste" Interpretation der angegebenen Zahlen läßt nur Aussagen der Art: "Güterbündel 1 ist für den Konsumenten besser als Güterbündel 2" zu.

Über die Ordnung der Güterbündel hinausgehende Schlußfolgerungen werden abgelehnt. Wer die Funktionswerte der Nutzenfunktion so "vorsichtig" interpretiert, ist ein Anhänger der ordinalen Nutzenmessung.

Hier wird der Nutzen auf einer Ordinalskala gemessen, d.h. hier wird die Nutzenfunktion nur bis auf monoton steigende Transformationen ($f_k(U_k), f_k' > 0$) festgelegt.

Was den logischen Zusammenhang der sechs Interpretationen betrifft, so sollte klar sein, daß die Interpretation I. die Interpretation II. - VI. einschließt, gleiches gilt für II. und IV. - VI., III. und IV. - VI., IV. und V. - VI., sowie V. und VI.

Anhang 2 B:
Implikationen der Linearhomogenität der Ausgabenfunktion

Wir betrachten zunächst die allgemeine Definition einer homogenen Funktion. Eine Funktion $f(x_1, \ldots, x_n)$ ist homogen vom Grade r, wenn

(2B-1) $\quad f(\alpha x_1, \ldots, \alpha x_n) = \alpha^r f(x_1, \ldots x_n) \quad \alpha > 0$

gilt.

Gleichung (2B-1) nach x_i abgeleitet, ergibt

(2B-2) $\quad \left[\partial f / \partial(\alpha x_i)\right]\left[\partial(\alpha x_i) / \partial x_i\right] = \alpha^r \partial f / \partial x_i$

bzw.

(2B-3) $\quad \left[\partial f / \partial(\alpha x_i)\right]\alpha = \alpha^r \partial f / \partial x_i$

Dividiert man Gleichung (2B-3) durch α, so erhält man

(2B-4) $\quad \left[\partial f / \partial(\alpha x_i)\right] = \alpha^{r-1} \partial f / \partial x_i$

Nach Gleichung (2B-4) sind die Ableitungen einer vom Grade r homogenen Funktion homogen vom Grade r - 1.

Gleichung (2B-1) nach α abgeleitet ergibt

(2B-5) $\quad \left[\partial f / \partial(\alpha x_1)\right]x_1 + \ldots + \left[\partial f / \partial(\alpha x_n)\right]x_n = r\alpha^{r-1}f(x_1, \ldots, x_n)$

Gleichung (2B-5) gilt für alle Werte von α, also auch für $\alpha = 1$. Setzt man in Gleichung (2B-5) $\alpha = 1$ ein, so erhält man

(2B-6) $\quad (\partial f / \partial x_1)x_1 + \ldots + (\partial f / \partial x_n)x_n = r f(x_1, \ldots, x_n)$

Gleichung (2B-6) ist EULERs Theorem: Multipliziert man die erste Ableitung einer vom Grade r homogenen Funktion mit den Argumenten, nach denen jeweils abgeleitet wird, und summiert dann diese Produkte auf, so erhält man das r-fache des Funktionswertes. Schreibt man für $f(\cdot)$ die Ausgabenfunktion $e(\cdot)$ und für $x_1, \ldots, x_n$ die Preise $p_1, \ldots, R_4$, dann erhält man aus Gleichung (2B-4)

(2B-7) $\quad \partial e / \partial(\alpha p_i) = \partial e / \partial p_i \qquad\qquad i = 1, 2$

bzw.

(2B-8) $\quad \partial e / \partial(\alpha R_j) = \partial e / \partial R_j \qquad\qquad j = 3, 4$

und aus Gleichung (2B-6)

(2B-9) $\quad p_1 \partial e / \partial p_1 + p_2 \partial e / \partial p_2 + R_3 \partial e / \partial R_3 + R_4 \partial e / \partial R_4$

$\qquad = e(p_1, p_2, R_3, R_4, U)$

Die Gleichungen (2B-7) und (2B-8) zeigen, daß die ersten Ableitungen der Ausgabenfunktion nach den Preisen homogen vom Grade Null sind. Gleichung (2B-10) verdeutlicht, daß die Summe der mit den jeweiligen Preisen gewichteten ersten Ableitungen der Ausgabenfunktion nach den Preisen gleich den Ausgaben ist.

Anhang 2 C:
Zur Konkavität der Ausgabenfunktion

Um die Ausführungen dieses Anhangs übersichtlicher zu gestalten, verzichten wir auf eine Indizierung mit dem Subskript "k" und nehmen an, daß der Konsument nur an Marktgütern Interesse hat.

Die Ausgabenfunktion ist konkav in den Preisen, d.h. es gilt (vgl. Gleichung 2-39)

(2C-1) $\quad e\left(t p_1^1 + (1-t)p_1^2, t p_2^1 + (1-t)p_2^2, t R_3^1\right.$

$\left. + (1-t)R_3^2, t R_4^1 + (1-t)R_4^2, v_3, v_4, U\right)$

$\geq t e\left(p_1^1, p_2^1, R_3^1, R_4^1, v_3, v_4, U\right)$

$+ (1-t) e\left(p_1^2, p_2^2, R_3^2, R_4^2, v_3, v_4, U_k\right) \quad 0 \leq t \leq 1$

Zum Beweis von Gleichung (2C-1) definieren wir

(2C-2) $\quad t p_i^1 + (1-t)p_i^2 = p_i^s \quad$ und $\quad t R_j^1 + (1-t)R_j^2 = R_j^s$

$i = 1, 2 \quad j = 3, 4 \quad 0 \leq t \leq 1$

und bezeichnen das bei den Preisen p_1^1, p_2^1, R_3^1 und R_4^1 ausgabenminimale Güterbündel mit (x_1^1, x_2^1), das bei den Preisen p_1^s, p_2^s, R_3^s und R_4^s ausgabenminimale Güterbündel mit (x_1^s, x_2^s) und das bei den Preisen p_1^2, p_2^2, R_3^2 und R_4^2 ausgabenminimale Güterbündel mit x_1^2, x_2^2. Die minimalen Ausgaben sind dann in der Situation 1

(2C-3) $\quad \left(p_1^1 x_1^1 + p_2^1 x_2^1 + R_3^1 v_3 + R_4^1 v_4\right)$

$= e\left(p_1^1, p_2^1, R_3^1, R_4^1, v_3, v_4, U\right)$

und in der Situation s

(2C-4) $\left(p_1^s x_1^s + p_2^s x_2^s + R_3^s v_3 + R_4^s v_4\right)$

$= e\left(p_1^s, p_2^s, R_3^s, R_4^s, v_3, v_4, U\right)$

Entsprechend gilt für die Situation 2

(2C-5) $\left(p_1^2 x_1^2 + p_2^2 x_2^2 + R_3^2 v_3 + R_4^2 v_4\right)$

$= e\left(p_1^2, p_2^2, R_3^2, R_4^2, v_3, v_4, U\right)$

Jedes andere Güterbündel als (x_1^1, x_2^1), mit dem bei den Rationierungsschranken v_3 und v_4 auch das Nutzenniveau U erreicht wird, erfordert bei den Preisen p_1^1, p_2^1, R_3^1 und R_4^1 höhere Ausgaben als $e(p_1^1, p_2^1, R_3^1, R_4^1, v_3, v_4, U)$. Dies gilt z.B. auch für das Güterbündel (x_1^s, x_2^s).

(2C-6) $e\left(p_1^1, p_2^1, R_3^1, R_4^1, v_3, v_4, U\right)$

$\leq p_1^1 x_1^s + p_2^1 x_2^s + R_3^1 v_3 + R_4^1 v_4$

Bei den Preisen der Situation 2 ist nur das Güterbündel (x_1^2, x_2^2) ausgabenminimal. Dies bedeutet

(2C-7) $e\left(p_1^2, p_2^2, R_3^2, R_4^2, v_3, v_4, U\right)$

$\leq p_1^2 \tilde{x}_1^s + p_2^2 \tilde{x}_2^s + R_3^2 v_3 + R_4^2 v_4$

(In den Ungleichungen (2C-6) und (2C-7) dürfen wir nicht das strenge Ungleichheitszeichen "<" verwenden, denn es kann ja auch t = 0 oder t = 1 gelten. Aus t = 0 folgt $p_i^s = p_i^2$ und $R_j^s = R_j^2$ und damit $x_i^s = x_i^2, i = 1, 2$ und j = 3, 4; d.h. in Ungleichung (2C-7) gilt dann das Gleichheitszeichen. Bei t = 1 gilt in Ungleichung (2C-6) das Gleichheitszeichen.)

Wir multiplizieren jetzt die Ungleichung (2C-6) mit t und die Ungleichung (2C-7) mit (1 - t) und fassen danach beide Ungleichungen zusammen.

(2C-8) $t\, e\left(p_1^1, p_2^1, R_3^1, R_4^1, v_3, v_4, U\right)$

$+ (1-t)\, e\left(p_1^2, p_2^2, R_3^1, R_4^1, v_3, v_4, U\right)$

$$\leq t\left(p_1^1 x_1^s + p_2^1 x_2^s + R_3^1 v_3 + R_4^1 v_4\right)$$

$$+ (1-t)\left(p_1^2 x_1^s + p_2^2 x_2^s + R_3^2 v_3 + R_4^2 v_4\right)$$

Ersetzen wir nun, unter Berücksichtigung der Definitionsgleichung (2C-2), die rechte Seite von Gleichung (2C-8) gemäß Gleichung (2C-4) durch $e(p_1^s, p_2^s, R_3^s, R_4^s, v_3, v_4, U)$, dann erhalten wir - wiederum unter Berücksichtigung der Definitionsgleichung (2C-2) - die Gleichung (2C-1).

3 Potentielle PARETO-Verbesserungen und Effizienzverbesserungen

Wir geben zunächst einen Überblick über den Inhalt dieses Kapitels.

3.1 Einführung

In Nutzen-Kosten-Analysen möchte man ermitteln, ob es sich aus der Sicht der von einer Handlung (positiv oder negativ) betroffenen Individuen lohnt, die Handlung durchzuführen, d.h. ob die Handlung zu einer *Effizienzverbesserung* führt oder nicht.

In diesem Kapitel erläutern wir, was unter einer Effizienzverbesserung zu verstehen ist.

Die Bewertungsrelation "ist eine Effizienzverbesserung" basiert selbst wieder auf einer anderen Bewertungsrelation, nämlich dem Konzept der *potentiellen PARETO-Verbesserung*. Wir beschäftigen uns deshalb zunächst mit diesem Konzept.

Im zweiten Abschnitt dieses Kapitels (Abschnitt 3.2) erklären wir, was unter einer potentiellen PARETO-Verbesserung zu verstehen ist. Im dritten Abschnitt (Abschnitt 3.3) arbeiten wir mit diesem Bewertungskriterium, d.h. wir betrachten einige Handlungen und prüfen, ob diese Handlungen zu potentiellen PARETO-Verbesserungen führen oder nicht.

Im nächsten Abschnitt (Abschnitt 3.4) vergleichen wir die Bewertungsrelation der potentiellen PARETO-Verbesserung mit der (bekannteren) Bewertungsrelation der *PARETO-Verbesserung*.

Den Zusammenhang von potentieller PARETO-Verbesserung und Effizienzverbesserung diskutieren wir in Abschnitt 3.5.

Im letzten Abschnitt (Abschnitt 3.6) erläutern wir die Probleme, die bei einem Effizienzvergleich zwischen mehr als zwei Zuständen auftreten.

In den Abschnitten 3.2 bis 3.4 nehmen wir Bezug auf die Konzepte der EDGEWORTH-Tauschbox, der Kontraktkurve, der Nutzenmöglichkeitskurve, der Nutzenmöglichkeitsgrenze und der SCITOVSKY-Indifferenzkurve. Diese Konzepte erlauben die graphische Darstellung der Nutzenkombination im Nutzen- bzw. Güterraum und werden in einem Anhang (Anhang 3 A) näher erläutert. - Eine Beschreibung des PARETO-Optimums mit Hilfe von Effizienzbedingungen findet sich in einem zweiten Anhang zu Kapitel 3 (Anhang 3 B).

3.2
Potentielle PARETO-Verbesserung

(1) Die Bewertungsrelation der potentiellen PARETO-Verbesserung ist wie folgt *definiert*:
Eine Handlung führt genau dann zu einer *potentiellen PARETO-Verbesserung*, bzw. der Endzustand nach einer Handlung ist genau dann eine potentielle PARETO-Verbesserung gegenüber dem Ausgangszustand, wenn es möglich ist, von dem Endzustand ausgehend einen gegenüber der Ausgangslage *PARETO-superioren Zustand* zu erreichen. Ist dies nicht möglich, so führt die Handlung nicht zu einer potentiellen PARETO-Verbesserung, bzw. so ist der Endzustand keine potentielle PARETO-Verbesserung gegenüber dem Ausgangszustand.

In dieser Definition wird der Begriff der PARETO-Superiorität verwendet, der wie folgt zu verstehen ist: Ein Zustand 1 ist dann *PARETO-superior* gegenüber einem Zustand 2, wenn alle Konsumenten in Zustand 1 mindestens so gut mit Konsumgütern versorgt sind wie in Zustand 2 und sie deshalb Zustand 1 für mindestens so gut halten wie Zustand 2, und wenn wenigstens ein Konsument Zustand 1 dem Zustand 2 vorzieht, weil seine Versorgung mit Konsumgütern in Zustand 1 besser ist als in Zustand 2.

(2) Es gibt wohl keine Handlung, die von allen Betroffenen gleich eingeschätzt wird, d.h. jede Handlung wird von einigen (betroffenen) Konsumenten positiv, von anderen dagegen negativ beurteilt. Bezeichnen wir die Konsumenten, die nach der Handlung besser dastehen als vor der Handlung, als "Gewinner", und die Konsumenten, die sich durch die Handlung verschlechtern, als "Verlierer", dann können wir die Bewertungsrelation der potentiellen PARETO-Verbesserung auch so definieren: Eine Handlung stellt dann eine (keine) potentielle PARETO-Verbesserung dar, wenn es nach dieser Handlung (nicht) möglich ist, daß die Gewinner die Verlierer voll *kompensieren* können und trotzdem noch besser als vor der Handlung dastehen.

(3) Wenn man Zustände mit der Bewertungsrelation der potentiellen PARETO-Verbesserung vergleicht, dann unterstellt man, daß die Individuen in der Lage sind, zu entscheiden, welcher Zustand sie besser stellt. Man nimmt also an, daß die Individuen die Zustände nutzenmäßig ordnen können, d. h. man setzt *ordinale* Nutzenmessung voraus.

Weitergehende Annahmen über die Nutzenmessung werden nicht getroffen, was nicht bedeutet, daß die Bewertungsrelation der potentiellen PARETO-Verbesserung solche Annahmen ausschließt. Wer will, der kann aus dem Sachverhalt, daß ein Individuum nach Durchführung der Handlung 100 DM benötigt, um wieder sein Nutzenniveau der Ausgangssituation zu erreichen, mehr ableiten als die Schlußfolgerung, daß das betrachtete Individuum nach Durchführung der Handlung schlechter dasteht als vorher: z.B. daß der Nutzen des Individuums um 100 Einheiten gesunken ist, daß das Individuum nach Durchführung dieser Handlung zehnmal schlechter dasteht als nach Durchführung einer alternativen Handlung, für die es eine Kompensationsforderung von 10 DM hat. Solche Schlußfolgerungen benötigt man nicht, wenn man mit der Bewertungsrelation der potentiellen PARETO-Verbesserung arbeitet, solche Schlußfolgerungen werden durch diese Relation aber auch nicht ausgeschlossen. Analoges gilt bezüglich der Annahmen über die interpersonelle Nutzenvergleichbarkeit. Wenn man die Bewertungsrelation der potentiellen PARETO-Verbesserung verwendet, dann unterstellt man nicht interpersonelle Vergleichbarkeit des Nutzens - man kann dies aber tun: Man kann aus der Tatsache, daß ein Gewinner der Handlung bereit wäre, einem Verlierer einen doppelt so hohen Betrag zu zahlen, wie dieser benötigt, um wieder sein Nutzenniveau der Ausgangssituation zu erreichen, z. B. auch den Schluß ziehen, daß die Nutzenzunahme des Gewinners doppelt so groß ist wie die Nutzenabnahme des Verlierers.

Die Bewertungsrelation der potentiellen PARETO-Verbesserung ist also mit allen Annahmen über individuelle Nutzenmessung und interpersonelle Nutzenvergleichbarkeit kompatibel.

(4) Vergleicht man zwei Zustände mit der Bewertungsrelation der potentiellen PARETO-Verbesserung, dann verlangt man nicht, daß die Kompensation der Verlierer tatsächlich durchgeführt wird. Es wird nur geprüft, ob es *möglich* wäre, eine solche Kompensation vorzunehmen. Ob kompensiert werden sollte oder nicht, hängt von der Beurteilung der Verteilungswirkungen ab und ist für die Effizienzanalyse ohne Bedeutung.

(5) Die Relation der potentiellen PARETO-Verbesserung wurde zuerst von KALDOR (1939) zur Bewertung einer wirtschaftspolitischen Maßnahme - der Aufhebung der englischen Kornzölle im Jahre 1846 - vorgeschlagen.

Diese Aufhebung hatte *Verteilungswirkungen* - die englischen Konsumenten wurden zu Lasten der (Einkommen der) englischen Großgrundbesitzer begünstigt und KALDOR wollte mit der Relation der potentiellen PARETO-Verbesserung eine Bewertung dieser Maßnahme vornehmen, die unabhängig von den Verteilungswirkungen ist. (Was nicht dahingehend mißverstanden werden darf, daß KALDOR der Auffassung war, die Verteilungswirkungen seien irrelevant).

KALDORs Idee wurde im selben Jahr von HICKS (1939) aufgegriffen, so daß die Bewertungsrelation der potentiellen PARETO-Verbesserung auch unter dem Namen KALDOR-HICKS-*Kompensationstest* bekannt ist.

3.3
Prüfung auf potentielle PARETO-Verbesserung

In diesem Abschnitt wollen wir anhand dreier Beispiele demonstrieren, wie Handlungen mit Hilfe der Relation der potentiellen PARETO-Verbesserung bewertet werden.

3.3.1
Bewertung einer Umverteilung

(1) In einem ersten Beispiel betrachten wir die Umverteilung eines *gegebenen* Güterbündels, das aus zwei (Markt-) Gütern (1 und 2) besteht. Von der Umverteilung sind zwei Individuen (h und g) betroffen. Konsument g profitiert von der Umverteilung, denn er erhält jetzt von beiden Gütern mehr; die Umverteilung geht zu Lasten von Konsument h - Konsument h ist also der Verlierer der Umverteilung.

Übersicht 3-1: Bewertung der Umverteilung im Güterraum

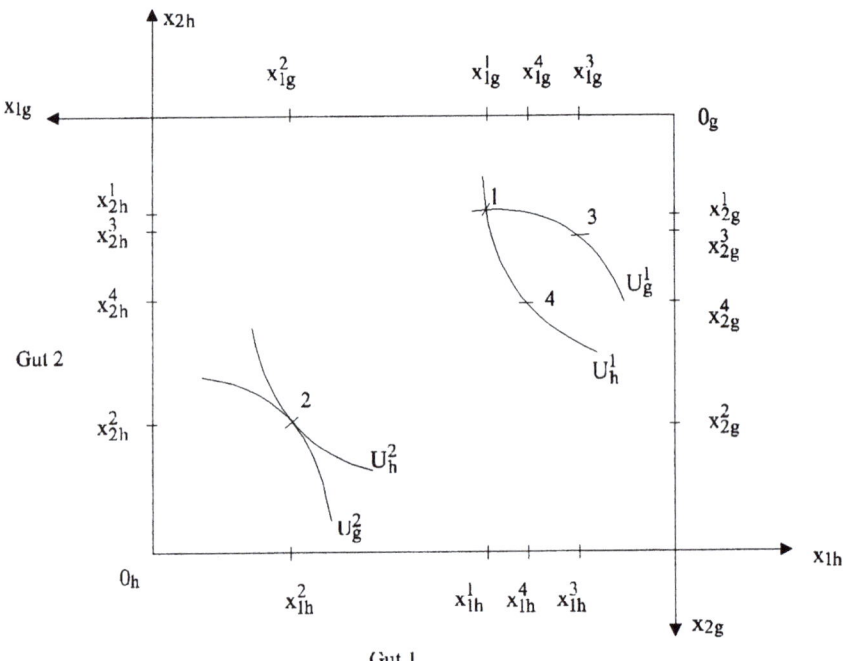

In *Übersicht 3-1* haben wir die Situation im Güterraum graphisch dargestellt. Wir haben die EDGEWORTH-Tauschbox gezeichnet, und wir haben in diese Tauschbox die Ausgangslage (1) und die Endsituation (2) gekennzeichnet. (In Anhang 3 A wird das Konzept der EDGEWORTH-Tauschbox näher erläutert).

Die Gütermengen, die Konsument h erhält, werden vom links unten liegenden Eckpunkt der Tauschbox (O_h) aus gemessen; die Gütermengen, die Konsument g zur Verfügung stehen, vom rechts oben liegenden Eckpunkt (O_g) aus.

Durch die Umverteilung sinkt also die Gütermenge, die Konsument h verbrauchen kann, bei Gut 1 von x^1_{1h} auf x^2_{1h} und bei Gut 2 von x^1_{2h} auf x^2_{2h}, die Gütermengen, die Konsument g verbrauchen kann, steigen von x_{1g}^1 auf x_{1g}^2 und von x_{2g}^1 auf x_{2g}^2.

Wir haben in die Tauschbox auch die Indifferenzkurven der beiden Konsumenten eingezeichnet, auf denen die Güterbündel 1 und 2 liegen. (Die Indifferenzkurven des Individuums h verlaufen konvex zum Eckpunkt 0_h, diejenigen des Individuums g konvex zum Eckpunkt 0_g.)

(2) Mit Hilfe dieser *Indifferenzkurven* können wir nun feststellen, ob die Umverteilung von 1 nach 2 den KALDOR-HICKS-Kompensationstest erfüllt, d.h. ob der Gewinner g den Verlierer h für seine Verluste kompensieren kann und auch nach dieser Kompensation noch besser dasteht als in der Ausgangssituation. Wie die Indifferenzkurve U_g^1 zeigt, ist Individuum g zwischen der Verteilungssituation 1 und der Verteilungssituation 3 indifferent - g könnte also (von 2 ausgehend) $x_{1g}^2 - x_{1g}^3$ Einheiten von Gut 1 und $x_{2g}^2 - x_{2g}^3$ Einheiten von Gut 2 abgeben, ohne sich dadurch gegenüber der Ausgangssituation zu verschlechtern.

Individuum h benötigt jedoch nur $x_{1h}^4 - x_{1h}^2$ Einheiten von Gut 1 und $x_{2h}^4 - x_{2h}^2$ Einheiten von Gut 2, um für die Umverteilungsmaßnahme kompensiert zu werden, denn Individuum h ist - wie die Indifferenzkurve U_h^1 verdeutlicht - zwischen den Verteilungssituationen 1 und 4 indifferent. Die Verteilungssituation 2 stellt also eine potentielle PARETO-Verbesserung gegenüber der Verteilungssituation 1 dar.

Übersicht 3-2:   *Bewertung der Umverteilung im Nutzenraum*

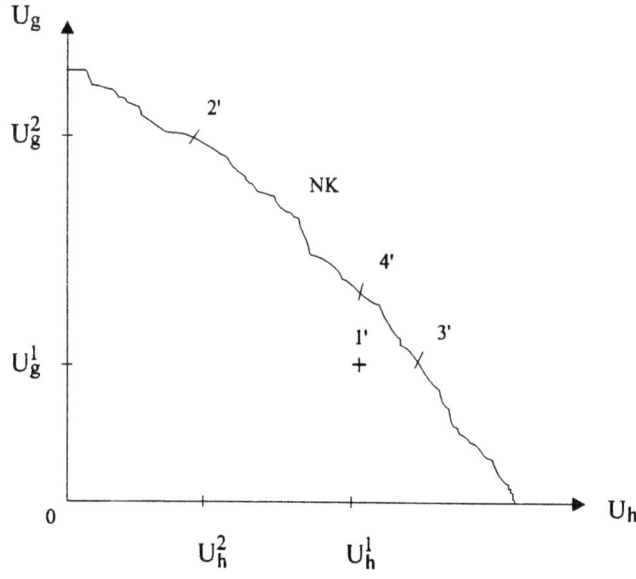

(3) In *Übersicht 3-2* haben wir die Umverteilungsmaßnahme im *Nutzenraum* graphisch dargestellt. Auf den Koordinatenachsen haben wir die Nutzenniveaus der beiden Konsumenten (g, h) abgetragen. (Da wir von ordinalen Nutzenniveaus ausgehen, sind die Abstände zwischen den verschiedenen Nutzenniveaus auf den Achsen willkürlich.)

In das Koordinatensystem haben wir die *Nutzenmöglichkeitskurve* (NK) eingezeichnet, die gegebenen Nutzenniveaus eines Konsumenten das bei dem zur Verfügung stehenden Güterbündel jeweils maximal erreichbare Nutzenniveau des anderen Konsumenten zuordnet. (In Anhang 3 A wird das Konzept der Nutzenmöglichkeitskurve näher erläutert.) Die Nutzenverteilung der Ausgangssituation ist durch den Punkt 1', diejenige der Endverteilung durch den Punkt 2' gekennzeichnet. Wie wir aus der *Übersicht 3-1* wissen, stellt die Ausgangsverteilung - im Unterschied zur Endverteilung - keine effiziente Verteilung dar. (In 1 schneiden sich die Indifferenzkurven der beiden Individuen, in 2 tangieren sie sich.) Der Verteilungspunkt 2' liegt also auf, der Verteilungspunkt 1' unterhalb der Nutzenmöglichkeitskurve NK.

(4) In *Übersicht 3-2* haben wir auch die mit den Güterverteilungen 3 und 4 korrespondierenden Nutzenverteilungen 3' und 4' eingezeichnet, wobei wir angenommen haben, daß es sich hierbei um effiziente Verteilungen handelt. (Wäre dies nicht der Fall, dann läge 4' unterhalb der Nutzenmöglichkeitskurve senkrecht oberhalb von 1', und 3' rechts von 1', aber nicht auf der Nutzenmöglichkeitskurve).

Wenn man von einer effizienten Nutzenverteilung (wie z.B. Punkt 2') ausgeht, kann man (durch kostenlose Umverteilungsmaßnahmen) alle Nutzenverteilungen erreichen, die auf der Nutzenmöglichkeitskurve liegen - also auch die Nutzenverteilungen, die zwischen 3' und 4' liegen und die gegenüber der Nutzenverteilung 1' PARETO-superior sind.

Daraus folgt, daß die Umverteilungsmaßnahme von 1' nach 2' eine potentielle PARETO-Verbesserung darstellt.

3.3.2
Bewertung einer Produktionsumstellung

(1) In einem zweiten Beispiel nehmen wir an, daß die zu bewertende Handlung darin besteht, daß ein anderes (Markt-) Güterbündel *produziert* und an die Konsumenten verteilt wird. In *Übersicht 3-3* haben wir die Situation im Güterraum graphisch dargestellt. Auf der Abszisse haben wir die produzierte Menge des Guts 1 (x_1) abgetragen, auf der Ordinate die produzierte Menge des Guts 2 (x_2). Unter der Annahme, daß sowohl das Güterbündel der Ausgangssituation (x_1^1, x_2^1) als auch das Güterbündel der Endsituation (x_1^2, x_2^2) effizient produziert wird, liegen beide Güterbündel auf der Transformationskurve (T). Wir haben für beide Güterbündel (1'' und 2'') die entsprechende EDGEWORTH-Tauschbox gezeichnet und in diesen Boxen die Verteilungen der Güterbündel (1 bzw. 2) markiert. Wir wollen annehmen, daß beide Verteilungen effizient sind.

Im Unterschied zum ersten Beispiel ist diesmal g der Verlierer und h der Gewinner der Handlung.

Übersicht 3-3: *Bewertung der Produktionsumstellung im Güterraum*

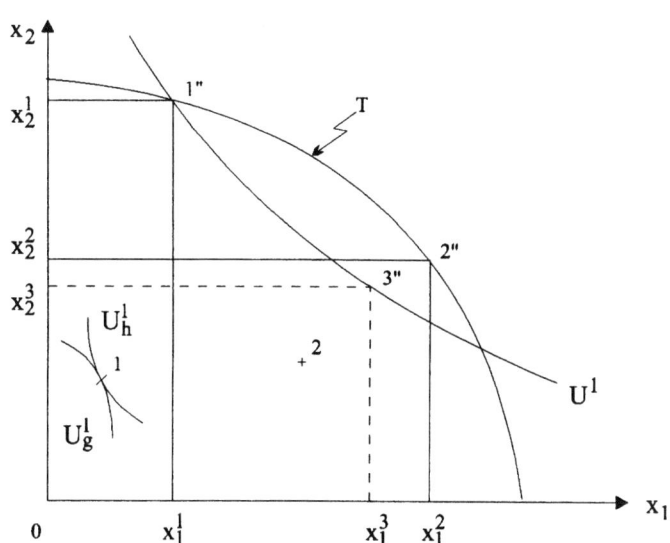

(2) Um festzustellen, ob die Handlung eine potentielle PARETO-Verbesserung darstellt oder nicht, müssen wir die zum Verteilungspunkt 1 - genauer: die zu den durch den Verteilungspunkt 1 bestimmten Nutzenniveaus der beiden Individuen (U_g^1, U_h^1) - gehörende SCITOVSKY-Indifferenzkurve (U^1) in das Diagramm einzeichnen. (Das Konzept der SCITOVSKY-Indifferenzkurve wird in Anhang 3 A näher erläutert.)

Auf der SCITOVSKY-Indifferenzkurve U^1 liegen alle die Güterbündel, die bei effizienter Verteilung so auf die Individuen aufgeteilt werden können, daß diese genau die Nutzenniveaus der Ausgangssituation erreichen.

Wenn also z.B. das Güterbündel x_1^3, x_2^3 produziert wird, dann kann dieses Güterbündel so effizient auf die Individuen g und h verteilt werden, daß diese die Nutzenniveaus U_g^1 und U_h^1 erreichen. Wenn wir nun den Produktionspunkt 2″ mit dem Produktionspunkt 3″ vergleichen, dann erkennen wir, daß in Produktionspunkt 2″ von beiden Gütern mehr hergestellt wird als in Produktionspunkt 3″. Wir können also wie folgt verfahren: Das Güterbündel x_1^2, x_2^2 produzieren und einen Teil dieses Güterbündels - die Mengen x_1^3 und x_2^3 - so auf die Konsumenten verteilen, daß beide genauso gut dastehen wie in der Ausgangssituation. Wir haben dann noch die Gütermengen $x_1^2 - x_1^3$ und $x_2^2 - x_2^3$ übrig, die wir zusätzlich an die Konsumenten verteilen können - mit dem Effekt, daß beide ein höheres Nutzenniveau erreichen als in der Ausgangssituation. Die Endsituation (Produktion des Güterbündels 2″, Verteilung gemäß Verteilungspunkt 2) stellt also eine potentielle PARETO-Verbesserung gegenüber der Ausgangssituation (Produktion des Güterbündels 1″, Verteilung gemäß Verteilungspunkt 1) dar.

(3) Eine Verallgemeinerung unserer Überlegungen führt zu der folgenden *"technischen"* Definition einer potentiellen PARETO-Verbesserung:

Eine Handlung, die sich nur auf die Versorgung der Konsumenten mit Marktgütern auswirkt, stellt genau dann eine potentielle PARETO-Verbesserung dar, wenn sich die SCITOVSKY-*Indifferenzkurve der Ausgangssituation* (U^1 in *Übersicht 3-3*) und die *Transformationskurve der Endsituation schneiden* (In *Übersicht 3-3* bewirkt die Handlung keine Veränderung der Transformationskurve, d. h. T stellt sowohl die Transformationskurve der Ausgangssituation als auch die Transformationskurve der Endsituation dar).

Übersicht 3-4: *Bewertung der Produktionsumstellung im Nutzenraum*

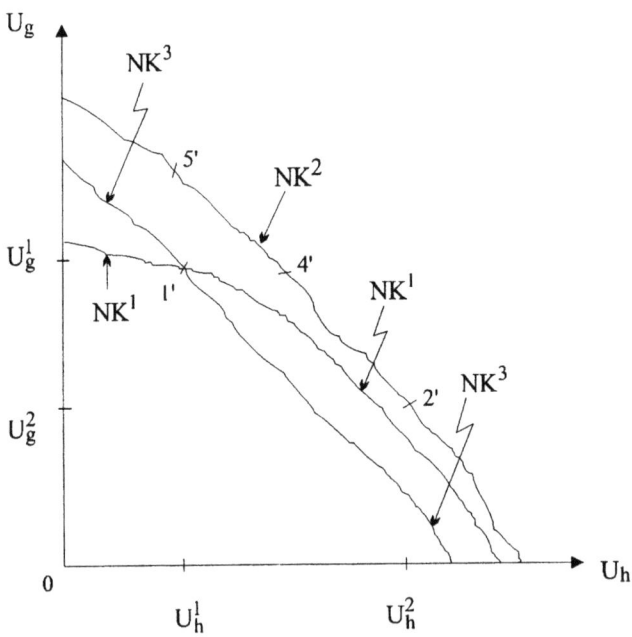

(4) Auch dieses Beispiel wollen wir noch einmal im *Nutzenraum* betrachten. In *Übersicht 3-4* haben wir die zu den Güterbündeln 1″, 2″ und 3″ gehörenden Nutzenmöglichkeitskurve (NK^1, NK^2, NK^3) eingezeichnet. Die Lage der Nutzenmöglichkeitskurven zueinander ist durch die *Übersicht 3-3* nicht eindeutig festgelegt: Wir wissen nur, daß NK^3 unterhalb von NK^2 liegt, weil im

Produktionspunkt 3'' nur ein Teil des Güterbündels (x_1^2, x_2^2) produziert wird, und daß sich NK^3 und NK^1 im Nutzenverteilungspunkt 1' schneiden, weil sowohl Güterbündel 3'' als auch Güterbündel 1'' auf derselben SCITOVSKY-Indifferenzkurve liegen. NK^2 kann oberhalb von NK^1 verlaufen, NK^2 kann NK^1 aber auch rechts von 1' von oben schneiden.

(5) *Übersicht 3-4* verdeutlicht: Das Güterbündel der Endsituation (2') kann so auf die beiden Konsumenten verteilt werden, daß sich h gegenüber der Ausgangslage (1') verbessert und g zwischen beiden Situationen indifferent ist (Verteilungspunkt 4'), daß sich g gegenüber der Ausgangssituation verbessert und h zwischen beiden Situationen indifferent ist (Verteilungspunkt 5'), oder daß sich beide Individuen gegenüber der Ausgangssituation verbessern (Verteilungspunkt zwischen 4' und 5'). Daraus folgt, daß die Produktionsumstellung eine potentielle PARETO-Verbesserung darstellt.

3.3.3
Bewertung einer Umstellung der Außenwirtschaftsbeziehungen

(1) In einem dritten Beispiel soll die zu bewertende Handlung darin bestehen, daß protektionistische Maßnahmen, die die Volkswirtschaft vom Weltmarkt abschließen, vollständig abgebaut werden. Dies läuft auf einen Vergleich des *Protektions-* mit dem *Freihandelszustand* hinaus. Wir nehmen an, daß in der betrachteten Volkswirtschaft nur die beiden (Markt-) Güter 1 und 2 produziert werden und bezeichnen die produzierten Mengen mit y_1 und y_2. Weiterhin gehen wir davon aus, daß diese Güter auf den Weltmärkten zu Preisen gehandelt werden, die die betrachtete Volkswirtschaft nicht beeinflussen kann (Annahme des kleinen Landes). Das Weltmarktpreisverhältnis der beiden Güter bezeichnen wir mit p_w und das in der geschlossenen Volkswirtschaft bestehende Preisverhältnis mit p_{au}.

In *Übersicht 3-5* findet sich die graphische Darstellung des Vergleichs von Protektions- und Freihandelszustand. Die Koordinaten des Punktes 1'' geben die Produktions- *und* Konsummengen (y_1, y_2 bzw. x_1, x_2) des Autarkiezustandes an, d.h. Produktions- und Konsummengen der beiden Güter stimmen bei Autarkie jeweils überein ($y_1^1 = x_1^1, y_2^1 = x_2^1$) und liegen auf der Transformationskurve (T). Beim Übergang von Autarkie zu Freihandel ändert sich das Güterpreisverhältnis von $p_{au} = p_1^1/p_2^1$ zu $p_w = p_1^2/p_2^2$, d.h. auf dem Weltmarkt sind die Güter der Art 1 vergleichsweise billig. Dies löst eine Produktionsumstellung im Inland aus: Die Unternehmen produzieren mehr von Gut 2 und weniger von Gut 1. Im neuen Produktionspunkt (2*'') befinden wir uns, wie in Punkt 1'' auch, auf der Transformationskurve, d.h. sowohl im Protektions- wie im Freihandelszustand ist die Bedingung der *Produktionseffizienz* erfüllt.

Übersicht 3-5: Bewertung von Freihandel im Güterraum

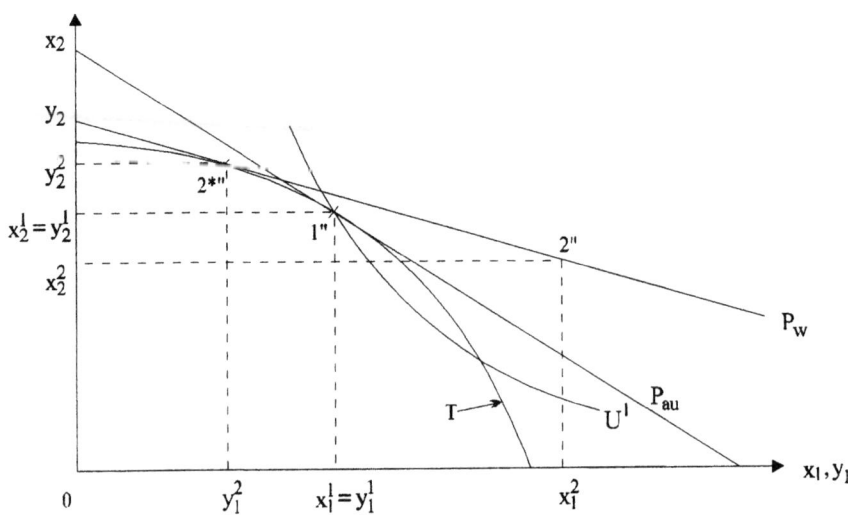

Bei Freihandel werden die maximalen Konsummöglichkeiten nicht mehr durch die Transformationskurve, sondern durch die p_w-Gerade beschrieben (s. hierzu Abschnitt B.5 in Anhang 3 B). Wir nehmen hier an, daß die Konsumenten im Freihandelszustand die Mengen x_2^2 und x_1^2 (= Koordinaten des Punktes $2''$) realisieren. Dies impliziert eine Exportmenge von $y_2^2 - x_2^2$ und eine Importmenge von $x_1^2 - y_1^2$.

In Anlehnung an die Überlegungen zu einer Produktionsumstellung in Abschnitt 3.3.2 (*Übersicht 3-3*) kann kein Zweifel daran bestehen, daß der Konsumpunkt $2''$ des Freihandelszustandes dem Konsumpunkt $1''$ des Protektionszustandes vorzuziehen ist. Denn die durch Punkt $1''$ verlaufende Indifferenzkurve verläuft links unterhalb von Punkt $2''$, d.h. es gibt eine Vielzahl von Zuständen, in denen mit einem kleineren Güterbündel als dem des Endzustandes $2''$ die gleichen Nutzenniveaus erreicht werden können wie im Ausgangszustand $1''$. Daß dies allerdings noch keine hinreichende Begründung für die Vorteilhaftigkeit von Freihandel ist, werden wir bereits im übernächsten Abschnitt (3.5) sehen.

Es ist unnötig, eine ergänzende Graphik des Nutzenraumes zu konstruieren, weil wir unmittelbar auf *Übersicht 3-4* zurückgreifen können. Aufgrund dieser Übersicht wissen wir, daß die zum Freihandelspunkt $2''$ gehörende Nutzenmöglichkeits*kurve* im Nutzenraum oberhalb des Nutzenverteilungs*punktes* verläuft, der in der Autarkiesituation erreicht wird. Die Gewinner der Öffnung der Volkswirtschaft können also die Verlierer voll kompensieren und stehen trotzdem noch besser da als in der Autarkiesituation.

3.4
Potentielle PARETO-Verbesserungen, PARETO-Verbesserungen und PARETO-Optima

(1) Wird nach Durchführung einer Handlung die Kompensation der Verlierer durch die Gewinner *tatsächlich* durchgeführt, dann hat die Handlung zusammen mit der Kompensation zu einer PARETO-Verbesserung geführt. Eine *PARETO-Verbesserung* liegt nämlich immer dann vor, wenn ein PARETO-superiorer Zustand erreicht wird, d. h. wenn sich kein Individuum verschlechtert und mindestens ein Individuum verbessert.

Jede PARETO-Verbesserung ist also auch eine potentielle PARETO-Verbesserung, aber nicht jede potentielle PARETO-Verbesserung ist eine PARETO-Verbesserung.

(2) In *Übersicht 3-6* verdeutlichen wir den Zusammenhang zwischen diesen beiden Bewertungsrelationen im Nutzenraum.

Übersicht 3-6: PARETO-Verbesserungen, potentielle PARETO-Verbesserungen und PARETO-Optima

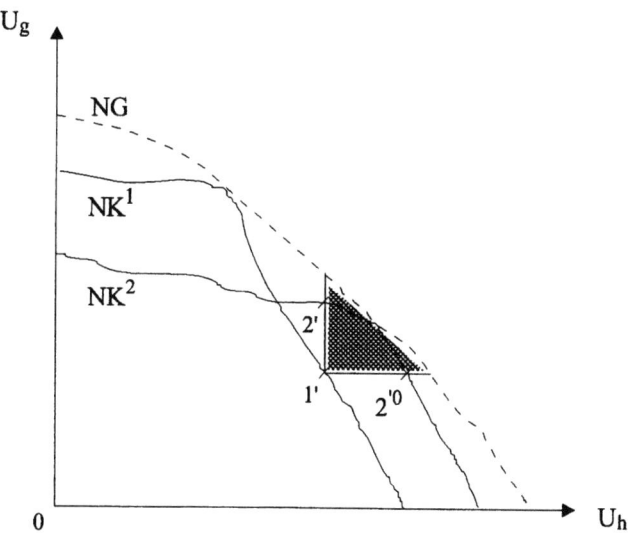

In der Ausgangssituation wird das (Markt-) Güterbündel 1'' produziert und so auf die beiden Konsumenten g und h verteilt, daß der Verteilungspunkt 1' auf der Nutzenmöglichkeitskurve NK^1 realisiert wird. Alle Nutzenniveaukombinationen, die eine PARETO-Verbesserung gegenüber 1' darstellen, liegen im schraffierten Feld, dem sog. PARETO-Feld von 1'. Wenn in der Endsituation also z. B. das zu der Nutzenmöglichkeitskurve NK^2 führende Güterbündel $2''$ produziert wird, dann stellt - unabhängig davon, wie dieses Güterbündel verteilt wird - dieser Endzustand eine potentielle PARETO-Verbesserung dar. Eine PARETO-Verbesserung ist der Endzustand jedoch nur dann, wenn die Verteilung des Güterbündels $2''$ zu einer Nutzenniveaukombination führt, die zwischen den Verteilungspunkten $2'$ und $2'^0$ auf der Nutzenmöglichkeitskurve NK^2 liegt.

(3) In *Übersicht 3-6* haben wir auch die *Nutzenmöglichkeitsgrenze* (NG) eingezeichnet. Die Nutzenmöglichkeitsgrenze ordnet alternativen Nutzenniveaus eines Konsumenten das im Rahmen der inländischen Produktions- und Außenhandelsmöglichkeiten maximal erreichbare Nutzenniveau des anderen Konsumenten zu. (Im Anhang 3 A wird das Konzept der Nutzenmöglichkeitsgrenze näher beschrieben. Eine kurze anschauliche Erläuterung findet sich zudem im nächsten Abschnitt 3.5.1(5)).

Auf der Nutzenmöglichkeitsgrenze liegen alle PARETO-optimalen Zustände (zur Beschreibung eines PARETO-Optimums s. Anhang 3 B).

Ein Zustand 1 ist dann *PARETO-optimal*, wenn es keinen anderen erreichbaren Zustand gibt, der eine PARETO-Verbesserung gegenüber diesem Zustand darstellt.

(4) Das Konzept der potentiellen PARETO-Verbesserung ordnet stets PARETO-optimale Zustände vor Zustände, die nicht PARETO-optimal sind. Ausgehend von einem PARETO-optimalen Zustand (einer Nutzenniveaukombination auf der Nutzenmöglichkeitsgrenze NG) läßt sich - durch (annahmegemäß kostenlose) Umverteilung - stets eine Nutzenniveaukombination erreichen, die PARETO-superior ist gegenüber einer Nutzenniveaukombination, die nicht PARETO-optimal ist.

(5) Aus der Definition eines PARETO-optimalen Zustandes folgt: Kein PARETO-optimaler Zustand ist gegenüber irgendeinem anderen PARETO-optimalen Zustand PARETO-superior und von keinem PARETO-optimalen Zustand aus läßt sich ein Zustand erreichen, der PARETO-superior gegenüber irgendeinem anderen PARETO-optimalen Zustand ist. Es ist also weder mit der Bewertungsrelation der PARETO-Verbesserung noch mit der Bewertungsrelation der potentiellen PARETO-Verbesserung möglich, zwei PARETO-optimale Zustände zu vergleichen. Beide Bewertungsrelationen sind *unvollständig*.

(6) Da es - wie schon erwähnt - mehr *potentielle* PARETO-Verbesserungen als PARETO-Verbesserungen gibt, ist die Bewertungsrelation der potentiellen Verbesserung *"vollständiger"* als die Bewertungsrelation der PARETO-Verbesserung: Mit der Bewertungsrelation der PARETO-Verbesserung können wir zwei Situationen nur dann vergleichen, wenn alle betroffenen Individuen eine der Situationen für mindestens so gut halten wie die andere und mindestens ein Individuum diese Situation vorzieht.

Mit der Bewertungsrelation der potentiellen PARETO-Verbesserung können wir darüber hinaus auch einige der Situationen vergleichen, die von den Individuen *entgegengesetzt* bewertet werden.

3.5
Von der potentiellen PARETO-Verbesserung zur Effizienzverbesserung

In diesem Abschnitt betrachten wir den Zusammenhang von potentieller PARETO-Verbesserung und Effizienzverbesserung. Zunächst erläutern wir, warum man überhaupt einen Unterschied zwischen diesen beiden Konzepten machen muß (Unterabschnitt 3.5.1), danach definieren wir die Bewertungsrelation der Effizienzverbesserung (Unterabschnitt 3.5.2) und schließlich (Unterabschnitt 3.5.3) erläutern wir, unter welchen Bedingungen wir aus einer potentiellen PARETO-Verbesserung auf eine Effizienzverbesserung schließen können.

3.5.1
Das SCITOVSKY-Paradox

(1) Das Konzept der potentiellen PARETO-Verbesserung kann zu einer *symmetrischen* Bewertung führen, d.h. es ist möglich, daß der Endzustand einer sozialen Handlung für die Konsumenten eine potentielle PARETO-Verbesserung gegenüber dem Anfangszustand ist und daß gleichzeitig der Anfangszustand der sozialen Handlung für die Konsumenten eine potentielle PARETO-Verbesserung gegenüber dem Endzustand ist.

In den *Übersichten 3-7* und *3-8* haben wir einen solchen Fall dargestellt - einmal im Güterraum und einmal im Nutzenraum.

(2) Wir betrachten eine Handlung, die zu einer Änderung des produzierten Güterbündels führt. Sowohl in der Ausgangs- als auch in der Endsituation sind der Produktions- und der Konsumbereich der (geschlossenen) Volkswirtschaft jeweils effizient organisiert. Aufgrund der *Produktionseffizienz* liegen die Güterbündel auf der Transformationkurve T. Andererseits bedeutet eine effiziente Verteilung produzierter Güterbündel auf die Haushalte, daß sich die individuellen Indifferenzkurven tangieren. (*Tauscheffizienz*; vgl. Abschnitt B3 in Anhang 3 B). In der Ausgangssituation wird das Güterbündel 1″ produziert und so auf die Konsumenten verteilt, daß diese die Nutzenniveaus U_h^1 und U_g^1 erreichen. Die SCITOVSKY-Indifferenzkurve U^1 gibt alle Güterbündel an, die - bei effizienter Verteilung - ebenfalls diese Nutzenniveaus hervorrufen, und die Nutzenmöglichkeitskurve NK^1 ordnet gegebenen Nutzenniveaus des Konsumenten h das maximal erreichbare Nutzenniveau des Konsumenten g zu, wenn Güterbündel 1″ produziert wird.

In der Endsituation wird das Güterbündel 2″ produziert und so auf die Konsumenten verteilt, daß diese die Nutzenniveaus U_h^2 und U_g^2 erreichen. Zu diesen Nutzenniveaus gehört die SCITOVSKY-Indifferenzkurve U^2 und zu dem Güterbündel 2″ gehört die Nutzenmöglichkeitskurve NK^2.

Übersicht 3-7:   *SCITOVSKY-Paradox im Güterraum*

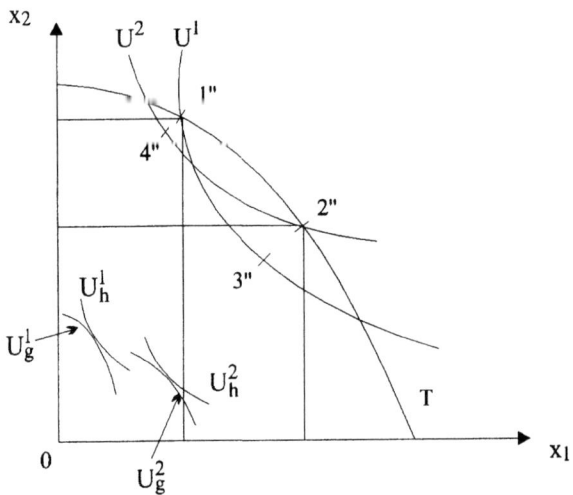

Übersicht 3-8:   *SCITOVSKY-Paradox im Nutzenraum*

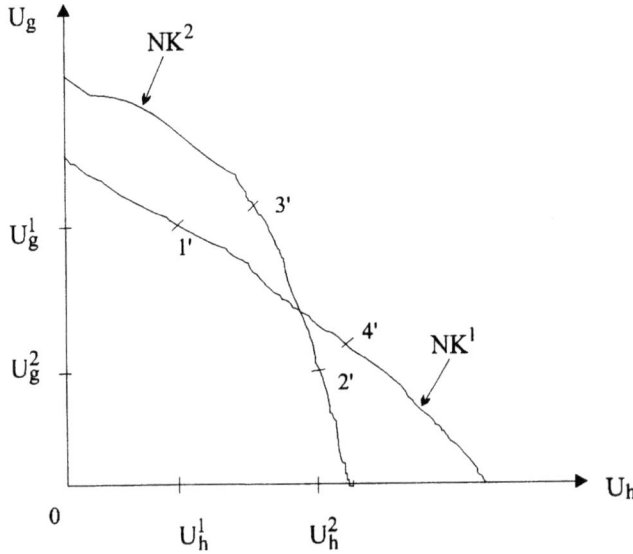

Die *Produktionsstruktur* (Abstimmung des Konsum- und des Produktionsbereichs) ist in keiner Situation optimal. Dies ergibt sich aus der folgenden Überlegung: Die Produktionsstruktur ist dann optimal, wenn die bei Tauscheffizienz allen Konsumenten gemeinsame Grenzrate der Substitution gleich ist der Grenzrate der Transformation (vgl. Abschnitt B4 in Anhang 3 B). Die bei einer bestimmten Verteilung allen Konsumenten gemeinsame Grenzrate der Substitution läßt sich wiederum durch die Steigung der SCITOVSKY-Indifferenzkurve in dem Punkt messen, den die SCITOVSKY-Indifferenzkurve mit der Transformationskurve gemeinsam hat (dies muß kein Tangentialpunkt sein), weil die Koordinaten dieses Punktes das Güterbündel bezeichnen, welches in bestimmter Weise effizient auf die Konsumenten verteilt wird. Die Produktionsstruktur ist nur dann optimal, wenn die SCITOVSKY-Indifferenzkurve die Transformationskurve *tangiert*; denn nur dann stimmt die Grenzrate der Transformation mit der allen Konsumenten gemeinsamen Grenzrate der Substitution überein. (Man nennt SCITOVSKY-Indifferenzkurven häufig auch "gesellschaftliche" Indifferenzkurven und bezeichnet dann entsprechend die Steigung einer SCITOVSKY-Indifferenzkurve als "gesellschaftliche" Grenzrate der Substitution). Weder beim Güterbündel 1'' noch beim Güterbündel 2'' gibt es einen Tangentialpunkt. Deswegen liegen die Nutzenkombinationen 1' und 2' auch nicht auf der (hier nicht eingezeichneten) Nutzenmöglichkeits*grenze*.

(3) Die Endsituation ist eine potentielle PARETO-Verbesserung gegenüber der Ausgangssituation. Im Güterraum erkennt man dies daran, daß man mit einem Teil der in der Endsituation produzierten Gütermengen (mit dem Güterbündel 3'') die Konsumenten so versorgen kann, daß sie die Nutzenniveaus der Ausgangssituation erreichen. Im Nutzenraum wird dies daran deutlich, daß man von 2' aus z.B. die Nutzenkombination 3', die PARETO-superior gegenüber 1' ist, erreichen kann.

Andererseits ist die Ausgangssituation auch eine potentielle PARETO-Verbesserung gegenüber der Endsituation.

Das Güterbündel 4'', das kleiner ist als das Güterbündel 1'', reicht nämlich aus, um den Konsumenten die Nutzenniveaus der Endsituation zu sichern, und von 1' aus kann man die Nutzenkombination 4' erreichen, die PARETO-superior gegenüber 2' ist. Sowohl die Handlung als auch die Rückgängigmachung dieser Handlung stellen also potentielle PARETO-Verbesserungen dar. Man spricht in diesem Falle von einem SCITOVSKY-Paradox - und erinnert damit an den Ökonomen, der die Möglichkeit, daß die grundlegende kollektive Präferenzrelation zu symmetrischen Urteilen führen kann, zuerst bemerkt hat (SCITOVSKY 1941).

(4) Vor dem Hintergrund dieser Überlegungen wollen wir noch einmal auf die oben gestellte Frage nach der relativen Vorteilhaftigkeit von *Freihandel* zurückkommen (Abschnitt 3.3.3). Die Lage der Punkte 1'' und 2'' in *Übersicht 3-5* macht klar, daß die Existenz einer SCITOVSKY-Indifferenzkurve U^2, die durch Punkt 2'' und gleichzeitig unterhalb von Punkt 1'' verläuft, nicht ausgeschlossen werden kann. Hiernach ist also eine *symmetrische Bewertung* denkbar und damit eine zweifelsfreie Aussage zugunsten von Freihandel - selbst

in einem einfachen Allokationsmodell - mit dem bisher verwendeten Ansatz nicht ableitbar.

Übersicht 3-9:   *Bewertung von Freihandel im Nutzenraum*

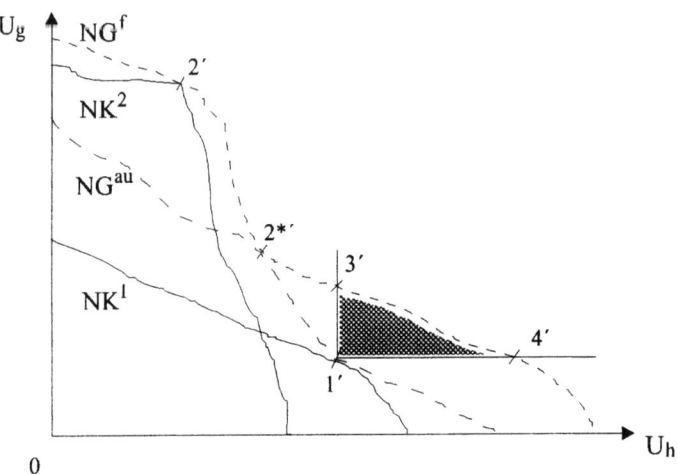

Zu demselben Urteil kommt man auch mit Hilfe der Betrachtung von Nutzenmöglichkeitskurven (*Übersicht 3-9*). Die Nutzenmöglichkeitskurve NK^1 ergibt sich aus dem Güterbündel $1''$ des Autarkiezustandes, die Kurve NK^2 bezieht sich entsprechend auf das Güterbündel $2''$, welches nordöstlich der Transformationskurve liegt und damit nur bei Freihandel realisierbar ist. Die *Punkte* $1'$ und $2'$ auf den Nutzenmöglichkeitskurven NK^1 bzw. NK^2 (die Nutzenverteilungen) korrespondieren allerdings *nicht* mit der in *Übersicht 3-5* eingezeichneten SCITOVSKY-Indifferenzkurve U^1 bzw. mit der im vorigen Absatz erwähnten SCITOVSKY-Indifferenzkurve U^2. Warum wir das Beispiel der *Übersicht 3-9* in dieser Weise gewählt haben, dürfte gleich klar werden.

Nach *Übersicht 3-9* lohnt sich ein Übergang von Autarkiezustand $1'$ zum Freihandelspunkt $2'$ nicht, weil es auf der Nutzenmöglichkeitskurve NK^2 keinen Punkt gibt, der nordöstlich von $1'$ liegt. Umgekehrt lohnt sich aber auch ein Wechsel von Freihandel zur Autarkie nicht, weil es keinen Punkt auf der Nutzenmöglichkeitskurve NK^1 gibt, der nordöstlich von $2'$ liegt. Wiederum kommen wir zu einem symmetrischen Urteil, allerdings werden die Wechsel - im Gegensatz zu den bisherigen Beispielen zum SCITOVSKY-Paradox - jeweils *negativ* beurteilt. Um diese Möglichkeit aufzeigen zu können, haben wir die Nutzenverteilungen $1'$ und $2'$ *nicht* in Anlehnung an die durch die Güterbündel $1''$ und $2''$ der *Übersicht 3-5* verlaufenden SCITOVSKY-Indifferenzkurven U^1 und U^2 konstruiert. (Der Leser sollte folgende Fragen zu beantworten versuchen: a. In welchen Kurvenabschnitten von NK^1 und NK^2 liegen die

Nutzenverteilungen 1' und 2', wenn von der in *Übersicht 3-5* eingezeichneten SCITOVSKY-Indifferenzkurve U^1 und der im vorletzten Absatz erwähnten SCITOVSKY-Indifferenzkurve U^2 ausgegangen wird? Umgekehrt: b. Welche Lage haben die SCITOVSKY-Indifferenzkurven in *Übersicht 3-5*, wenn sich aus ihnen die Verteilungen 1' und 2' der *Übersicht 3-9* ergeben sollen?).

(5) Führen wir uns noch einmal folgendes vor Augen: Im Autarkiezustand sind alle Konsumgüterbündel zulässig, die auf der Transformationskurve (oder darunter) liegen. Bei Freihandel werden hingegen die *Konsummöglichkeiten erheblich erweitert*, weil jetzt - bei Produktionsumstellung - alle Gütermengenkombinationen realisiert werden können, die sich auf der p_w-Tangente an der Transformationskurve befinden. Beschreibt man also Autarkie und Freihandel mit Hilfe von Konsummöglichkeits*bereichen*, anstatt den Vergleich auf nur zwei *Punkte* zu reduzieren, dann ist (in unserem einfachen Allokationsmodell) eine generelle Überlegenheit des Freihandels gegenüber Autarkie zu vermuten.

Zur Bestätigung der Vermutung sei noch einmal die *Übersicht 3-9* betrachtet. Wir hatten bisher unsere Überlegungen allein auf die Nutzenmöglichkeitskurven NK^1 und NK^2 bezogen, zu denen jeweils nur *ein einziges* Güterbündel gehört. Wenn wir stattdessen *alle* Güterbündel berücksichtigen, die bei Autarkie bzw. Freihandel erreichbar sind, dann läßt sich für jedes dieser Güterbündel jeweils eine Nutzenmöglichkeitskurve finden.

Greifen wir zunächst die Teilmengen aller der Nutzenmöglichkeitskurven heraus, die zum Autarkiezustand (den Mengenkombinationen auf der Transformationskurve) gehören. In einem weiteren Schritt übertragen wir in das Nutzenfeld eine Vielzahl von im Ursprung beginnenden Fahrstrahlen, die jeweils mehrere Nutzenmöglichkeitskurven schneiden. Wir suchen sodann nach allen jenen Schnittpunkten von Fahrstrahlen und Nutzenmöglichkeitskurven, die sich durch einen maximalen Abstand zum Ursprung auszeichnen. Die Verbindungslinie aller dieser Punkte ist nichts anderes als die *Nutzenmöglichkeitsgrenze* (vgl. Abschnitt A3 in Anhang 3 A) des Autarkiezustandes (NG^{au} in *Übersicht 3-9*). In analoger Weise läßt sich die Nutzenmöglichkeitsgrenze des Freihandelszustandes (NG^f) konstruieren. Man beachte, daß NG^{au} und NG^f *einen* Punkt gemeinsam haben (Punkt 2*'). Dies muß so sein, weil es *ein* Güterbündel gibt, das zu beiden Konsummöglichkeitsbereichen gehört. Es entspricht den Koordinaten des Tangentialpunktes von Transformationskurve und p_w-Gerade und ist in *Übersicht 3-5* mit 2*'' gekennzeichnet.

Ein Vergleich der Nutzengrenzen NG^{au} und NG^f läßt auf eine *Überlegenheit des Freihandelszustandes* schließen, weil NG^f, sieht man von Punkt 2*' ab, nordöstlich von Ng^{au} verläuft und sich darum zu jedem Punkt auf NG^{au} (wie z.B. 1') eine Vielzahl von Punkten auf NG^f finden lassen (wie z.B. zwischen den Punkten 3' und 4'), die alle höhere Nutzenniveaus für beide Konsumenten (g und h) enthalten. Ein Vergleich mit unserer bisherigen Vorgehensweise, die auf der Betrachtung nur zweier Güterbündel mit den Nutzenmöglichkeitskurven NK^1 und NK^2 beruhte, wird dadurch erleichtert, daß die Punkte 1' und 2' nicht nur auf NK^1 und NK^2, sondern gleichzeitig auch auf NG^{au} bzw. NG^f liegen sollen. Punkt 2' ist jetzt eine potentielle PARETO-Verbesserung gegenüber Punkt 1', weil die Punkte in dem zu Punkt 1´ gehörenden PARETO-Feld (schraffierter Bereich) von 2´ aus erreicht werden können. Anders als eine Wanderung auf NK^1 oder auf NK^2 bedeutet dies aber nicht bloß eine Umverteilung *gegebener* Güterbündel. Eine Wanderung auf NG^f impliziert vielmehr Übergänge zu immer neuen Güterbündeln, d.h. neben der *Verteilungsstruktur* müssen sich auch die *Produktions- und Außenhandelsstruktur* der Volkswirtschaft verändern.

Die Gegenüberstellung von Verteilungspunkten nur zweier Güterbündel nennt man in der angelsächsischen Literatur auch einen Vergleich "*in the point sense*". Dehnt man die Betrachtung hingegen auf eine Vielzahl von Güterbündeln aus, die bei Autarkie bzw. Freihandel erreichbar sind, dann spricht man von einem Vergleich "*in the situation sense*".

Die hiermit gegebene Begründung einer Überlegenheit des Freihandels gegenüber einem Zustand der Autarkie bezieht sich allein auf die ökonomische Effizienz und gilt nur für das von uns unterstellte einfache Allokationsmodell. Da letzteres nur einige Grundzüge realer Volkswirtschaften beschreibt, sind unsere Argumente unvollständig. Wir können darum auch hier noch kein abschließendes Urteil über die möglichen Vorzüge eines Systems freien internationalen Güteraustausches fällen.

(6) Wenn das Konzept der potentiellen PARETO-Verbesserung zu symmetrischen Urteilen führen kann, dann kann man diese Bewertungsrelation *nicht als strikte Präferenz*, also nicht im Sinne von "effizienter" (= aus Sicht der betroffenen Konsumenten besser als) interpretieren. Eine potentielle PARETO-Verbesserung ist deshalb nicht mit einer Effizienzverbesserung, einem positiven Effizienzurteil gleichzusetzen, sondern ein solches Urteil kann man erst dann treffen, wenn man gezeigt hat:

Die Handlung bewirkt eine potentielle PARETO-Verbesserung und die Rückgängigmachung der Handlung bewirkt keine potentielle PARETO-Verbesserung.

In der Literatur zur Nutzen-Kosten-Analyse werden die Formulierungen "ist eine potentielle PARETO-Verbesserung" und "führt zu positiven Wohlfahrtseffekten" synonym verwendet. Man kann deshalb die Bewertungsrelation der *Effizienzverbesserung* auch so definieren: Eine Handlung stellt genau dann eine Effizienzverbesserung dar, wenn nur die Handlung und nicht die Rückgängigmachung der Handlung zu positiven Wohlfahrtseffekten führt.

Da die Bewertungsrelation der Effizienzverbesserung auf der Bewertungsrelation der potentiellen PARETO-Verbesserung basiert, weist sie ebenfalls die Eigenschaft der *Unvollständigkeit* auf. Es kann also sein, daß weder der Endzustand der Handlung eine Effizienzverbesserung gegenüber dem Ausgangszustand darstellt noch der Ausgangszustand gegenüber dem Endzustand.

(7) Die Tatsache, daß das Konzept der potentiellen PARETO-Verbesserung zu symmetrischen Urteilen führen kann, wird - wie schon erwähnt - als SCITOVSKY-Paradox bezeichnet. Die Bezeichnung SCITOVSKY-Paradox ist unglücklich gewählt, weil sie irreführend ist. Paradox oder widersprüchlich wäre die mögliche Symmetrie der mit Hilfe des Konzeptes der potentiellen PARETO-Verbesserung vorgenommenen Bewertungen nur dann, wenn aus der Beurteilung

"die Handlung ist eine potentielle PARETO-Verbesserung (die Handlung führt zu positiven Wohlfahrtseffekten)" die Beurteilung "die Handlung ist eine Effizienzverbesserung" folgen würde. Aber dies ist ja nicht der Fall. Nur dann, wenn wir den *Kompensationstest in beide Richtungen* vorgenommen und dabei festgestellt haben, "die Handlung ist eine potentielle PARETO-Verbesserung (die Wohlfahrtseffekte der Handlung sind positiv)" und "die Rückgängigmachung der Handlung ist keine potentielle PARETO-Verbesserung (die Rückgängigmachung der Handlung bewirkt keine positiven Wohlfahrtseffekte)", geben wir ein positives Effizienzurteil über die Handlung ab. Im übrigen kann auch die individuelle Präferenzrelation "ist für den Konsumenten mindestens so gut wie" zu symmetrischen Urteilen führen, ohne daß man deshalb von möglichen Paradoxien oder Widersprüchen im Bereich individueller Bewertungen spricht.

3.5.2
Wann sind symmetrische Bewertungen unmöglich?

Wir wollen nun überlegen, unter welchen Umständen dieser doppelte Kompensationstest unnötig ist, d.h. unter welchen Bedingungen es kein SCITOVSKY-Paradox geben kann. Man kann diese Bedingungen als Anforderungen an die zu bewertenden Handlungen oder als Anforderungen an die Präferenzen der von den Handlungen betroffenen Konsumenten formulieren.

3.5.2.1
Bei welchen Handlungen sind symmetrische Bewertungen unmöglich?

(1) Es gibt zwei verschiedene Arten von Handlungen, bei denen das SCITOVSKY-Paradox nicht auftreten kann:
(A) Handlungen, bei denen die *Ausgangs- oder die Endlage PARETO-optimal* ist.
(B) Handlungen, die nur zu Pauscheinkommensänderungen führen.

Daß bei Handlungen vom Typ (A) das SCITOVSKY-Paradox ausgeschlossen ist, ergibt sich direkt aus der Eigenschaft der potentiellen PARETO-Verbesserung, stets PARETO-optimale Situationen vor PARETO-suboptimale Situationen zu ordnen. Im *Nutzenraum* stellt sich dies in der Weise dar, daß die PARETO-optimale Situation (die Ausgangs- *oder* die Endlage) auf der Nutzenmöglichkeitsgrenze liegt. Da Nutzenmöglichkeitskurven die Nutzenmöglichkeitsgrenze nicht schneiden können, sind symmetrische Urteile ausgeschlossen. Zu dem Punkt auf der Nutzenmöglichkeitsgrenze im *Güterraum* gehört ein Tangentialpunkt einer SCITOVSKY-Indifferenzkurve mit der Transformationskurve. Diese SCITOVSKY-Indifferenzkurve kann von keiner anderen SCITOVSKY-Indifferenzkurve unterhalb der Transformationskurve geschnitten werden. Ein solcher Schnittpunkt ist aber für das Auftreten des SCITOVSKY-Paradox notwendig.

(2) Um zu erkennen, daß es bei reinen *Pauscheinkommensänderungen* kein SCITOVSKY-Paradox geben kann, betrachten wir eine Handlung, die zu einem (Pausch-) Einkommensrückgang beim Konsumenten h und zu einer (Pausch-) Einkommenserhöhung beim Konsumenten g führt. Das Einkommen des h in der Ausgangssituation (1) bezeichnen wir mit E_h^1, sein Einkommen in der Endsituation (2) mit E_h^2.

$E_g^1 (E_g^2)$ steht für das Anfangs- (End-)Einkommen des Individuums g. Es gilt also: $E_h^1 > E_h^2$ und $E_g^1 < E_g^2$.

b bezeichnet den Betrag, den h in der Endsituation benötigt, um für seinen Verlust entschädigt zu werden, und y steht für den Betrag, den g benötigt, um in der Ausgangssituation für die Rückgängigmachung der Einkommensumverteilung entschädigt zu werden.

Wenn bei der Bewertung dieser Handlung das SCITOVSKY-Paradox auftritt, dann muß zum einen gelten

(3-1) $\quad V_h\left(E_h^2 + b\right) = V_h\left(E_h^1\right)$

(3-2) $\quad V_g\left(E_g^2 - b\right) > V_g\left(E_g^1\right)$

Zum anderen muß aber auch gelten

(3-3) $\quad V_g\left(E_g^1 + y\right) = V_g\left(E_g^2\right)$

(3-4) $\quad V_h\left(E_h^1 - y\right) > V_h\left(E_h^2\right)$

Aus der Gleichung (3-1) und der Ungleichung (3-4) folgt

(3-5) $\quad V_h\left(E_h^2 + b\right) = V_h\left(E_h^1\right) > V_h\left(E_h^2 + y\right)$

und damit

(3-6) $\quad b > y$

Aus der Ungleichung (3-2) und der Gleichung (3-3) folgt dagegen

$$(3\text{-}7) \quad V_g\left(E_g^1 + y\right) = V_g\left(E_g^2\right) > V_g\left(E_g^1 + b\right)$$

und damit

$$(3\text{-}8) \quad y > b$$

Die Ungleichungen (3-6) und (3-8) widersprechen sich, d. h. es ist nicht möglich, daß sowohl die Einkommensänderungen als auch die Rückgängigmachung dieser Einkommensänderungen potentielle PARETO-Verbesserungen darstellen. Bei Handlungen, die nur zu Änderungen der Pauscheinkommen führen, d. h. bei Handlungen, die nur die Versorgung der Konsumenten mit Marktgütern verändern und die *keine Preisänderungen* bewirken - solche Handlungen bezeichnet man in der Literatur zur Nutzen-Kosten-Analyse als *kleine Projekte* - kann das SCITOVSKY-Paradox nicht auftreten.

Um die Plausibilität dieses Ergebnisses für eine *geschlossene* Volkswirtschaft zu erkennen, betrachten wir die Budgetrestriktionen für die (Zwei-Personen-) Gesellschaft als Ganze.

$$(3\text{-}9) \quad E\left(= E_g + E_h\right) = p_1 \cdot x_1 + p_2 \cdot x_2 + R_3 \cdot v_3 + R_4 \cdot v_4$$

Mit E bezeichnen wir die Summe der Pauscheinkommen E_g und E_h und mit x_i, i = 1, 2 und v_j, j = 3, 4 die insgesamt nachgefragten Mengen der nichtrationierten und der rationierten Marktgüter.

Da annahmegemäß die Preise und die Rationierungsschranken konstant bleiben sollen, impliziert z.B. eine Einkommenserhöhung die *Möglichkeit* eines Mehrkonsums der Güter 1 und 2, was in einer geschlossenen Volkswirtschaft wiederum die Möglichkeit einer Mehrproduktion beider Güter voraussetzt. Letzteres bedeutet in dem hier vorliegenden Modellrahmen, daß wir uns im Ausgangszustand nicht auf der Transformationskurve befinden und folglich Produktions*in*effizienz herrscht. Dies bedeutet auch, daß durch einkommenserhöhende Handlungen Güterbündel erreicht werden, deren zugehörige Nutzenmöglichkeitskurven *an jeder Stelle* oberhalb der Nutzenmöglichkeitskurve des Ausgangszustandes verlaufen. Schnittstellen existieren dann nicht (s. hierzu auch den nächsten Abschnitt), d.h. zu symmetrischen Urteilen kann es nicht kommen.

3.5.2.2
Bei welchen individuellen Präferenzen sind symmetrische Bewertungen ausgeschlossen?

(1) Gehören die zu bewertenden effizienzorientierten Handlungen weder zu Typ (A) noch zu Typ (B), dann ist der doppelte Kompensationstest nur dann unnötig, wenn die Präferenzen der betroffenen Individuen bestimmten Anforderungen

genügen. Zur Herleitung dieser Anforderungen betrachten wir zunächst noch einmal die *Übersichten 3-7* und *3-8*. Wie die Übersichten verdeutlichen, kann das SCITOVSKY-Paradox nur dann auftreten, wenn sich die *SCITOVSKY-Indifferenzkurven unterhalb der Transformationskurve schneiden* bzw. wenn sich die *Nutzenmöglichkeitskurven schneiden*. Wir müssen also nach Bedingungen suchen, unter denen sich diese Kurven nicht schneiden. (Solche Schnittpunkte sind notwendige, aber *keineswegs hinreichende* Bedingungen für das Auftreten symmetrischer Bewertungen. Es sei dem Leser überlassen, dies anhand geometrischer Figuren zu überprüfen).

Für unsere weiteren Überlegungen ist folgendes entscheidend: *Normalerweise* verlaufen durch jeden Produktionspunkt im Güterraum mehrere sich schneidende SCITOVSKY-Indifferenzkurven, weil es ja verschiedene Möglichkeiten gibt, die Güterbündel effizient auf die Konsumenten aufzuteilen und weil sich die individuellen Grenzraten der Substitution und damit die Steigungsraten der zugehörigen SCITOVSKY-Indifferenzkurven von Verteilungspunkt zu Verteilungspunkt unterscheiden. Wenn sich also die SCITOVSKY-Indifferenzkurven *nicht* schneiden, dann heißt das entweder, daß es für jedes Güterbündel nur eine effiziente Verteilung gibt - in diesem Fall verläuft durch jeden Punkt im Güterraum nur eine SCITOVSKY-Indifferenzkurve - oder daß bei allen effizienten Verteilungen eines Güterbündels die *Grenzraten der Substitution* gleich sind.

(2) *Die zweite Konstellation* ist dann gegeben, wenn *alle Individuen homothetische und identische Präferenzen* haben. Präferenzen sind dann homothetisch, wenn die Steigungen der Indifferenzkurven entlang eines beliebigen Strahls durch den Ursprung gleich sind. Anders ausgedrückt: Bei homothetischen Präferenzen ist die Tauschbereitschaft eines Individuums (Grenzrate der Substitution) für alle Güterbündel dieselbe, die die verschiedenen Güter *in der gleichen Relation* enthalten.

Bei Tauscheffizienz stimmen die individuellen Grenzraten der Substitution überein. Letzteres ist bei homothetischen und gleichen Präferenzen nur dann der Fall, wenn alle Konsumenten die verschiedenen Güter in der gleichen Relation erhalten. Dies ist wiederum nur auf der Diagonalen einer EDGEWORTH-Box möglich; die Diagonale fällt also mit der Kontraktkurve zusammen. Da in jedem Punkt dieser Diagonalen die jeweilige Güterrelation nicht nur für jeden Konsumenten die gleiche ist, sondern sich auch von Punkt zu Punkt (das heißt: von Verteilung zu Verteilung) nicht ändert, gibt es nur eine einzige Grenzrate der Substitution. Bei homothetischen und identischen Präferenzen verlaufen also die SCITOVSKY-Indifferenzkurven so wie in *Übersicht 3-10*, was bedeutet, daß es auch keine sich schneidenden Nutzenmöglichkeitskurven geben kann.

(3) Die erste Konstellation (für jedes Güterbündel existiert nur eine effiziente Verteilung) tritt dann ein, wenn alle Güter stets gleichverteilt werden und alle Individuen gleiche Präferenzen haben. In diesem Fall ist zum einen die Verteilung der Güterbündel bestimmt. Darüber hinaus ist festgelegt, daß sich in jedem Verteilungspunkt die Indifferenzkurven tangieren. Jeder der Gleichver-

teilungspunkte stellt also die einzige effiziente Verteilung dar. Man erhält hier also ebenfalls das SCITOVSKY-Indifferenzkurvensystem der *Übersicht 3-10*.

Übersicht 3-10: *SCITOVSKY-Indifferenzkurven bei homothetischen und identischen Präferenzen*

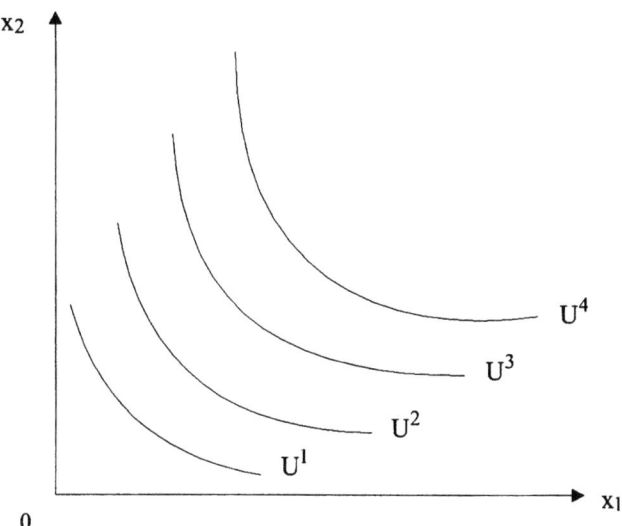

Die Gleichverteilungsregel ist z.B. in Notsituationen von Bedeutung, etwa wenn lebenswichtige Güter wie Nahrungsmittel oder Brennstoffe extrem knapp sind und Rationierungskarten an die Stelle von Geld treten, oder wenn eine notleidende Bevölkerung ohne jegliche ökonomische Basis (Flüchtlinge) schnell und effizient mit Gütern versorgt werden muß. Als Folge solcher *Zuteilungssysteme* läßt sich in der Regel ein lebhafter Tauschverkehr beobachten. Dies ist ein Indiz dafür, daß die individuellen Präferenzen *nicht* gleich sind.

3.5.2.3
Zusammenfassung

(1) Beginnen wir mit den zuletzt gewonnenen Erkenntnissen:
Die SCITOVSKY-Indifferenzkurven bilden dann ein widerspruchfreies Indifferenzkurvensystem bzw. sich schneidende Nutzenmöglichkeitskurven sind dann ausgeschlossen, wenn die Präferenzen identisch und homothetisch sind oder wenn die Präferenzen identisch und die Güter gleichverteilt sind.

Wie *realitätsfern* die Bedingungen "identische Präferenzen" und "gleichverteilte Güter" sind, ist offensichtlich. Daß dies auch für die Bedingung "homothetische Präferenzen" gilt, zeigt die folgende Überlegung:

Homothetische Nutzenfunktionen haben, wie schon erwähnt, die Eigenschaft, daß ihre Indifferenzkurven entlang eines Strahls durch den Ursprung konstante Steigungen aufweisen. Ein solcher Strahl stellt nichts anderes als einen linearen Expansionspfad (lineare ENGEL-Kurve) dar: Bei konstanter Preisrelation und damit konstanter Grenzrate der Substitution (konstante Indifferenzkurvensteigung) bewegen sich die Konsumenten im Falle steigender Einkommen entlang eines solchen Strahls. Die Verbrauchsmengen der Güter wachsen dann mit gleicher Rate, d.h. die Einkommenselastizitäten der Nachfrage sind bei allen Gütern gleich. Wir wissen außerdem, daß sowohl die Summe der mit den relativen Ausgabenanteilen gewichteten Einkommenselastizitäten als auch die Summe der relativen Ausgabenanteile selbst gleich 1 ist. Hieraus und aus der Gleichheit der Einkommenselastizitäten folgt, daß für jedes Gut die Einkommenselastizität gleich 1 sein muß. Dies ist ein empirisch bedeutungsloser Fall.

(2) Empirisch bedeutungslos ist sicherlich auch der Fall, daß der Ausgangs- oder Endzustand einer Handlung PARETO-optimal ist, so daß wir aus unseren Überlegungen folgende Erkenntnis ziehen können: *Nur dann, wenn wir reine Pauscheinkommensänderungen bewerten, haben wir die Gewißheit, daß der doppelte Kompensationstest überflüssig ist.*

Bei allen anderen Handlungen kann das SCITOVSKY-Paradox auftreten und je mehr sich diese Handlungen von reinen Pauscheinkommensänderungen unterscheiden, d.h. je größer die mit den Handlungen verbundenen *Preisänderungen*, *Änderungen der Rationierungsschranken* und *Angebotsänderungen an öffentlichen Gütern* sind, um so eher kann der Verzicht auf den doppelten Kompensationstest zu einem falschen Effizienzurteil führen.

3.6
Intransitive Bewertungen

(1) Das Konzept der potentiellen PARETO-Verbesserung kann auch zu intransitiven Bewertungen führen:

Die fehlende Transitivität dieser Bewertungsrelation hat zuerst GORMAN (1955) nachgewiesen. In den *Übersichten 3-11* und *3-12* haben wir ein Beispiel dargestellt, in dem die Bewertungen mit der Relation der potentiellen PARETO-Verbesserung zu einer intransitiven Ordnung der Zustände führen.

(2) Die *Übersichten 3-11* und *3-12* sind so zu interpretieren wie die *Übersichten 3-7* und *3-8* mit dem einzigen Unterschied, daß wir hier nicht zwei, sondern vier verschiedene Situationen betrachten. Diese Übersichten zeigen: Die Handlung, die von der (nicht eingezeichneten) Verteilung 1 des Güterbündels 1´´ zur (nicht eingezeichneten) Verteilung 2 des Güterbündels 2´´ und damit von der

Nutzenniveaukombination 1' zur Nutzenniveaukombination 2' führt, stellt eine potentielle PARETO-Verbesserung dar, denn das Güterbündel 2'' läßt sich so auf die Konsumenten verteilen, daß beide Konsumenten besser dastehen als in der Ausgangssituation (Güterbündel 2'' liegt oberhalb der SCITOVSKY-Indifferenzkurve U^1, bzw. von der Nutzenniveaukombination 2' aus ist z.B. die Nutzenkombination 5' auf der Nutzenmöglichkeitskurve NK^2 erreichbar, die PARETO-superior gegenüber 1' ist.). Eine potentielle PARETO-Verbesserung stellt auch die Handlung dar, die von der (nicht eingezeichneten) Verteilung 2 des Güterbündels 2'' zur (nicht eingezeichneten) Verteilung 3 des Güterbündels 3'' und damit von der Nutzenniveaukombination 2' zur Nutzenniveaukombination 3' führt. Das gleiche gilt für die Handlung, die von der (nicht eingezeichneten) Verteilung 3 des Güterbündels 3'' zur (nicht eingezeichneten) Verteilung 4 des Güterbündels 4'' und damit von der Nutzenniveaukombination 3' zur Nutzenniveaukombination 4' führt.

Wären die Bewertungen transitiv, dann müßte auch die Handlung, die uns von der Verteilung 1 des Güterbündels 1'' zur Verteilung 4 des Güterbündels 4'' und damit von der Nutzenniveaukombination 1' zur Nutzenniveaukombination 4' bringt, eine potentielle PARETO-Verbesserung bedeuten. Dies ist nicht der Fall, denn Güterbündel 4'' liegt unterhalb der SCITOVSKY-Indifferenzkurve U^1 bzw. es gibt keine Nutzenniveaukombination auf NK^4, die gegenüber der Nutzenniveaukombination 1' PARETO-superior ist.

In den *Übersichten 3-11* und *3-12* sind *alle paarweisen Vergleiche asymmetrisch*: Intransitive Bewertungen sind also auch dann möglich, wenn das SCITOVSKY-Paradox nicht auftritt.

Dies bedeutet, daß auch *die aus dem doppelten Kompensationstest abgeleiteten positiven Effizienzurteile intransitiv sein können*.

Übersicht 3-11: Intransitive Bewertungen im Güterraum

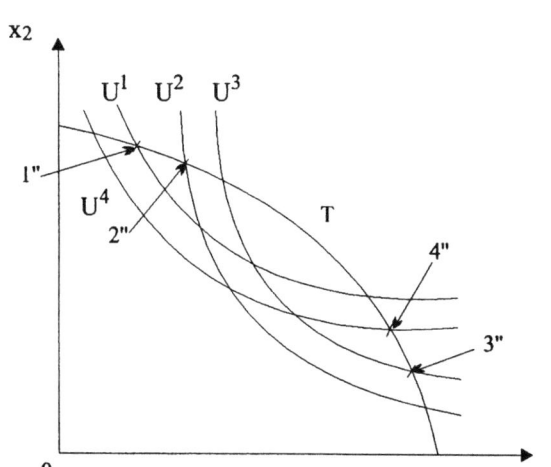

Übersicht 3-12: Intransitive Bewertungen im Nutzenraum

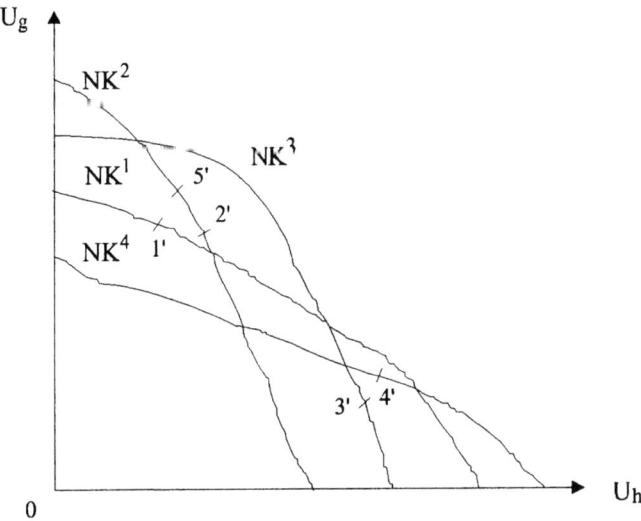

(3) Wir hatten in Abschnitt 3.5.2.1 dargelegt, daß bei reinen Pauscheinkommensänderungen eine (neue) Nutzenmöglichkeitskurve erreicht wird, die die (alte) Nutzenmöglichkeitskurve, auf der sich der Ausgangszustand befindet, nicht schneidet. Schnittpunkte sind jedoch notwendig für das Auftreten intransitiver Effizienzurteile. Intransitive Effizienzurteile können also dann ausgeschlossen werden, wenn es um die Bewertung *kleiner Projekte* geht. Auch hier gilt also: Je mehr die Handlungen von reinen Pauscheinkommens-änderungen abweichen, um so eher kann die Bewertungsrelation der Effizienz-verbesserung zu einer intransitiven Ordnung der Anfangs- und der Endzustände führen, d. h. um so eher ist ein Test auf Transitivität erforderlich. Stehen wir z.B. vor der Wahl, eine Handlung durchzuführen, die uns von der Ausgangssituation 1 zur Endsituation 2 führt oder eine Handlung, die uns von 1 zur Endsituation 3 führt, und haben wir - mit Hilfe des doppelten Kompensationstests - die drei Situationen wie folgt geordnet,

$2 > 1 > 3$

dann müssen wir (wenn mit diesen Handlungen z. B. große Preisänderungen verbunden sind) noch einen Effizienzvergleich von 3 und 2 durchführen. Ergibt dieser die Ordnung

$3 > 2$

dann müssen wir zugeben, daß wir in diesem Fall kein Effizienzurteil abgeben können.

(4) Wer die Bewertungsrelationen der potentiellen PARETO-Verbesserung und der Effizienzverbesserung allein deshalb ablehnt, weil sie - wegen ihrer Unvollständigkeit, ihrer nicht auszuschließenden Intransitivität sowie wegen der Möglichkeit symmetrischer Urteile - nicht immer eindeutige Feststellungen erlauben und damit nicht immer klare Entscheidungen ermöglichen, der sollte bedenken, daß diese Relationen ethische, normative Urteile erlauben sollen, und daß man an normative Überlegungen nicht die gleichen Kriterien anlegen kann wie an Überlegungen, die einen rein positiven (beschreibenden oder erklärenden) Charakter haben. Um es mit den Worten des bekannten indischen Ökonomen Amartya SEN zu sagen: Ein "Reinheitsgebot" ist sinnvoll für Bier, Wein, Olivenöl und Sopranistinnenstimmen, aber nicht für normative Urteile.

Anhang 3 A:
Graphische Darstellung von Nutzenkombinationen im Nutzen- und Güterraum

In diesem Anhang erläutern wir, wie sich die Nutzenkombinationen zweier Konsumenten g und h graphisch darstellen lassen. Dabei nehmen wir an, daß jeder der beiden Konsumenten nur die Marktgüter 1 und 2 nachfragt.

Zunächst (Anhang A1) betrachten wir die im Güterraum definierten Konzepte der EDGEWORTH-Tauschbox und der Kontraktkurve.

Danach (Anhang A2) entwickeln wir das ebenfalls im Güterraum definierte Konzept der SCITOVSKY-Indifferenzkurve.

Schließlich (Anhang A3) erläutern wir die im Nutzenraum definierten Konzepte der Nutzenmöglichkeitskurve und der Nutzenmöglichkeitsgrenze.

A1   EDGEWORTH-Tauschbox und Kontraktkurve

Zur Entwicklung des Konzepts der EDGEWORTH-Tauschbox nehmen wir an, das Ausland und/oder die inländischen Unternehmen stellen den Konsumenten g und h die Konsumgütermengen x_1^1 und x_2^1 zur Verfügung.

In *Übersicht 3 A-1* haben wir diese Gütermengenkombination als Punkt $1''$ im x_1-x_2-Güterraum dargestellt. Zu diesem Punkt konstruieren wir nun die EDGEWORTH-Tauschbox wie folgt:

Zum Ursprung 0_h (der mit dem Punkt 0 - dem Ursprung des x_1-x_2-Güterraums - zusammenfällt) zeichnen wir die Indifferenzkurven der ordinalen Nutzenfunktion des Konsumenten h ($U_h^1, U_h^2,...$) ein. Entlang der Abszisse messen wir seinen Verbrauch x_{1h} des Gutes 1 und entlang der Ordinate seinen Verbrauch x_{2h} des Gutes 2. Zum Ursprung 0_g (der mit dem Punkt $1''$ zusammenfällt) zeichnen wir die Indifferenzkurven der ordinalen Nutzenfunktion des Konsumenten g ($U_g^1, U_g^2,...$). Auf der von 0_g nach links gerichteten Abszisse ist der Verbrauch x_{1g} und auf der nach unten gerichteten Ordinate ist der Verbrauch x_{2g} abgetragen. Die Seitenlängen dieser Tauschbox geben die verteilbaren Mengen der Güter 1 und 2 an. Jeder Punkt innerhalb dieser Box gibt eine mögliche Verteilung dieser Mengen auf die beiden Konsumenten an. Wir interessieren uns nun für die effizienten Verteilungen der Gütermengen x_1 und x_2. Die Gütermengen sind dann effizient aufgeteilt, wenn es nicht mehr möglich ist, durch eine Umverteilung den Nutzen des einen Konsumenten zu steigern, ohne denjenigen des anderen zu senken. Dies ist dann nicht mehr möglich, wenn die Güter so verteilt sind, daß sich in dem

Verteilungspunkt die Indifferenzkurven der beiden Konsumenten tangieren. Verbinden wir alle Tangentialpunkte der Indifferenzkurven der beiden Konsumenten miteinander, dann erhalten wir die Kontraktkurve (K) der beiden Konsumenten für das gegebene Güterbündel. Diese Kontraktkurve ist also der geometrische Ort aller effizienten Güteraufteilungen.

Übersicht 3 A-1: EDGEWORTH-Tauschbox

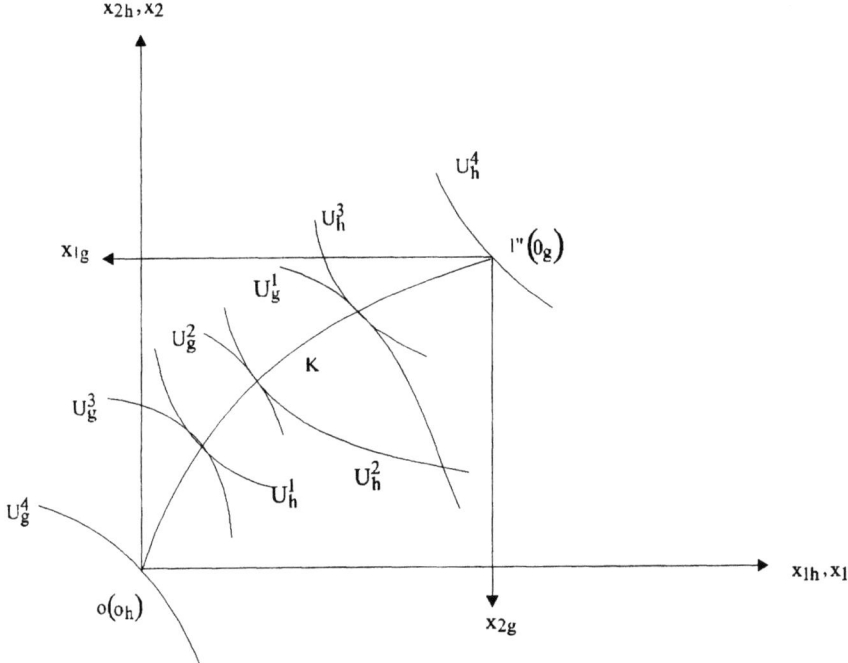

A2 SCITOVSKY-Indifferenzkurven

(1) In *Übersicht 3 A-2* haben wir noch einmal die EDGEWORTH-Tauschbox und die Kontraktkurve aus *Übersicht 3 A-1* eingezeichnet.

Betrachten wir den Punkt 1 auf der Kontraktkurve. Dieser Punkt repräsentiert eine bestimmte effiziente Verteilung der Konsumgütermengen x_1 und x_2 auf die Konsumenten g und h und damit eine bestimmte Nutzenkombination (U_h^1, U_g^1). Anders formuliert: Diese Nutzenkombination kann dann realisiert werden, wenn den Konsumenten die Gütermengen x_1 und x_2 zur Verfügung gestellt und effizient verteilt werden.

Übersicht 3 A-2: SCITOVSKY-Indifferenzkurven

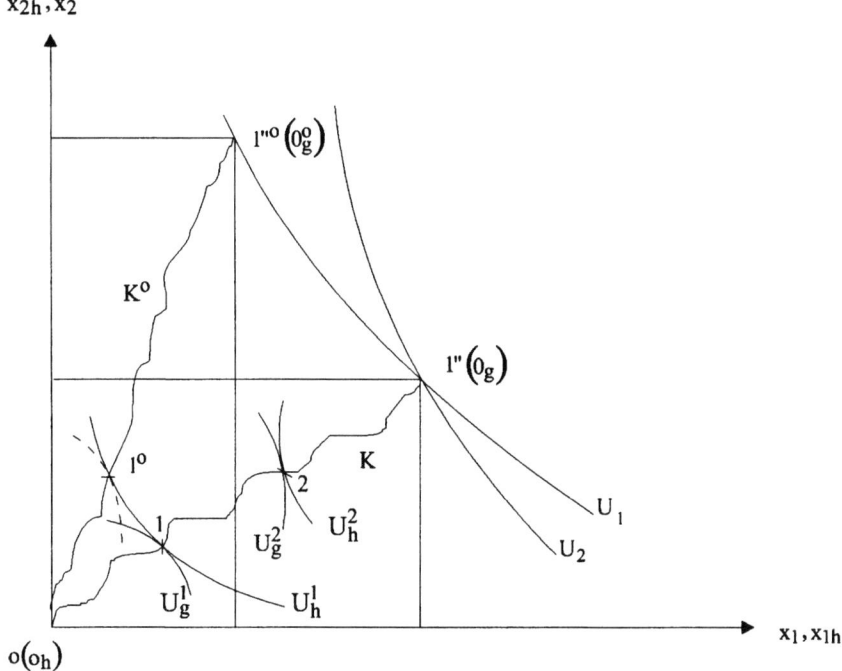

Wir halten nun diese Nutzenkombination (U_h^1, U_g^1) konstant und fragen uns: Mit welchen anderen effizient verteilten Güterbündeln können die Konsumenten h und g ebenfalls die Nutzenniveaus U_h^1 und U_g^1 erreichen?

Um diese Frage zu beantworten, verschieben wir das Indifferenzkurvensystem des Konsumenten g in der Weise, daß sich die beiden Indifferenzkurven U_h^1 und U_g^1 ständig berühren. Wenn wir das Indifferenzkurvensystem des Konsumenten g verschieben, dann bedeutet dies natürlich, daß der Ursprung dieses Indifferenzkurvensystems jetzt nicht mehr in Punkt 1'' liegt. In *Übersicht 3 A-2* haben wir das Indifferenzkurvensystem des Konsumenten g so verschoben, daß der "neue" Ursprung (0_g^0) nun in Punkt 1'''^{0} liegt. Die zum "neuen" Indifferenzkurvensystem des Konsumenten g gehörende gestrichelt eingezeichnete Indifferenzkurve repräsentiert dasselbe Nutzenniveau wie die Indifferenzkurve U_g^1.

Deshalb können wir sagen:

Es gibt eine effiziente Verteilung des Güterbündels 1'''^{0}, bei dem die Konsumenten dieselben Nutzenniveaus wie in der Ausgangslage erreichen. Güterbündel 1'''^{0} stellt also eines der gesuchten Güterbündel dar.

Die Verbindungslinie zwischen allen Güterbündeln, bei deren effizienter Verteilung die Konsumenten die Nutzenniveaus U_g^1 und U_h^1 erreichen können, haben wir mit U^1 bezeichnet. U^1 stellt eine SCITOVSKY-Indifferenzkurve dar.

Eine *SCITOVSKY-Indifferenzkurve* gibt also die minimal erforderlichen Gütermengen an, die den Konsumenten zur Verfügung gestellt werden müssen, damit diese bestimmte Nutzenniveaus realisieren können.

Aus der Definition der SCITOVSKY-Indifferenzkurve folgt, daß der Bereich rechts oberhalb dieser Kurve alle Güterbündel umfaßt, die so auf die Konsumenten verteilt werden können, daß die Konsumenten ein höheres Nutzenniveau erreichen als bei der Verteilung eines auf der SCITOVSKY-Indifferenzkurve liegenden Güterbündels.

(2) Wenn die individuellen Indifferenzkurven konvex sind, dann sind auch die SCITOVSKY-Indifferenzkurven konvex.

Dies läßt sich wie folgt zeigen:

Aus der Definition der SCITOVSKY-Indifferenzkurve folgt, daß die x_1 - x_2 - Güterbündel, die auf dieser Kurve liegen, auf die beiden Konsumenten aufgeteilt werden.

(3A-1) $\quad x_{1h} + x_{1g} = x_1$

(3A-2) $\quad x_{2h} + x_{2g} = x_2$

Die Gütermengen, die die Konsumenten erhalten, führen dazu, daß diese vorgegebene Nutzenniveaus (bei der SCITOVSKY-Indifferenzkurve U^1 die Nutzenniveaus U_g^1 und U_h^1) erreichen.

(3A-3) $\quad U_h\left(x_{1h}, x_{2h}\right) = U_h^1$

(3A-4) $\quad U_g\left(x_{1g}, x_{2g}\right) = U_g^1$

Die Gütermengen sind effizient auf die Konsumenten verteilt. Neben den Gleichungen (3A-1) bis (3A-4) gilt also auch

(3A-5) $\quad -dx_{1h} / dx_{2h} = \left(\partial U_h / \partial x_{2h}\right) / \left(\partial U_h / \partial x_{1h}\right)$

$\qquad = \left(\partial U_g / \partial x_{2g}\right) / \left(\partial U_g / \partial x_{1g}\right) = -dx_{1g} / dx_{2g}$

Leitet man die Gleichungen (3A-1) - (3A-4) nach x_1 ab, so erhält man

(3A-6) $\quad dx_{1h} / dx_1 + dx_{1g} / dx_1 = 1$

(3A-7) $dx_{2h}/dx_1 + dx_{2g}/dx_1 = dx_2/dx_1$

(3A-8) $= (\partial U_h/\partial x_{1h})(dx_{1h}/dx_1) + (\partial U_h/\partial x_{2h})(dx_{2h}/dx_1) = 0$

(3A-9) $= (\partial U_g/\partial x_{1g})(dx_{1g}/dx_1) + (\partial U_g/\partial x_{2g})(dx_{2g}/dx_1) = 0$

Wenn man Gleichung (3A-6) nach dx_{1h}/dx_1 auflöst, dann wird deutlich, daß man Gleichung (3A-8) zu

(3A-10) $= (\partial U_h/\partial x_{1h})(1 - dx_{1g}/dx_1) + (\partial U_h/\partial x_{2h})(dx_{2h}/dx_1) = 0$

bzw.

(3A-11) $= (\partial U_h/\partial x_{2h})(dx_{2h}/dx_1)/(\partial U_h/\partial x_{1h}) - (dx_{1g}/dx_1) = -1$

umformen kann.
Löst man Gleichung (3A-9) nach dx_{1g}/dx_1 auf und ersetzt dementsprechend dx_{1g}/dx_1 in Gleichung (3 A-11), so erhält man

(3A-12) $(dx_{2h}/dx_1)(\partial U_h/\partial x_{2h})/(\partial U_h/\partial x_{1h})$

$+ (dx_{2g}/dx_1)(\partial U_g/\partial x_{2g})/(\partial U_g/\partial x_{1g}) = -1$

Weil die Konsumgütermengen effizient aufgeteilt sind (Gleichung 3A-5), kann man Gleichung (3A-12) zu

(3A-13) $(dx_{1h}/dx_{2h})(dx_{2h}/dx_1 + dx_{2g}/dx_1) = 1$

oder - wegen Gleichung (3A-7) - zu

(3A-14) $dx_{1h}/dx_{2h} = dx_1/dx_2$

umformen.
Auf der linken Seite von Gleichung (3A-14) steht die Steigung der Indifferenzkurve von Konsument h (die ja der Steigung der Indifferenzkurve von Konsument g entspricht), auf der rechten Seite die Steigung der SCITOVSKY-Indifferenzkurve. Die SCITOVSKY-Indifferenzkurve U^1 in Punkt 1'' hat also dieselbe Steigung wie die sich im Punkt 1 berührenden Indifferenzkurven, in

Punkt $1''^0$ dieselbe Steigung wie die sich in Punkt 1^0 berührenden individuellen Indifferenzkurven etc. Daraus folgt, daß die SCITOVSKY-Indifferenzkurven dann, wenn die individuellen Indifferenzkurven konvex sind, auch eine konvexe Form haben.

(3) Durch jeden Punkt im Güterraum verlaufen viele SCITOVSKY-Indifferenzkurven, denn es gibt ja verschiedene effiziente Aufteilungen des Güterbündels, das durch diesen Punkt gekennzeichnet ist. In Übersicht 3A-2 haben wir eine weitere SCITOVSKY-Indifferenzkurve (U^2) eingezeichnet, die alle Güterkombinationen angibt, die den Konsumenten mindestens zur Verfügung gestellt werden müssen, damit diese die Nutzenniveaus U_h^2 und U_g^2 erreichen.

Wenn sich - was die Regel ist - die Steigungen der individuellen Indifferenzkurven in den Punkten 1 und 2 unterscheiden, dann schneiden sich die SCITOVSKY-Indifferenzkurven U^1 und U^2 im Punkt $1''$.

A3 Nutzenmöglichkeitskurve und Nutzenmöglichkeitsgrenze

Die Nutzenkombinationen, die auf der Kontraktkurve liegen, lassen sich in den Nutzenraum übertragen. Das Ergebnis dieser Übertragung ist die Nutzenmöglichkeitskurve. Die *Nutzenmöglichkeitskurve* ordnet demnach alternativen Nutzenniveaus eines Konsumenten das bei einer bestimmten den Konsumenten vorgegebenen Gütermengenkombination maximal erreichbare Nutzenniveau des anderen Konsumenten zu.

Übersicht 3 A-3: Nutzenmöglichkeitskurve

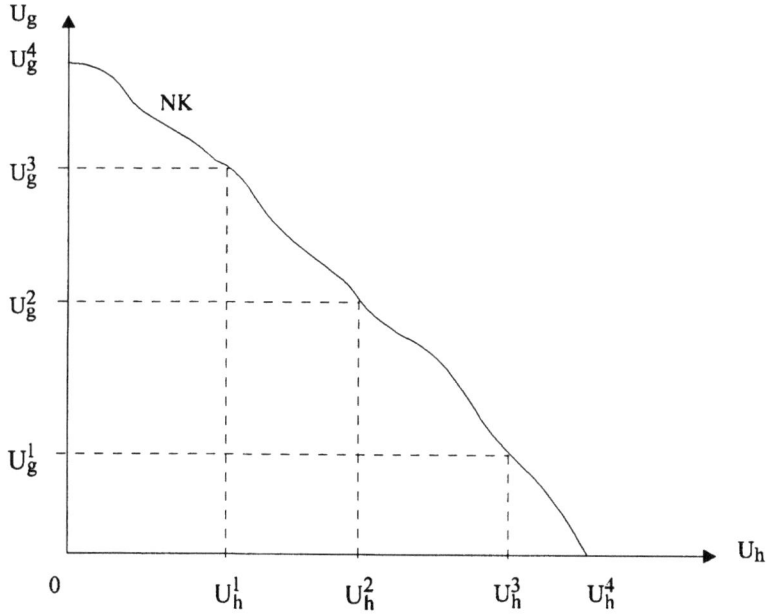

Da wir von ordinalen Nutzenfunktionen ausgehen, sind die Abstände zwischen den verschiedenen Nutzenniveaus auf den Achsen willkürlich. Die Nutzenmöglichkeitskurve NK muß jedoch monoton fallend verlaufen, da bei einer Bewegung entlang der Kontraktkurve von 0_h nach 0_g in *Übersicht 3 A-1* das Nutzenniveau des Konsumenten g kontinuierlich sinkt, während das Nutzenniveau des Konsumenten h kontinuierlich steigt.

Für jedes andere Güterbündel, das die inländischen Unternehmen und/oder das Ausland den Konsumenten bereitstellen, gibt es eine andere Kontraktkurve und eine andere Nutzenmöglichkeitskurve. Wenn die übrigen Wirtschaftssubjekte den Konsumenten n verschiedene Güterbündel zur Verfügung stellen können, gibt es also n verschiedene Nutzenmöglichkeitskurven. (In *Übersicht 3 A-4* haben wir die Nutzenmöglichkeitskurven für 3 verschiedene Güterbündel eingezeichnet.)

Die Umhüllende aller möglichen Nutzenmöglichkeitskurven nennt man die *Nutzenmöglichkeitsgrenze* der Volkswirtschaft. In *Übersicht 3 A-4* haben wir diese Nutzenmöglichkeitsgrenze NG als unterbrochene Linie eingezeichnet.

Übersicht 3 A-4: Nutzenmöglichkeitsgrenze

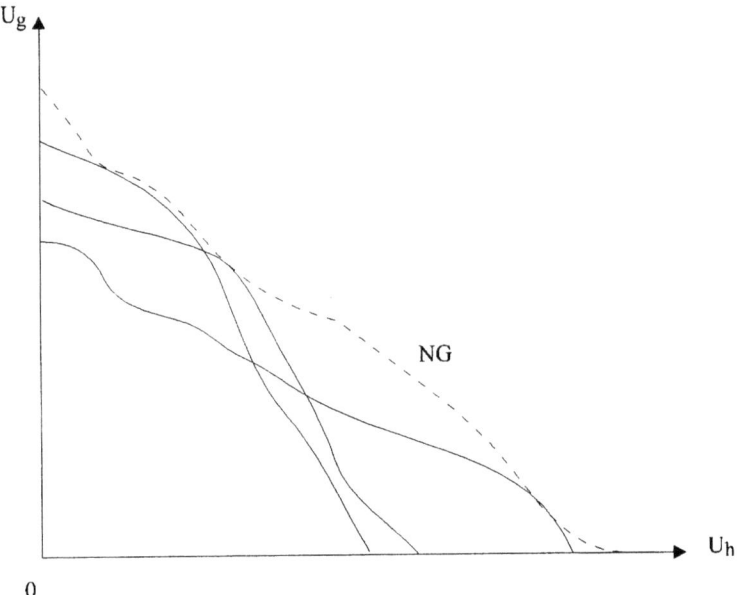

Die Nutzenmöglichkeitsgrenze ordnet also alternativen Nutzenniveaus eines Konsumenten das im Rahmen der inländischen Produktions- und Außenhandelsmöglichkeiten maximal erreichbare Nutzenniveau des anderen Konsumenten zu. Die Nutzenmöglichkeitsgrenze ist demnach der geometrische Ort aller PARETO-optimalen Zustände. Sie trennt die in der betrachteten Ökonomie erreichbaren Nutzenniveaukombinationen von den Nutzenniveaukombinationen, die nicht realisiert werden können.

Anhang 3 B:
Paretianisches Optimum und Effizienzbedingungen

Ein gesamtwirtschaftlicher Optimalzustand im paretianischen Sinne (niemand kann besser gestellt werden, ohne daß sich die Position mindestens einer anderen Person verschlechtert) läßt sich vereinfacht mit Hilfe von Effizienzbedingungen beschreiben. Sie entsprechen den notwendigen Bedingungen des paretianischen Optimierungsproblems: Maximiere den Nutzen eines Konsumenten unter der Nebenbedingung der gegebenen Produktionstechnologie, der gleichgewichtigen Märkte und der Konstanz der Nutzenniveaus der übrigen Konsumenten der Volkswirtschaft. Wir beschreiben sie im folgenden - unter Vernachlässigung von rationierten Marktgütern und von Nicht-Marktgütern und bei anfänglicher Beschränkung auf eine geschlossene Volkswirtschaft - für die Unternehmen, die Haushalte sowie die Beziehungen zwischen Haushalten und Unternehmen.

B1 Effizienzbedingungen im Überblick

Unternehmen

a. Die Grenzrate der Transformation zwischen zwei beliebigen Outputgütern muß bei jedem Unternehmen, das diese Güter produziert, gleich sein.
b. Die Grenzrate der Substitution zwischen zwei beliebigen Inputgütern muß bei jedem Output, der mit diesen Inputs produziert wird, gleich sein.

Haushalte

c. Die Grenzrate der Substitution zwischen zwei beliebigen Konsumgütern muß bei jedem Haushalt, der diese Güter nachfragt, gleich sein.
d. Die Grenzrate der Substitution zwischen zwei beliebigen Inputgütern muß bei jedem Haushalt, der diese Güter anbietet, gleich sein.
e. Die Grenzrate der Substitution zwischen einem beliebigen Outputgut und einem beliebigen Inputgut muß bei jedem Haushalt, der diese Güter nachfragt bzw. anbietet, gleich sein.

Unternehmen/Haushalte

f. Handelt es sich bei den in a. angesprochenen Gütern um Konsumgüter, dann muß die in a. angesprochene Grenzrate der Transformation mit der in c. angesprochenen Grenzrate der Substitution übereinstimmen.

g. Handelt es sich bei den in a. angesprochenen Gütern um Konsumgüter, die mit von den Konsumenten bereitgestellten Inputgütern produziert werden, dann müssen die in a. angesprochenen Grenzproduktivitäten (die Grenzrate der Transformation zwischen zwei Outputgütern entspricht ja dem (umgekehrten) Grenzproduktivitätsverhältnis) mit der in e. angesprochenen Grenzrate der Substitution übereinstimmen.

h. Handelt es sich bei den in b. angesprochenen Inputgütern um von den Konsumenten bereitgestellte Inputgüter, dann müssen die in b. und e. angesprochenen Grenzraten der Substitution übereinstimmen.

Die ersten beiden Bedingungen sichern die *Produktionseffizienz* der bestehenden Volkswirtschaft, die Bedingungen c. bis e. sichern die *Tauscheffizienz* und die Bedingungen f. bis h. die *optimale Produktionsstruktur*.

Wir werden im folgenden die Begriffe Produktionseffizienz, Tauscheffizienz und optimale Produktionsstruktur unter den vereinfachenden Annahmen erläutern, daß jedes Unternehmen nur ein Produkt herstellt, und daß das Angebot der Haushalte an Produktionsfaktoren konstant ist. In diesem Fall sind die Effizienzbedingungen a., d., e., g. und h. bedeutungslos.

B2 Produktionseffizienz

(1) Mit Produktionseffizienz ist die Forderung nach vollständiger Ausschöpfung der volkswirtschaftlichen Produktionsreserven gemeint. Dies impliziert einmal, daß *Vollbeschäftigung* der Produktionsfaktoren gewährleistet sein muß, darüber hinaus aber auch, daß es nicht möglich sein darf, durch *Reallokation* von Faktoren die Produktion eines Gutes 1 zu erhöhen, ohne daß die Produktion eines Gutes 2 sinkt.

Die letztgenannte Forderung ist dann erfüllt, wenn in allen Sektoren einer Volkswirtschaft die Grenzraten der Substitution bezüglich zweier Faktoren übereinstimmen, so daß bei Verwendung der Faktoren Arbeit (A) und Boden (B) gelten muß:

$$(3B-1) \quad \left(\frac{dA}{dB}\right)_1 = \left(\frac{dA}{dB}\right)_2$$

Es genügt hier, die *Plausibilität* der Bedingung nachzuprüfen, indem wir von der Ungleichung

(3B-2) $\left(\dfrac{dA}{dB}\right)_1 < \left(\dfrac{dA}{dB}\right)_2$

$(=1) \quad (=3)$

ausgehen. Hiernach kann in Sektor 2 die Produktion aufrechterhalten bleiben, wenn 3 Arbeitskräfte abgezogen, diese jedoch durch eine Bodeneinheit ersetzt werden. In Sektor 1 wäre es möglich, auf eine Bodeneinheit zu verzichten, wenn 1 Arbeitskraft zuwandern würde. In einer derartigen Situation wäre eine Reallokation von Faktoren von Vorteil: Von Sektor 1 müßte z.B. eine Bodeneinheit in Sektor 2 transferiert werden, die daraufhin 3 Arbeitskräfte abgeben könnte, ohne daß Produktionseinbußen zu befürchten wären. Da der Sektor 1 als Kompensation für den Bodenverzicht nur 1 Arbeitskraft benötigen würde, jedoch 3 Arbeitskräfte von Sektor 2 erhalten könnte, wäre durch die sektorale Umverteilung von Faktoren eine Produktions*steigerung* in Sektor 1 möglich, ohne daß die Produktion in Sektor 2 sinken müßte. Derartige Produktionssteigerungen sind nicht mehr möglich, wenn die sektoralen Grenzraten der Substitution übereinstimmen; die volkswirtschaftliche Produktionskapazität ist dann vollständig ausgeschöpft.

(2) Im Modell der *vollständigen Konkurrenz* sind die Unternehmer zu einem "sparsamen" Umgang mit Produktionsfaktoren gezwungen, weil sonst die Gefahr besteht, daß sie durch Auftreten von Verlusten "aus dem Markt" gedrängt werden. "Sparsamer" Umgang mit Produktionsfaktoren bedeutet Produktion zu minimalen Kosten, d.h. jeder Unternehmer wird versuchen, die Minimalkostenkombination zu verwirklichen. Diese ist genau dann erreicht, wenn die Grenzrate der Substitution (Suffix S) bezüglich zweier Faktoren (z.B. Arbeit und Boden) dem reziproken Verhältnis ihrer Faktorpreise (Lohnsatz l und Pachtpreis re ("Bodenrente")) entspricht:

(3B-3) $\left(\dfrac{dA}{dB}\right)_S = \dfrac{re}{l}$

Da auf homogenen Faktormärkten die Unternehmer von Sektor 2 mit den gleichen Preisen für Arbeit und Boden konfrontiert werden wie die Unternehmer von Sektor 1, werden sich notwendigerweise auch ihre Grenzraten der Substitution einander angleichen. Das Streben nach minimalen Kosten ("Vermeidung von Faktorverschwendung") trägt somit entscheidend zur Vollausnutzung der volkswirtschaftlichen Produktionskapazität bei.

B3 Tauscheffizienz

(1) Beginnen wir mit einem Beispiel: In der unmittelbaren Nachkriegszeit bestand in Deutschland ein Wirtschaftssystem, in dem mit Hilfe sog. Lebensmittelkarten Güter an die Haushalte verteilt wurden. Hierdurch war u.a. auch die Zusammensetzung des dem Einzelnen zustehenden "Güterkorbes" festgelegt. Da die Bedürfnisse der Menschen aber unterschiedlich sind, darf es nicht verwundern, daß ein schwunghafter Handel entstand. Die Bedürfnisbefriedigung der Bevölkerung mußte sich hierdurch unmittelbar erhöhen; denn ein Tausch zwischen zwei Wirtschaftseinheiten kommt nur dann zustande, wenn beide davon profitieren - z.B. wenn ein Nichtraucher ihm zugeteilte Zigaretten gegen Lebensmittel tauscht, wobei der zigarettenabhängige Tauschpartner gern auf Lebensmittel zugunsten von Zigaretten verzichtet.

An diesen Grundgedanken wollen wir hier anknüpfen: Man sagt, die an die Haushalte gelieferten Güter"pakete" seien optimal zusammengesetzt, wenn es nicht mehr möglich ist, das Bedürfnisbefriedigungsniveau eines Haushalts zu erhöhen, ohne das des anderen zu vermindern (Tauscheffizienz; vgl. die Analogie zur Produktionseffizienz). Dieses Optimum ist dann gegeben, wenn die Grenzraten der Substitution bezüglich zweier Güter (z.B. 1 und 2) für alle Haushalte einander gleich sind. Im Falle zweier Haushalte 1 und 2 muß die Gleichung

$$(3\text{B-}4) \qquad \left(\frac{dx_1}{dx_2}\right)_1 = \left(\frac{dx_1}{dx_2}\right)_2$$

erfüllt sein.

Es genügt wieder der Nachweis der *Plausibilität*: Im Falle

$$(3\text{B-}5) \qquad \left(\frac{dx_1}{dx_2}\right)_1 < \left(\frac{dx_1}{dx_2}\right)_2$$

$$(= 1) \qquad (= 3)$$

schätzt Haushalt 1 eine zusätzliche Einheit des Gutes 1 ebenso hoch ein wie eine zusätzliche Einheit des Gutes 2, Haushalt 2 bewertet hingegen eine zusätzliche Einheit von Gut 2 dreimal so hoch wie eine zusätzliche Einheit von Gut 1. Man kann nun beispielsweise das Bedürfnisbefriedigungsniveau von Haushalt 2 durch Tausch erhöhen, ohne das Bedürfnisbefriedigungsniveau von Haushalt 1 zu vermindern; Haushalt 2 braucht lediglich eine Einheit des Gutes 1 gegen eine Einheit des Gutes 2 bei Haushalt 1 einzutauschen. Die Möglichkeiten einer derartigen Wohlfahrtserhöhung durch Tausch sind ausgeschöpft, wenn die Grenzraten der Substitution nicht mehr voneinander abweichen.

(2) Im System *vollständiger Konkurrenz* läßt sich auch diese Optimalbedingung verwirklichen. Denn da *Konsumfreiheit* herrscht (die Haushalte können über ihre Einkommen frei verfügen - ihnen werden die Güter nicht unmittelbar zugeteilt), werden alle Haushalte ihre Güterkäufe so an den Güterpreisen ausrichten, daß für ein beliebiges Güterpaar jeweils die Grenzrate der Substitution mit dem zugehörigen Güterpreisverhältnis übereinstimmt. Da auf vollkommenen Märkten für alle Haushalte die gleichen Preise gelten, werden auch (im Gleichgewicht) die Grenzraten der Substitution aller Haushalte übereinstimmen. Dies ist aber die oben formulierte Optimalbedingung.

B4 Optimale Produktionsstruktur

(1) Es ist denkbar, daß die Unternehmer einer Volkswirtschaft das Produktionspotential voll ausschöpfen, etwa indem sie $y_1 = 30$ Einheiten des Gutes 1 und $y_2 = 10$ Einheiten des Gutes 2 herstellen, und daß darüber hinaus diese Güter in solcher Zusammensetzung an die einzelnen Haushalte fließen, daß sich für keinen Haushalt mehr ein Wohlfahrtsgewinn durch Tausch erzielen läßt; es gelten somit die Bedingungen der Produktions- und Tauscheffizienz. Damit ist jedoch noch nicht gewährleistet, daß die Konsumenten die Aufteilung der volkswirtschaftlichen Gesamtproduktion auf $y_1 = 30$ und $y_2 = 10$ als bestmöglich ansehen.

Die hiermit angesprochene Ausrichtung der Produktion an den Bedürfnissen der Konsumenten läßt sich präzisieren: Man sagt, die Abstimmung zwischen Konsum- und Produktionssektor sei dann optimal, wenn es - bei gegebener Einkommensverteilung - nicht mehr möglich ist, durch Veränderung des Produktionsprogramms noch einen Konsumenten besser zu stellen, ohne die Position eines anderen Konsumenten zu verschlechtern. Hierfür kann wiederum eine genaue Bedingung angegeben werden: Die (bei Tauscheffizienz) allen Haushalten gemeinsame Grenzrate der Substitution (Suffix S) muß mit der Grenzrate der Transformation (Suffix T) des Produktionsbereichs übereinstimmen:

(3B-6) $$\left(\frac{dx_1}{dx_2}\right)_S = \left(\frac{dy_1}{dy_2}\right)_T$$

Die Grenzrate der Transformation gibt bekanntlich an, um wieviel Einheiten man die Produktion des Gutes 1 ausdehnen kann, wenn die Produktion des Gutes 2 um eine Einheit vermindert wird.

Man beachte: Produktions- und Tauscheffizienz beziehen sich jeweils auf die (isolierte) Optimierung lediglich des Produktions- bzw. des Konsumbereichs. Mit der Forderung nach optimaler Produktionsstruktur wird hingegen die bestmögliche Abstimmung zwischen diesen beiden Bereichen verlangt.

Zum Nachweis der *Plausibilität* gehen wir wiederum von einer Situation der Ungleichheit aus:

(3B-7) $$\left(\frac{dx_1}{dx_2}\right)_S < \left(\frac{dy_1}{dy_2}\right)_T$$

$(= 1) \quad (= 3)$

In diesem Beispiel schätzen die Haushalte eine zusätzliche Einheit des Gutes 2 ebenso ein wie eine zusätzliche Einheit des Gutes 1, während es im Produktionsbereich möglich ist, durch Verzicht auf eine Einheit des Gutes 2 drei Einheiten des Gutes 1 herzustellen. Die Bedürfnisbefriedigung der Haushalte wird sich offenbar erhöhen, wenn das Produktionsprogramm zugunsten des Gutes 1 umgestellt wird und den Konsumenten somit mehr Güter der Art 1 auf Kosten von Gütern der Art 2 geliefert werden. Derartige Umstellungen lohnen sich nicht mehr, wenn Grenzrate der Substitution und Grenzrate der Transformation übereinstimmen.

(2) Das Modell der *vollständigen Konkurrenz* kann auch diese Anforderungen erfüllen, d.h. bei vollkommenem Wettbewerb richten die Unternehmer ihre Produktionsentscheidungen letztlich an den Wünschen der Konsumenten aus (die Konsum*freiheit* wird zur Konsumenten*souveränität*). Um dies möglichst einfach zeigen zu können, wollen wir (ohne Einschränkung der Allgemeingültigkeit der Ergebnisse) annehmen, der Produktionssektor würde aus Unternehmen bestehen, die jeweils zwei Produktarten herstellen. In diesem Falle werden gewinnmaximierende Unternehmer für die Gleichheit von Grenzrate der Transformation und Güterpreisverhältnis sorgen. Da die Haushalte ebenfalls ihre Grenzrate der Substitution am Güterpreisverhältnis ausrichten, kommt es schließlich zur Übereinstimmung von Grenzrate der Substitution und Grenzrate der Transformation.

B5 Effizienzkriterien bei Außenhandel

(1) Ausgangspunkt unserer Überlegungen ist die Transformationskurve der Volkswirtschaft (T), die wir in *Übersicht 3 B-1* mit T gekennzeichnet haben. Wir wollen annehmen, daß in der betrachteten Volkswirtschaft bei *Autarkie* die Mengen x_1 = OV und x_2 = OW (Koordinaten des Punktes S) produziert und konsumiert werden. Da im Gleichgewicht Grenzrate der Transformation (= Steigung der Transformationskurve) und Güterpreisverhältnis übereinstimmen, gibt die Steigung der Tangente p_{au} an Punkt S sowohl die Grenzrate der Transformation als auch das Güterpreisverhältnis (p_1/p_2) bei Autarkie an.

Wir wollen weiterhin annehmen, daß sich durch die Aufnahme von Außenhandel das Gut 2 verteuert, das Gut 1 sich hingegen verbilligt; die Preisrelation p_1/p_2 sinkt und soll jetzt durch die Steigung der Geraden p_w gemessen werden. Da sich die inländischen Unternehmer an das neue Preisverhältnis anpassen werden, ist mit einer Einschränkung der Produktion des billiger gewordenen Gutes 1 von OV auf OD sowie mit einer Produktionsexpansion im Wirtschaftszweig 2 von OW auf OE zu rechnen. Produzieren die inländischen Unternehmer somit die dem Punkt Z entsprechende Menge, dann stimmen Grenzrate der Transformation (in Punkt Z) und Güterpreisverhältnis (Steigung der Tangente p_w) wieder überein.

Übersicht 3B-1:   Produktionsstruktur bei Autarkie und Freihandel

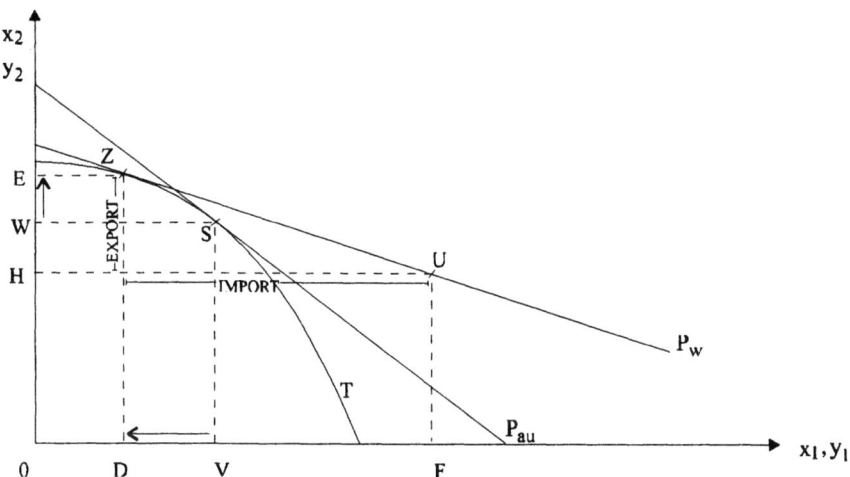

Durch das neue Preisverhältnis sind die Konsummöglichkeiten der betrachteten Volkswirtschaft erheblich ausgedehnt worden: Es sind nämlich alle Güterkombinationen realisierbar, die auf der Geraden p_w liegen. Um dies zu zeigen, brauchen wir uns lediglich einen beliebigen Punkt (z.B. Punkt U) auf der Geraden p_w herauszusuchen und zu fragen, ob mit Hilfe der Produktionsmengen y_1 = OD und y_2 = OE sowie durch Handel die dem Punkt U zugeordneten Konsummengen x_1 = OF und x_2 = OH erreicht werden können. Durch ein Produktionsniveau von y_2 = OE sowie einen heimischen Konsum von x_2 = OH entsteht ein exportierbares Überschußangbot in Höhe von HE. Die Steigung der Geraden p_w gibt uns an, wieviel Güter der Art 1 gegen eine Gütermenge HE der Art 2 auf dem Weltmarkt erhältlich sind. Es ist dies genau eine Gütermenge DF, die zusammen mit der heimischen Produktion y_1 = OD einen Konsum von x_1 = OF erlaubt.

Der potentielle Wohlfahrtsgewinn durch Außenhandel kommt hiernach in der Ausdehnung der Verbrauchsmöglichkeiten einer Volkswirtschaft zum Ausdruck: Die Verbrauchsmöglichkeiten werden nicht mehr durch die Produktionsmöglichkeiten (Transformationskurve), sondern durch die mit der Transformationskurve gerade noch erreichbare Tauschmöglichkeitskurve des Weltmarktes (Tangente p_w) begrenzt.

(2) Nach *Übersicht 3 B-1* besitzt ein Optimum die Eigenschaft, daß die inländische Grenzrate der Transformation (GRT) dem Weltmarktpreisverhältnis entspricht:

$$(3B\text{-}8) \qquad (-dy_2 / dy_1)_T = p_1^w / p_2^w$$

Prüfung auf *Plausibilität*: Bei Autarkie (Punkt S) beträgt die GRT nach *Übersicht 3 B-1* ungefähr 1: Dehnt man die Produktion des Gutes 2 um eine Einheit aus, dann muß man die Produktion des Gutes 1 um eine Einheit einschränken. Das Weltmarktpreisverhältnis $p_w = p_1^w / p_2^w$ liegt bei ungefähr 1/3, d.h. auf dem Weltmarkt erhält man 3 Einheiten des Gutes 1 für eine Einheit des Gutes 2. Es lohnt sich für das Inland, die Produktion des Gutes 2 auszudehnen und die des Gutes 1 einzuschränken: Erhöht man beispielsweise in Punkt S die Produktion des Gutes 2 um 2 Einheiten, dann muß man auf die Produktion von 2 Einheiten des Gutes 1 verzichten (GRT = 1). Die Güterversorgung der Volkswirtschaft steigt gleichwohl, weil man eine Einheit der zusätzlich hergestellten Güter der Art 2 verwenden kann, um dafür 3 Einheiten der Art 1 auf dem Weltmarkt einzutauschen. Es ergibt sich:

	Mehrproduktion von Gut 2:	2 Einheiten
-	Export von Gut 2:	1 Einheit
	Höherversorgung im Inland	1 Einheit
	Import von Gut 1:	3 Einheiten
-	Minderproduktion von Gut 1:	2 Einheiten
	Höherversorgung im Inland:	1 Einheit

Die Möglichkeiten einer Höherversorgung sind ausgeschöpft, wenn die Bedingung (3B-8) erfüllt ist. Bedingung (3B-8) kann man als Bedingung für eine bestmögliche Spezialisierung der Volkswirtschaft bezeichnen (man spricht von *Spezialisierungsgewinnen durch Außenhandel*). Sie führt zu einer maximalen Erweiterung der Versorgungsmöglichkeiten.

(3) Der Leser sollte sich klar machen, in welcher Weise die mit dem Prozeß der schrittweisen *Umstrukturierung der volkswirtschaftlichen Produktion* verbundene Höherversorgung in *Übersicht 3 B-1* optisch zum Ausdruck kommt. Es erscheint zweckmäßig, zunächst einmal die Ausgangssituation adäquat zu beschreiben: Wir befinden uns im Produktionspunkt S, gleichzeitig tritt aber an die Stelle von p_{au} die neue Preisrelation des Weltmarktes (p_w). Dies bedeutet nichts anderes, als daß zu Beginn eine Gerade mit der Steigung p_w den Produktionspunkt S schneidet. Es ist dies eine parallel und südöstlich zur Tangente an Z verlaufende Sekante. Die schrittweise Umstrukturierung der Produktion wird einfach durch eine Wanderung auf der Transformationskurve

von S in Richtung Z beschrieben. Die damit einhergehenden Möglichkeiten der Höherversorgung finden ihren Ausdruck in der mit der Wanderung des Produktionspunktes verbundenen *Verschiebung der Sekante* nach Nordosten. Der Prozeß ist abgeschlossen, wenn die Sekante soweit nach Nordosten gewandert ist, daß sie zu der in *Übersicht 3B-1* gezeichneten Tangente geworden ist.

(4) Während Bedingung (3B-8) die bestmögliche Anpassung des Produktionsbereichs an die Bedingungen der Außenwirtschaft beschreibt, gilt für den Konsumbereich:

(3B-9) $(-dx_2 / dx_1)_S = p_1^w / p_2^w$

Prüfung auf *Plausibilität*: Nehmen wir einmal an, wir würden den Produktionspunkt S (bei Autarkie) nicht verlassen, die optimale Spezialisierung würde also nicht vollzogen. Eine Besserstellung der Gesellschaft ließe sich trotzdem durch alleinige Neuorientierung der Konsumenten (an dem Weltmarktpreisverhältnis) erreichen. In Punkt S gilt im gewählten Beispiel:

$(-dx_2 / dx_1)_S = 1$

d.h. die Konsumenten schätzen die Güter 1 und 2 gleich hoch ein. Es lohnt sich dann für die Konsumenten, auf eine Einheit des Gutes 2 zu verzichten und dafür 3 Einheiten des Gutes 1 auf dem Weltmarkt einzutauschen. Die Versorgungsmöglichkeiten werden offenbar schon allein dadurch verbessert, daß man zum Weltmarktpreisverhältnis p_w Güter eintauschen kann, ohne daß man von dem Produktionspunkt S abweichen müßte (man spricht von *reinen Handelsgewinnen durch Außenhandel*).

(5) Ebenso wie im Falle der Produktionsanpassung wird die Ausgangssituation durch den Punkt S sowie durch eine den Punkt S schneidende Sekante mit der Steigung p_w beschrieben. Im Gegensatz zu oben verlagern wir aber den Produktionspunkt S nicht nach Nordwesten, so daß sich die Sekante auch nicht in Richtung Nordosten verschieben kann. Allerdings wissen wir aus der Charakterisierung von Punkt U, daß jetzt Konsumpunkte realisierbar sind, die auf der Sekante liegen, auch wenn sich diese *Mengenkombinationen außerhalb unserer Produktionsmöglichkeiten* - beschrieben durch die Transformationskurve - befinden.

4 Das Wohlfahrtsmaß der Kompensierenden Variation

Zur Ermittlung der *Effizienzwirkungen* einer Handlung, also zur Bestimmung der *Wohlfahrtseffekte* der Handlung und der Wohlfahrtseffekte der rückgängiggemachten Handlung werden in der Literatur zur Nutzen-Kosten-Analyse *verschiedene Wohlfahrtsmaße* empfohlen. Am häufigsten wird das Wohlfahrtsmaß der Kompensierenden Variation vorgeschlagen. In diesem Kapitel beschäftigen wir uns mit diesem Vorschlag. Verwendet man das Wohlfahrtsmaß der Kompensierenden Variation, dann muß man die mit der Handlung verbundene kollektive Kompensierende Variation berechnen. Die *kollektive Kompensierende Variation* entspricht der *Summe der individuellen Kompensierenden Variationen*. Das Konzept der individuellen Kompensierenden Variation steht im Mittelpunkt der ersten beiden Abschnitte dieses Kapitels.

Zunächst (Abschnitt 4.1) erläutern wir dieses Konzept. Danach (Abschnitt 4.2) betrachten wir die individuellen Kompensierenden Variationen der verschiedenen Handlungsfolgen.

Im letzten Abschnitt (Abschnitt 4.3) überlegen wir, was von dem Vorschlag zu halten ist, die Prüfung auf Effizienzverbesserung mit Hilfe des Wohlfahrtsmaßes der kollektiven Kompensierenden Variation vorzunehmen.

4.1 Die individuelle Kompensierende Variation

Nach einer Darstellung des Konzepts der individuellen Kompensierenden Variation (Unterabschnitt 4.1.1) beurteilen wir dieses Konzept aus Sicht der ordinalen und der kardinalen Nutzentheorie (Unterabschnitt 4.1.2).

Im letzten Unterabschnitt (Unterabschnitt 4.1.3) machen wir auf eine Manipulationsmöglichkeit bei der Berechnung der individuellen Kompensierenden Variation aufmerksam.

4.1.1 Darstellung

(1) Die individuelle kompensierende Variation einer Handlung ist wie folgt *definiert*:

Die individuelle kompensierende Variation einer Handlung entspricht dem Betrag, um den man das Pauscheinkommen des betrachteten Individuums *nach*

Durchführung der Handlung erhöhen bzw. vermindern muß, damit es ceteris paribus - also bei den Preisen, den rationierten Mengen und dem öffentlichen Güterangebot der *Endsituation* - wieder das Nutzenniveau *vor* Durchführung der Handlung erreicht.

(2) Formal läßt sich die Kompensierende Variation des Konsumenten k für eine Handlung, die vom Ausgangszustand 1 zum Endzustand 2 führt CV_k (1 → 2), mit Hilfe der *Ausgabenfunktion* oder der *indirekten Nutzenfunktion* definieren.

Die Variablenwerte der Ausgangssituation kennzeichnen wir mit dem Superskript[1], diejenigen der Endlage mit dem Superskript[2].

(4-1) $\quad CV_k (1 \to 2) = E_k^2 - e_k\left(\mathbf{a}^2, U_k^1\right)$

(4-2) $\quad V_k\left(\mathbf{a}^2, E_k^2 - CV_k(1 \to 2)\right) = V_k\left(\mathbf{a}^1, E_k^1\right)$

a steht in den Gleichungen (4-1) und (4-2) für die (übrigen) Argumente der Ausgabenfunktion und der indirekten Nutzenfunktion, also für die Preise der rationierten und der nicht-rationierten Marktgüter, für die Mengen der rationierten Marktgüter und für die Mengen der Nicht-Marktgüter.

(4-3) $\quad \mathbf{a} = \{p_1, p_2, R_3, R_4, v_3, v_4, z_5, z_6\}$

E_k^2 auf der rechten Seite von Gleichung (4-1) bezeichnet das tatsächliche Pauscheinkommen von Konsument k in der Endsituation; es stimmt bei Optimalverhalten mit den tatsächlichen *minimalen* Ausgaben überein ($E_k^2 = e_k(\mathbf{a}^2, U_k^2)$). Der zweite Term der rechten Seite gibt hingegen die (hypothetischen) minimalen Ausgaben an, die Konsument k bei den neuen Preisen und exogenen Mengen der Endsituation aufwenden müßte, wenn er genau das Nutzenniveau der Ausgangssituation aufrechterhalten wollte. $E_k^2 = e_k(\mathbf{a}^2, U_k^2)$ und $e_k(\mathbf{a}^2, U_k^1)$ unterscheiden sich nur im Hinblick auf die Argumentwerte U_k^2 bzw. U_k^1. Das Nutzenmaß CV_k ist also so konstruiert, daß der Unterschied zwischen U_k^2 und U_k^1 durch die Differenz zweier *Funktions*werte genau dieser Nutzengrößen bestimmt wird.

Gleichung (4-2) ist wie folgt zu lesen: Im Ausgangszustand erreicht Konsument k ein Nutzenniveau in Höhe von $V_k(\mathbf{a}^1, E_k^1)$, das sich durch die Handlung auf $V_k(\mathbf{a}^2, E_k^2)$ erhöht bzw. vermindert. Durch Korrektur des neuen Pauscheinkommens E_k^2 um den Kompensationsbetrag CV_k (1 → 2) läßt sich eine Übereinstimmung der Nutzenniveaus von Ausgangs- und Endlage erreichen.

Zählt k zu den Gewinnern (Verlierern) der sozialen Handlung, gilt - wegen $\partial e_k / \partial U_k > 0$ -

(4-4) $\quad E_k^2 = e_k(a^2, U_k^2) > (<) e_k(a^2, U_k^1)$

bzw.

(4-5) $\quad V_k^2 = V_k(a^2, E_k^2) > (<) V_k(a^1, E_k^1) = V_k^1$

Wir haben in den Gleichungen (4-1) und (4-2) die individuelle Kompensierende Variation also so definiert, daß $CV_k (1 \to 2) > 0$ anzeigt, daß Konsument k zu den Gewinnern der Handlung zählt. Steht der Konsument nach der Handlung schlechter da als vorher, erhält man für $CV_k (1 \to 2)$ einen negativen Wert. Ist der Konsument zwischen der Ausgangs- und der Endsituation indifferent, gilt $CV_k (1 \to 2) = 0$.

(3) Für die graphische Darstellung der individuellen Kompensierenden Variation nehmen wir an, die Handlung bestehe darin, eine Straße für den Autoverkehr zu schließen. Innerhalb des Vektors **a** wird damit die *Menge eines öffentlichen Gutes* (z_5 oder z_6) variiert (Wir verwenden hier aus Anschaulichkeitsgründen die Symbole S und L). Die Straße wird nur von zwei Konsumenten (h und g) genutzt. Konsument h fährt häufig mit dem Auto, parkt am liebsten vor dem Haus und ist deshalb gegen das Projekt. Konsument g nutzt die Straße als Fußgänger, wird häufig von Autofahrer h in seiner Nachtruhe gestört und ist deshalb für das Projekt. In der *Übersicht 4-1* haben wir die Ausgangs- und die Endsituation des Projekts aus der Sicht von h (*Übersicht 4-1a*) und g (*Übersicht 4-1b*) dargestellt.

Übersicht 4-1:   *Individuelle Kompensierende Variation einer Straßensperrung*

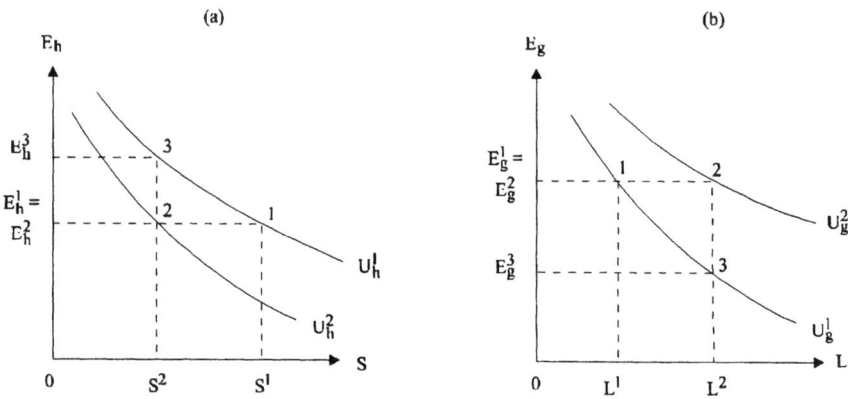

Konsument h ist (u.a.) an der Zahl der Straßen (S) und an der Höhe seines Einkommens (E_h) interessiert.

(4-6) $U_h = V_h(E_h, S, ...)$ mit $\partial V_h / \partial E_h > 0, \partial V_h / \partial S > 0$

Für Konsument g sind (u.a.) die Ruhe seiner Wohnlage (L) und die Höhe seines Einkommens (E_g) wichtig.

(4-7) $U_g = V_g(E_g, L, ...)$ mit $\partial V_g / \partial E_g > 0, \partial V_g / \partial L > 0$

Aus der Sicht des h stellt das Projekt eine Verringerung der Zahl der Straßen ($S^1 \to S^2$) und aus der Sicht des g eine Verbesserung der Ruhe seiner Wohnlage ($L^1 \to L^2$) dar. Da sich durch das Projekt die *Einkommen* der Individuen *nicht ändern*, kennzeichnen in *Übersicht 4-1* die Punkte 1 und 2 die Ausgangs- und Endsituation aus der Sicht des h (im E_h-S-Raum) bzw. aus der Sicht des g (im E_g-L-Raum). Um die Kompensierenden Variationen der beiden Personen zu ermitteln, haben wir die durch die Punkte 1 und 2 verlaufenden *Indifferenzkurven* ($U_h^i, U_g^i, i = 1, 2$) der indirekten Nutzenfunktionen der beiden Konsumenten eingezeichnet.

Es ist klar, daß das Nutzenniveau auf der Indifferenzkurve $U_h^1(U_g^2)$ größer ist als das Nutzenniveau auf der Indifferenzkurve $U_h^2(U_g^1)$.

Man kann jetzt erkennen: Hätten die Konsumenten h und g nach Schließung der Straße ein Einkommen von E_h^3 bzw. E_g^3, dann würden sie genauso gut dastehen wie in der Ausgangssituation. (Die Punkte 3 und 1 liegen auf derselben Indifferenzkurve). Also entspricht die Differenz von E_h^2 und E_h^3 der *Kompensierenden Variation des h* und diejenige von E_g^2 und E_g^3 der *Kompensierenden Variation des g*.

(4-8) $CV_h(1 \to 2) = E_h^2 - E_h^3 < 0$ mit $E_h^3 = e_h(\mathbf{a}^2, U_h^1)$

(4-9) $CV_g(1 \to 2) = E_g^2 - E_g^3 > 0$ mit $E_g^3 = e_g(\mathbf{a}^2, U_g^1)$

4.1.2
Beurteilung

(1) In diesem Unterabschnitt wollen wir überprüfen, ob die individuelle Kompensierende Variation ein *korrektes Nutzenmaß* ist, d.h. ob uns dieses Konzept Rückschlüsse auf die Präferenzen der Individuen erlaubt.

Aus Sicht der *ordinalen* Nutzentheorie ist die individuelle Kompensierende Variation ein akzeptables Nutzenmaß. Für einen ordinalen Nutzentheoretiker sind nur Nutzenvergleiche verschiedener Güterbündel bzw. Situationen sinnvoll, d.h. die ordinale Nutzentheorie verlangt von einem Nutzenmaß nur, daß es korrekt anzeigt, ob das Individuum die Situation 1 der Situation 2 vorzieht oder nicht. Wie wir im Anschluß an Gleichung (4-4) ausgeführt haben, erfüllt das Nutzenmaß der Kompensierenden Variation diese Anforderung.

(2) Manchmal stehen *mehrere mögliche Handlungen* zur Auswahl. Berechnet man die individuellen Kompensierenden Variationen der verschiedenen Handlungen, dann ist zu beachten, daß man aus diesen Größen *keinen Rückschluß auf die relative Vorteilhaftigkeit* der Handlungen aus der Sicht der Konsumenten ziehen darf.

Ist es möglich, von der Ausgangssituation 1 zur Endsituation 2 oder zur Endsituation 3 zu gelangen, und gilt $CV_k (1 \rightarrow 2) > CV_k (1 \rightarrow 3)$, dann kann dies bedeuten, daß $U_k^2 > U_k^3$ ist, es kann aber auch sein, daß k die Situation 3 der Situation 2 vorzieht ($U_k^3 > U_k^2$) oder zwischen beiden Situationen indifferent ist. Dies verdeutlicht *Übersicht 4-2*, in der wir zwei Handlungen mit demselben Nutzeneffekt dargestellt haben. Die erste Handlung besteht in einer *Preiserhöhung* bei Gut 1 (von p_1^1 auf p_1^2), die zweite Handlung in einem *Pauscheinkommensentzug* in Höhe von $E_k^1 - E_k^2$. Beide Endsituationen (2 und 3) liegen auf derselben Indifferenzkurve, d.h. beide Handlungen sind für den Konsumenten gleich schlecht.

Übersicht 4-2:   *Die individuelle Kompensierende Variation zweier alternativer Handlungen*

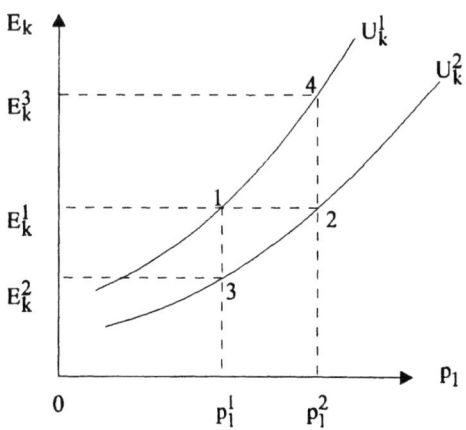

Obwohl die Nutzeneffekte der beiden Handlungen gleich sind, unterscheiden sich jedoch die mit ihnen verbundenen individuellen Kompensierenden Variationen.

Aus

(4-10) $\quad CV_k(1 \to 2) = e_k\left(p_1^2, \ldots, U_k^2\right) - e_k\left(p_1^2, \ldots, U_k^1\right) = E_k^1 - E_k^3$

(Preiserhöhung)

und

(4-11) $\quad CV_k(1 \to 3) = e_k\left(\mathbf{a}^2, U_k^2\right) - e_k\left(\mathbf{a}^2, U_k^1\right) = E_k^2 - E_k^1$

(Pauscheinkommensänderung; $\mathbf{a}^1 = \mathbf{a}^2$)

folgt

(4-12) $\quad CV_k(1 \to 2) < CV_k(1 \to 3)$

Man würde also aufgrund der Werte der individuellen Kompensierenden Variationen auf eine Überlegenheit der Handlung schließen, die zum Endzustand 3 führt, obwohl dies nicht den Präferenzen des Konsumenten entspricht, der beide Handlungen gleich einschätzt.

Der Grund für diese *Inkonsistenz* liegt darin, daß die Berechnung des Nutzenmaßes der Kompensierenden Variation auf der *Basis der Preise und exogenen Mengen nach Durchführung der Handlung* vorgenommen wird. Da diese Größen mit jeder Handlung wechseln, bietet die individuelle Kompensierende Variation dann *keine gemeinsame Vergleichsbasis* für mehrere Handlungen.

Der Kompensierenden Variation liegt das Konstruktionsprinzip von PAASCHE-Indices zugrunde. Betrachtet man das CV_k-Maß vor dem Hintergrund eines PAASCHE-*Mengen*index (s. Anhang 4 A), dann erkennt man eine Korrespondenz zwischen dem Gewichtungsschema in Form der Preise der Endsituation und dem Vektor $\mathbf{a}^2$ einerseits sowie zwischen den Mengen zweier Situationen (z.B. Jahre) und den Nutzengrößen U_k^1 und U_k^2 andererseits. Beim PAASCHE-Mengenindex tritt, wie aus der Wirtschaftsstatistik bekannt ist, ein analoges Konsistenzproblem auf. Beispielsweise zeigt der Index im allgemeinen unterschiedliche Mengenentwicklungen zwischen den Perioden 1 und 2 sowie den Perioden 1 und 3 selbst dann an, wenn die Mengen in den Perioden 2 und 3 übereinstimmen. Dies ist einfach darauf zurückzuführen, daß dieselben Mengen einmal mit den Preisen der Periode 2, das andere Mal hingegen mit den Preisen der Periode 3 gewichtet werden.

(3) Wie ist das Nutzenmaß der individuellen Kompensierenden Variation aus Sicht der *kardinalen* Nutzentheorie zu bewerten?

Für einen kardinalen Nutzentheoretiker sind auch Aussagen über die Relationen von Nutzendifferenzen sinnvoll, d.h. aus Sicht der kardinalen Nutzentheorie muß ein Nutzenmaß auch darüber Auskunft geben, ob das Individuum z.B. den Übergang von Zustand 1 zu Zustand 2 dem Übergang von

Zustand 3 zu Zustand 4 vorzieht. Um dieser Anforderung zu genügen, *müssen die Relationen von CV_k und Nutzenänderung konstant sein und übereinstimmen* ($CV_k(1 \rightarrow 2)/(U_k^2 - U_k^1) = CV_k(3 \rightarrow 4)/(U_k^4 - U_k^3) = \ldots = $ const.)

Dies wiederum erfordert, daß die *Ausgabenfunktion eine positive lineare Transformation der Nutzenfunktion* ist, d.h. daß $\partial e_k / \partial U_k = $ const. gilt.

Aus Kapitel 2 wissen wir, daß die Ableitung der Ausgabenfunktion nach dem Nutzenniveau gleich $1/\lambda_k$ ist (vgl. Gleichung (2-31)). Ein kardinaler Nutzentheoretiker, der das Nutzenmaß der individuellen Kompensierenden Variation akzeptiert, muß also annehmen, daß die Handlungsfolgen (Preis-, Pauscheinkommens-, exogene Mengenänderungen) keinen Einfluß auf den Grenznutzen des Einkommens haben, d.h. er muß von einem *konstanten Grenznutzen des Einkommens* ausgehen. Dazu wird aber kein kardinaler Nutzentheoretiker bereit sein, denn mit einem konstanten Grenznutzen des Einkommens sind Preis- und Einkommenselastizitäten der Nachfrage verbunden, die völlig unrealistisch sind (vgl. Anhang 5 C des folgenden Kapitels). Aus Sicht der kardinalen Nutzentheorie ist das Nutzenmaß der individuellen Kompensierenden Variation also *kein akzeptables Nutzenmaß*.

4.1.3
Manipulationsmöglichkeit

(1) Die Tatsache, daß die individuelle Kompensierende Variation auf der Basis der Preise und exogenen Mengen nach Durchführung der Handlung berechnet wird, hat auch zur Folge, daß die individuelle Kompensierende Variation einer Handlung nicht immer mit der *Summe* der individuellen Kompensierenden Variationen mehrerer nahtlos verknüpfter *Teilhandlungen*, die zusammen die gesamte Handlung ergeben, übereinstimmt. Um dies zu verdeutlichen, zerlegen wir den Preisanstieg des Gutes 1 von p_1^1 auf p_1^2 in einen Preisanstieg von p_1^1 auf p_1^3 und einen Preisanstieg von p_1^3 auf p_1^2. Wir erhalten dann bei der Berechnung der individuellen Kompensierenden Variation des gesamten Preisanstiegs in *einem Schritt*

(4-13) $\quad CV_k\left(p_1^1 \rightarrow p_1^2\right) = E_k^2 - e_k\left(p_1^2, \ldots, U_k^1\right)$

und bei der Berechnung der Summe der individuellen Kompensierenden Variationen der beiden *"Teilpreisanstiege"*

(4-14) $\quad CV_k\left(p_1^1 \rightarrow p_1^3\right) + CV_k\left(p_1^3 \rightarrow p_1^2\right)$

$= E_k^3 - e_k\left(p_1^3, \ldots, U_k^1\right) + E_k^2 - e_k\left(p_1^2, \ldots, U_k^3\right)$

Um in beiden Fällen zum gleichen Ergebnis zu kommen, muß

$$(4\text{-}15) \quad e_k\left(p_1^2, \ldots, U_k^3\right) - e_k\left(p_1^2, \ldots, U_k^1\right) = E_k^3 - e_k\left(p_1^3, \ldots, U_k^1\right)$$

gelten. Der Pauscheinkommensbetrag, den man dem Individuum geben muß, damit es statt des Nutzenniveaus U_k^3 das Nutzenniveau U_k^1 erreicht, muß bei dem Preis p_1^2 genau so groß sein wie beim Preis p_1^3. Allgemein: Die Änderung der minimalen Ausgaben aufgrund einer vorgegebenen Nutzenänderung darf nicht von der Höhe des Güterpreises p_1 abhängen. Diese Bedingung ist nur erfüllt, wenn die Ableitung der Ausgabenfunktion nach dem Nutzenniveau unabhängig von p_1 ist, d.h. wenn $\partial^2 e_k / (\partial U_k \partial p_1) = 0$ gilt. Wegen $\partial e_k / \partial U_k = 1/\lambda_k$ bedeutet dies, daß der Grenznutzen des Einkommens (λ_k) von p_1 unabhängig sein muß. Abgesehen von diesem *Spezialfall* hängt also das Ergebnis, das man bei der Berechnung der individuellen Kompensierenden Variation einer Handlung erhält, davon ab, ob und in welche Teilhandlungen die gesamte Handlung zerlegt wird.

(2) Die Manipulationsmöglichkeit geht sogar so weit, daß man den negativen Wert, den man erhält, wenn man die individuelle Kompensierende Variation einer Handlung in einem Schritt berechnet, durch geschickte Zerlegung dieser Handlung in verschiedene Handlungsschritte in einen positiven Wert umformen kann und umgekehrt.

Um einen solchen *Vorzeichenwechsel* zu erreichen, muß man bei der Definition der Teilhandlungen über die durch die Ausgangssituation und die Endsituation (der gesamten Handlung) gebildeten Grenzen hinausgehen. In *Übersicht 4-3* haben wir einen solchen Fall dargestellt. Die Handlung besteht in einer Änderung des Preises bei Gut 1 von p_1^1 auf p_1^2. Mit diesem Preisanstieg ist die individuelle Kompensierende Variation

$$(4\text{-}16) \quad CV_k\left(p_1^1 \to p_1^2\right) = E_k^1 - E_k^4 < 0$$

verbunden.

Nun zerlegen wir diese Handlung in zwei Teilhandlungen: in einen Preis*rückgang* von p_1^1 auf p_1^3 und in einen Preis*anstieg* von p_1^3 auf p_1^2. Die zweite Teilhandlung knüpft unmittelbar an die erste Teilhandlung an und endet dort, wo auch die gesamte Handlung endet.

Ein Blick auf *Übersicht 4-3* zeigt, daß für die Summe der individuellen Kompensierenden Variation der beiden Teilhandlungen gilt:

$$(4\text{-}17) \quad CV_k\left(p_1^1 \to p_1^3\right) + CV_k\left(p_1^3 \to p_1^2\right) = \left(E_k^1 - E_k^3\right) + \left(E_k^1 - E_k^5\right) > 0$$

Übersicht 4-3:   *Manipulationsmöglichkeiten bei der Berechnung von CV_k*

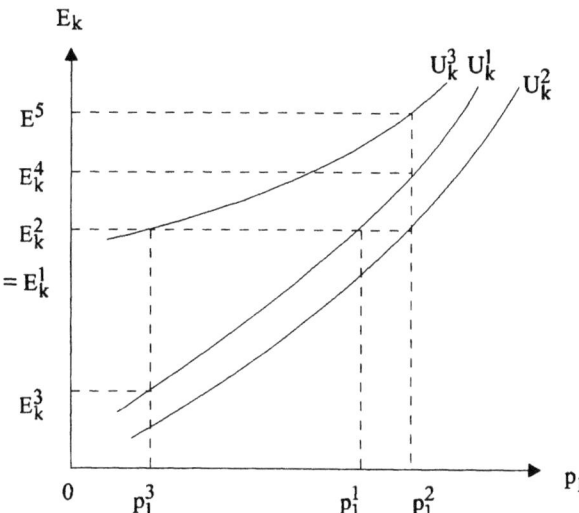

Dies bedeutet

(4-18) $\text{sign}\, CV_k\left(p_1^1 \to p_1^2\right) \neq \text{sign}\left[CV_k\left(p_1^1 \to p_1^3\right) + CV_k\left(p_1^3 \to p_1^2\right)\right]$

Die beiden Methoden der Berechnung der individuellen Kompensierenden Variation führen hier zu Ergebnissen, die sich im Vorzeichen unterscheiden.

4.2
Individuelle Kompensierende Variationen verschiedener Handlungsfolgen

In diesem Abschnitt betrachten wir die individuellen Kompensierenden Variationen von verschiedenen Handlungsfolgen.

Bei der Einteilung der Handlungsfolgen knüpfen wir an unsere Ausführungen des Abschnitts 2.4 an und unterscheiden Pauscheinkommensänderungen (Unterabschnitt 4.2.1), Preisänderungen bei nicht-rationierten Marktgütern (Unterabschnitt 4.2.2), Preisänderungen bei rationierten Marktgütern (Unterabschnitt 4.2.3), Mengenänderungen bei rationierten Marktgütern (Unterabschnitt 4.2.4) und Mengenänderungen bei Nicht-Marktgütern (Unterabschnitt 4.2.5).

4.2.1
Pauscheinkommensänderungen

Ändert sich nur das Pauscheinkommen eines Individuums von E_k^1 auf E_k^2, dann gilt gemäß Gleichung (4-1) und wegen $\mathbf{a}^2 = \mathbf{a}^1$ für die individuelle Kompensierende Variation

$$(4\text{-}19) \quad CV_k\left(E_k^1 \to E_k^2\right) = E_k^2 - e_k\left(\mathbf{a}^1, U_k^1\right) = E_k^2 - E_k^1 = \Delta E_k$$

Die individuelle Kompensierende Variation einer Pauscheinkommensänderung ist also *gleich der Pauscheinkommensänderung*: Nimmt man einem Konsumenten ceteris paribus einen bestimmten Einkommensbetrag weg, dann muß man ihm genau diesen Betrag zurückgeben, wenn er wieder das Nutzenniveau der Ausgangssituation erreichen soll.

4.2.2
Preisänderungen bei nicht-rationierten Marktgütern

(1) Ändern sich nur die Preise der beiden nicht-rationierten Marktgüter 1 und 2 von p_1^1 und p_2^1 auf p_1^2 und p_2^2, dann gilt für die individuelle Kompensierende Variation

$$(4\text{-}20) \quad CV_k\left(p_1^1, p_2^1 \to p_1^2, p_2^2\right) = E_k^2 - e_k\left(p_1^2, p_2^2, \mathbf{b}^1, U_k^1\right)$$

$\mathbf{b}^1$ steht für die konstant gebliebenen Preise der rationierten Marktgüter, für die unveränderten Rationierungsschranken und für das unveränderte Angebot an Nicht-Marktgütern.

$$(4\text{-}21) \quad \mathbf{b}^1 = \left\{R_3^1, R_4^1, v_3^1, v_4^1, z_5^1, z_6^1\right\}$$

Da sich die Pauscheinkommen der Ausgangs- und Endsituation nicht unterscheiden, können wir E_k^2 durch $E_k^1 = e_k(p_1^1, p_2^1, \mathbf{b}^1, U_k^1)$ ersetzen.

$$(4\text{-}22) \quad CV_k\left(p_1^1, p_2^1 \to p_1^2, p_2^2\right) = -\left[e_k\left(p_1^2, p_2^2, \mathbf{b}^1, U_k^1\right) - e_k\left(p_1^1, p_2^1, \mathbf{b}^1, U_k^1\right)\right]$$

Auf der rechten Seite von Gleichung (4-22) stehen die *Funktionswerte der Ausgabenfunktion bei unterschiedlichen Preisen der nicht-rationierten Marktgüter*. (Die Umkehrung der Reihenfolge auf der rechten Seite von Gleichung (4-22) gegenüber der rechten Seite von Gleichung (4-20) hat allein technische Gründe.)

Nach dem Hauptsatz der Integralrechnung gilt

$$(4\text{-}23)\quad e_k\left(p_1^2, p_2^2, b^1, U_k^1\right) - e_k\left(p_1^1, p_2^1, b^1, U_k^1\right)$$

$$= \int_{p_1^1, p_2^1}^{p_1^2, p_2^2} \sum_{i=1}^{2} \frac{\partial e_k}{\partial p_i}\, dp_i$$

und damit

$$(4\text{-}24)\quad CV_k\left(p_1^1, p_2^1 \to p_1^2, p_2^2\right)$$

$$= - \int_{p_1^1, p_2^1}^{p_1^2, p_2^2} \sum_{i=1}^{2} \frac{\partial e_k}{\partial p_i}\, dp_i$$

Die individuelle Kompensierende Variation der Änderung der Preise p_1 und p_2 ist also gleich dem *Integral über der Summe der Ableitungen der Ausgabenfunktion* nach diesen Preisen.

(2) Wir wollen nun prüfen, ob wir das Integral auf der rechten Seite von Gleichung (4-24) auflösen können, d.h. ob wir das Integral- und das Summenzeichen *vertauschen* können. Ein solcher Austausch setzt voraus, daß das Integral *eindeutig* ist.

Nach den mathematischen Integrabilitätsbedingungen ist ein Integral der Art

$$(4\text{-}25)\quad \int_1^2 \sum_{i=1}^{n} f_i(z_i, \ldots,)\, dz_i$$

dann eindeutig, wenn die Bedingungen

$$(4\text{-}26)\quad \partial f_i / \partial z_j = \partial f_j / \partial z_i \qquad i,j = 1,\ldots,n \quad i \neq j$$

erfüllt sind. Dies bedeutet:

Das Integral über der rechten Seite von Gleichung (4-24) ist dann eindeutig, wenn

$$(4\text{-}27)\quad \partial^2 e_k / (\partial p_1 \partial p_2) = \partial^2 e_k / (\partial p_2 \partial p_1)$$

gilt.

Nach YOUNGs Theorem (s. Abschnitt 2.5.3.2, Absatz (9)) ist die Bedingung (4-27) erfüllt. Löst man das Integral auf der rechten Seite von Gleichung (4-24) auf und berücksichtigt man, daß die Ableitung der Ausgabenfunktion nach dem

Preis p_i der *kompensierten Nachfragefunktion* nach dem Gut i entspricht (vgl. Gleichung 2-40), dann erhält man

$$(4\text{-}28) \quad CV_k\left(p_1^1, p_2^1 \to p_1^2, p_2^2\right)$$

$$= -\left[\int_{p_1^1}^{p_1^2} \frac{\partial}{\partial p_1} e_k\left(p_1, p_2^1, \ldots\right) + \int_{p_2^1}^{p_2^2} \frac{\partial}{\partial p_2} e_k\left(p_1^2, p_2, \ldots\right)\right]$$

$$= -\left[\int_{p_1^1}^{p_1^2} \tilde{x}_{1k}\left(p_1, p_2^1, v_3^1, v_4^1, z_5^1, z_6^1, U_k^1\right) dp_1 \right.$$

$$\left. + \int_{p_2^1}^{p_2^2} \tilde{x}_{2k}\left(p_1^2, p_2, v_3^1, v_4^1, z_5^1, z_6^1, U_k^1\right) dp_2 \right]$$

Die individuelle kompensierende Variation von Güterpreisänderungen bei nicht-rationierten Gütern entspricht also der *Summe* der durch die Preise der Ausgangs- und Endsituation begrenzten *Integrale über die kompensierten individuellen Nachfragefunktionen*.

(3) Weil das Integral auf der rechten Seite von Gleichung (4-24) eindeutig ist, hängt der Wert von $CV_k(p_1^1, p_2^1 \to p_1^2, p_2^2)$ nicht von der *Reihenfolge* ab, in der wir die Preisänderungen berücksichtigen. In Gleichung (4-28) haben wir angenommen, daß sich der Preis des Gutes 1 vor dem Preis des Gutes 2 ändert - wir hätten genausogut die umgekehrte Reihenfolge der Preisänderungen unterstellen können.

$$(4\text{-}29) \quad \int_{p_1^1}^{p_1^2} \tilde{x}_{1k}\left(p_1, p_2^1, v_3^1, v_4^1, z_5^1, z_6^1, U_k^1\right) dp_1$$

$$+ \int_{p_2^1}^{p_2^2} \tilde{x}_{2k}\left(p_1^2, p_2, v_3^1, v_4^1, z_5^1, z_6^1, U_k^1\right) dp_2$$

$$= \int_{p_1^1}^{p_1^2} \tilde{x}_{1k}\left(p_1, p_2^2, v_3^1, v_4^1, z_5^1, z_6^1, U_k^1\right) dp_1$$

$$+ \int_{p_2^1}^{p_2^2} \tilde{x}_{2k}\left(p_1^1, p_2, v_3^1, v_4^1, z_5^1, z_6^1, U_k^1\right) dp_2$$

(4) In *Übersicht 4-4* haben wir die individuelle Kompensierende Variation einer *Preissenkung bei Gut 1* dargestellt.

Übersicht 4-4:   Individuelle Kompensierende Variation einer Preisänderung bei einem nicht-rationierten Marktgut

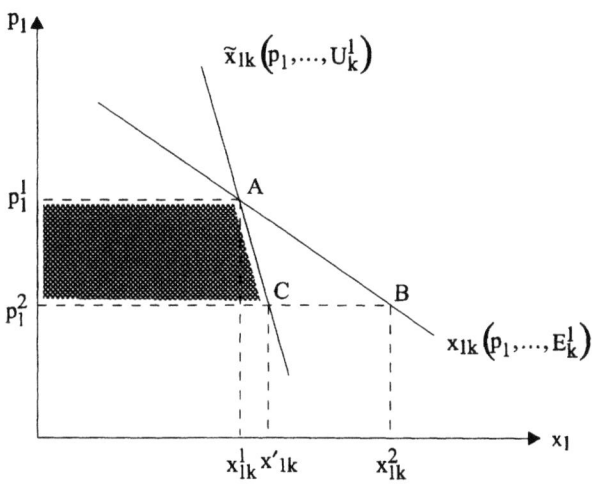

In der Ausgangssituation fragt Konsument k die Menge x_{1k}^1 nach, in der Endsituation ist seine Nachfrage auf x_{1k}^2 gestiegen. Die Preismengenkombinationen $A = (p_1^1, x_{1k}^1)$ und $B = (p_1^2, x_{1k}^2)$ liegen also auf der *normalen* Nachfragefunktion $x_{1k}(p_1, ..., E_k^1)$.

Die Preismengenkombination der Ausgangssituation ist auch ein Punkt der *kompensierten* Nachfragefunktion $\tilde{x}_k(p_1, ..., U_k^1)$. Handelt es sich bei Gut 1 um ein normales Gut $(\partial x_{1k} / \partial E_k > 0)$, dann ist, wie man der SLUTSKY-Gleichung (2-45) entnehmen kann, die Steigung der kompensierten Nachfragefunktion absolut gesehen größer als die Steigung der normalen Nachfragefunktion. Nimmt man dem Konsumenten also Einkommen weg, damit er trotz der Preissenkung von p_1^1 auf p_1^2 kein höheres Nutzenniveau erreicht, dann wird er weniger von Gut 1 nachfragen, als wenn nur der Preis gesenkt wird. In der *Übersicht 4-4* schneidet die kompensierte Nachfragefunktion die Preisgerade p_1^2 im Punkt C. Damit gilt:

$$(4\text{-}30) \quad CV_k\left(p_1^1 \to p_1^2\right) = -\int_{p_1^1}^{p_1^2} \tilde{x}_{1k}\left(p_1, \cdot, U_k^1\right) dp_1 = \text{Fläche } p_1^1 AC p_1^2$$

Auf den Zusammenhang zwischen dem Kompensationsbetrag $CV_k(p_1^1 \to p_1^2)$ und der Nachfrage x'_{1k} sei noch einmal nachdrücklich hingewiesen: x'_{1k} ist allein das Resultat eines Substitutionsprozesses, der von einer Senkung des Preises p_1 ausgelöst wird. x'_{1k} würde nur dann tatsächlich erreicht, wenn man das Nutzenniveau U_k^1 des Konsumenten durch geeignete Maßnahmen fixieren könnte. Eine solche Maßnahme ist die Verminderung des Pauscheinkommens im Ausmaße von $p_1^1 ACp_1^2$. Unterläßt man jegliche Kompensation, dann wird die (individuelle) Nachfragemenge x_{1k}^2, die sich aus der normalen Nachfragefunktion ergibt, realisiert.

4.2.3
Preisänderungen bei rationierten Marktgütern

Ändern sich die Preise der beiden rationierten Güter 3 und 4, dann gilt für die individuelle Kompensierende Variation

$$(4\text{-}31) \quad CV_k\left(R_3^1, R_4^1 \to R_3^2, R_4^2\right) = E_k^2 - e_k\left(R_3^2, R_4^2, \mathbf{c}^1, U_k^1\right)$$

$\mathbf{c}$ bezeichnet alle Variablen, die - neben R_3, R_4 und U_k - ebenfalls zu den Argumenten der Ausgabenfunktion gehören.

$$(4\text{-}32) \quad \mathbf{c} = \{p_1, p_2, v_3, v_4, z_5, z_6\}$$

Wegen $E_k^2 = E_k^1$ können wir Gleichung (4-31) zu

$$(4\text{-}33) \quad CV_k\left(R_3^1, R_4^1 \to R_3^2, R_4^2\right) = -\left[e_k\left(R_3^2, R_4^2, \mathbf{c}^1, U_k^1\right) - E_k^1\right]$$

umformen.
Unter Berücksichtigung des Hauptsatzes der Integralrechnung (vgl. Gleichung 4-23), der Identität (2-27) und der Ableitungseigenschaft (2-32), folgt aus Gleichung (4-33)

$$(4\text{-}34) \quad CV_k\left(R_3^1, R_4^1 \to R_3^2, R_4^2\right)$$

$$= -\int_{R_3^1,R_4^1}^{R_3^2,R_4^2} \sum_{i=3}^{4} \frac{\partial e_k}{\partial R_i} dR_i = -\sum_{i=3}^{4} v_i^1 \left(R_i^2 - R_i^1\right)$$

Die individuelle Kompensierende Variation von Güterpreisänderungen bei rationierten Gütern entspricht der Summe der Produkte aus Preisänderungen und rationierten Mengen.

Da die rationierten Mengen definitionsgemäß fixiert sind, bedeutet eine Preisänderung bei diesen Gütern nichts anderes als eine Veränderung der für die nicht-rationierten Güter zur Verfügung stehenden Ausgabensumme (vgl. hierzu auch die Interpretation der Gleichungen (2-24) und (2-25)). Erhöht man z.B. die Preise der rationierten Güter 3 und 4, dann reduziert man das Einkommen des Konsumenten um einen Betrag von

$$\sum_{i=3}^{4} v_i^1 \left(R_i^2 - R_i^1\right)$$

Dieser Betrag kann daher als spezifische Ausprägung von ΔE_k in Gleichung (4-19) interpretiert werden. Nimmt man also dem Konsumenten durch Preiserhöhungen rationierter Güter einen bestimmten Einkommensbetrag weg, dann ist genau dieser Betrag an ihn zurückzugeben, wenn das Nutzenniveau U_k^1 aufrechterhalten bleiben soll.

4.2.4
Mengenänderungen bei rationierten Marktgütern

(1) Veränderungen bei den Rationierungsschranken der Marktgüter 3 und 4 führen zu

(4-35) $\quad CV_k\left(v_3^1, v_4^1 \rightarrow v_3^2, v_4^2\right) = E_k^2 - e_k\left(v_3^2, v_4^2, \mathbf{d}^1, U_k^1\right)$

Auch hier haben wir wieder alle konstant gehaltenen exogenen Größen zu einer Variablen - $\mathbf{d}^1$ - zusammengefaßt.

(4-36) $\quad \mathbf{d}^1 = \left\{p_1^1, p_2^1, R_3^1, R_4^1, z_5^1, z_6^1\right\}$

Beachtet man die Identitätsgleichung (2-27) und den Hauptsatz der Integralrechnung (vgl. Gleichung (4-23)), dann folgt aus Gleichung (4-35)

(4-37) $\quad CV_k\left(v_3^1, v_4^1 \rightarrow v_3^2, v_4^2\right) = -\left[e_k\left(v_3^2, v_4^2, \mathbf{d}^1, U_k^1\right) - e_k\left(v_3^1, v_4^1, \mathbf{d}^1, U_k^1\right)\right]$

$$= -\int_{v_3^1,v_4^1}^{v_3^2,v_4^2} \sum_{i=3}^{4} \frac{\partial e_k}{\partial v_i} \, dv_i$$

Vertauschen wir auf der rechten Seite von Gleichung (4-37) das Integral- und das Summenzeichen und berücksichtigen wir die Ableitungseigenschaft (2-33), dann erhalten wir

$$(4\text{-}38) \quad CV_k\left(v_3^1, v_4^1 \to v_3^2, v_4^2\right) = \int_{v_3^1}^{v_3^2} \left[R_{3k}\left(p_1^1, p_2^1, v_3, v_4^1, z_5^1, z_6^1, U_k^1\right) - R_3^1\right] dv_3$$

$$+ \int_{v_4^1}^{v_4^2} \left[R_{4k}\left(p_1^1, p_2^1, v_3^2, v_4, z_5^1, z_6^1, U_k^1\right) - R_4^1\right] dv_4$$

Um die individuelle Kompensierende Variation von Änderungen der Rationierungsschranken zu bestimmen, muß man von der Summe der durch die Rationierungsschranken der Ausgangs- und der Endsituation begrenzten Integrale über die inversen kompensierten Nachfragefunktionen nach diesen Gütern die Summe der Änderungen der Ausgaben für die rationierten Marktgüter abziehen.

Zur Erinnerung: Die angenommene Reihenfolge der Mengenänderungen (hier: Δv_3 vor Δv_4) hat - wegen der Eindeutigkeit des Integrals auf der rechten Seite von Gleichung (4-37) - keinen Einfluß auf den Wert der individuellen Kompensierenden Variation.

(2) In *Übersicht 4-5* haben wir die individuelle Kompensierende Variation einer *Lockerung der Rationierungsschranke bei Gut 3* von v_3^1 auf v_3^2 graphisch dargestellt.

Die Kurve $R_{3k}(v_3, \ldots, U_k^1)$ ist die inverse kompensierte Nachfragefunktion nach Gut 3. Der Preis R_{3k}^1 kennzeichnet die marginale Zahlungsbereitschaft (s. hierzu Abschnitt 2.5.3.2, Absatz (4)) des Konsumenten für das Gut 3 in der Ausgangslage (bei der Rationierungsschranke v_3^1 und dem Nutzenniveau U_k^1).

Übersicht 4-5: *Individuelle Kompensierende Variation der Änderung einer Rationierungsschranke*

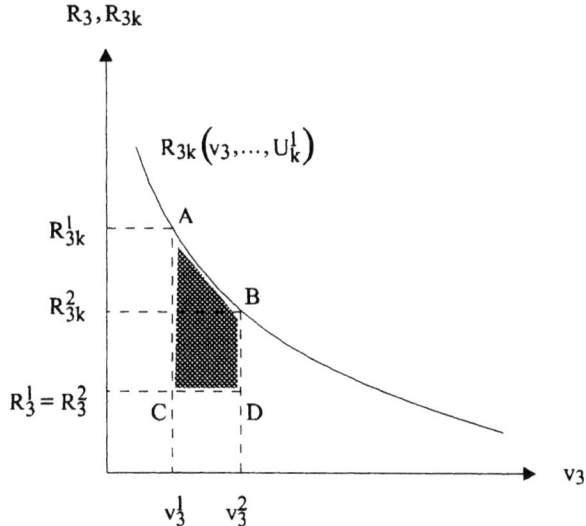

Der Preis R_{3k}^2 gibt an, wie groß die marginale Zahlungsbereitschaft des Konsumenten für das Gut ist, wenn er trotz einer Lockerung der Rationierungsschranke von v_3^1 auf v_3^2 auf seinem Nutzenniveau der Ausgangslage verharren muß. Sowohl in der Ausgangs- als auch in der Endsituation muß der Konsument für Gut 3 den Preis R_3^1 zahlen. Damit gilt

$$(4\text{-}39) \quad CV_k\left(v_3^1 \to v_3^2\right) = \int_{v_3^1}^{v_3^2} R_{3k}\left(v_3, \ldots, U_k^1\right) dv_3 - \left(v_3^2 - v_3^1\right) R_3^1$$

= Fläche ABDC

Die Lockerung der Rationierungsschranke ist für den Konsumenten deswegen vorteilhaft, weil er bei Existenz der Rationierung für das betreffende Gut mehr zu zahlen bereit ist als er tatsächlich zahlt. Die Zahlungsbereitschaft für die ihm zusätzlich zugeteilte Menge beträgt $v_3^1 ABv_3^2$. Da dem Konsumenten hingegen lediglich zusätzliche Ausgaben in Höhe von $v_3^1 CDv_3^2$ entstehen, ergibt sich ein Nettovorteil von ABDC. Man beachte: Die Zahlungsbereitschaftskurve beschreibt die individuelle Bewertung von Gut 3 unter der Voraussetzung eines konstanten Nutzenniveaus (U_k^1). Dies bedeutet in unserem speziellen Fall einer Mengenerhöhung von v_3^1 auf v_3^2, daß eine Kompensation in Höhe von $CV_k =$

Fläche ABDC unterstellt wird, d.h. dem Konsumenten wird der o.a. Nettovorteil wieder weggenommen.

4.2.5
Mengenänderungen bei Nicht-Marktgütern

(1) Die individuelle kompensierende Variation der Mengenänderungen bei den Nicht-Marktgütern 5 und 6 läßt sich analog unserer Vorgehensweise im vorigen Unterabschnitt bestimmen. Man erhält dann - unter Beachtung des Sachverhalts, daß das einzelne Individuum für die Nicht-Marktgüter keine Preise bezahlen muß -

(4-40) $\quad CV_k\left(z_5^1, z_6^1 \rightarrow z_5^2, z_6^2\right)$

$$= \int_{z_5^1}^{z_5^2} Z_{5k}\left(z_5, z_6^1, \mathbf{f}^1, U_k^1\right) dz_5 + \int_{z_6^1}^{z_6^2} Z_{6k}\left(z_5^2, z_6, \mathbf{f}^1, U_k^1\right) z_6$$

mit

(4-41) $\quad \mathbf{f}^1 = \left\{p_1^1, p_2^1, v_3^1, v_4^1\right\}$

Die individuelle Kompensierende Variation von Mengenänderungen bei Nicht-Marktgütern entspricht also der Summe der durch das Angebot der Ausgangs- und der Endsituation begrenzten Intervalle über die inversen kompensierten Nachfragefunktionen nach diesen Gütern.

(2) In *Übersicht 4-6* haben wir die individuelle Kompensierende Variation einer verbesserten Bereitstellung des Nicht-Marktguts 5 (von z_5^1 auf z_5^2) graphisch dargestellt.

Übersicht 4-6: *Individuelle Kompensierende Variation des veränderten Angebots eines öffentlichen Gutes*

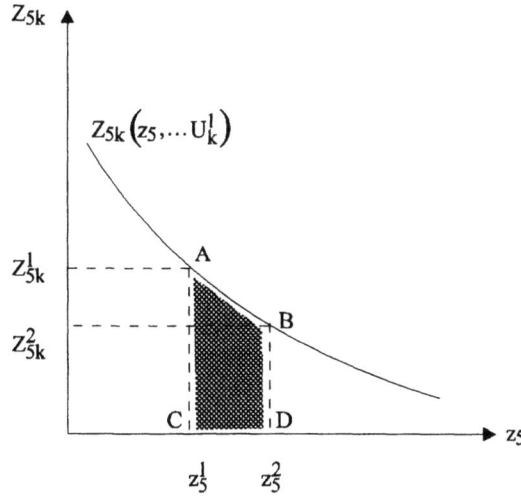

Die Kurve $Z_{5k}(z_5,...,U_k^1)$ stellt die inverse kompensierte Nachfragefunktion nach Gut 5 dar.

In der Ausgangssituation hat der Konsument eine marginale Zahlungsbereitschaft von Z_{5k}^1 für das Gut 5. Erhöht man das Güterangebot von z_5^1 auf z_5^2 und hält (durch eine Verringerung des Einkommens) das Nutzenniveau konstant, dann sinkt die marginale Zahlungsbereitschaft auf Z_{5k}^2. Damit erhalten wir

$$(4-42) \quad CV_k(z_5^1 \to z_5^2) = \int_{z_5^1}^{z_5^2} Z_{5k}(z_5,...,U_k^1) dz_5$$

= Fläche ABDC

Ein Vergleich mit *Übersicht 4-5* verdeutlicht noch einmal (s. hierzu Abschnitt 2.5.3.2, Absatz (5)), daß in diesem Modellrahmen Nicht-Marktgüter als spezielle rationierte Marktgüter aufgefaßt werden können, die dem Konsumenten zum Nulltarif zufließen.

4.3
Die kollektive Kompensierende Variation und das BOADWAY-Paradox

In diesem Abschnitt beschäftigen wir uns mit der Frage, welche Schlußfolgerungen wir aus der Verwendung des Wohlfahrtsmaßes der Kompensierenden Variation, also aus der Ermittlung der *kollektiven* Kompensierenden Variation einer Handlung ziehen können. Wir beschreiben zunächst das Wohlfahrtsmaß der kollektiven Kompensierenden Variation (Unterabschnitt 4.3.1) und zeigen dann anhand zweier Beispiele, daß die kollektive Kompensierende Variation nicht immer ein zuverlässiger Wohlfahrtsindikator ist (Unterabschnitt 4.3.2). In einem letzten Unterabschnitt (Unterabschnitt 4.3.3) erläutern wir, bei welchen Handlungen wir dem Wohlfahrtsmaß der Kompensierenden Variation vertrauen können.

4.3.1
Kollektive Kompensierende Variation

(1) Zählt man die Kompensierenden Variationen aller von einer Handlung (positiv oder negativ) betroffener Personen ($k = 1, ..., m$) zusammen, dann erhält man die kollektive Kompensierende Variation dieser Handlung ($CV(1 \to 2)$).

$$(4\text{-}43) \quad CV(1 \to 2) = \sum_k CV_k(1 \to 2)$$

Definieren wir die individuellen Kompensierenden Funktionen mit Hilfe der Ausgabenfunktion (vgl. Gleichung (4-1)), dann gilt

$$(4\text{-}44) \quad CV(1 \to 2) = -\left[\sum_k e_k\left(p_1^2, p_2^2, R_3^2, R_4^2, v_3^2, v_4^2, z_5^2, z_6^2, U_k^1\right)\right.$$

$$\left. - \sum_k e_k\left(p_1^1, p_2^1, R_3^1, R_4^1, v_3^1, v_4^1, z_5^1, z_6^1, U_k^1\right)\right] + \sum_k \Delta E_k$$

Nach dem Hauptsatz der Integralrechnung können wir Gleichung (4-44) zu

$$(4\text{-}45) \quad CV(1 \to 2)$$

$$= -\sum_k \int_1^2 \left(\sum_{i=1}^2 \frac{\partial e_k}{\partial p_i} dp_i + \sum_{j=3}^4 \frac{\partial e_k}{\partial R_j} dR_j + \sum_{j=3}^4 \frac{\partial e_k}{\partial v_j} dv_j + \sum_{l=5}^6 \frac{\partial e_k}{\partial z_l} dz_l\right) + \sum_k \Delta E_k$$

Kapitel 4: Kompensierende Variation

umformen. Das Integral auf der rechten Seite von Gleichung (4-45) ist *eindeutig* (vgl. Gleichung (4-26)) - wir können es also auflösen. Berücksichtigen wir dabei die Erkenntnisse, die wir in dem vorigen Abschnitt (Abschnitt 4.2) gewonnen haben, dann erhalten wir

(4-46) $CV(1 \rightarrow 2)$

$$= -\int_{p_1^1}^{p_1^2} \tilde{x}_1\left(p_1, p_2^1, v_3^1, v_4^1, z_5^1, z_6^1, U^1\right) dp_1 \quad \text{(vgl. (4-29))}$$

$$-\int_{p_2^1}^{p_2^2} \tilde{x}_2\left(p_1^2, p_2, v_3^1, v_4^1, z_5^1, z_6^1, U^1\right) dp_2$$

$$- mv_3^1\left(R_3^2 - R_3^1\right) \quad \text{(vgl. (4-34))}$$

$$- mv_4^1\left(R_4^2 - R_4^1\right)$$

$$+ \int_{v_3^1}^{v_3^2} R_3\left(p_1^2, p_2^2, v_3, v_4^1, z_5^1, z_6^1, U^1\right) dv_3 - mR_3^1\left(v_3^2 - v_3^1\right)$$
(vgl. (4-38))

$$+ \int_{v_4^1}^{v_4^2} R_4\left(p_1^2, p_2^2, v_3^2, v_4, z_5^1, z_6^1, U^1\right) dv_4 - mR_4^1\left(v_4^2 - v_4^1\right)$$

$$+ \int_{z_5^1}^{z_5^2} Z_5\left(p_1^2, p_2^2, v_3^2, v_4^2, z_5, z_6^1, U^1\right) dz_5 \quad \text{(vgl. (4-40))}$$

$$+ \int_{z_6^1}^{z_6^2} Z_6\left(p_1^2, p_2^2, v_3^2, v_4^2, z_5^2, z_6, U^1\right) dz_6$$

$$+ \Delta E \quad \text{(vgl. (4-19))}$$

In der Definitionsgleichung (4-46) haben wir die individuellen kompensierten Nachfragefunktionen nach den verschiedenen Gütern zu kompensierten *Gesamtnachfragefunktionen* nach diesen Gütern zusammengefaßt.

(4-47) $\quad \tilde{x}_i(\cdot) = \sum_k \tilde{x}_{ik}(\cdot) \qquad i = 1, 2$

(4-48) $\quad R_j(\cdot) = \sum_k R_{jk}(\cdot) \qquad j = 3, 4$

und

(4-49) $\quad Z_l(\cdot) = \sum_k Z_{lk}(\cdot) \qquad l = 5, 6$

Außerdem haben wir die konstant gehaltenen Nutzenniveaus der m Individuen durch den Vektor U^1 symbolisiert

(4-50) $\quad U^1 = \left\{ U_1^1, U_2^1, \ldots, U_m^1 \right\}$

und die aggregierten Pauscheinkommen durch das Symbol E gekennzeichnet

(4-51) $\quad E = \sum_k E_k$

(2) Weil das Integral auf der rechten Seite von Gleichung (4-45) die Eindeutigkeitsbedingungen erfüllt, ist der Wert der kollektiven Kompensierenden Variation unabhängig von der *Reihenfolge*, in der die Handlungsfolgen berücksichtigt werden.
Hat man sich für eine Reihenfolge entschieden, dann muß diese Reihenfolge auch *eingehalten* werden. Hat man sich also im Fall einer multiplen Preisänderung dafür entschieden, die mit der Preisänderung bei Gut 1 verbundene Kompensierende Variation als Fläche unter der kompensierten Gesamtnachfragefunktion $\tilde{x}_2(p_1, p_2^2, \ldots, U^1)$ zu bestimmen, dann muß man zur Ermittlung der mit der Preisänderung bei Gut 2 verbundenen Kompensierenden Variation auf die kompensierte Gesamtnachfragefunktion $\tilde{x}_2(p_1^2, p_2, \ldots, U^1)$ zurückgreifen und darf nicht die Fläche unter der kompensierten Gesamtnachfragefunktion $\tilde{x}_2(p_1^1, p_2, \ldots, U^1)$ berechnen.
Umgekehrt: Man kann durchaus mit der Berechnung der Fläche unter der kompensierten Gesamtnachfragefunktion $\tilde{x}_2(p_1^1, p_2, \ldots, U^1)$ beginnen. Damit ist dann aber der nächste Schritt festgelegt: Die zur Preisänderung bei Gut 1 gehörende Kompensierende Variation ist mit Hilfe der kompensierten Gesamtnachfragefunktion $\tilde{x}_1(p_1, p_2^2, \ldots, U^1)$ zu ermitteln.

Kapitel 4: Kompensierende Variation

(3) Zu beachten ist weiterhin, daß die *Nutzenniveaus der Ausgangssituation der gesamten Handlung* und nicht die Nutzenniveaus der Ausgangssituation der betrachteten Handlungsfolge konstant zu halten sind. Betrachten wir dazu Übersicht 4-7.

Übersicht 4-7: *Kollektive Kompensierende Variation der Preisänderung bei einem nicht-rationierten Marktgut*

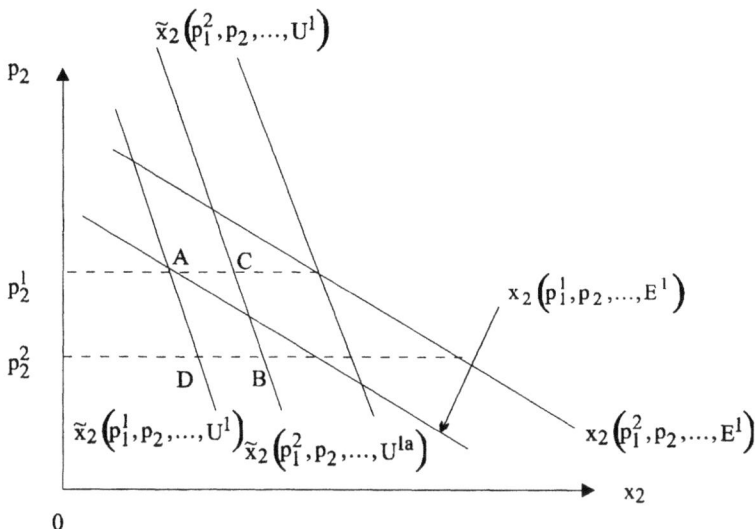

Übersicht 4-7 zeigt die Situation auf dem Markt für Gut 2 für den Fall einer multiplen Preisänderung bei Gut 1 und Gut 2. Vor der Preisänderung bei Gut 1 ist die Funktion $x_2(p_1^1, p_2, \ldots, E^1)$ die *normale* Marktnachfragefunktion nach Gut 2, nach der Preisänderung bei Gut 1 ist die Funktion $x_2(p_1^2, p_2, \ldots, E^1)$ die relevante normale Nachfragefunktion auf diesem Markt.

In der Ausgangssituation (vor beiden Preisänderungen) erreicht jedes Individuum k ein Nutzenniveau von U_k^1. Nach der Preisänderung bei Gut 1 und vor der Preisänderung bei Gut 2 realisiert jedes Individuum k ein Nutzenniveau von U_k^{1a}.

Dementsprechend werden die Ausgangsnutzenniveaus aller Individuen durch den Vektor $\mathbf{U}^1 (= \{U_1^1, \ldots, U_m^1\})$ gekennzeichnet und die individuellen Nutzenniveaus nach der Preisänderung bei Gut 1 und vor der Preisänderung bei Gut 2 durch den Vektor $\mathbf{U}^{1a} (= \{U_1^{1a}, \ldots, U_m^{1a}\})$.

Wenn man annimmt, zuerst habe sich p_1 und dann p_2 geändert, dann darf man die mit der Preisänderung bei Gut 2 verbundene kollektive Kompensierende Variation nicht als Fläche unter der kompensierten Gesamtnachfragefunktion $\tilde{x}_2(p_1^2, p_2, \ldots, \mathbf{U}^{1a})$ berechnen. Dies wäre falsch, weil ja das Nutzenniveau der

Ausgangssituation und nicht das Nutzenniveau nach der Preisänderung bei Gut 1 und vor der Preisänderung bei Gut 2 konstant gehalten werden muß, d.h. die relevante kompensierte Gesamtnachfragefunktion ist durch $\tilde{x}_2(p_1^2, p_2, ..., U^1)$ gegeben.

Unter der Annahme, daß sich p_2 nach p_1 geändert hat, ist also die mit der Preisänderung bei Gut 2 verbundene Kompensierende Variation durch die Fläche $p_2^1 CB p_2^2$ bestimmt. (Bei der alternativen Annahme "Preisänderung bei Gut 2 vor Preisänderung bei Gut 1" entspricht die mit der Preisänderung bei Gut 2 verbundene kollektive Kompensierende Variation der Fläche $p_2^1 AD p_2^2$.)

(4) Eine Zeit lang glaubten die Wohlfahrtsökonomen, daß der Zusammenhang zwischen *kollektiver Kompensierender Variation* und *Effizienzverbesserung* wie folgt beschrieben werden kann: Ist die Summe der mit einer Handlung verbundenen individuellen Kompensierenden Variationen positiv, dann können die Gewinner die Verlierer voll kompensieren und stehen immer noch besser da als in der Ausgangssituation. Erhält man für die mit einer Handlung verbundenen kollektiven Kompensierenden Variation einen negativen Wert, dann ist diese Kompensationsmöglichkeit nicht gegeben. Aus einem positiven (negativen) Wert der kollektiven Kompensierenden Variation kann man also auf positive (negative) Wohlfahrtseffekte schließen, d.h. darauf, daß der Endzustand eine (keine) potentielle PARETO-Verbesserung gegenüber dem Ausgangszustand darstellt. Eine Effizienzverbesserung liegt demnach genau dann vor, wenn die kollektive Kompensierende Variation *der Handlung* positiv und die kollektive Kompensierende Variation der *Rückgängigmachung der Handlung* negativ ist.

Eine Zeit lang hielten die Wohlfahrtsökonomen das Wohlfahrtsmaß der Kompensierenden Variation also für ein ideales Wohlfahrtsmaß, das zuverlässig über die Wohlfahrtseffekte einer Handlung Auskunft gibt. 1974 entdeckte der kanadische Ökonom BOADWAY jedoch, daß das Wohlfahrtsmaß der Kompensierenden Variation auch "falsche" Ergebnisse liefern kann: Es ist möglich, daß die kollektive Kompensierende Variation einer Handlung positiv ist, obwohl diese Handlung zu keinen positiven Wohlfahrtseffekten führt, und es ist möglich, daß die kollektive Kompensierende Variation einer Handlung negativ ist, obwohl diese Handlung zu positiven Wohlfahrtseffekten führt. BOADWAY zu Ehren bezeichnet man die Sachverhalte "positive Wohlfahrtseffekte aber CV < 0" und "keine positiven Wohlfahrtseffekte aber CV > 0" als BOADWAY-Paradox. Im nächsten Unterabschnitt demonstrieren wir das BOADWAY-Paradox anhand zweier Beispiele.

4.3.2
Das BOADWAY-Paradox: 2 Beispiele

(1) In unserem ersten Beispiel betrachten wir eine Handlung, die aus einer *Einkommensumverteilung* in einer (reinen) *Tauschökonomie* besteht. Von dieser Handlung sind die Individuen h (positiv) und g (negativ) betroffen, die beide die nicht-rationierten Marktgüter 1 und 2 nachfragen.

Übersicht 4-8: Das BOADWAY-Paradox in einer Tauschökonomie

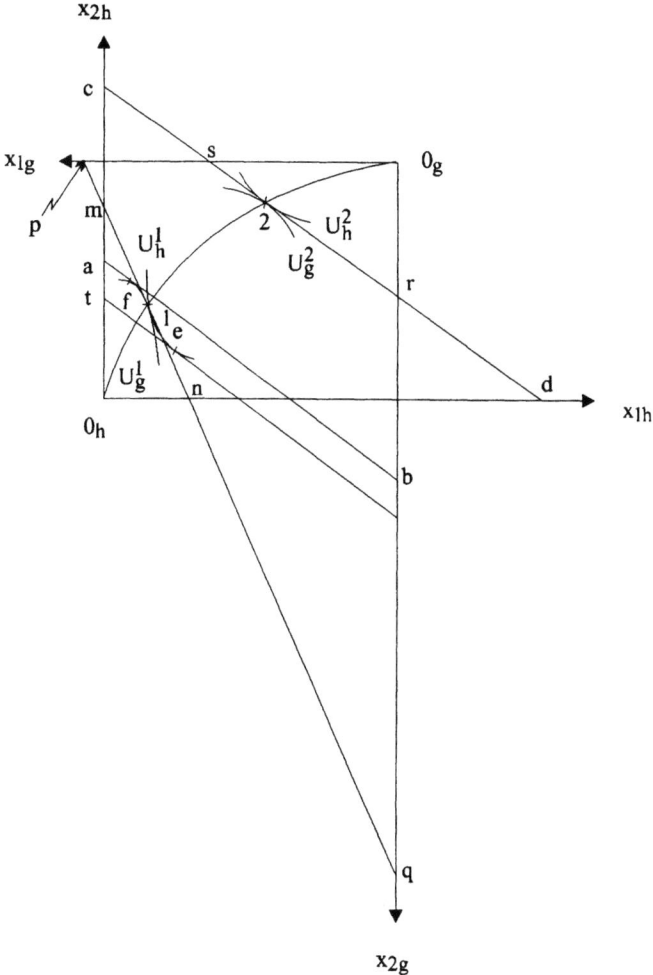

Ohne Einschränkung der Allgemeingültigkeit unserer Aussagen nehmen wir an, daß der Preis des nicht-rationierten Marktgutes 2 gleich 1 ist. Diese Annahme erlaubt es uns, die Achsenabschnitte auf der x_2-Achse als Geld- bzw. Pauscheinkommensgrößen zu interpretieren. In der Ausgangssituation (Endsituation) ist mn (cd) die Budgetgerade von h. Die Indifferenzkurve U_h^1 (U_h^2) kennzeichnet das Nutzenniveau, das h in der Ausgangssituation (Endsituation) erreicht. Die Konsummöglichkeiten von g sind in der Ausgangssituation (Endsituation) durch pq (rs) begrenzt. Die Indifferenzkurve U_g^1 (U_g^2) kennzeichnet sein Nutzenniveau der Ausgangssituation (Endsituation). In *Übersicht (4-8)* führt also die Handlung von Verteilungspunkt 1 zum Verteilungspunkt 2.

Es mag verwundern, daß die Budgetgerade pq des Individuums g in der Situation 1 und die Budgetgerade cd des Individuums h in der Situation 2 Streckenabschnitte enthalten, deren Güterkombinationen nicht realisierbar sind. Beispielsweise könnte Individuum g niemals über die Menge $0_g q$ von Gut 2 verfügen, weil diese weit über die in der Tauschökonomie vorhandene Menge dieses Gutes (gemessen durch die Größe der Tauschbox) hinausgeht. Auch die Menge $0_g p$ von Gut 1, die zu derselben Budgetgeraden gehört, ist nicht realisierbar, weil sie die insgesamt verfügbare Menge dieses Gutes übersteigt. In Situation 2 ist es die Budgetgerade cd des Individuums h, die mit den Strecken cs und rd nicht realisierbare Mengenkombinationen enthält. Andererseits kennzeichnet Punkt 1 durchaus ein individuelles Haushaltsgleichgewicht für das Individuum g, das über ein Einkommen in Höhe von $0_g q$ verfügt und mit einer Preisrelation konfrontiert wird, die der Steigung der Tangente pq entspricht. Der Unterschied zur partialanalytisch konzipierten Haushaltstheorie besteht darin, daß die Preisrelation in der vorliegenden Tauschökonomie von den Aktionen der Individuen g und h *abhängig* ist. Sollte beispielsweise Individuum g versuchen, eine Mengenkombination auf der Teilstrecke nq zu realisieren, dann müßte sich die Preis-(Tausch-)relation stark zugunsten von Gut 2 verändern. Dies würde gleichzeitig eine Schrumpfung des in Einheiten des Gutes 2 gemessenen Einkommens des Individuums g bedeuten, d.h. die Budgetgerade pq müßte sich u.a. in der Weise ändern, daß Punkt q auf der x_{2g}-Achse nach oben wandert. So gesehen sind die Tangenten pq und cd nur Hilfslinien, deren Steigungen Tauschrelationen angeben. Sie sind nicht Budgetgeraden im Sinne einer Beschreibung aller objektiv möglichen Konsummengenkombinationen eines Individuums.

(2)   Prüfen wir zunächst, ob diese Handlung zu positiven Wohlfahrtseffekten führt (eine *potentielle PARETO-Verbesserung* darstellt). Wenn dies der Fall wäre, dann müßte folgendes gelten: Der Gewinner der Handlung - Individuum h - müßte dem Verlierer der Handlung - Individuum g - nach der Umverteilung so viele Einheiten der beiden Güter 1 und 2 geben können, daß Individuum g einen Punkt auf seiner "alten" Indifferenzkurve U_g^1 erreicht, und Individuum h müßte auch nach Abgabe dieser Gütermengen ein Nutzenniveau erreichen, das größer als U_h^1 ist.

Ein Blick auf die *Übersicht (4-8)* zeigt, daß diese Bedingungen nicht erfüllt sind. Wenn Individuum h Individuum g in der Weise kompensiert, daß Individuum g wieder sein altes Nutzenniveau erreicht, dann steht Individuum h entweder genauso gut oder schlechter da als in der Ausgangssituation. Der *erste Fall* tritt dann ein, wenn die Kompensation die Umverteilung genau rückgängig macht, d.h. wenn sich die beiden Individuen nach der Kompensation wieder in der Ausgangssituation 1 befinden.

Der *zweite Fall* tritt dann ein, wenn Individuum g durch die Kompensation einen anderen Punkt (als den Ausgangspunkt) auf seiner Indifferenzkurve U_g^1 erreicht. Die Umverteilung von 1 nach 2 stellt also keine potentielle PARETO-Verbesserung dar. Dieses Ergebnis ist nicht weiter überraschend, schließlich sind ja beide Situationen tauscheffiziente Zustände (in beiden Verteilungspunkten tangieren sich zwei Indifferenzkurven), und in einer Tauschökonomie ist jeder tauscheffiziente Zustand PARETO-optimal.

Zur Erinnerung: In einer *Produktions*ökonomie beschreibt man im einfachsten Fall PARETO-Optima mit Hilfe dreier Effizienzbedingungen: Tauscheffizienz, Produktionseffizienz, optimale Produktionsstruktur. Liegt eine *Tausch*ökonomie vor, dann sind die zweite und die dritte Effizienbedingung irrelevant, d.h. PARETO-Optima lassen sich allein mit Hilfe des Konzepts der Tauscheffizienz charakterisieren.

(3) Überprüfen wir nun, welches Vorzeichen die *kollektive Kompensierende Variation* dieser Handlung hat.

Für die *individuellen* Kompensierenden Variationen gilt

$$(4\text{-}52) \quad CV_h(1 \to 2) = E_h^2 - e_h\left(p_1^2, 1, U_h^1\right) = 0_h c - 0_h t = ct$$

und

$$(4\text{-}53) \quad CV_g(1 \to 2) = E_g^2 - e_g\left(p_1^2, 1, U_g^1\right) = 0_g r - 0_g b = -rb = -ca$$

Als *kollektive* Kompensierende Variation erhalten wir

$$(4\text{-}54) \quad CV(1 \to 2) = CV_h(1 \to 2) + CV_g(1 \to 2) = ct - ca = at > 0$$

Nach Gleichung (4-54) ist die kollektive Kompensierende Variation der Handlung, die - wie gezeigt - keine potentielle PARETO-Verbesserung darstellt, positiv.

(4) Im zweiten Beispiel betrachten wir eine Handlung in einer geschlossenen Zwei-Güter-Zwei-Personen-*Produktionsökonomie*, die uns von der Ausgangssituation 1 zur Endsituation 2 führt. Wir sprechen von einer "Produktionsökonomie", weil sich durch die Handlung (auch) die Mengen der produzierten Güter ändern.

Übersicht 4-9: BOADWAY-Paradox in einer Produktionsökonomie

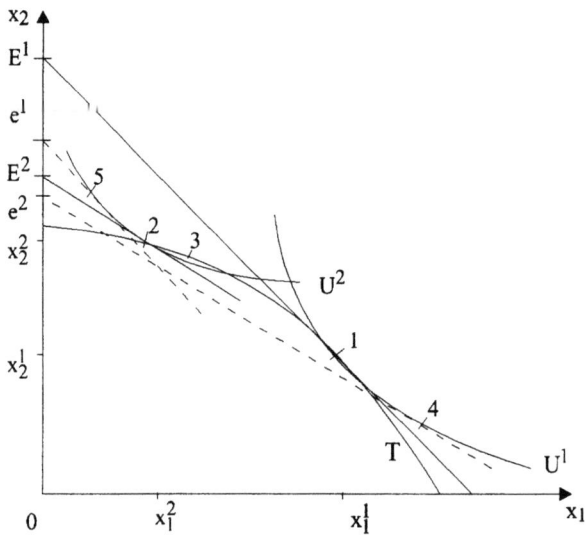

In beiden Situationen ist die *Produktion effizient organisiert*, d.h. sowohl die Gütermengenkombination der Ausgangssituation (x_1^1, x_2^1) als auch diejenige der Endsituation (x_1^2, x_2^2) liegen in der *Übersicht 4-9* auf der Transformationskurve T, die anzeigt, welche Produktionsmenge eines Gutes bei gegebenen Produktionsmengen der anderen Güter, gegebenen Faktoreinsatzmengen und gegebener Produktionstechnologie maximal herstellbar ist. In beiden Situationen haben die Konsumenten h und g ein ausreichendes Pauscheinkommen $(E^1 = E_h^1 + E_g^1$ bzw. $E^2 = E_h^2 + E_g^2)$, um die Gütermengen nachzufragen. Wenn wir ohne Einschränkung der Allgemeingültigkeit unserer Aussagen den Preis des Guts 2 auf 1 festlegen, können wir dieses Pauscheinkommen in Übersicht 4-8 auf der Ordinate ablesen. Die Gütermengen x_1^1 und x_2^1 sind so auf die Konsumenten h und g verteilt, daß diese die Nutzenniveaus U_h^1 und U_g^1 erreichen. Die Verteilung der Gütermengen x_1^2 und x_2^2 führt zu den Nutzenniveaus U_h^2 und U_g^2. In beiden Situationen ist die *Verteilung der Gütermengen effizient organisiert*. Die Gütermengenkombination der Ausgangssituation (Endsituation) liegt also in der *Übersicht 4-9* auf der SCITOVSKY-Indifferenzkurve $U^1(U^2)$, die angibt, welche minimale Menge eines Gutes erforderlich ist, um bei alternativ angenommenen Mengen des anderen Gutes die Nutzenkombination U_h^1 und $U_g^1 (U_h^2$ und $U_g^2)$ aufrechtzuerhalten. Alle Güterbündel, die oberhalb von $U^1(U^2)$ liegen, können also so verteilt werden, daß sich beide Konsumenten gegenüber der Ausgangslage (Endlage) verbessern, d.h. alle Zustände, die oberhalb von $U^1(U^2)$ liegen, sind PARETO-superior gegenüber der Ausgangslage (Endlage).

Kapitel 4: Kompensierende Variation

In der *Ausgangssituation* ist auch die *Produktionsstruktur optimal*, d.h. U^1 und F tangieren sich in Punkt 1. In der Endsituation ist die Produktionsstruktur nicht optimal, weshalb sich in Punkt 2 U^2 und F schneiden. Die Handlung, die uns von 1 nach 2 führt, könnte also z.B. darin bestehen, daß der Staat in einer PARETO-optimalen Welt den Verbrauch des Gutes 2 subventioniert.

(5) Prüfen wir nun, ob diese Handlung (1 → 2) sowie die rückgängig gemachte Handlung (2 → 1) zu positiven Wohlfahrtseffekten führen (*potentielle PARETO-Verbesserungen* darstellen) oder nicht. Eine solche Prüfung ergibt: Die *Handlung*, die uns von Zustand 1 zu Zustand 2 führt, bewirkt keine positiven Wohlfahrtseffekte (stellt keine potentielle PARETO-Verbesserung dar). Die SCITOVSKY-Indifferenzkurve der Ausgangssituation (U^1) schneidet nicht die Transformationskurve der Endsituation (in diesem Beispiel verändert die Handlung die Transformationskurve nicht, d.h. in diesem Beispiel ist F sowohl die Transformationskurve der Ausgangssituation als auch diejenige der Endsituation.) Es gibt also keinen erreichbaren Zustand (keinen Zustand auf oder unter der Transformationskurve), der oberhalb der SCITOVSKY-Indifferenzkurve U^1 liegt und daher PARETO-superior gegenüber Zustand 1 ist.

Die *rückgängig gemachte Handlung* führt dagegen zu positiven Wohlfahrtseffekten (stellt eine potentielle PARETO-Verbesserung dar). Die SCITOVSKY-Indifferenzkurve der Endsituation (U^2) schneidet F. Wir können z.B. von Zustand 1 aus den Zustand 3 erreichen, der zum einen auf der Transformationskurve F liegt - also realisierbar ist - und der zum anderen oberhalb der SCITOVSKY-Indifferenzkurve U^2 liegt und damit PARETO-superior gegenüber Zustand 2 ist.

(6) Welche Wohlfahrtseffekte ordnet nun das Wohlfahrtsmaß der *kollektiven Kompensierenden Variation* den beiden Handlungen zu?
Wie die *Übersicht 4-9* zeigt, gilt

(4-55) $\quad CV(1 \to 2) = E^2 - e^2 > 0$

$$\text{mit } e^2 = e_h\left(p_1^2, 1, U_h^1\right) + e_g\left(p_1^2, 1, U_g^1\right)$$

und

(4-56) $\quad CV(2 \to 1) = E^1 - e^1 > 0$

$$\text{mit } e^1 = e_h\left(p_1^1, 1, U_h^2\right) + e_g\left(p_1^1, 1, U_g^2\right)$$

Wir erhalten in beiden Fällen ein positives Vorzeichen, obwohl nur die rückgängig gemachte Handlung zu positiven Wohlfahrtseffekten führt (eine potentielle PARETO-Verbesserung darstellt).

4.3.3
Die kollektive Kompensierende Variation als zuverlässiges Wohlfahrtsmaß

(1) Um zu erkennen, in welchen Fällen die kollektive Kompensierende Variation zuverlässig über die Wohlfahrtseffekte Auskunft gibt, muß man wissen, wieso es zu diesem BOADWAY-Paradox kommen kann.

Erinnern wir uns noch einmal an das Konzept der *potentiellen PARETO-Verbesserung*. Nach diesem Konzept ziehen wir zur Bewertung einer Handlung die Ausgangssituation und einen vom Endzustand erreichbaren und damit *realisierbaren* Zustand heran.

Ermitteln wir dagegen die *kollektive Kompensierende Variation* einer Handlung, dann vergleichen wir die Endsituation mit einem hypothetischen Zustand, der durch die Preise und exogenen Mengen der Endsituation und die Nutzenniveaus der Ausgangssituation gebildet wird, und von dem wir nicht wissen, ob er realisierbar ist oder nicht. Wir interessieren uns ja nur dafür, ob die Gewinner die Verlierer entschädigen können oder nicht und überprüfen nicht, ob die Kompensation ceteris paribus, also bei den neuen Preisen und neuen exogenen Mengen, auch möglich ist. Es kann also sein, daß dieser zur Bewertung herangezogene Zustand, in dem die Preise und exogenen Mengen der Endsituation gelten und in dem das Pauscheinkommen der Verlierer (Gewinner) um die Kompensationszahlung erhöht (vermindert) wird, gar *nicht realisierbar ist*. Wenn dies der Fall ist, dann *kann* es natürlich - wie in unseren beiden Beispielen - zu dem BOADWAY-Paradox kommen.

Betrachten wir noch einmal die *Übersichten 4-8* und *4-9*, in denen wir die verschiedenen Situationen im Güterraum dargestellt haben. Im *ersten Beispiel* kommen wir mit dem Wohlfahrtsmaß der kollektiven Kompensierenden Variation zu einer positiven Bewertung der Handlung, weil wir bei der Berechnung der Kompensierenden Variation angenommen haben, daß Konsument g das Güterbündel f und gleichzeitig Konsument h das Güterbündel e konsumieren kann. Dies ist aber nicht möglich, weil beide Güterbündel (zusammen) mehr von Gut 1 enthalten als zur Verfügung steht. Im zweiten Beispiel ziehen wir zur Bestimmung der kollektiven Kompensierenden Variation der Handlung das oberhalb der Transformationskurve liegende und damit nicht realisierbare Güterbündel 4 heran und zur Bestimmung der kollektiven Kompensierenden Variation der Rückgängigmachung der Handlung das nicht realisierbare Güterbündel 5.

(2) Das BOADWAY-Paradox kann nur dann auftreten, wenn durch Kompensationszahlungen Anpassungsprozesse ausgelöst werden, die die Bestimmungsgrößen der individuellen Nutzenniveaus verändern. Beispielsweise würden in *Übersicht 4-8* Kompensationszahlungen eine Rückentwicklung vom Zustand 2 zum Zustand 1 auslösen und damit die alte Preisrelation wieder herstellen. Andererseits gibt es Bestimmungsgrößen der individuellen Nutzenniveaus, von denen wir - bei der Ermittlung der kollektiven Kompensierenden Variation einer Handlung - annehmen, daß sie durch die Anpassungs-

prozesse, die die Individuen nach Erhalt (Zahlung) der Kompensation vollziehen, um wieder ihr Nutzenniveau der Ausgangslage zu erreichen (um weiterhin besser dazustehen als in der Ausgangssituation), nicht beeinflußt werden: Es handelt sich hierbei um
- die Preise der nicht-rationierten Marktgüter
- die Preise und Mengen der rationierten Marktgüter
- die Mengen der öffentlich bereitgestellten Güter und
- die Mengen bzw. Qualitäten der Umweltgüter.

Die Preise und Mengen der rationierten Marktgüter und die Mengen der öffentlich bereitgestellten Güter sind vom Staat festgelegt und ändern sich durch die Anpassungsprozesse der Individuen nicht. Die ceteris-paribus-Annahme bezüglich dieser Bestimmungsgrößen ist also *stets* erfüllt. Dies gilt jedoch nicht, wie wir soeben am Beispiel der *Übersicht 4-8* veranschaulicht haben, für die *Preise der nicht-rationierten Marktgüter*, darüber hinaus aber auch nicht für die *Menge bzw. Qualitäten der Umweltgüter*. Das einzelne Individuum kann diese Größen zwar in der Realität (anders als in einer fiktiven 2 Personen-Gesellschaft) nicht beeinflussen, durch das Zusammenwirken mehrerer Individuen (im Rahmen der Anpassungsprozesse nach Zahlung bzw. Erhalt der Kompensation) kann es jedoch sehr wohl zu *Änderungen* bei den Preisen der nicht-rationierten Marktgüter und der Mengen bzw. Qualitäten der Umweltgüter kommen. Wenn dies der Fall ist, dann vergleichen wir bei der Berechnung der kollektiven Kompensierenden Variation den Ausgangszustand mit einem *irrealen* Zustand, was wiederum zum Auftreten des BOADWAY-Paradoxes führen kann.

Ausschließen können wir das BOADWAY-Paradox nur bei Handlungen, die ausschließlich zu *Pauscheinkommensänderungen* führen, also nur bei *kleinen Projekten*. Bestehen nämlich die Folgen einer Handlung nur in Änderungen der individuellen Pauscheinkommen, d.h. bleiben die Preise, die Rationierungsschranken und die Mengen bzw. Qualitäten der Nicht-Marktgüter konstant, dann werden sich diese Größen auch durch die Anpassungsprozesse nach Zahlung bzw. Erhalt der Kompensation nicht ändern. Der Endzustand ist *real*, er unterscheidet sich vom Ausgangszustand allein durch die Höhe des Pauscheinkommens.

Bei allen anderen Handlungen *kann* es zum BOADWAY-Paradox kommen. Alle Versuche, auch für große Projekte (also für Handlungen, die nicht nur zu Pauscheinkommensänderungen führen) präzise *und* realistische Bedingungen anzugeben, die das BOADWAY-Paradox ausschließen, sind erfolglos geblieben: Die präzisen Bedingungen beziehen sich auf fiktive Welten, z.B. auf eine Welt ohne indirekte Steuern (vgl. BOADWAY/BRUCE 1984, S. 262 und 271), und argumentiert man realitätsbezogen, dann kann man nur vage formulieren, daß das BOADWAY-Paradox dann nicht mehr auftreten kann, wenn es nur *wenige Individuen* gibt, die von der Handlung betroffen sind und wenn jedes Individuum der *Handlung nur wenig Bedeutung* beimißt. Da wir lieber vage aber realitätsbezogen als präzise und ohne Bezug zur Realität argumentieren, wollen wir abschließend festhalten:

Je mehr Individuen von der Handlung betroffen sind und je größer die Bedeutung ist, die die betroffenen Individuen der Handlung beimessen, um so eher ist es möglich, daß es zu dem BOADWAY-Paradox kommt. Wir müssen deshalb unsere mit Hilfe des Wohlfahrtsmaßes der Kompensierenden Variation gewonnenen Effizienzurteile über Handlungen mit vielen relativ stark Betroffenen mit dem Hinweis versehen, daß wir uns auch geirrt haben könnten.

Anhang 4 A:
Mengenindizes

Der PAASCHE-Mengenindex ist wie folgt definiert:

$$(4A-1) \quad I_{PM} = \frac{\sum_{i=1}^{n} p_i^2 \cdot q_i^2}{\sum_{i=1}^{n} p_i^2 \cdot q_i^1}$$

p_i^2 : Preis des Gutes i in der laufenden Periode (2)
q_i^2 : Menge des Gutes i in der laufenden Periode (2)
q_i^1 : Menge des Gutes i in der Basisperiode (1)

Man nennt die Preise $p_1^2, p_2^2, ..., p_n^2$ das Gewichtungsschema der Mengen $q_1, ..., q_n$.

Vom PAASCHE-Mengenindex unterscheidet man den LASPEYRES-Mengenindex:

$$(4A-2) \quad I_{LM} = \frac{\sum_{i=1}^{n} p_i^1 \cdot q_i^2}{\sum_{i=1}^{n} p_i^1 \cdot q_i^1}$$

p_i^1 : Preis des Gutes i in der Basisperiode (1)

Im Gegensatz zum PAASCHE-Index wird das Gewichtungsschema nicht durch die Preise der laufenden, sondern durch die Preise der Basisperiode ($p_1^1, p_2^1, ..., p_n^1$) gebildet.

5 Alternative Wohlfahrtsmaße

In der wohlfahrtsökonomischen Literatur werden neben dem Wohlfahrtsmaß der Kompensierenden Variation noch weitere Wohlfahrtsmaße zur Ermittlung der Effizienzwirkungen einer Handlung vorgeschlagen. Es handelt sich hierbei um die Wohlfahrtsmaße der Äquivalenten Variation und der Allgemeinen Variation und um das Konsumentenrentenmaß.

Im ersten Abschnitt dieses Kapitels (Abschnitt 5.1) und im Anhang 5 A beschäftigen wir uns mit dem Wohlfahrtsmaß der Äquivalenten Variation und im zweiten Abschnitt (Abschnitt 5.2) betrachten wir das Wohlfahrtsmaß der Allgemeinen Variation. Der dritte Abschnitt (Abschnitt 5.3) ist - zusammen mit den Anhängen 5 B und 5 C - der Diskussion des Konsumentenrentenmaßes gewidmet. Im letzten Abschnitt (Abschnitt 5.4) fassen wir die wichtigsten Ergebnisse der Diskussion der Wohlfahrtsmaße zusammen.

5.1 Das Wohlfahrtsmaß der Äquivalenten Variation

Messen wir die Wohlfahrtseffekte einer Handlung mit dem Wohlfahrtsmaß der Äquivalenten Variation, dann müssen wir die mit dieser Handlung verbundene Summe der *individuellen* Äquivalenten Variationen (= die *kollektive* Äquivalente Variation) berechnen.

In diesem Abschnitt erläutern wir zunächst (Unterabschnitt 5.1.1), was unter der individuellen Äquivalenten Variation einer Handlung zu verstehen ist. Danach (Unterabschnitt 5.1.2) vergleichen wir - sowohl auf individueller als auch auf kollektiver Ebene - die Konzepte der Äquivalenten Variation und der Kompensierenden Variation.

5.1.1 Individuelle Äquivalente Variation

(1)   Die individuelle Äquivalente Variation einer Handlung ist wie folgt definiert:

Die individuelle Äquivalente Variation einer Handlung entspricht dem Betrag, um den man das Pauscheinkommen, das dem betrachteten Individuum in der Ausgangssituation zur Verfügung steht, erhöhen bzw. vermindern muß, damit es ceteris paribus - also bei den Preisen, den Rationierungsschranken und dem

126   Teil I: Wohlfahrtsökonomie

Nicht-Marktgüterangebot der Ausgangssituation - das Nutzenniveau *nach* Durchführung der Handlung erreicht.

Formal läßt sich die individuelle Äquivalente Variation einer Handlung, die den Ausgangszustand 1 in den Endzustand 2 transformiert (EV_k (1 → 2)) mit Hilfe der *Ausgabenfunktion* oder der *indirekten Nutzenfunktion* definieren.

(5-1) $\quad EV_k(1 \to 2) = e_k\left(a^1, U_k^2\right) - E_k^1$

(5-2) $\quad V_k\left(a^1, E_k^1 + EV_k(1 \to 2)\right) = V_k\left(a^2, E_k^2\right)$

In beiden Gleichungen steht **a** für die Preise, die Rationierungsschranken und das Nicht-Marktgüterangebot.

(5-3) $\quad \mathbf{a} = \{p_1, p_2, R_3, R_4, v_3, v_4, z_5, z_6\}$

Steht k der Handlung positiv (negativ) gegenüber, gilt

(5-4) $\quad e_k\left(a^1, U_k^2\right) > (<) e_k\left(a^1, U_k^1\right) = E_k^1$

bzw.

(5-5) $\quad U_k^2 = V_k\left(a^2, E_k^2\right) > (<) V_k\left(a_1, E_k^1\right) = U_k^1$

d.h. wir haben EV_k (1 → 2) durch die Gleichungen (5-1) und (5-2) so definiert, daß wir für die Gewinner (Verlierer) der Handlung positive (negative) individuelle Äquivalente Variationen erhalten.

Die individuelle Äquivalente Variation ist damit für den *ordinalen* Nutzentheoretiker ein *akzeptables* Nutzenmaß. Ein kardinaler Nutzentheoretiker wird dieses Maß aus den gleichen Gründen ablehnen wie das Nutzenmaß der Kompensierenden Variation (vgl. Unterabschnitt 4.1.2).

(2) In den *Übersichten (5-1a)* und *(5-1b)* haben wir die Äquivalenten Variationen des "Autofahrers" h und des "Fußgängers" g für das im ersten Abschnitt des vorigen Kapitels (Abschnitt 4.1) beschriebene Projekt "Schließung einer Straße für den Autoverkehr" graphisch dargestellt.

Nach diesen *Übersichten* würden h und g in der Ausgangssituation dann genauso gut dastehen wie nach der Durchführung des Projekts, wenn ihr Einkommen nicht E_h^1 bzw. E_g^1 sondern E_h^4 bzw. E_g^4 betragen würde. Also gilt

(5-6) $\quad EV_h(1 \to 2) = E_h^4 - E_h^1 < 0 \quad \text{mit} \quad E_h^4 = e_h\left(a^1, U_h^2\right)$

und

(5-7) $EV_g(1 \to 2) = E_g^4 - E_g^1 > 0$ mit $E_g^4 = e_g(a^1, U_g^2)$

Übersicht 5-1:   *Individuelle Äquivalente Variationen einer Straßensperrung*

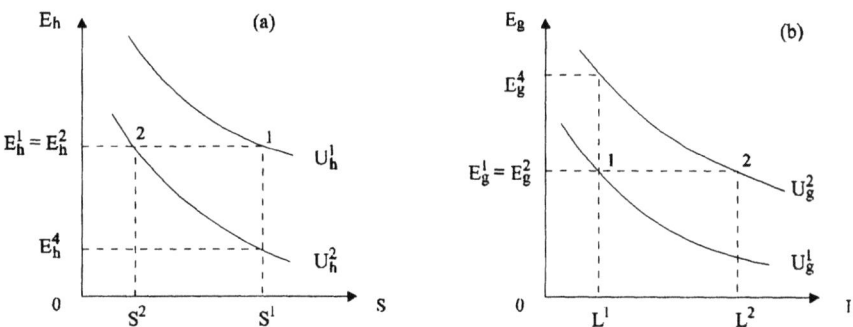

(3) Ermittelt man die Nutzenwirkungen *mehrerer (alternativer) Handlungen* mit Hilfe der individuellen Äquivalenten Variation, ohne diese Handlungen in Teilhandlungen zu zerlegen, dann lassen sich aus den Werten, die man dabei erhält, direkt *Rückschlüsse über die relative Vorteilhaftigkeit* der verschiedenen Handlungen aus der Sicht des betrachteten Konsumenten ziehen (im Gegensatz zur Kompensierenden Variation: keine Inkonsistenz).

Solche Rückschlüsse sind deshalb möglich, weil bei der Bewertung mit Hilfe der individuellen Äquivalenten Variationen (im Unterschied zur Bewertung mit Hilfe der individuellen Kompensierenden Variationen) die für alle Handlungen *gleiche Ausgangssituation* die Referenzsituation bildet (Konstruktionsprinzip von LASPEYRES-Indices; vgl. Anhang 4 A).

(5-8) $EV_k(1 \to 2) \gtreqless EV_k(1 \to 3) = e_k(a^1, U_k^2) \gtreqless e_k(a^1, U_k^3)$

$\iff$ (wegen $\partial e_k / \partial U_k > 0$) $U_k^2 \gtreqless U_k^3$

Ein direkter Vergleich mehrerer Handlungen ist dann nicht mehr möglich, wenn die einzelnen Handlungen in *mehrere Teilhandlungen* zerlegt werden. Bei einer solchen Zerlegung erhält man nämlich im allgemeinen für die Summe der individuellen Äquivalenten Variationen der einzelnen Teilhandlungen einen anderen Wert als für die individuelle Äquivalente Variation der gesamten Handlung.

Wir verdeutlichen dies am Beispiel der Berechnung der individuellen Äquivalenten Variation einer Preiserhöhung bei den Marktgütern 1 und 2.

(5-9) $\quad EV_k(1 \to 2) = e_k\left(p_1^1, p_2^1, \ldots, U_k^2\right) - E_k^1$

Zerlegen wir die Handlung so in zwei Teilhandlungen, daß die Konsequenzen der ersten Teilhandlung (die Preise p_1^3, p_2^3)) die Ausgangssituation der zweiten Teilhandlung bilden, dann erhalten wir

(5-10) $\quad EV_k(1 \to 3) = e_k\left(p_1^1, p_2^1, \ldots, U_k^3\right) - E_k^1$

und

(5-11) $\quad EV_k(3 \to 2) = e_k\left(p_1^3, p_2^3, \ldots, U_k^2\right) - E_k^3$

Wenn die Zerlegung keinen Einfluß auf das Ergebnis hätte, würde

(5-12) $\quad EV_k(1 \to 2) = EV_k(1 \to 3) + EV_k(3 \to 2)$

und damit

(5-13) $\quad e_k\left(p_1^3, p_2^3, \ldots, U_k^2\right) - E_k^3 = \left(p_1^1, p_2^1, \ldots, U_k^2\right) - e_k\left(p_1^1, p_2^1, \ldots, U_k^3\right)$

gelten. Gleichung (5-13) bedeutet:
Der Pauscheinkommensbetrag, den man dem Konsumenten vor Durchführung der zweiten Teilhandlung geben (bzw. entziehen) muß, damit er das Nutzenniveau nach Durchführung der zweiten Teilhandlung realisiert, muß bei Gültigkeit der Preise nach der ersten Teilhandlung (p_1^3, p_2^3) genauso groß sein wie bei Gültigkeit der Preise *vor* der ersten Teilhandlung (p_1^1, p_2^1). Diese Bedingung ist nur dann erfüllt, wenn die Ableitung der Ausgabenfunktion nach U_k von p_1 und p_2 unabhängig ist. ($\partial^2 e_k / (\partial U_k \partial p_i) = 0$, $i = 1,2$).

Anders formuliert: Der Grenznutzen des Einkommens ($\lambda_k = 1/(\partial e_k / \partial U_k)$) muß von den Preisen p_1 und p_2 unabhängig sein.

(4) Wie bei der individuellen Kompensierenden Variation kann man auch bei der individuellen Äquivalenten Variation durch eine *geschickte Zerlegung* der Handlung jedes gewünschte Vorzeichen erhalten.

Betrachten wir die *Übersicht 5-2*.

Übersicht 5-2: *Manipulationsmöglichkeiten bei der Berechnung der individuellen Äquivalenten Variation*

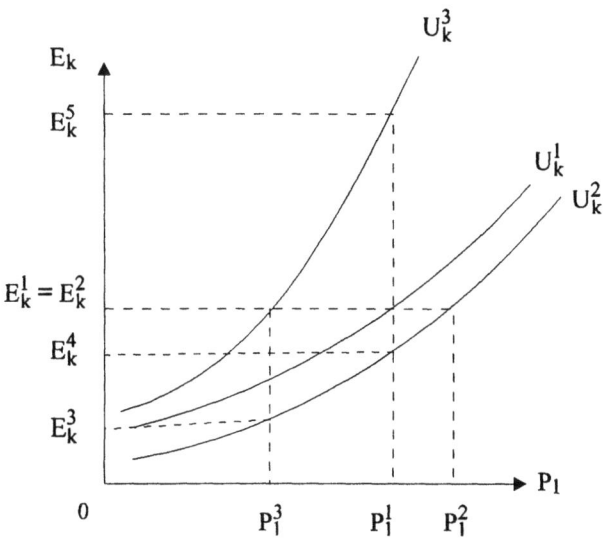

In dieser *Übersicht* nehmen wir an, daß sich der Preis des Gutes 1 von p_1^1 auf p_1^2 erhöht hat. Ermitteln wir die individuelle Äquivalente Variation der Preiserhöhung in einem Schritt, dann erhalten wir natürlich ein negatives Ergebnis.

(5-14) $EV_k\left(p_1^1 \to p_1^2\right) = E_k^4 - E_k^1 < 0$

Zerlegen wir die Preiserhöhung dagegen in eine Preissenkung (von p_1^1 auf p_1^3) und in eine Preiserhöhung (von p_1^3 auf p_1^2), dann erhalten wir für die individuelle Äquivalenten Variationen der beiden Teilhandlungen

(5-15) $EV_k\left(p_1^1 \to p_1^3\right) + EV_k\left(p_1^3 \to p_1^2\right) = \left(E_k^5 - E_k^1\right) + \left(E_k^3 - E_k^1\right) > 0$

Die Manipulationsmöglichkeit durch Zerlegung der Handlung ist, wie bei der individuellen Kompensierenden Variation, deshalb gegeben, weil der Bewertung der einzelnen Handlungsschritte unterschiedliche Referenzsituationen zugrundegelegt werden. Zu einem Vorzeichenwechsel kann es (wiederum wie bei der individuellen Kompensierenden Variation) dann kommen, wenn man bei der Formulierung der Handlungsschritte über die Handlungsgrenzen hinausgeht.

5.1.2
Äquivalente Variation und Kompensierende Variation im Vergleich

Wir erläutern zunächst einige wichtige Zusammenhänge, die zwischen der individuellen Äquivalenten Variation und der individuellen Kompensierenden Variation bestehen.

5.1.2.1
Individuelle Äquivalente Variation und individuelle Kompensierende Variation

(1) Ein erster Zusammenhang zwischen diesen Variationen besteht darin, daß beide - für dieselbe Handlung - das gleiche Vorzeichen aufweisen.

$$(5\text{-}16) \quad \text{sign}\, EV_k\,(1 \to 2) = \text{sign}\, CV_k\,(1 \to 2)$$

Diese Übereinstimmung in den Vorzeichen folgt direkt aus den Definitionsgleichungen der beiden individuellen Variationen. Aus diesen Definitionsgleichungen folgt außerdem

$$(5\text{-}17) \quad CV_k\,(1 \to 2) = -EV_k\,(2 \to 1)$$

und

$$(5\text{-}18) \quad EV_k\,(1 \to 2) = -CV_k\,(2 \to 1)$$

Die individuelle Kompensierende (Äquivalente) Variation einer Handlung entspricht also dem Negativen der individuellen Äquivalenten (Kompensierenden) Variation für die Rückgängigmachung der Handlung.

(2) Weitere Zusammenhänge bestehen zwischen den Werten der Variationen für einzelne Handlungsfolgen. Um diese Zusammenhänge zu erkennen, müssen wir zunächst die individuellen Äquivalenten Variationen der einzelnen Handlungsfolgen bestimmen.

Vergleicht man die Definitionen der individuellen Kompensierenden Variation und der individuellen Äquivalenten Variation, dann erkennt man, daß sich diese Konzepte in zweierlei Hinsicht unterscheiden: Die Zahlung bzw. der Erhalt der individuellen Kompensierenden Variation erfolgt in der Endsituation und soll dazu führen, daß der Konsument wieder das Nutzenniveau der Ausgangssituation erreicht; die Zahlung bzw. der Erhalt der individuellen Äquivalenten Variation erfolgt in der Ausgangssituation und soll dazu führen, daß der Konsument auch ohne Projekt das Nutzenniveau der Endsituation erreicht.

Man kann deshalb die Bestimmungsgleichungen der individuellen Äquivalenten Variationen der einzelnen Handlungsfolgen auf einfache Weise aus den Bestimmungsgleichungen der individuellen Kompensierenden Variationen gewinnen: Man muß in den Gleichungen (4-19), (4-28), (4-34), (4-38) und (4-40) nur jeweils dort, wo die Variable "individuelles Nutzenniveau" auftritt, den Variablenwert U_k^1 durch den Variablenwert U_k^2 ersetzen.

Aus Gleichung (4-19) erhält man dann

(5-19) $\quad EV_k (E_k^1 - E_k^2) = \Delta E_k$,

aus Gleichung (4-28)

(5-20) $\quad EV_k (p_1^1, p_2^1 \to p_1^2, p_2^2) =$

$$-\left[\int_{p_1^1}^{p_1^2} \tilde{x}_{1k} (p_1, p_2^1, v_3^1, v_4^1, z_5^1, z_6^1, U_k^2) dp_1 \right.$$

$$\left. + \int_{p_2^1}^{p_2^2} \tilde{x}_{2k} \left(p_1^2, p_2, v_3^1, v_4^1, z_5^1, z_6^1, U_k^2\right) dp_2 \right]$$

und aus Gleichung (4-34)

(5-21) $\quad EV_k \left(R_3^1, R_4^1 \to R_3^2, R_4^2\right) = -\sum_{i=3}^{4} v_i^1 \left(R_i^2 - R_i^1\right)$,

aus Gleichung (4-38)

(5-22) $\quad EV_k \left(v_3^1, v_4^1 \to v_3^2, v_4^2\right) =$

$$\int_{v_3^1}^{v_3^2} \left[R_{3k}\left(p_1^1, p_2^1, v_3, v_4^1, z_5^1, z_6^1, U_k^2\right) - R_3^1 \right] dv_3$$

$$+ \int_{v_4^1}^{v_4^2} \left[R_{4k} (p_1^1, p_2^1, v_3^2, v_4, z_5^1, z_6^1, U_k^2) - R_4^1 \right] dv_4$$

und aus Gleichung (4-40)

$$(5\text{-}23) \quad EV_k\left(z_5^1, z_6^1 \to z_5^2, z_6^2\right) = \int_{z_5^1}^{z_5^2} Z_{5k}\left(p_1^1, p_2^1, v_3^1, v_4^1, z_5, z_6^1, U_k^2\right) dz_5$$

$$+ \int_{z_6^1}^{z_6^2} Z_{6k}\left(p_1^1, p_2^1, v_3^1, v_4^1, z_5^2, z_6, U_k^2\right) dz_6$$

(3) Wie ein Vergleich der Gleichungen (5-19) bis (5-23) mit den entsprechenden Gleichungen von Kapitel 4 zeigt, gilt folgendes: Die individuellen Kompensierenden Variationen und die individuellen Äquivalenten Variationen von *Pauscheinkommensänderungen* und von *Preisänderungen bei rationierten Marktgütern* stimmen überein.

$$(5\text{-}24) \quad CV_k\left(E_k^1 \to E_k^2\right) = EV_k\left(E_k^1 \to E_k^2\right)$$

$$(5\text{-}25) \quad CV_k\left(R_j^1 \to R_j^2\right) = EV_k\left(R_j^1 \to R_j^2\right) \qquad j = 3, 4$$

(4) Die individuelle Äquivalente Variation der *Preisänderungen von nichtrationierten Gütern* ist dann größer (kleiner) als die individuelle Kompensierende Variation, wenn sich die kompensierten Nachfragefunktionen nach den Gütern, deren Preise sich ändern, mit steigendem Nutzenniveau nach rechts (links) verschieben, d.h. wenn für jede dieser Nachfragefunktionen

$$\partial \tilde{x}_k / \partial U_k > (<) 0$$

gilt.
Diese Bedingung läßt sich auch anders formulieren:
Wie wir in Kapitel 2 erläutert haben, können wir die realisierte Nachfrage nach einem Gut als Funktionswert einer normalen oder einer kompensierten Nachfragefunktion interpretieren (vgl. Gleichung 2-43).

$$(5\text{-}26) \quad \tilde{x}_{ik}\left(p_1, p_2, v_3, v_4, z_5, z_6, \underbrace{V_k(\ldots, E_k)}_{U_k}\right)$$

$$= x_{ik}\left(p_1, p_2, R_3, R_4, v_3, v_4, z_5, z_6, E_k\right) \qquad i = 1, 2$$

Leitet man Gleichung (5-26) nach E_k ab, dann erhält man

Kapitel 5: Alternative Wohlfahrtsmaße

(5-27) $(\partial \tilde{x}_{ik} / \partial U_k)(\partial V_k / \partial E_k) = \partial x_{ik} / \partial E_k$

Aus Gleichung (5-27) folgt - wegen $\partial V_k / \partial E_k = \lambda_k > 0$ (vgl. Gleichung 2-12)

(5-28) $\text{sign } \partial \tilde{x}_{ik} / \partial U_k = \text{sign } \partial x_{ik} / \partial E_k$ \hspace{1em} $i = 1, 2$

und

(5-29) $\partial \tilde{x}_{ik} / \partial U_k = 0 \iff \partial x_{ik} / \partial E_k = 0$ \hspace{1em} $i = 1, 2$

Damit gilt:
Die individuelle Äquivalente Variation der Preisänderungen von nichtrationierten Marktgütern ist dann, wenn es sich bei diesen Gütern um normale (inferiore) Güter handelt, größer (kleiner) als die individuelle Kompensierende Variation. Ist die Nachfrage nach den Gütern, deren Preise sich ändern, einkommensunabhängig, dann stimmen beide Variationen überein.

(5-30) $\partial \tilde{x}_{ik} / \partial E_k \gtreqless 0 \iff EV_k\left(p_i^1 \to p_i^2\right) \gtreqless CV_k\left(p_i^1 \to p_i^2\right)$ \hspace{1em} $i = 1, 2$

In Anhang 5 A verdeutlichen wir diesen Sachverhalt anhand eines Beispiels.

(5) Ob die individuelle Kompensierende Variation für *Mengenänderungen bei einem rationierten Marktgut* größer oder kleiner ist als die entsprechende individuelle Äquivalente Variation, hängt davon ab, wie die inverse kompensierte Nachfragefunktion $R_{ik}(v_i, ..., U_k)$ nach dem Gut, dessen Rationierungsschranke sich ändert, auf eine Veränderung des Nutzenniveaus reagiert.

Die Zahlungsbereitschaftsfunktion $R_{ik}(v_i, ..., U_k)$ ist zu der kompensierten Nachfragefunktion $\tilde{v}_{ik}(R_{ik}, ..., U_k)$ invers.

Da kompensierte Nachfragekurven (im Preis-Mengen-Raum) stets eine negative Steigung haben (vgl. Gleichung 2-47), gilt

(5-31) $\text{sign } \partial R_{ik} / \partial U_k = \text{sign } \partial \tilde{v}_{ik} / \partial U_k$ \hspace{1em} $i = 3, 4$

Mit $R_{ik}(= R_{ik}(v_i, ..., U_k))$ haben wir den Schattenpreis des rationierten Marktgutes i bezeichnet, d.h. müßte der Konsument k für das rationierte Marktgut i den Preis R_{ik}^1 zahlen, dann würde er genau die Menge des Gutes i nachfragen, die der Rationierungsschranke v_i^1 entspricht. In Analogie zu Gleichung (5-26) können wir also schreiben

(5-32) $v_{ik}\left(p_1, p_2, R_{ik}, v_j, z_5, z_6, E_k\right)$

$$= \tilde{v}_{ik}\left(p_1, p_2, R_{ik}, v_j, z_5, z_6, \underbrace{V_k(\ldots, E_k)}_{U_k}\right) \qquad i = 3, 4 \quad i \neq j$$

Die Ableitung von Gleichung (5-32) nach E_k ergibt

(5-33) $\quad \partial v_{ik} / \partial E_k = \left(\partial \tilde{v}_{ik} / \partial U_k\right)\left(\partial V_k / \partial E_k\right)$

Damit erhalten wir folgende Äquivalenzbeziehung

(5-34) $\quad \partial v_{ik} / \partial E_k \gtreqless 0 \iff EV_k\left(v_i^1 \to v_i^2\right) \gtreqless CV_k\left(v_i^1 \to v_i^2\right) \qquad i = 3, 4$

Die individuelle Äquivalente Variation einer Veränderung der Rationierungsschranke ist also dann größer (kleiner) als die entsprechende individuelle Kompensierende Variation, wenn es sich bei dem betrachteten Gut um ein normales (inferiores) Gut handelt. Eine analoge Feststellung gilt für die beiden individuellen Variationen der Mengen- bzw. Qualitätsänderungen von öffentlichen Gütern.

(5-35) $\quad \partial z_i / \partial E_k \gtreqless 0 \iff EV_k\left(z_i^1 \to z_i^2\right) \gtreqless CV_k\left(z_i^1 \to z_i^2\right) \qquad i = 5, 6$

5.1.2.2
Kollektive Äquivalente Variation und kollektive Kompensierende Variation

(1) Ausgehend von den Bestimmungsgleichungen (4-43) - (4-46) der kollektiven Kompensierenden Variation erhält man die kollektive Äquivalente Variation durch Austausch des Vektors der Nutzenniveaus der Ausgangssituation ($\mathbf{U}^1$) gegen den Vektor der Nutzenniveaus der Endsituation ($\mathbf{U}^2$)

(5-36) $\quad EV(1 \to 2) = \sum_k EV_k(1 \to 2)$

$$= -\int_{p_1^1}^{p_1^2} \tilde{x}_1\left(p_1, p_2^1, v_3^1, v_4^1, z_5^1, z_6^1, \mathbf{U}^2\right) dp_1$$

$$-\int_{p_2^1}^{p_2^2} \tilde{x}_2\left(p_1^2, p_2, v_3^1, v_4^1, z_5^1, z_6^1, \mathbf{U}^2\right) dp_2$$

$$-mv_3^1\left(R_3^2 - R_3^1\right)$$

$$-mv_4^1\left(R_4^2 - R_4^1\right)$$

$$+\int_{v_3^1}^{v_3^2} R_3\left(p_1^2, p_2^2, v_3, v_4^1, z_5^1, z_6^1, U^2\right)dv_3 - mR_3^2\left(v_3^2 - v_3^1\right)$$

$$+\int_{v_4^1}^{v_4^2} R_4\left(p_1^2, p_2^2, v_3^2, v_4, z_5^1, z_6^1, U^2\right)dv_4 - mR_4^2\left(v_4^2 - v_4^1\right)$$

$$+\int_{z_5^1}^{z_5^2} Z_5\left(p_1^2, p_2^2, v_3^2, v_4^2, z_5, z_6^1, U^2\right)dz_5$$

$$+\int_{z_6^1}^{z_6^2} Z_6\left(p_1^2, p_2^2, v_3^2, v_4^2, z_5^2, z_6, U^2\right)dz_6$$

$$+\Delta E$$

Ist die kollektive Äquivalente Variation einer Handlung negativ, dann können - in der Ausgangssituation - die Individuen, die durch die Handlung einen Nutzenverlust erleiden, die Individuen, die die Handlung positiv bewerten, für eine Nicht-Durchführung der Handlung voll kompensieren und stehen - nach Zahlung der Kompensation und ceteris paribus - trotzdem besser da als nach Durchführung der Handlung. Bei einer positiven kollektiven Äquivalenten Variation ist eine solche Kompensation nicht möglich.

(2) Auf Grund der Ergebnisse unseres Vergleichs der individuellen Kompensierenden Variation mit der individuellen Äquivalenten Variation ergeben sich folgende *Zusammenhänge zwischen den beiden Variationen auf kollektiver Ebene:*

— Die kollektive Kompensierende Variation einer Änderung der Pauscheinkommen entspricht der kollektiven Äquivalenten Variation dieser Pauscheinkommensänderung.

— Die kollektive Kompensierende Variation und die kollektive Äquivalente Variation von Preisänderungen bei rationierten Marktgütern stimmen überein.

— Die kollektive Kompensierende Variation und die kollektive Äquivalente Variation von Preisänderungen bei nicht-rationierten Marktgütern, von Änderungen der Rationierungsschranken und von Mengen- bzw. Qualitätsänderungen bei öffentlichen Gütern stimmen dann überein, wenn die

(fiktive) Marktnachfrage nach diesen Gütern einkommensunabhängig ist. Handelt es sich bei den Gütern um normale (inferiore) Güter, dann ist die kollektive Äquivalente Variation größer (kleiner) als die kollektive Kompensierende Variation.
- Die kollektive Kompensierende (Äquivalente) Variation einer Handlung entspricht dem Negativen der kollektiven Äquivalenten (Kompensierenden) Variation der Rückgängigmachung der Handlung.

(5-37) $CV(1 \to 2) = -EV(2 \to 1)$

(5-38) $EV(1 \to 2) = -CV(2 \to 1)$

Aus EV (2 → 1) < 0 (EV (1 → 2) < 0) kann man also dann, wenn kein BOADWAY-Paradox vorliegt, den Schluß ziehen, daß die Handlung, die von der Ausgangssituation 1 zur Endsituation 2 führt (die Rückgängigmachung dieser Handlung), zu einer potentiellen PARETO-Verbesserung führt. *Das Wohlfahrtsmaß der Äquivalenten Variation ist demnach genauso gut zur Ermittlung der Effizienz einer Handlung geeignet wie das Wohlfahrtsmaß der Kompensierenden Variation.*

5.2
Das Wohlfahrtsmaß der Allgemeinen Variation

Messen wir die Wohlfahrtseffekte einer Handlung mit dem Wohlfahrtsmaß der Allgemeinen Variation, dann müssen wir die mit dieser Handlung verbundene kollektive Allgemeine Variation (= die Summe der mit der Handlung verbundenen individuellen Allgemeinen Variationen) berechnen.

Das Konzept der individuellen Allgemeinen Variation wurde im Rahmen einer individualistischen Wohlfahrtsökonomik entwickelt.

Individualistische Wohlfahrtsökonomen beschränken sich auf die Bestimmung der individuellen Nutzeneffekte einer Handlung, d.h. individualistische Wohlfahrtsökonomen sehen die Aufgabe der Wohlfahrtsökonomik allein darin, offenzulegen, welche Haushalte sich durch die Handlungen verbessern und welche sich verschlechtern und nicht darin, aus diesen Nutzeneffekten ein Urteil über die mit den Handlungen verbundenen Veränderungen der gesellschaftlichen (kollektiven) Wohlfahrt abzuleiten.

Individualistische Wohlfahrtsökonomen sind also nur an der Messung der individuellen Nutzeneffekte interessiert. Für die Ermittlung dieser Effekte haben Sie das Konzept der individuellen Allgemeinen Variation entwickelt.

In diesem Abschnitt erläutern wir zunächst (Unterabschnitt 5.2.1), was man unter der individuellen Allgemeinen Variation versteht und prüfen dann (Unterabschnitt 5.2.2), ob wir aus der Summe der individuellen Allgemeinen Variationen einer Handlung - also aus der kollektiven Allgemeinen Variation einer Handlung - Rückschlüsse auf die Wohlfahrtswirkungen dieser Handlung ziehen können. Auch wenn das Konzept der individuellen Allgemeinen Variation - wie oben ausgeführt - nicht entwickelt worden ist, um in Nutzen-Kosten-Analysen eingesetzt zu werden, könnte es ja trotzdem sein, daß die kollektive Allgemeine Variation ein brauchbares Maß ist, um die Wohlfahrtseffekte einer Handlung zu ermitteln.

5.2.1
Individuelle Allgemeine Variation

(1) Für die *individualistischen* Wohlfahrtsökonomen wäre das Konzept der individuellen Äquivalenten Variation dann ein akzeptables Nutzenmaß, wenn es bei der Ermittlung dieser Variation *nicht die Manipulationsmöglichkeit durch Zerlegung einer Handlung in Handlungsschritte* geben würde. Wir haben schon dargelegt, warum diese Manipulationsmöglichkeit besteht: Die Referenzsituation, in der mit diesem Maß eine Handlung bewertet wird, ist nicht invariant gegenüber der Art und Weise, wie bei dieser Bewertung vorgegangen wird, d.h. ob die Handlungen als Ganzes bewertet werden, oder ob die Handlungen in Teilhandlungen zerlegt werden.

Im ersten Fall bildet die Ausgangslage der gesamten Handlung die Referenzsituation, im zweiten Fall gibt es mehrere Referenzsituationen, nämlich die Ausgangslagen der verschiedenen Teilhandlungen. Der einzige Unterschied zwischen den Konzepten der individuellen Allgemeinen Variation und der individuellen Äquivalenten Variation besteht nun darin, daß die individuelle Allgemeine Variation diesen Nachteil der individuellen Äquivalenten Variation nicht aufweist: Ermittelt man die individuellen Nutzeneffekte einer Handlung oder mehrerer Handlungen mit Hilfe der individuellen Allgemeinen Variation, dann wird zunächst eine *fixe Referenzsituation* bestimmt, in der alle anstehenden Berechnungen vorgenommen werden.

Bezeichnen wir die Preise und exogenen Mengen dieser Referenzsituation mit $\mathbf{a}^r = \{p_1^r, p_2^r, R_3^r, R_4^r, v_3^r, v_4^r, z_z^r, z_6^r\}$ und modifizieren wir die Gleichungen (5-1) und (5-2) (die Bestimmungsgleichungen für die individuelle Äquivalente Variation) in der oben angegebenen Weise, d.h. ersetzen wir in diesen Gleichungen die Preise und exogenen Mengen der Ausgangssituation durch den Preisvektor und die exogenen Mengen der Referenzsituation, dann erhalten wir mit

(5-39) $\quad AV_k(1 \to 2) = e_k\left(\mathbf{a}^r, U_k^2\right) - e_k\left(\mathbf{a}^r, U_k^1\right)$

und

(5-40) $\quad V_k\left(\mathbf{a}^r, E_k^1 + AV_k(1 \to 2)\right) = V_k\left(\mathbf{a}^r, E_k^2\right)$

die Bestimmungsgleichungen für die individuelle Allgemeinen Variation (AV_k).

Für einen Konsumenten ist die Allgemeine Variation also gleich dem Pauscheinkommensbetrag, um den man das Pauscheinkommen, das dieser Konsument in der Ausgangssituation (vor Durchführung der Handlung) haben muß, um auch bei den Daten der Referenzsituation das Nutzenniveau dieser Ausgangssituation zu realisieren, erhöhen bzw. senken muß, damit der Konsument auch dann genau das Nutzenniveau der Endsituation (nach Durchführung der Handlung) erreicht, wenn in dieser Endsituation die *Daten der Referenzsituation* gelten.

(2) In den *Übersichten (5-3a)* und *(5-3b)* haben wir die Allgemeinen Variationen der Individuen h und g für die Straßenschließung graphisch dargestellt.

Übersicht 5-3: *Individuelle Allgemeine Variation einer Straßensperrung*

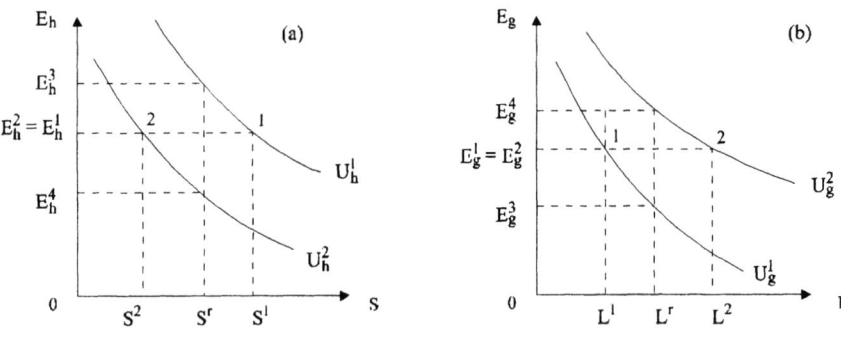

Die Referenzsituation ist durch S^R und L^R gekennzeichnet. Gemäß Gleichung (5-40) gilt

(5-41) $\quad AV_h(1 \to 2) = E_h^4 - E_h^3 \quad \text{mit } E_h^4 = e_h(a^r, V_h^2), E_h^3 = e_h(a^r, V_h^1)$

(5-42) $\quad AV_g(1 \to 2) = E_g^4 - E_g^3 \quad \text{mit } E_g^4 = e_g(a^r, V_g^2), E_g^3 = e_g(a^r, V_g^1)$

In den *Übersichten* haben wir angenommen, daß die Referenzsituation zwischen der Ausgangs- und der Endsituation liegt; dies muß nicht sein, die Referenzsituation kann auch außerhalb des durch die Ausgangs- und Endsituation gebildeten Intervalls liegen. Man kann natürlich auch die Ausgangs- oder die Endsituation als Referenzsituation bestimmen. In diesem Fall fällt die individuelle Allgemeine Variation mit der individuellen Äquivalenten bzw. Kompensierenden Variation zusammen.

(3) Zerlegen wir eine Handlung, die uns von dem Nutzenniveau U_k^1 zu dem Nutzenniveau U_k^2 führt, so in zwei *Teilhandlungen*, daß die Konsequenzen der ersten Teilhandlung, die zum Nutzenniveau U_k^3 führen, die Ausgangslage der zweiten Teilhandlung bilden, dann erhalten wir für die individuelle Allgemeine Variation der beiden Teilhandlungen

(5-43) $\quad AV_k(1 \to 3) = e_k\left(\mathbf{a}^r, U_k^3\right) - e_k\left(\mathbf{a}^r, U_k^1\right)$

und

(5-44) $\quad AV_k(3 \to 2) = e_k\left(\mathbf{a}^r, U_k^2\right) - e_k\left(\mathbf{a}^r, U_k^3\right)$

Für die gesamte Handlung erhalten wir

(5-45) $\quad AV_k(1 \to 2) = e_k(\mathbf{a}^r, U_k^2) - e_k(\mathbf{a}^r, U_k^1)$

d.h. es gilt

(5-46) $\quad AV_k(1 \to 2) = AV_k(1 \to 3) + AV_k(3 \to 2)$

Bei der individuellen Allgemeinen Variation *entfällt also die Manipulationsmöglichkeit* durch Handlungszerlegung.

5.2.2
Beurteilung des Wohlfahrtsmaßes der Allgemeinen Variation

Zählen wir die mit einer Handlung verbundenen individuellen Allgemeinen Variationen zusammen, dann erhalten wir die *kollektive* Allgemeine Variation. Gibt uns die mit einer Handlung verbundenen kollektive Allgemeine Variation Auskunft über die Wohlfahrtseffekte der Handlung, d. h. stellt die Allgemeine Variation ein akzeptables Wohlfahrtsmaß dar?

Diese Frage muß verneint werden. Genau der Aspekt der Allgemeinen Variation, der dieses Konzept zu einem idealen Maß für die Ermittlung der individuellen Nutzeneffekte werden läßt - das Fixieren einer "künstlichen" Referenzsituation für die Bewertung einer Handlung - macht es für den Einsatz *in Nutzen-Kosten-Analysen untauglich*.

In diesen Analysen geht es ja darum, herauszufinden, ob eine Handlung und ihre Rückgängigmachung zu *potentiellen PARETO-Verbesserungen* führen oder nicht, d.h. in Nutzen-Kosten-Analysen müssen wir die Bewertung einer Handlung in zwei genau vorgegebenen *realen Referenzsituationen* (der End- und der Ausgangssituation) vornehmen. Die Bewertung in der Endsituation beantwortet die Frage, ob die Handlung eine potentielle PARETO-Verbesserung darstellt, und die Bewertung in der Ausgangssituation gibt Auskunft darüber, ob die Rückgängigmachung der Handlung eine potentielle PARETO-Verbesserung darstellt.

Verwenden wir das Wohlfahrtsmaß der Allgemeinen Variation (und wählen wir als Referenzsituation weder die Ausgangs- noch die Endsituation), dann führen wir die Bewertung der Handlung in einer "künstlichen" Situation durch, weshalb wir bei einer Verwendung dieses Wohlfahrtsmaßes keine der beiden Fragen beantworten können.

5.3
Das Konsumentenrentenmaß

Das Konsumentenrentenmaß wird häufig zur *Bestimmung der Wohlfahrtseffekte von Preisänderungen nicht-rationierter Güter* eingesetzt. Nach dem Konsumentenrentenmaß muß man zur Ermittlung der Wohlfahrtseffekte von Preisänderungen die mit diesen Preisänderungen verbundenen individuellen Konsumentenrentenänderungen zusammenzählen.

Aus einer positiven (negativen) Summe der individuellen Konsumentenrentenänderungen wird dann der Schluß gezogen, daß die Preisänderungen eine (keine) potentielle PARETO-Verbesserung bewirken.

Um beurteilen zu können, ob diese Schlußfolgerung korrekt ist, muß man zunächst einmal erläutern, was unter dem Begriff der individuellen Konsumentenrente bzw. dem Begriff der individuellen Konsumentenrentenänderung zu verstehen ist.

Eine solche Erläuterung geben wir im ersten Unterabschnitt (Unterabschnitt 5.3.1). Danach (Unterabschnitt 5.3.2) zeigen wir, daß das Konsumentenrentenmaß nicht immer ein eindeutiges Ergebnis liefert und schließlich (Unterabschnitt 5.3.3) prüfen wir, ob das Konsumentenrentenmaß zur Bestimmung der Wohlfahrtseffekte von Preisänderungen geeignet ist.

5.3.1
Individuelle Konsumentenrente

(1) Wir erklären zunächst anhand der *Übersicht 5-4* den Begriff "Konsumentenrente". Diese Übersicht zeigt die *normale* Nachfragekurve des Konsumenten k nach dem Gut $1\,(x_{1k}(p_1,\ldots,E_k))$.

Übersicht 5-4:   Individuelle Konsumentenrente

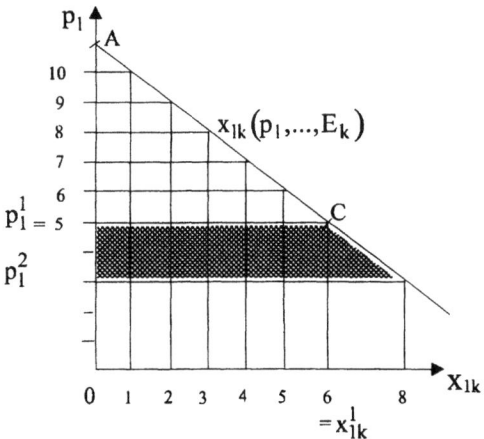

Die Differenz zwischen dem Geldbetrag, den der Konsument k bereit ist auszugeben, um die Menge x_{1k}^1 zu erwerben, und den tatsächlich anfallenden Konsumausgaben bezeichnet man als die mit der Menge x_{1k}^1 bzw. mit dem Preis p_1^1 verbundene Konsumentenrente des Individuums k. In unserem Beispiel ist nun die Menge x_{1k}^1 bzw. der Preis p^1 als eine individuelle Konsumentenrente von 45 - 30 = 15 DM verbunden. Teilt man das Konsumgut 1 in infinitesimal kleine Einheiten ein, dann läßt sich die individuelle Konsumentenrente auf dem Markt des Guts 1 definieren als Fläche unter der individuellen Nachfragekurve nach Gut 1 abzüglich der individuellen Konsumausgaben. Sie entspricht in *Übersicht 5-4* der Fläche $p_1^1 AC$.

(2) Da mit jedem Preis für das Gut 1 eine andere individuelle Konsumentenrente verbunden ist, führt jede Preisänderung zu einer Änderung der individuellen Konsumentenrente. Sinkt z.B. in *Übersicht 5-4* der Preis des Gutes 1 von p_1^1 auf p_1^2, dann gibt der Inhalt der schraffierten Fläche die mit dieser Preisänderung verbundene Zunahme der Konsumentenrente des Konsumenten k an.

Wenn Gut 1 mehr als 10 DM kostet, fragt der Konsument dieses Gutes nicht nach. Bei einem Preis von 10 DM kauft er eine Einheit, bei p1 = 9 DM kauft er zwei Einheiten usw. Anders formuliert: Für die erste nachgefragte Einheit ist der Konsument bereit, 10 DM auszugeben, für die zweite Einheit 9 DM usw.

Addieren wir diese Geldbeträge bis zur Menge x_{1k}^1 = 6 Einheiten, dann erhalten wir einen Wert von 10 + 9 + 8 + 7 + 6 + 5 = 45 DM. Sechs Einheiten des Gutes 1 wird der Konsument nachfragen, wenn der Marktpreis bei p_1^1 = 5 liegt. Seine Konsumausgaben für dieses Gut betragen dann 30 DM.

Die Differenz zwischen dem Geldbetrag, den der Konsument bereit ist auszugeben, um die Menge x^1_{1k} zu erwerben, und den tatsächlich anfallenden Konsumausgaben, bezeichnen wir als die mit der Menge x^1_{1k} bzw. deren Preis p^1_i verbundene individuelle Konsumentenrente. In unserem Beispiel beträgt die individuelle Konsumentenrente 15 DM.

Formal ist die mit einer Preisänderung bei Gut i verbundene Konsumentenrentenänderung des Konsumenten k ($KR_k(p^1_i \rightarrow p^2_i)$) so definiert, daß man bei einer Preiserhöhung (Preissenkung) ein negatives (positives) Vorzeichen erhält.

(5-47) $KR_k\left(p^1_i \rightarrow p^2_i\right)$

$$= -\int_{p^1_i}^{p^2_i} x_{ik}\left(p_i, p_j, R_3, R_4, v_3, v_4, z_5, z_6, E_k\right) dp_i \qquad i,j = 1,2; \quad i \neq j$$

(3) Ändert sich durch die Handlung nur *ein Preis*, dann liegt die mit dieser Handlung verbundene Konsumentenrentenänderung des Individuums k zwischen der zu dieser Handlung gehörenden Kompensierenden Variation des Individuums k und seiner Äquivalenten Variation.

Übersicht 5-5:   *Konsumentenrentenänderung, Kompensierende Variation und Äquivalente Variation einer Ein-Preis-Änderung*

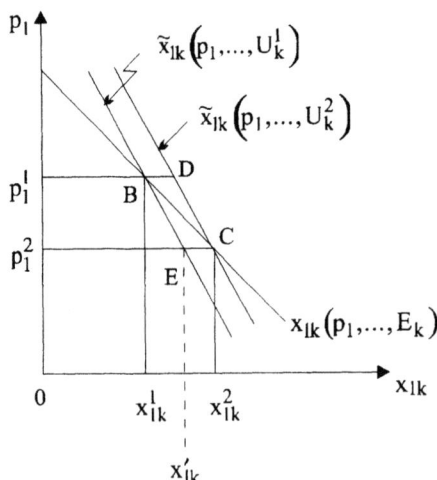

Man erkennt dies, wenn man die *Übersicht 5-5* betrachtet. In dieser Übersicht haben wir neben der *normalen* individuellen Nachfragefunktion nach Gut 1 $(x_{1k}(p_1,...,E_k))$ auch noch die *kompensierten* Nachfragefunktionen $(\tilde{x}_{1k}(p_1,...,U_k^1)$ und $(\tilde{x}_{1k}(p_1,...,U_k^2)$ eingezeichnet.

Sinkt der Preis des Guts 1 von p_1^1 auf p_1^2, dann erhält man für die individuelle *Konsumentenrentenänderung*

(5-48) $\quad KR_k\left(p_1^1 \rightarrow p_1^2\right)$

$$= -\int_{p_1^1}^{p_1^2} x_{1k}(p_1,...,E_k)dp_1 = \text{Fläche } p_1^1CBp_1^2$$

Die individuelle *Kompensierende Variation* ist durch

(5-49) $\quad CV_k\left(p_1^1 \rightarrow p_1^2\right)$

$$= -\int_{p_1^1}^{p_1^2} \tilde{x}_{1k}\left(p_1,...,U_k^1\right)dp_1 = \text{Fläche } p_1^1BEp_1^2$$

und die individuelle *Äquivalente Variation* durch

(5-50) $\quad EV_k\left(p_1^1 \rightarrow p_1^2\right)$

$$= -\int_{p_1^1}^{p_1^2} \tilde{x}_{1k}\left(p_1,...,U_k^2\right)dp_1 = \text{Fläche } p_1^1DCp_1^2$$

bestimmt.

Die individuelle Konsumentenrentenänderung wird unter der normalen Nachfragefunktion gemessen, die individuelle Kompensierende Variation und die individuelle Äquivalente Variation unter den kompensierten Nachfragefunktionen.

In der Übersicht 5-5 ist die individuelle Konsumentenrentenänderung um die Fläche BCE größer als die individuelle Kompensierende Variation und um die Fläche BDC kleiner als die individuelle Äquivalente Variation.

(4) Der Inhalt der Dreiecksfläche BCE ist durch die Gleichung

(5-51) $\quad$ Fläche BCE $= \left(p_1^1 - p_1^2\right)\left(x_{1k}^2 - x_{1k}'\right)/2$

bestimmt. x_{1k} ist die Menge des Gutes 1, die der Konsument k nachfragt, wenn der Preis dieses Gutes p_1^2 beträgt und er ein Einkommen von $E_k - CV_k(p_1^1 \to p_1^2)$ hat. Die Differenz zwischen den Mengen x_{1k}' und x_{1k}^2 ist also durch die Reaktion der Nachfrage nach Gut 1 auf eine Einkommensänderung in Höhe der Kompensierenden Variation bestimmt. Geht man davon aus, daß die Einkommenselastizität der Nachfrage nach Gut 1 (η_{1k}) im relevanten Bereich (d.h. in dem durch E_k und $E_k - CV_k(p_1^1 \to p_1^2)$ begrenzten Einkommensintervall) konstant ist, gilt

(5-52) $\quad x_{1k}^2 - x_{1k}' = \left(\partial x_{1k}/\partial E_k\right) CV_k\left(p_1^1 \to p_1^2\right)$

$\qquad = CV_k\left(p_1^1 \to p_1^2\right)\eta_{1k}\, x_{1k}^2 / E_k$

Aus den Gleichungen (5-51) und (5-52) folgt

(5-53) $\quad \left[KR_k\left(p_1^1 \to p_1^2\right) - CV_k\left(p_1^1 \to p_1^2\right)\right]/CV_k\left(p_1^1 \to p_1^2\right)$

$\qquad = \eta_{1k} x_{1k}^2 \left(p_1^1 - p_1^2\right)/(2E_k)$

(5) Die Bestimmungsgleichung für den relativen *Unterschied von individueller Äquivalenter Variation und individueller Konsumentenrentenänderung einer Preisänderung* des nicht-rationierten Marktgutes i läßt sich in analoger Weise herleiten

(5-54) $\quad \left[EV_k\left(p_1^1 \to p_1^2\right) - KR_k\left(p_1^1 \to p_1^2\right)\right]/EV_k\left(p_1^1 \to p_1^2\right)$

$\qquad = \eta_{1k}\, x_k^1 \left(p_1^1 - p_1^2\right)/(2E_k)$

Die Gleichungen (5-53) und (5-54) zeigen:
Der relative (in Prozent der individuellen Kompensierenden (Äquivalenten) Variation ausgedrückte) Unterschied von individueller Konsumentenrentenänderung und individueller Kompensierenden (Äquivalenten) Variation einer Preisänderung des nicht-rationierten Marktgutes i hängt also von der Größe der Einkommenselastizität der Nachfrage, dem Ausgabenanteil für das Gut nach (vor) der Preissenkung und der Ausgabenrelation $x_{ik}^2\, p_i^1 / E_k$ ($x_{ik}^1\, p_i^2 / E_k$) ab.

Daß die Größe des Unterschieds von individueller Konsumentenrentenänderung und individueller Kompensierender bzw. Äquivalenter Variation von der Einkommenselastizität der Nachfrage und dem Ausgabenanteil abhängt, kann man auch der - den Zusammenhang zwischen normaler und kompensierter Nachfragefunktion beschreibenden - SLUTSKY-Gleichung entnehmen (s. Gleichungen 2-45 und 2-46 in Abschnitt 2.5.3.2). Allerdings wird aus der SLUTSKY-Gleichung nicht ersichtlich, wie diese Bestimmungsgrößen zusammenwirken.

Zur Illustration des Unterschiedes zwischen kompensierten und unkompensierten Eigenpreiselastizitäten betrachten wir Ergebnisse einer umfangreichen ökonometrischen Untersuchung zum Ernährungssektor Indonesiens (KLÜMPER, 1990. Weitere Angaben hierzu: Abschnitt 18.4.1)

Übersicht 5-6: Kompensierte und unkompensierte Eigenpreiselastizitäten (Indonesien 1981)

Grundnahrungsmittel und Zucker	(1) Einkommenselastizität η_i	(2) Ausgabenanteile b_j	(3) Unkompensierte Preiselastizitäten ε_{ij}	(4) Kompensierte Preiselastizitäten ε_{ij}^*
Reis	0,51	0,2262	- 0,66	- 0,54
Mais	- 0,60	0,0180	- 0,51	- 0,52
Weizen	1,19	0,0007	- 0,97	- 0,97
Cassava	- 0,35	0,0083	- 0,54	- 0,54
Süßkartoffeln	0,53	0,0019	- 1,61	- 1,61
Erdnüsse	1,24	0,0017	- 1,31	- 1,31
Sojabohnen	0,79	0,0179	- 0,98	- 0,96
Sonst. Gnm.	0,90	0,0052	- 1,67	- 1,67
Zucker	0,84	0,0364	- 0,73	- 0,70

(4) = (3) + (1) x (2)
Berechnung von Mittelwerten der Stichprobe

Quelle: Klümper, 1990 ((1), S. 276, (2) S. 276, (3) S. 280, (4) S. 279)

Ein Vergleich der Spalten (3) und (4) zeigt unmittelbar, daß sich die Elastizitätswerte nur bei Reis nennenswert unterscheiden. Worauf dies primär zurückzuführen ist, lassen die Zahlenangaben von Spalte (2) erkennen. Hiernach fällt nur der Ausgabenanteil von Reis mit fast 22% der Gesamtausgaben ins Gewicht, was zur Folge hat, daß von einer Reispreisänderung ein spürbarer Realeinkommenseffekt ausgeht. Letzterer ist bekanntlich für den Unterschied zwischen unkompensierten und kompensierten Preiselastizitäten verantwortlich.

(6) Kennt man die Werte der auf der rechten Seite von Gleichung (5-53) bzw. (5-54) aufgeführten Größen, dann kann man anhand dieser Gleichungen feststellen, wie groß der Fehler ist, den man begeht, wenn man die individuelle *Konsumentenrentenänderung der Preissenkung als Näherungsgröße* für die mit dieser Preissenkung verbundene individuelle Kompensierende Variation bzw. individuelle Äquivalente Variation interpretiert und umgekehrt.

Wie die den Gleichungen (5-53) und (5-54) entsprechenden Formeln aussehen, wenn sich mehr als ein Preis ändert, die individuellen Nachfragefunktionen nicht-linear sind und die Einkommenselastizitäten vom Einkommen abhängen, erläutern wir in Anhang B zu diesem Kapitel.

5.3.2
Das Problem der Mehrdeutigkeit

(1) Wir haben im letzten Unterabschnitt die mit einer Preisänderung bei Gut 1 verbundene Konsumentenrentenänderung des Individuums k als Fläche unter der individuellen Nachfragekurve $x_{1k}(p_1,...,E_k)$ definiert. Nun ist ja im allgemeinen die Lage der Nachfragekurve nach Gut 1 von den Preisen der anderen Güter, dem Pauscheinkommen, den Rationierungsschranken und dem öffentlichen Güterangebot abhängig. Steigt z.B. das Pauscheinkommen von E_k^1 auf E_k^2 und handelt es sich bei Gut 1 um ein normales Gut, dann wird sich die individuelle Nachfragekurve nach außen verschieben (vgl. *Übersicht 5-7*). Wenn sich nun nicht nur das *Pauscheinkommen* des Konsumenten k ändert, sondern gleichzeitig auch der *Preis des Gutes 1,* und wenn wir die mit dieser Preisänderung verbundene individuelle Konsumentenrentenänderung bestimmen wollen, dann ist diese Größe nicht eindeutig bestimmt. Nach der Definition des Begriffs der individuellen Konsumentenrentenänderung können wir sowohl die Fläche $p_1^2 DE p_1^1$ unter der "neuen" Nachfragekurve $x_{1k}(p_1,...,E_k^2)$ als auch die Fläche $p_1^2 BC p_1^1$ unter der "alten" Nachfragekurve $x_{ik}(p_1,...,E_k^1)$ als die mit der Preisänderung (von p_1^1 auf p_1^2) verbundene individuelle Konsumentenrentenänderung interpretieren. Wenn man sich für die erste Alternative entscheidet, dann hat man (implizit) angenommen, daß sich zuerst das Pauscheinkommen und dann der Preis ändert; wählt man die zweite Alternative, dann geht man von einer umgekehrten Reihenfolge der Änderungen aus.

(Zur Erinnerung: Bei der Bestimmung der individuellen Kompensierenden Variation oder individuellen Äquivalenten Variation dieser Preisänderung ist eine solche Wahlmöglichkeit nicht gegeben. Die individuelle Kompensierende Variation ist eindeutig bestimmt als Fläche unter der durch Punkt C verlaufenden kompensierten Nachfragefunktion $\tilde{x}_{1k}(p_1,...,U_k^1)$ in dem durch die Preise p_1^1 und p_1^2 gebildeten Preisintervall, und die individuelle Äquivalente Variation entspricht der Fläche unter der durch Punkt D verlaufenden kompensierten Nachfragefunktion $\tilde{x}_{1k}(p_1,...,U_k^2)$ in dem durch die Preise p_1^1 und p_1^2 gebildeten Preisintervall.)

Die Größe der mit der Preisänderung bei Gut 1 verbundenen Konsumentenrentenänderung ist also *abhängig von der Reihenfolge*, in der man die beiden Konsequenzen der Handlung berücksichtigt.

Kapitel 5: Alternative Wohlfahrtsmaße 147

Übersicht 5-7: *Konsumentenrentenänderung bei Preis- und Pauscheinkommensänderung*

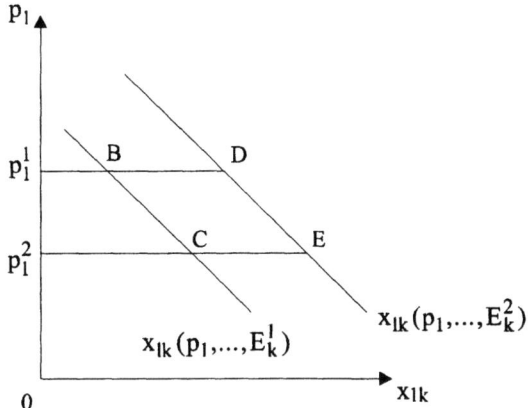

(2) Wie man sich leicht überlegen kann, können bei der Bestimmung der individuellen Konsumentenrentenänderungen auf dem Markt eines Gutes immer dann mehrdeutige Ergebnisse auftreten, wenn sich *neben dem Preis dieses Gutes noch einer bzw. mehrere der weiteren Bestimmungsfaktoren der individuellen Nachfragekurven nach diesem Gut* ändert bzw. ändern. Wenn bei der Bestimmung der individuellen Konsumentenrentenänderung einer Handlung mehrdeutige Ergebnisse auftreten, dann kann es natürlich *auch zu mehrdeutigen Ergebnissen bei der Berechnung der Summe der individuellen Konsumentenrentenänderungen* und damit bei der Ermittlung der Wohlfahrtseffekte dieser Handlung mit dem Konsumentenrentenmaß kommen.

In der wohlfahrtsökonomischen Literatur hat man sich intensiv damit beschäftigt, Bedingungen zu formulieren, unter denen das Konsumentenrentenmaß eindeutige Ergebnisse liefert. Dabei hat man sich auf die Fälle konzentriert, in denen Pauscheinkommensänderungen und multiple Preisänderungen bei nichtrationierten Marktgütern auftreten.

Einige Wohlfahrtsökonomen haben diese Bedingungen als Anforderungen an die individuellen Preis- und Einkommenselastizitäten formuliert, andere als Anforderungen an die Form der Nutzenfunktion und dritte wiederum als Anforderungen an die Bestimmungsgrößen des Grenznutzens des Einkommens.

Wir erläutern im folgenden, *welchen Anforderungen die individuellen Preis- und Einkommenselastizitäten der Nachfrage genügen müssen*, damit das Konsumentenrentenmaß eindeutige Ergebnisse liefert. Die anderen Versionen der Eindeutigkeitsbedingungen stellen wir in dem Anhang C dieses Kapitels dar.

(3) Betrachten wir zunächst noch einmal die *Übersicht 5-7*, in der wir angenommen haben, daß die Handlung zu einer Preisänderung (bei Gut 1) und einer Pauscheinkommensänderung geführt hat. Man erkennt sofort, daß das

Ergebnis der Ermittlung der Konsumentenrentenänderung dann eindeutig (d.h. unabhängig von der Annahme über die Reihenfolge von Preis- und Pauscheinkommensänderung) ist, wenn die Nachfragekurven $x_{1k}(p_1,...,E_k^1)$ und $x_{1k}(p_1,...,E_k^2)$ zusammenfallen.

Die individuelle Nachfrage nach Gut 1 darf also nicht vom Pauscheinkommen abhängen, d.h. *die individuelle Einkommenselastizität der Nachfrage nach Gut 1 muß Null sein.*

(4) Eine entsprechende Überlegung gilt für den Fall, daß sich neben dem Preis des Gutes 1 auch der Preis des Gutes 2 ändert: *Ändern sich die Preise der beiden Güter 1 und 2, dann ist die Änderung der individuellen Konsumentenrente auf dem Markt für Gut 1 dann eindeutig bestimmt, wenn die Kreuzpreiselastizität* $(\partial x_{1k} / \partial p_2)(p_2 / x_{1k})$ *gleich Null ist.*

Nun geht aber in diesem Fall - Änderung der Preise p_1 und p_2 - die individuelle Konsumentenrentenänderung auf dem Markt für Gut 1 zusammen mit der individuellen Konsumentenrentenänderung auf dem Markt für Gut 2 in das Konsumentenrentenmaß ein. Um ein mehrdeutiges Ergebnis des Konsumentenrentenmaßes auszuschließen, reicht es also aus, daß die Summe dieser individuellen Konsumentenrentenänderungen eindeutig ist. Und um sicherzustellen, daß der Wert der Summe der Konsumentenrentenänderungen eines Individuums eindeutig ist, müssen wir nicht fordern, daß die Güternachfragen nur vom eigenen Preis abhängen.

Betrachten wir die *Übersicht 5-8.* In dieser Übersicht haben wir angenommen, daß der Preis von Gut 1 steigt und der Preis von Gut 2 sinkt und daß der Konsument k beide Güter als komplementär ansieht.

Ein möglicher Weg, die Summe der individuellen Konsumentenrentenänderungen zu berechnen, beruht auf der Annahme, *zuerst habe sich p_1 und danach habe sich p_2 geändert* (vgl. *Übersichten 5-8(a) und 5-8(b)).* Bei dieser Annahme messen wir die individuelle Konsumentenrentenänderung von Gut 1 unter der *ursprünglichen* Nachfragekurve

$$x_{1k}(p_2^1,...) - \text{Fläche } p_1^1 \text{ ab } p_1^2 -,$$

die individuelle Konsumentenrentenänderung von Gut 2 hingegen unter der um $(\partial x_{2k} / \partial p_1) \Delta p_1$ *verschobenen* Nachfragekurve

$$x_{2k}(p_1^2,...) - \text{Fläche } p_2^1 \text{ mn } p_2^2 -$$

und addieren dann beide Konsumentenrentenänderungen.

Eine andere Möglichkeit beruht auf der Annahme, die Reihenfolge der Preisänderungen sei *umgekehrt* gewesen. In diesem Fall *(Übersichten 5-8(c) und 5-8(d))* messen wir die individuelle Konsumentenrentenänderung von Gut 2 an der ursprünglichen Nachfragefunktion

$x_{2k}\left(p_1^1,\ldots\right)$ – Fläche $p_2^1\, cd\, p_2^2$ –

die Konsumentenrentenänderung von Gut 1 hingegen an der um $(\partial x_{1k} / \partial p_2)\Delta p_2$ verschobenen Nachfragefunktion

$x_{1k}\left(p_2^2,\ldots\right)$ – Fläche $p_1^2\, fe\, p_1^1$ –

und addieren dann beide Konsumentenrentenänderungen.

Übersicht 5-8:   *Konsumentenrentenänderung bei multipler Preisänderung*

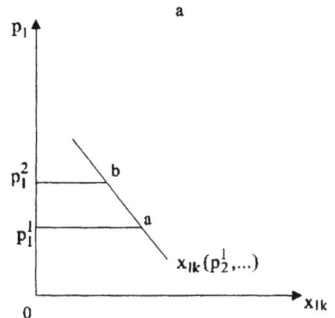
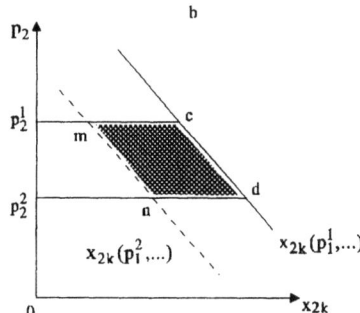
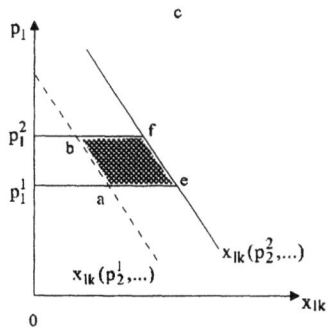
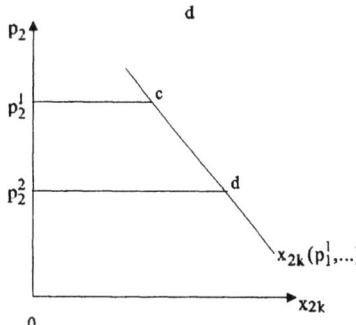

Bei beiden Möglichkeiten messen wir also die individuellen Konsumentenrentenänderungen an unterschiedlichen Nachfragefunktionen und erhalten damit im allgemeinen unterschiedliche Werte für die Summe der beiden individuellen Konsumentenrentenänderungen.

Die Reihenfolge der Preisänderungen spielt dann keine Rolle, d.h. wir erhalten *dann* bei beiden Alternativen den gleichen Wert für diese Summe, wenn die beiden schraffierten Flächen (in Übersicht (5-8)) gleich groß sind. Es muß also gelten.

(5-55) $(\partial x_{1k} / \partial p_2) \Delta p_2 \Delta p_1 = (\partial x_{2k} / \partial p_1) \Delta p_1 \Delta p_2$

bzw.

(5-56) $\partial x_{1k} / \partial p_2 = \partial x_{2k} / \partial p_1$

(Zur Erinnerung: Bei kompensierten Nachfragefunktionen ist diese Bedingung - *Symmetrie der Kreuzpreiseffekte* - stets erfüllt, d.h. sowohl die individuelle Kompensierende als auch die individuelle Äquivalente Variation dieser Preisänderungen ist eindeutig definiert).

Gleichung (5-56) impliziert - wegen der SLUTSKY-Gleichung und der Übereinstimmung der kompensierten Kreuzpreiseffekte -, daß die *Einkommenselastizitäten der beiden Güter übereinstimmen* müssen. Dies ist eine alternative Version der Eindeutigkeitsbedingung (alternativ zu: die Kreuzpreiselastizitäten müssen gleich Null sein) für den Fall multipler Preisänderungen.

(5) Eine *Verallgemeinerung* der Erkenntnisse, die wir anhand der Beispiele gewonnen haben, ergibt folgendes: Führt die Handlung zu *Pauscheinkommens- und Preisänderungen*, so liefert das Konsumentenrentenmaß dann ein eindeutiges Ergebnis, wenn jedes Individuum, dessen Pauscheinkommen sich ändert, bei den Gütern, deren Preise sich ändern, *Einkommenselastizitäten von Null* hat. Führt die Handlung *nur zu Preisänderungen*, so liefert das Konsumentenrentenmaß dann ein eindeutiges Ergebnis, wenn jedes Individuum bei den Gütern, deren Preise sich ändern, *übereinstimmende Einkommenselastizitäten* hat.

Beide Bedingungen sind sehr restriktiv, d.h. in der Regel wird der mit dem Konsumentenrentenmaß ermittelte Geldbetrag von der Reihenfolge abhängen, in der wir die Preis- und Pauscheinkommensänderungen berücksichtigen.

5.3.3
Beurteilung

(1) Wir haben am Anfang dieses Abschnitts gesagt, daß das Konsumentenrentenmaß in der Praxis häufig zur Bewertung von Preisänderungen nichtrationierter Güter eingesetzt wird.

Viele Nutzen-Kosten-Theoretiker sind der Meinung, daß diese Praxis falsch ist. Sie akzeptieren nur Wohlfahrtsmaße, die nicht zu mehrdeutigen Ergebnissen führen und verweisen darauf, daß das Konsumentenrentenmaß nur unter sehr restriktiven und unrealistischen Bedingungen eindeutige Ergebnisse liefert.

Die Anhänger des Konsumentenrentenmaßes halten das Problem der Mehrdeutigkeit für irrelevant und begründen ihre Auffassung mit dem Hinweis auf die von dem amerikanischen Ökonomen WILLIG (1976) entwickelten Formeln, die den Zusammenhang zwischen der individuellen Konsumentenrentenänderung und der individuellen Kompensierenden Variation bzw. individuellen Äquivalenten Variation angeben. Diese Formeln, die wir in Anhang B zu diesem Kapitel ableiten, zeigen, welche Faktoren die Unterschiede von individueller Konsumentenrentenänderung und individueller Kompensierender Variation bzw. individueller Äquivalenter Variation bestimmen und wie diese Faktoren zusammenwirken.

Die Anhänger des Konsumentenrentenmaßes behaupten nun, daß man dann, wenn man für diese Bestimmungsfaktoren *realistische Werte* annimmt, stets einen *geringen Unterschied* von individueller Konsumentenrentenänderung und individueller Kompensierender bzw. Äquivalenter Variation erhält.

Sie argumentieren also, daß unter realistischen Bedingungen die verschiedenen Möglichkeiten, die Summe der individuellen Konsumentenrentenänderungen zu berechnen, zu Ergebnissen führen, die nur geringfügig voneinander und von dem eindeutigen Ergebnis der Berechnung der kollektiven Kompensierenden Variation bzw. der kollektiven Äquivalenten Variation abweichen.

(2) Wir halten diese Argumentation, die am deutlichsten von JUST; HUETH und SCHMITZ (1982) herausgearbeitet wurde, aus drei Gründen für nicht überzeugend:

Zum *ersten* können die Ergebnisse der Berechnung der individuellen Konsumentenrentenänderungen auch dann sehr unterschiedlich sein, wenn für die Bestimmungsfaktoren des Unterschieds von individueller Konsumentenrentenänderung und individueller Kompensierender Variation bzw. individueller Äquivalenter Variation Werte eingesetzt werden, die nicht a priori als unrealistisch abqualifiziert werden können (vgl. die Beispiele in HARTMANN 1991, S. 57 ff.).

Zum *zweiten* gelten selbst die Formeln, die WILLIG für den allgemeinen Fall (Mehr-Preis-Änderungen, variable Einkommenselastizitäten, nicht-lineare Nachfragefunktionen) entwickelt hat, nur unter bestimmten Annahmen. So müssen wir z.B. bei der von uns gewählten Herleitung dieser Formeln in Anhang 5 B an einer Stelle darauf vertrauen, daß eine TAYLOR-Reihe zweiter Ordnung eine akzeptable Approximation darstellt.

Und *drittens* ist zu beachten, daß man selbst dann, wenn der WILLIGsche Idealfall - geringe Unterschiede von individueller Konsumentenrentenänderung und individueller Kompensierender Variation bzw. individueller Äquivalenter Variation - vorliegt, bei der Bewertung einer Handlung zu einem qualitativ anderen Ergebnis kommen kann, wenn man diese Bewertung nicht mit Hilfe der kollektiven Kompensierenden oder kollektiven Äquivalenten Variation, sondern mit Hilfe des Konsumentenrentenmaßes vornimmt.

Diese Möglichkeit ist immer dann gegeben, wenn die zu bewertende Handlung nicht nur zu Preisänderungen bei den nicht-rationierten Marktgütern führen, sondern auch Änderungen bei den anderen, die individuellen Nutzenniveaus beeinflussenden Größen (Pauscheinkommen, öffentliches Güterangebot etc.) hervorrufen. In diesem Fall müssen die Wohlfahrtseffekte der einzelnen Projektfolgen gegeneinander verrechnet werden, und da können dann selbst kleine Unterschiede zwischen individueller Konsumentenrentenänderung und individueller Kompensierender Variation bzw. individueller Äquivalenter Variation relevant werden.

Führt die Handlung z.B. zu Preis- und Pauscheinkommenserhöhungen und entspricht die Summe der individuellen Pauscheinkommenserhöhungen der kollektiven Kompensierenden Variation der Preisänderungen, dann sind die - mit dem Wohlfahrtsmaß der Kompensierenden Variation ermittelten - Wohlfahrtseffekte gleich Null, während wir für die Summe aus individueller Konsumentenrenten- und Pauscheinkommensänderungen einen (sehr kleinen) negativen oder positiven Wert erhalten.

5.4
Abschließende Bemerkungen

(1)   Unsere Ausführungen in den Kapiteln 4 und 5 haben ergeben: Keines der gebräuchlichen Verfahren, die Wohlfahrtseffekte einer Handlung zu messen, ist ideal, d.h. keines der gebräuchlichen Verfahren gibt uns stets die richtige Auskunft darüber, ob die Handlung eine potentielle PARETO-Verbesserung darstellt oder nicht.

Die "besten" unter den verfügbaren Wohlfahrtsmaßen sind die Wohlfahrtsmaße der Kompensierenden Variation und der Äquivalenten Variation. Diese Wohlfahrtsmaße können dann zu falschen Ergebnissen führen, wenn die zu bewertenden Handlungen in Handlungsschritte zerlegt werden. Falsche Ergebnisse sind auch möglich, wenn mit den zu bewertenden Handlungen nicht nur Pauscheinkommensänderungen verbunden sind, die Zahl der von diesen Handlungen Betroffenen groß ist und die Betroffenen ein großes Interesse an den Handlungen bzw. an ihrer Verhinderung haben.

In allen anderen Fällen gilt: Genau dann, wenn die mit dem Wohlfahrtsmaß der Kompensierenden Variation gemessenen Wohlfahrtseffekte der Handlung positiv sind, stellt die Handlung eine potentielle PARETO-Verbesserung dar und genau dann, wenn die mit dem Wohlfahrtsmaß der Äquivalenten Variation gemessenen Wohlfahrtseffekte der Handlung positiv sind, stellt die Rückgängigmachung der Handlung keine potentielle PARETO-Verbesserung dar.

$$CV (1 \to 2) > 0 \text{ und } EV (1 \to 2) > 0 \Leftrightarrow 1 \text{ ist effizienter als } 2$$

Kapitel 5: Alternative Wohlfahrtsmaße

(2) Messen wir einen Teil der Wohlfahrtseffekte einer Handlung (nämlich die mit den Preisänderungen der nicht-rationierten Güter verbundenen Wohlfahrtseffekte) mit dem Konsumentenrentenmaß, dann können wir ein qualitativ anderes Ergebnis erhalten, als wenn wir die "fast idealen" Wohlfahrtsmaße der Kompensierenden Variation und Äquivalenten Variation verwenden. Das *Konsumentenrentenmaß stellt also nur ein zweitbestes Wohlfahrtsmaß* dar.

Das Konzept der *Allgemeinen Variation ist ein ideales Maß der individuellen Nutzenmessung.* Für Nutzen-Kosten-Analysen ist dieses Konzept jedoch unbrauchbar, denn die mit dem Wohlfahrtsmaß der Allgemeinen Variation gemessene Wohlfahrtseffekte lassen keine Schlußfolgerungen über potentielle PARETO-Verbesserungen zu.

(3) Kehren wir noch einmal zu den Wohlfahrtsmaßen der Kompensierenden Variation und Äquivalenten Variation zurück. Betrachtet man die Definition der *individuellen Kompensierenden Variation*, dann erkennt man, daß man die Geldbeträge, die man bei der Bestimmung der individuellen Kompensierenden Variationen erhält, auch in anderer Weise interpretieren kann: Diese Geldbeträge werden die Verlierer - wenn sie können - mindestens als Entschädigung für die Durchführung der Handlung fordern, bzw. diese Geldbeträge sind die Gewinner höchstens zu zahlen bereit, um die Durchführung der Handlung zu sichern.

Diese Interpretation verdeutlicht, warum man die individuelle Kompensierende Variation eines von der Handlung *negativ Betroffenen* auch als "Entschädigungsforderung bezeichnet, wenn die Handlung durchgeführt wird (*willingness to accept the realization of the action*)".

Ermittelt man die individuelle Kompensierende Variation eines von der Handlung *positiv Betroffenen*, dann spricht man auch davon, daß man seine "Zahlungsbereitschaft für die Durchführung der Handlung (*willingness to pay for the realization of the action*)" bestimmt.

Die mit einer Handlung verbundene *kollektive* Kompensierende Variation kann man also auch als *Differenz der Summe der Zahlungsbereitschaften für die Durchführung der Handlung und der Summe der Entschädigungsforderungen nach Durchführung der Handlung* definieren.

(4) Betrachtet man die Definition der *individuellen Äquivalenten Variation*, dann erkennt man, daß man die Geldbeträge, die man bei der Ermittlung dieser Variationen erhält, wie folgt interpretieren kann:

Diese Geldbeträge sind die Verlierer der Handlung höchstens zu zahlen bereit, um die Durchführung der Handlung zu verhindern, bzw. diese Geldbeträge werden die Gewinner der Handlung - wenn sie können - mindestens fordern, wenn die Handlung nicht durchgeführt wird. Diese Interpretation verdeutlicht, warum man die individuelle Äquivalente Variation, auch als "Zahlungsbereitschaft für die Nicht-Durchführung der Handlung (*willingness to pay for the non-realization of the action*)" bzw. als "Entschädigungsforderung, wenn die Handlung nicht durchgeführt wird (*willingness to accept the non-realization of the action*)" bezeichnet. Folgt man dieser Interpretation, dann kann man die mit einer Handlung verbundene kollektive Äquivalente Variation als *Differenz der Summe der Entschädigungsforderungen bei Nicht-Durchführung der Handlung und der Summe der Zahlungsbereitschaften für die Nicht-Durchführung der Handlung* definieren.

(5) Diese Neudefinitionen von kollektiver Kompensierender und Äquivalenter Variation machen deutlich, daß die beiden Wohlfahrtsmaße von *unterschiedlichen rechtlichen Positionen* ausgehen. Ermittelt man die kollektive Kompensierende Variation, dann geht man davon aus, daß die Individuen für eine durch die Handlung herbeigeführte Nutzenverschlechterung kompensiert werden müssen bzw. für eine Nutzenverbesserung zahlen müssen. Man nimmt also an, daß die Individuen ein *Recht auf den Status quo* (den Stand vor Durchführung der Handlung) und kein Recht auf den Status nach Durchführung der Handlung haben. Ermittelt man die kollektive Äquivalente Variation, dann geht man davon aus, daß die Individuen ein *Recht auf den Status nach Durchführung der Handlung* und kein Recht auf den Status quo haben: Man ermittelt nämlich die Kompensationsforderungen bei einer Nicht-Durchführung der Handlung bzw. die Zahlungsbereitschaften für die Beibehaltung des Status quo.

Will man ein *Effizienzurteil* über eine Handlung abgeben, muß man die mit dieser Handlung verbundene kollektive Kompensierende Variation und die mit dieser Handlung verbundene kollektive Äquivalente Variation kennen. Bei Effizienzanalysen werden demnach *beide rechtlichen Positionen berücksichtigt*. Effizienzüberlegungen begünstigen also nicht, wie man manchmal lesen kann, den Status quo.

Anhang 5 A:
Größenvergleich von individueller Kompensierender Variation und individueller Äquivalenter Variation einer Preisänderung bei einem nicht-rationierten Marktgut

In *Übersicht 5A-1* haben wir die Konsequenzen einer Preisänderung bei dem normalen Gut 1 ($\partial x_{1k} / \partial E_k > 0$) im Güterraum (oberer Teil der Übersicht) und auf dem Markt des Gutes 1 (unterer Teil der Übersicht) dargestellt. Das Einkommen und der Preis des Gutes 2 bleiben unverändert ($E_k^1 = E_k^2, p_1^2 = p_2^2$). Der Einfachheit halber haben wir den Preis des Gutes 2 auf $p_2 = 1$ festgesetzt. Weiterhin gehen wir von einem linearen Verlauf der normalen und kompensierten Nachfragefunktion aus.

Wir nehmen zunächst an, der Preis p_1 sinkt von p_1^1 auf p_1^2.

Der obere Teil der *Übersicht* zeigt:

Bei der Budgetgeraden der Ausgangslage (BG^1) ist das optimale Güterbündel des Haushalts durch den Punkt A gekennzeichnet. Nach der Preissenkung gilt die Budgetgleichung (BG^2). Das neue optimale Konsumgüterbündel ist durch den Punkt B dargestellt. Durch die Preissenkung erhöht sich die Nachfrage nach Gut 1 von x_{1k}^1 auf x_{1k}^2 und das Nutzenniveau steigt von U_k^1 auf U_k^2. Im unteren Teil des Schaubilds haben wir die Preis-Mengen-Kombinationen der Ausgangslage (A′) und der Endsituation (B′) bei dem Gut 1 eingetragen. Die Gerade durch die Punkte A′ und B′ stellt die normale Nachfragefunktion $x_{1k}(p_1,...,E_k^1)$ dar.

Betrachten wir noch einmal den oberen Teil der *Übersicht 5 A-1*. Hier können wir auf der x_k^2-Achse auch die Einkommensgrößen abtragen, weil wir ja $p_2 = 1$ festgelegt haben. Deshalb können wir im oberen Teil der *Übersicht 5 A-1* erkennen:

Gibt man den Konsumenten in der Ausgangslage einen Betrag in Höhe von $e_k^1 - E_k^1$, dann kann dieser die höhere Indifferenzkurve U_k^2 auch ohne Preissenkung erreichen. Der Konsument wird dann den Optimalpunkt C realisieren, d.h. er wird bei den alten Preisen ($p_1^1 = p_2^1$) und dem neuen Einkommen (e_k^1) die Menge x_{1k}'' verbrauchen. Das Einkommen e_k^1 ist also das Einkommen, das der Konsument benötigt, um bei den alten Preisen das neue Nutzenniveau zu realisieren, $e_k^1 = e_k(p_1^1,...,U_k^2)$. Die Differenz $e_k^1 - E_k^1$ im oberen Teil der *Übersicht 5 A-1* entspricht damit der individuellen Äquivalenten Variation der Preissenkung.

(5A-1) $\quad EV_k\left(p_1^1 \rightarrow p_1^2\right) = e_k\left(p_1^1,...,U_k^2\right) - E_k^1 = e_k^1 - E_k^1$

Übersicht 5A-1: *Individuelle Kompensierende Variation und Individuelle Äquivalente Variation einer Preisänderung bei einem normalen nicht-rationierten Marktgut*

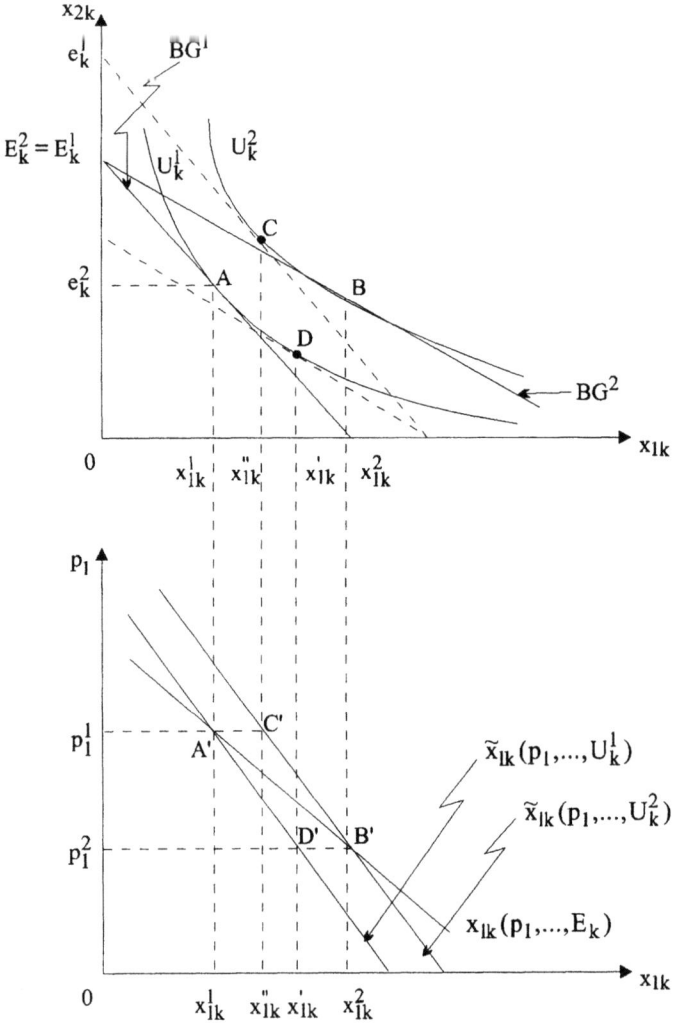

Um die individuelle Äquivalente Variation auch im unteren Teil der *Übersicht* zu bestimmen, tragen wir zunächst die zu Optimalpunkt C gehörende Preis-Mengen-Kombination des Gutes 1 (p_1^1, x_{1k}'') ab (C'). C' und B' repräsentieren also Preis-Mengen-Kombinationen, die zu dem gleichen Nutzenniveau (U_k^2) führen. Verbinden wir nun C' und B', dann erhalten wir die

Kompensierte Nachfragefunktion $\tilde{x}_{1k}(p_1,\cdot,U_k^2)$, mit deren Hilfe wir die individuelle Äquivalente Variation ermitteln können:

(5A-2) $\quad EV_k\left(p_1^1 \to p_1^2\right) = -\int_{p_1^1}^{p_1^2}\tilde{x}_{1k}\left(p_1,...,U_k^2\right) = p_1^1 C'B'p_1^2$

Auch die individuelle Kompensierende Variation der Preissenkung können wir sowohl im oberen als auch im unteren Teil der Übersicht kennzeichnen. Im oberen Teil der Übersicht 5A-1 erkennen wir, daß wir dem Konsumenten in der Endsituation 2 einen Einkommensbetrag in Höhe von $E_k^2 - e_k^2$ entziehen müssen, damit er bei dem neuen Preisverhältnis (p_1^2/p_2^2) - also nach der Preissenkung - weiterhin auf dem Nutzenniveau der Ausgangssituation (U_k^1) bleibt. Der Konsument wird nach diesem Einkommensentzug den Optimalpunkt D realisieren, d.h. er wird von Gut 1 die Menge x'_{1k} verbrauchen. Das Einkommen e_k^2 ist also das Einkommen, mit dem der Konsument bei den Preisen der Endsituation das Nutzenniveau der Ausgangslage realisiert.

(5A-3) $\quad e_k^2 = e_k\left(p_1^2,...,U_k^1\right)$

Die Differenz $E_k^2 - e_k^2$ im oberen Teil der *Übersicht 5A-1* entspricht damit der individuellen Kompensierenden Variation der Preissenkung.

(5A-4) $\quad CV_k\left(p_1^1 \to p_1^2\right) = E_k^2 - e_k\left(p_1^2,...,U_k^1\right) = E_k^2 - e_k^2$

Übertragen wir den Optimalpunkt D in den unteren Teil des Schaubilds (D'), dann haben wir dort die Preis-Mengen-Kombination gekennzeichnet, die zu dem gleichen Nutzenniveau (U_k^1) führt wie die zum Punkt A' gehörende Preis-Mengen-Kombination. Verbinden wir nun A' und D', dann erhalten wir die individuelle Kompensierte Nachfragefunktion $\tilde{x}_{1k}(p_1,...,U_k^1)$, mit deren Hilfe wir ebenfalls die Kompensierende Variation ermitteln können.

(5A-5) $\quad CV_k\left(p_1^1 \to p_1^2\right) = -\int_{p_1^1}^{p_1^2}\tilde{x}_k\left(p_1,...,U_k^1\right) = p_1^1 A'D'p_1^2$

Der untere Teil der *Übersicht 5A-1* und die Gleichungen (5A-2) und (5A-5) zeigen:
Bei einer Preissenkung eines normalen Gutes gilt

(5A-6) $\quad EV_k > CV_k$

Betrachten wir nun die mit einer Preiserhöhung des Gutes 1 verbundenen individuellen Variationen. Der Einfachheit halber nehmen wir an, die Preiserhöhung entspreche der rückgängig gemachten, eben diskutierten Preissenkung, d.h. wir nehmen an, daß sich der Preis von p_1^2 auf p_1^1 erhöht.

Für die individuelle Äquivalente Variation und die individuelle Kompensierende Variation der Preiserhöhung von p_1^2 auf p_1^1 erhalten wir (vgl Gleichung (5-17))

(5A-7) $\quad EV_k\left(p_1^2 \to p_1^1\right) = -CV_k\left(p_1^1 \to p_1^2\right) = -p_1^1 A'D'p_1^2$

und

(5A-8) $\quad CV_k\left(p_1^2 \to p_1^1\right) = -EV_k\left(p_1^1 \to p_1^2\right) = -p_1^1 C'B'p_1^2$

Die Gleichungen (5A-7) und (5A-8) und der untere Teil der *Übersicht 5A-1* lassen erkennen:

Bei einer Preiserhöhung eines normalen Gutes gilt

(5A-9) $\quad |CV_k| > |EV_k| \text{ bzw. } CV_k < EV_k$

Ändert sich der Preis eines normalen Gutes, dann ist also für jeden Konsumenten die mit dieser Preisänderung verbundene Kompensierende Variation stets kleiner als die Äquivalente Variation.

In *Übersicht 5A-2* haben wir die Konsequenzen einer Preisänderung bei Gut 1 dargestellt, wenn dieses Gut inferior ist, d.h. wenn einer Einkommensänderung eine entgegengerichtete Mengenänderung folgt ($\partial x_{1k} / \partial E_k < 0$).

Alle relevanten Größen sind genauso gekennzeichnet wie in *Übersicht 5A-1*, d.h. bis auf die Größenvergleiche, die wir in den Ungleichungen (5A-6) und (5A-9) vorgenommen haben, behalten alle unsere Überlegungen in diesem Abschnitt ihre Gültigkeit. Was die Größenvergleiche angeht, so sind jetzt, wie *Übersicht 5A-2* zeigt, die folgenden Aussagen gültig:

Bei einer Preissenkung eines inferioren Gutes gilt

(5A-10) $\quad CV_k > EV_k$

Bei einer Preiserhöhung eines inferioren Gutes gilt

(5A-11) $\quad |CV_k| < |EV_k| \text{ bzw. } CV_k > EV_k$

Übersicht 5A-2: *Individuelle Kompensierende Variation und Individuelle Äquivalente Variation einer Preisänderung bei einem inferioren nicht-rationierten Marktgut*

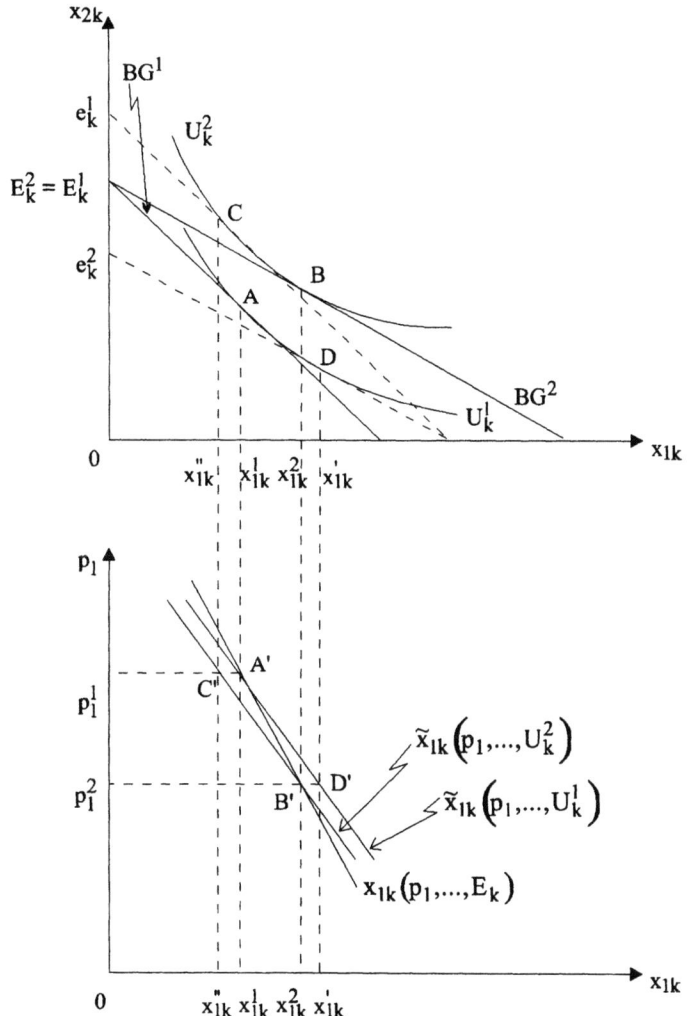

Ändert sich der Preis eines inferioren Gutes, dann ist also für jeden Konsumenten die mit dieser Preisänderung verbundene Kompensierende Variation stets größer als die Äquivalente Variation.

Hängt die Nachfrage nach Gut 1 nicht vom Einkommen ab, dann fallen die kompensierten Nachfragefunktionen

$$\tilde{x}_{1k}\left(p_1,\ldots,U_k^1\right) \text{ und } \tilde{x}_{2k}\left(p_1,\ldots,U_k^2\right)$$

zusammen.

In diesem Fall stimmen also sowohl bei der Preiserhöhung als auch bei der Preissenkung die individuelle Kompensierende Variation und die individuelle Äquivalente Variation überein.

Anhang 5 B:
Der Zusammenhang von individueller Konsumentenrentenänderung, individueller Kompensierender Variation und individueller Äquivalenter Variation bei Preisänderungen nicht-rationierter Marktgüter

In diesem Anhang erläutern wir, was sich im allgemeinen Fall über den Zusammenhang von individueller Konsumentenrentenänderung und individueller Kompensierender Variation bzw. individueller Äquivalenter Variation sagen läßt. Allgemeiner Fall heißt, wir lassen jetzt zu, daß sich mehrere Preise nicht-rationierter Marktgüter ändern, die Einkommenselastizitäten variabel und die Nachfragefunktionen nicht-linear sind. Um die Ausführungen übersichtlicher zu gestalten, verzichten wir auf eine Indizierung mit dem Subskript "k" und nehmen an, daß der Konsument nur Interesse an den beiden nicht-rationierten Marktgütern 1 und 2 hat. Den Ausgangspunkt unserer Überlegungen bilden die individuellen normalen Nachfragefunktionen.

(5B-1) $\quad x_i = x_i(p_1, p_2, E) \qquad i = 1, 2$

Ohne Einschränkung der Allgemeingültigkeit unserer Überlegungen nehmen wir an, daß die Preisänderung bei Gut 2 nach der Preisänderung bei Gut 1 erfolgt.

Wir definieren

(5B-2) $\quad E = e^t$

(mit e = Eulersche Zahl) und logarithmieren zunächst die normale Nachfragefunktion nach Gut 1, wobei wir diese logarithmierte normale Nachfragefunktion mit f(t) bezeichnen.

(5B-3) $\quad f(t) = \ln x_1\left(p_1, p_2^1, e^t\right)$

Die Ableitung von f(t) nach t ergibt die Einkommenselastiztiät der Nachfrage nach Gut 1(η_1).

(5B-4) $\quad df/dt = (df/dx_1)(\partial x_1/\partial E)(dE/dt)$

$\qquad\qquad = (1/x_1)(\partial x_1/\partial E)(e^t)$

$$= \eta_1$$

Bezeichnen wir den größten (kleinsten) Wert, den die Einkommenselastizität der Nachfrage nach Gut 1 im Preisintervall $\left(p_1^1, p_2^1 \to p_1^2, p_2^2\right)$ annimmt, mit $\eta_1^g(\eta_1^k)$, dann gilt

(5B-5) $\quad \eta_1^k \leq df/dt \leq \eta_1^g$

Nach dem Mittelwerttheorem[1] gibt es ein t^0, für das gilt

(5B-6) $\quad df\left(t^0\right)/dt = \left[f\left(t^b\right) - f\left(t^a\right)\right]/\left(t^b - t^a\right)$ mit $t^i = \ln E^i$, $\quad i = a, b$

und $t^a < t^0 < t^b$

Wegen Ungleichung (5B-5) können wir schreiben

(5B-7) $\quad \eta_1^k \leq \left[f\left(t^b\right) - f\left(t^a\right)\right]/\left(t^b - t^a\right) \leq \eta_1^g$

bzw.

(5B-8) $\quad \left(t^b - t^a\right)\eta_1^k \leq f\left(t^b\right) - f\left(t^a\right) \leq \left(t^b - t^a\right)\eta_1^g$

Wir ersetzen in der Ungleichung (5B-8) t^a durch $\ln E^a$ sowie t^b durch $\ln E^b$ und formen diese Ungleichung dann - unter Beachtung der Definitionsgleichung (5B-3) - zu

(5B-9) $\quad \left(\ln E^b - \ln E^a\right)\eta_1^k \leq \ln x_1\left(p_1, p_2^1, E^b\right) - \ln x_1\left(p_1, p_2^1, E^a\right)$

$$\leq \left(\ln E^b - \ln E^a\right)\eta_1^g$$

um. In entlogarithmierter Form lautet Ungleichung (5B-9)

(5B-10) $\quad \left(E^b/E^a\right)^{\eta_1^k} \leq x_1\left(p_1, p_2^1, E^b\right)/x_1\left(p_1, p_2^1, E^a\right) \leq \left(E^b/E^a\right)^{\eta_1^g}$

---

[1] Für eine Erläuterung des Mittelwerttheorems siehe SILBERBERG 1991, S. 53 f.

Anhang 5 B: Konsumentenrentenmaß: Eindeutigkeit

Wir setzen nun $E^a = E^1$ und $E^b = e(p_1, p_2^1, U^1)$ und unterstellen damit, daß sich der Preis des Gutes 1 erhöht hat.

$$(5B-11) \quad \left[e(p_1, p_2^1, U^1)/E^1\right]^{\eta_1^k} \leq \left[(\partial e / \partial p_1)/\partial p_1\right]/x_1(p_1, p_2^1, E^1)$$

$$\leq \left[e(p_1, p_2^1, U^1)/E^1\right]^{\eta_1^g}$$

Ungleichung (5B-11) läßt sich umformen und in die Ungleichungen

$$(5B-12) \quad \left(E^1\right)^{-\eta_1^k} x_1(p_1, p_2^1, E^1) \leq (\partial e / \partial p_1)\left[e(p_1, p_2^1, U^1)\right]^{-\eta_1^k}$$

$$= \left\{\partial\left[e(p_1, p_2^1, U^1)^{1-\eta_1^k}\right]/\partial p_1\right\}/\left(1-\eta_1^k\right)$$

und

$$(5B-13) \quad \left\{\partial\left[e(p_1, p_2^1, U^1)^{1-\eta_1^g}\right]/\partial p_1\right\}/\left(1-\eta_1^g\right)$$

$$= (\partial e / \partial p_1)\left[e(p_1, p_2^1, U^1)\right]^{-\eta_1^g} \leq \left(E^1\right)^{-\eta_1^g} x_1(p_1, p_2^1, E^1)$$

aufteilen.

Integrieren wir die Ungleichungen (5B-12) und (5B-13) über das durch p_1^1 und p_1^2 begrenzte Preisintervall, dann erhalten wir - unter Beachtung von Gleichung (5-47) und des Hauptsatzes der Integralrechnung -

$$(5B-14) \quad \left(E^1\right)^{-\eta_1^k}(-KR_1) \leq \left\{\left[e(p_1^2, p_2^1, U^1)\right]^{1-\eta_1^k} - \left(E^1\right)^{1-\eta_1^k}\right\}/\left(1-\eta_1^k\right)$$

und

$$(5B-15) \quad \left\{\left[e(p_1^2, p_2^1, U^1)\right]^{1-\eta_1^g} - \left(E^1\right)^{1-\eta_1^g}\right\}/\left(1-\eta_1^g\right) \leq \left(E^1\right)^{-\eta_1^g}(-KR_1)$$

mit

(5B-16) $\quad KR_1 = KR\left(p_1^1, p_2^1 \to p_1^2, p_2^1\right)$

Wenn wir die individuelle normale Nachfragefunktion nach Gut 2 logarithmieren und dann dieselben Rechenschritte durchführen, die wir eben vollzogen haben, erhalten wir die Ungleichungen

(5B-17)
$$\left(E^1\right)^{-\eta_2^k}(-KR_2) \leq \left\{\left[e\left(p_1^2, p_2^2, U^1\right)\right]^{1-\eta_2^k} - \left[e\left(p_1^2, p_2^1, U^1\right)\right]^{1-\eta_2^k}\right\}/\left(1-\eta_2^k\right)$$

und

(5B-18)
$$\left\{\left[e\left(p_1^2, p_2^2, U^1\right)\right]^{1-\eta_2^g} - \left[e\left(p_1^2, p_2^1, U^1\right)\right]^{1-\eta_2^g}\right\}/\left(1-\eta_2^g\right) \leq \left(E^1\right)^{1-\eta_2^g}(-KR_2)$$

mit

(5B-19) $\quad KR_2 = KR\left(p_1^2, p_2^1 \to p_1^2, p_2^2\right)$

Wir definieren nun

(5B-20) $\quad \eta^k = \min\left\{\eta_1^k, \eta_2^k\right\}$

und

(5B-21) $\quad \eta^g = \max\left\{\eta_1^g, \eta_2^g\right\}$

und ersetzen in den Ungleichungen (5B-14) bzw. (5B-17) $\eta_i^k, i = 1, 2$ durch η^k und in den Ungleichungen (5B-15) bzw. (5B-18) $\eta_i^g, i = 1, 2$ durch η^g.

Addiert man nun die Ungleichungen (5B-14) und (5B-17), dann erhält man

(5B-22) $\quad \left(E^1\right)^{-\eta^k}(-KR) \leq \left\{\left[e\left(p_1^2, p_2^2, U^1\right)\right]^{1-\eta^k} - \left(E^1\right)^{1-\eta^k}\right\}/\left(1-\eta^k\right)$

Anhang 5 B: Konsumentenrentenmaß: Eindeutigkeit

mit

(5B-23) $\quad KR = KR_1 + KR_2$

Die Addition der Ungleichungen (5B-15) und (5B-18) ergibt

(5B-24) $\quad \left\{\left[e\left(p_1^2, p_2^2, U^1\right)\right]^{1-\eta^g} - \left(E^1\right)^{1-\eta^g}\right\} / \left(1-\eta^g\right) \leq \left(E^1\right)^{-\eta^g}(-KR)$

Betrachten wir zunächst Ungleichung (5B-22). Teilen wir diese Ungleichungen durch $(E^1)^{1-\eta^k}$, dann erhalten wir

(5B-25) $\quad -KR/E^1 \leq \left\{\left[e\left(p_1^2, p_2^2, U^1\right)/E^1\right]^{1-\eta^k} - 1\right\} / \left(1-\eta^k\right)$

Aus der Multiplikation von Ungleichung (5B-25) mit $(1-\eta^k)$ folgt - unter der Annahme, daß η^k kleiner als eins ist -

(5B-26) $\quad 1-\left(1-\eta^k\right)KR/E^1 \leq \left[e\left(p_1^2, p_2^2, U^1\right)/E^1\right]^{1-\eta^k}$

bzw.

(5B-27) $\quad \left[1-\left(1-\eta^k\right)KR/E^1\right]^{1/\left(1-\eta^k\right)} \leq e\left(p_1^2, p_2^2, U^1\right)/E^1$

In analoger Weise läßt sich Ungleichung (5B-24) zu

(5B-28) $\quad e\left(p_1^2, p_2^2, U^1\right)/E^1 \leq \left[1-\left(1-\eta^g\right)KR/E^1\right]^{1/\left(1-\eta^g\right)}$

umformen. Für $e\left(p_1^2, p_2^2, U^1\right)$ können wir $E^1 - CV\left(p_1^1, p_2^1 \to p_1^2, p_2^2\right)$ schreiben (vgl. Gleichung (4-22)) und erhalten dann

(5B-29) $\quad \left[1-\left(1-\eta^g\right)KR/E^1\right]^{1/\left(1-\eta^g\right)} - 1 \geq -CV/E^1$

$$\leq \left[1-\left(1-\eta^k\right)KR_1/E^1\right]^{1/\left(1-\eta^k\right)} - 1$$

bzw.

(5B-30) $\quad b^g \geq (KR - CV)/E^1 \geq b^k$

mit

(5B-31) $\quad CV = CV\left(p_1^1, p_2^1 \rightarrow p_1^2, p_2^2\right)$

und

(5B-32) $\quad b^i = \left[1-\left(1-\eta^i\right)KR/E^1\right]^{1/\left(1-\eta_1^i\right)} - 1 + KR/E^1 \qquad i = g, k$

Eine der Ungleichungen (5B-30) entsprechende Formel, die den Zusammenhang von individueller Konsumentenrentenänderung und individueller Äquivalenter Variation beschreibt, läßt sich leicht herleiten. Man muß sich nur daran erinnern, daß die individuelle Kompensierende Variation der Preisänderung $p_1^1, p_2^1 \rightarrow p_1^2, p_2^2$ dem Negativen der individuellen Äquivalenten Variation (EV) der Preisänderung $p_1^2, p_2^2 \rightarrow p_1^1, p_2^1$ entspricht. Da die individuelle Konsumentenrentenänderung für die Preisvariation $p_1^2, p_2^1 \rightarrow p_1^1, p_2^1$ ($p_1^2, p_2^2 \rightarrow p_1^2, p_2^1$) natürlich mit dem Negativen der individuellen Konsumentenrentenänderung für die Preisvariation $p_1^1, p_2^1 \rightarrow p_1^2, p_2^1$ ($p_1^2, p_2^1 \rightarrow p_1^2, p_2^1$) übereinstimmt, muß man in Ungleichung (5B-29) nur -CV durch EV und KR durch -KR ersetzen und erhält dann die gesuchte Formel.

(5B-33) $\quad d^g \geq (EV - KR)/E^1 \geq d^k$

mit

(5B-34) $\quad d^i = \left[1+\left(1-\eta^i\right)KR/E^1\right]^{1/\left(1-\eta_1^i\right)} - 1 - KR/E^1 \qquad i = g, k$

Betrachten wir nun die Grenzen b^g und b^k, die angeben, wie groß bei gegebenem Pauscheinkommen der Unterschied von individueller Konsumentenrentenänderung und individueller Kompensierender Variation höchstens sein kann bzw. mindestens sein muß. Den ersten Summanden auf der rechten Seite von Gleichung (5B-32) approximieren wir durch eine TAYLOR-Reihe zweiter Ordnung

$$(5\text{B-}35) \quad \left[1 - \left(1 - \eta^i\right) KR / E^1\right]^{1/\left(1 - \eta^i\right)}$$

$$= 1 - \left(1 - \eta^i\right) KR / \left[E^1 \left(1 - \eta^i\right)\right] + \eta^i \left[\left(1 - \eta^i\right)^2 (KR)^2\right] / \left[2\left(E^1\right)^2 \left(1 - \eta^i\right)^2\right]$$

$$= 1 - KR / E^1 + \eta^i (KR)^2 / \left[2\left(E^1\right)^2\right] \qquad i = g, k$$

Damit erhalten wir

$$(5\text{B-}36) \quad b^i = \eta^i (KR)^2 / \left[2\left(E^1\right)^2\right] \qquad i = g, k$$

Eine analoge Vorgehensweise ergibt

$$(5\text{B-}37) \quad d^i = \eta^i (KR)^2 / \left[2\left(E^1\right)^2\right] = b^i \qquad i = g, k$$

Kombinieren wir die Gleichung (5B-36) mit der Ungleichung (5B-30) und die Gleichung (5B-37) mit der Ungleichung (5B-33), dann erhalten wir

$$(5\text{B-}38) \quad \eta^g (KR)^2 / \left(2 E^1\right) \geq KR - CV \geq \eta^k (KR)^2 / \left(2 E^1\right)$$

und

$$(5\text{B-}39) \quad \eta^g (KR)^2 / \left(2 E^1\right) \geq EV - KR \geq \eta^k (KR)^2 / \left(2 E^1\right)$$

Diese, den Zusammenhang von individueller Konsumentenrentenänderung und individueller Kompensierender Variation bzw. individueller Äquivalenter Variation beschreibende Ungleichungen wurden zuerst von dem amerikanischen Ökonomen WILLIG (1976) entwickelt.

Anhang 5 C:
Eindeutigkeitsbedingungen für das Konsumentenrentenmaß

In diesem Anhang stellen wir die verschiedenen Versionen der Eindeutigkeitsbedingungen für das Konsumentenrentenmaß vor. In der wohlfahrtsökonomischen Literatur werden diese Bedingungen unter der Annahme abgeleitet, daß die Individuen nur an nicht-rationierten Marktgütern Interesse haben. Diese Annahme legen wir auch den Ausführungen in diesem Anhang zugrunde und unterstellen individuelle Nutzenfunktionen der Art $U = U(x_1, x_2, \ldots, x_n)$ bzw. $V = V(p_1, p_2, \ldots, p_n, E)$.

(Aus Gründen der Übersichtlichkeit verzichten wir in diesem Anhang auf das Subskript $_k$).

Aus dieser Annahme folgt, daß es nur zwei Fälle gibt, bei denen es zu mehrdeutigen Ergebnissen kommen kann: Preisänderungen bei mehreren (mindestens zwei) Gütern und simultane Pauscheinkommens- und Preisänderungen.

C1 Multiple Preisänderungen

In Abschnitt 5.3 haben wir gezeigt: Ändern sich mehrere Preise, dann liefert das Konsumentenrentenmaß nur dann ein eindeutiges Ergebnis, wenn gilt:

(1a) Die Einkommenselastizitäten aller Güter, deren Preise sich ändern, stimmen überein.

Im folgenden zeigen wir, daß man diese Eindeutigkeitsbedingung auch wie folgt formulieren kann:

(1b) Die Nutzenfunktion ist in allen Gütern, deren Preise sich ändern, homothetisch.

Homothetische Nutzenfunktionen haben die Eigenschaft, daß ihre Indifferenzkurven von einem beliebigen Fahrstrahl durch den Ursprung in Punkten geschnitten werden, die die gleiche Grenzrate der Substitution aufweisen.

Bei homothetischen Nutzenfunktionen ist also das nachgefragte Gütermengenverhältnis unabhängig vom Einkommen

$$(5C\text{-}1) \quad \frac{\partial(x_i/x_j)}{\partial E} = 0 \qquad i,j = 1,\ldots,n \quad i \neq j$$

Wegen

(5C-2) $\quad \dfrac{\partial(x_i / x_j)}{\partial E} = (x_j \dfrac{\partial x_i}{\partial E} - x_i \dfrac{\partial x_j}{\partial E}) (x_j)^{-2}$

$\qquad i,j = 1,\ldots,n \quad i \neq j$

folgt aus Gleichung (5C-1)

(5C-3) $\quad \dfrac{\partial x_i}{\partial E} \cdot \dfrac{E}{x_i} = \dfrac{\partial x_j}{\partial E} \cdot \dfrac{E}{x_j} \qquad i,j = 1,\ldots,n \quad i \neq j$

Gleichung (5C-3) entspricht Bedingung (1a).
Eine weitere Variante von Bedingung (1a) lautet:
(1c) Der Grenznutzen des Einkommens ist unabhängig von allen Güterpreisen, die sich ändern.

In Kapitel 2 haben wir ROYs Identität hergeleitet, nach der die Ableitung der indirekten Nutzenfunktion nach einem Preis gleich dem negativen Produkt aus der normalen Nachfragefunktion nach dem jeweiligen Gut und dem Grenznutzen des Einkommens ist.

(5C-4) $\quad \partial V / \partial p_i = \lambda(-x_i) = -(\partial V / \partial E) x_i \qquad i = 1,\ldots,n$

In Kapitel 2 haben wir auch schon auf YOUNGs Theorem hingewiesen, nach dem es keinen Unterschied macht, ob man eine Funktion zuerst nach ihrem ersten Argument und dann nach ihrem zweiten Argument ableitet oder umgekehrt (vorausgesetzt, die entsprechenden Ableitungen existieren und sind stetig).
Bezogen auf die indirekte Nutzenfunktion bedeutet dies

(5C-5) $\quad \partial^2 V / (\partial p_j \partial p_i) = \partial^2 V / (\partial p_i \partial p_j) \qquad i,j = 1,\ldots,n \quad i \neq j$

Wegen der Gleichungen (5C-4) und (5C-5) gilt

(5C-6) $\quad \partial(\lambda x_j) / \partial p_i = \partial(\lambda x_i) / \partial p_j \qquad i,j = 1,\ldots,n \quad i \neq j$

bzw.

(5C-7) $\lambda (\partial x_j / \partial p_i) + x_j (\partial \lambda / \partial p_i) = \lambda (\partial x_i / \partial p_j) + x_i (\partial \lambda / \partial p_j)$

$\qquad i,j = 1,\ldots,n \quad i \neq j$

Wenn Bedingung (1c) erfüllt ist, d.h. wenn $\partial \lambda / \partial p_i = 0, i = 1,...,n$ gilt, dann folgt aus Gleichung (5C-7)

(5C-8) $\partial x_j / \partial p_i = \partial x_i / \partial p_j$ $i, j = 1,...,n \quad i \neq j$

für alle Güter, deren Preise sich geändert haben.

Wegen der SLUTSKY-Gleichung ist dann, wenn die Gleichung (5C-8) erfüllt ist, auch die Gleichung (5C-3) bzw. Bedingung (1a) erfüllt.

Es gibt noch drei weitere Varianten der Eindeutigkeitsbedingung für den Fall der multiplen Preisänderung. Doch ehe wir uns diesen Alternativen zuwenden, ist es zweckmäßig, den Fall simultaner Pauscheinkommens- und Preisänderungen zu betrachten.

C2   Pauscheinkommens- und Preisänderungen

In Abschnitt 5.3 haben wir gezeigt: Ändern sich Pauscheinkommen und ein oder mehrere Preise, so liefert das Konsumentenrentenmaß dann ein eindeutiges Ergebnis, wenn gilt:

(2a)   Die Einkommenselastizitäten der Güter, deren Preise sich ändern, sind gleich Null.

Diese Eindeutigkeitsbedingung kann man auch so formulieren:

(2b)   Die Nutzenfunktion ist additiv-separabel in den Gütern, deren Preise sich nicht ändern.

Nehmen wir einmal an, durch die Handlung ändert sich nur der Preis des Gutes n nicht.

Eine in dem Gut n additiv-separable Nutzenfunktion hat die allgemeine Form:

(5C-9) $U(x_1,...,x_n) = a + b\, x_n + f(x_1,...,x_{n-1})$

Es gilt also:

(5C-10) $\partial U / \partial x_n = b = \text{konst.}$

Diese Nutzenfunktion erzeugt Nachfragefunktionen der Art

(5C-11) $x_i = g_i(p_1,...,p_{n-1})$ $i = 1,...,n-1$

und

(5C-12) $x_n = E - \sum_{i \neq n} p_i x_i$

mit den Ableitungseigenschaften

(5C-13) $\partial x_i / \partial E = 0$ $i = 1,...,n-1$

und

(5C-14) $\partial x_n / \partial E = 1$

Gleichung (5C-13) entspricht Bedingung (2a).
Eine weitere Variante von Bedingung (2a) lautet:
(2c) Der Grenznutzen des Einkommens ist von allen Preisen, die sich ändern, und vom Pauscheinkommen unabhängig.
Wir nehmen weiterhin an, die Handlung habe keinen Einfluß auf den Preis des Gutes n.
Wegen YOUNGs Theorem können wir schreiben:

(5C-15) $\partial^2 V / (\partial p_i \, \partial E) = \partial^2 V / (\partial E \, \partial p_i)$ $i = 1,...,n-1$

Aus Gleichung (5C-15) und ROY's Identität (5C-4) folgt

(5C-16) $\lambda (\partial x_i / \partial E) + x_i (\partial \lambda / \partial E) = \partial \lambda / \partial p_i$ $i = 1,...,n-1$

Ist die Bedingung (2c) erfüllt, vereinfacht sich Gleichung (5C-16) zu

(5C-17) $\partial x_i / \partial E = 0$ $i = 1,...,n-1$

Gleichung (5C-17) entspricht Bedingung (2a).
Es gibt noch drei weitere Varianten der Eindeutigkeitsbedingung für den Fall simultaner Pauscheinkommens- und Preisänderungen, die wir im folgenden Abschnitt zusammen mit den schon erwähnten drei weiteren Versionen der Eindeutigkeitsbedingung für den Fall einer multiplen Preisänderung betrachten.

C3 Multiple Preisänderung, simultane Pauscheinkommens- und Preisänderungen

Wir haben im zweiten Kapitel gezeigt, daß die normale Nachfragefunktion homogen vom Grade Null in den Preisen und im Pauscheinkommen ist. Bei einer proportionalen Änderung sämtlicher Preise und des Pauscheinkommens bleibt das von den Konsumenten ausgewählte Güterbündel unverändert.

Dies bedeutet wiederum, daß bei einer solchen Änderung auch das Nutzenniveau konstant bleibt, denn das Nutzenniveau wird ja durch das konsumierte Güterbündel bestimmt. Anders formuliert: Die indirekte Nutzenfunktion ist ebenfalls homogen vom Grade Null in den Preisen und dem Pauscheinkommen.

Wegen dieser Homogenitätseigenschaft gilt:

(5C-18) $\quad U^2 = V(p_1^2, p_2^2, \ldots, p_n^2, E^2)$

$\quad\quad\quad\quad = V(ap_1^2, ap_2^2, \ldots, ap_n^2, aE^2)$

Die Nutzenänderung, die durch die Handlung $(p_1^1, \ldots, E^1 \rightarrow p_1^2, \ldots, E^2)$ hervorgerufen wird, ist also genau so groß wie diejenige, die durch die Handlung $(p_1^1, \ldots, E^1 \rightarrow ap_1^2, \ldots, aE^2)$ verursacht wird.

Durch geschickte Wahl des Proportionalitätsfaktors a können wir nun bei der Bewertung einer Handlung entweder das Pauscheinkommen oder den Preis eines Gutes konstant setzen.

Im ersten Fall wählen wir $a = E^1 / E^2$ und erhalten

(5C-19) $\quad U^2 = V(p_1^2, p_2^2, \ldots, p_n^2, E^2)$

$\quad\quad\quad\quad = V(p_1^3, p_2^3, \ldots, p_n^3, E^1)$

$\quad\quad$ mit $p_i^3 = p_i^2 E^1 / E^2 \quad\quad i = 1, \ldots, n$

Im zweiten Fall wählen wir z.B. $a = p^1 / p^2$ und erhalten

(5C-20) $\quad U^2 = V(p_1^2, p_2^2, \ldots, p_n^2, E^2)$

$\quad\quad\quad\quad = V(p_1^1, p_2^4, \ldots, p_n^4, E^4)$

$\quad\quad$ mit $p_i^4 = p_i^2 p_1^1 / p_1^2$ und $E^4 = E^2 p_1^1 / p_1^2 \quad\quad i = 2, \ldots, n$

Die Homogenitätseigenschaft der indirekten Nutzenfunktion erlaubt uns also sowohl die Transformation von

(I) Handlungen, die zu Preisänderungen bei m ($\leq$ n) Gütern führen, in Handlungen, die zu einer Pauscheinkommensänderung und zu Preisänderungen bei n-1 Gütern führen

als auch die Transformation von

(II) Handlungen, die zu einer Pauscheinkommensänderung und zu Preisänderungen bei m ($\leq$ n) Gütern führen, in Handlungen, die zu Preisänderungen bei allen n Gütern führen.

Aufgrund der Transformationsmöglichkeit (I) lassen sich aus den Bedingungen (2a) - (2c) drei weitere Versionen der Eindeutigkeitsbedingung für den Fall multipler Preisänderungen ableiten.

(1d) Die Einkommenselastizität der Nachfrage ist nur bei einem Gut ungleich Null.

(1e) Die Nutzenfunktion ist in einem Gut additiv-separabel.

(1f) Der Grenznutzen des Einkommens ist von (n-1) Preisen und vom Pauscheinkommen unabhängig.

Wegen der Transformationsmöglichkeit (II) lassen sich aus den Bedingungen (1a) - (1c) drei weitere Versionen der Eindeutigkeitsbedingung für den Fall simultaner Pauscheinkommens- und Preisänderungen gewinnen:

(2d) Die Einkommenselastizitäten aller Güter stimmen überein.

(2e) Die Nutzenfunktion ist in allen Gütern homothetisch.

(2f) Der Grenznutzen des Einkommens ist von allen Preisen unabhängig.

Wir wollen unsere Ausführungen in diesem Anhangsteil mit dem Hinweis darauf abschließen, daß der Grenznutzen des Einkommens nicht von allen Preisen und vom Pauscheinkommen unabhängig sein kann. Der Grenznutzen des Einkommens entspricht der Ableitung der indirekten Nutzenfunktion nach dem Einkommen (vgl. Gleichung 2-12). Die indirekte Nutzenfunktion ist homogen vom Grade Null in den Preisen und den Pauscheinkommen (vgl. Gleichung 5C-18). Nach dem EULER-Theorem ist damit der Grenznutzen des Einkommens homogen vom Grade (-1) in diesen Größen

(5C-21) $\quad p_1 \, \partial\lambda / \partial p_1 + \ldots + p_n \, \partial\lambda / \partial p_n + E \, \partial\lambda / \partial E = -\lambda$

Wenn der Grenznutzen des Einkommens von allen Preisen und vom Einkommen unabhängig wäre, dann würde jeder der Summanden auf der linken Seite von Gleichung (5C-21) den Wert Null annehmen. Damit wäre die Gleichung (5C-21) verletzt, denn auf der rechten Seite dieser Gleichung steht ein negativer Wert. Der Grenznutzen des Einkommens muß also wenigstens von einem Preis bzw. vom Pauscheinkommen abhängen.

6 Intertemporale Wohlfahrtsmaße

Bislang haben wir nur die Wohlfahrtsmaße diskutiert, die die volkswirtschaftlichen Nutzen und Kosten einer Handlung in einer Periode erfassen sollen. In diesem Kapitel beschäftigen wir uns mit Wohlfahrtsmaßen, die zur Bewertung von Handlungen herangezogen werden können, deren Folgen in *mehreren Perioden* wirksam werden. Dabei gehen wir nur auf solche intertemporalen Wohlfahrtsmaße ein, die Erweiterungen derjenigen Konzepte sind, die bei der Ein-Perioden-Betrachtung die Gruppe der besten Wohlfahrtsmaße gebildet haben - die Kompensierende Variation und die intertemporale individuelle Äquivalente Variation. Zunächst (Abschnitt 6.1) stellen wir die intertemporale individuelle Kompensierende und Äquivalente Variation vor; danach (Abschnitt 6.2) betrachten wir die intertemporale kollektive Kompensierende und die intertemporale kollektive Äquivalente Variation. Aus Vereinfachungsgründen und ohne damit die Allgemeingültigkeit unserer Ausführungen einzuschränken, beschränken wir unsere Analyse auf den Zwei-Perioden-Fall.

Um die intertemporalen Funktionen zu kennzeichnen, benutzen wir die Symbole, die wir auch bei der Ein-Perioden-Betrachtung verwendet haben. $U_k(\cdot)$ steht also für die intertemporale Nutzenfunktion des Konsumenten k, zu deren Argumenten die Konsumgütermengen beider Perioden gehören etc. Zur Kennzeichnung der Variablen der ersten Periode bzw. der Funktionen, die nur von Variablen der ersten Periode abhängen, behalten wir die bisher verwendeten Symbole bei, versehen sie jedoch mit einem " $\overline{}$ ": die Menge des Gutes 2, die Individuum k in der Periode 1 konsumiert, symbolisieren wir also durch $\overline{x}_{2k}$, den Preis dieses Gutes durch $\overline{p}_2$, die Nutzenfunktion, zu deren Argumenten nur die Konsumgütermengen der ersten Periode zählen, durch $\overline{U}_k(\cdot)$ etc. Die Variablen der zweiten Periode und die Funktionen, die nur von Variablen der zweiten Periode abhängen, kennzeichnen wir - unter Beibehaltung der bisher verwendeten Symbole - durch " $\underline{}$ ": die Menge des Gutes 2, die Individuum k in der Periode 2 konsumiert, symbolisieren wir also durch $\underline{x}_{2k}$, das Angebot des öffentlichen Gutes 5 in der Periode 2 durch $\underline{z}_5$, die Nutzenfunktion, zu deren Argumenten nur die Konsumgütermengen der zweiten Periode gehören, durch $\underline{U}_k(\cdot)$ etc.

6.1
Intertemporale individuelle Kompensierende und intertemporale individuelle Äquivalente Variation

(1) Wie im Ein-Perioden-Fall wollen wir beide individuellen Variationen mit Hilfe der Konzepte "indirekte Nutzenfunktion" und "Ausgabenfunktion" definieren. Wir müssen deshalb zunächst einmal diese Funktionen für den Zwei-Perioden-Fall bestimmen. Den Ausgangspunkt unserer Überlegungen bildet die *intertemporale direkte Nutzenfunktion* des Konsumenten k.

(6-1) $\quad U_k = U_k\left(\underline{x}_{1k},\ldots,\underline{z}_6,\underline{x}_{1k},\ldots,\underline{z}_6\right)$

Nach der Nutzenfunktion (6-1) hängt das Nutzenniveau des Konsumenten k vom Konsum der Güter in beiden Perioden ab. In Kapitel 2 haben wir einige Annahmen über die Präferenzen der Konsumenten getroffen. Von diesen Annahmen gehen wir auch weiterhin aus. Eine dieser Annahmen besagt, daß die Individuen ihren Nutzen maximieren.

(2) Um die *intertemporale Budgetbeschränkung* zu bestimmen, die der Konsument k bei der Nutzenmaximierung beachten muß, betrachten wir seine Budgetbeschränkungen der beiden Perioden.

(6-2) $\quad \underline{E}_k = \underline{p}_1 \underline{x}_{1k} + \ldots + \underline{R}_4 \underline{v}_4 + \underline{Sp}$

und

(6-3) $\quad \underline{E}_k + \underline{Sp}(1+i) = \underline{p}_1 \underline{x}_{1k} + \ldots + \underline{R}_4 \underline{v}_4$

Die Budgetbeschränkung der ersten Periode (Gleichung (6-2)) unterscheidet sich von der Budgetbeschränkung im Ein-Perioden-Fall darin, daß die Ausgaben für die Konsumgüterkäufe nicht mehr dem Pauscheinkommen dieser Periode entsprechen müssen. Der Konsument kann einen Teil seines Pauscheinkommens der ersten Periode für Konsumgüterkäufe in der zweiten Periode verwenden (in diesem Fall ist Sp in Gleichung (6-2) positiv). Er hat aber auch die Möglichkeit, in der ersten Periode einen Kredit aufzunehmen (in diesem Fall ist $Sp < 0$), um in dieser Periode Konsumgüterausgaben zu tätigen, die über dem Pauscheinkommen dieser Periode liegen. In der Budgetbeschränkung der zweiten Periode (Gleichung (6-3)) haben wir berücksichtigt, daß der Konsument k für seine Ersparnisbildung in der ersten Periode Zinsen in Höhe von iSp bekommt bzw. für seinen in der ersten Periode aufgenommen Kredit Zinsen in dieser Höhe zahlen muß. (Der Einfachheit halber machen wir keinen Unterschied zwischen Soll- und Habenzins und gehen davon aus, daß der Zinssatz in allen Perioden gleich hoch ist.) Setzt man für Sp in Gleichung (6-2) die nach $\underline{S}p$ aufgelöste Budgetbeschränkung der zweiten Periode ein, dann erhält man die intertemporale Budgetbeschränkung des Konsumenten k.

(6-4) $\quad \underline{E}_k + \underline{\underline{E}}_k / (1+i) = \underline{p}_1 \underline{x}_{1k} + \ldots + \underline{R}_4 \underline{v}_4 + \left(\underline{\underline{p}}_1 \underline{\underline{x}}_{1k} + \ldots + \underline{\underline{R}}_4 \underline{\underline{v}}_4 \right) / (1+i)$

(3) In der intertemporalen Budgetbeschränkung werden also die Preise und das Pauscheinkommen der Periode 1 mit einem Gewicht von 1 und die Preise und das Pauscheinkommen der Periode 2 mit einem Gewicht von $(1+i)^{-1}$ berücksichtigt. Man kann sich leicht überlegen, daß - wenn wir noch weitere Perioden berücksichtigen würden - die Preise und das Pauscheinkommen der dritten Periode mit einem Gewicht von $(1+i)^{-2}$ in die intertemporale Budgetbeschränkung eingehen, die Preise und das Pauscheinkommen einer vierten Periode mit einem Gewicht von $(1+i)^{-3}$ etc.

Verallgemeinern wir diese Erkenntnisse, dann erhalten wir folgendes Ergebnis: In der intertemporalen Budgetbeschränkung werden Preise und Pauscheinkommen der Periode t mit dem Faktor $(1+i)^{-(t-1)}$ gewichtet. Den Faktor $(1+i)^{-(t-1)}$ bezeichnet man als *Diskontierungs- (Abzinsungs-)faktor*. Multipliziert man die aktuellen (laufenden) monetären Werte einer Periode mit dem Diskontierungsfaktor, dann spricht man davon, daß man die *laufenden Werte* durch Diskontierung in *Gegenwartswerte* transformiert. (Kostet das Gut 1 in der Periode 2 beispielsweise 11 DM und beträgt der Zinssatz 10%, dann liegt der laufende Preis des Gutes 1 in der Periode 2 bei 11 DM und der Gegenwartswert dieses Preises bei 11 DM / 1,1 = 10 DM).

Die laufenden Werte der Periode 1 stimmen natürlich mit ihren Gegenwartswerten überein. Zur Kennzeichnung der diskontierten Werte, die nicht mit ihren laufenden Werten übereinstimmen, wählen wir eine andere Schriftart: Den diskontierten Preis des Marktgutes 1 der zweiten Periode symbolisieren wir durch $\underline{\underline{p}}_1$, das diskontierte Einkommen dieser Periode durch $\underline{\underline{E}}_k$ etc. Die intertemporale Budgetbeschränkung (6-4) läßt sich damit zu

(6-5) $\quad \underline{E}_k + \underline{\underline{E}}_k = \underline{p}_1 \underline{x}_{1k} + \ldots + \underline{R}_4 \underline{v}_4 + \underline{\underline{p}}_1 \underline{\underline{x}}_{1k} + \ldots + \underline{\underline{R}}_4 \underline{\underline{v}}_4$

vereinfachen. Wenn wir die Mengen der Konsumgüter 1 und 2, die der die Nebenbedingung (6-5) beachtende nutzenmaximierende Konsument nachfragt, in die direkte Nutzenfunktion (6-1) einsetzen, dann erhalten wir die *intertemporale indirekte Nutzenfunktion*

(6-6) $\quad U_k = V_k \left(\underline{p}_1, \ldots, \underline{z}_6, \underline{E}_k, \underline{\underline{p}}_1, \ldots, \underline{\underline{z}}_6, \underline{\underline{E}}_k \right)$

Die intertemporale indirekte Nutzenfunktion kennzeichnet das maximal erreichbare Nutzenniveau in Abhängigkeit der exogenen Mengen der beiden Perioden, der Gegenwartswerte der Periodenpreise und der Gegenwartswerte der Periodenpauscheinkommen.

(4) Verfügt der nutzenmaximierende Konsument k über die Periodenpauscheinkommen $\underline{E}_k$ und $\underline{\underline{E}}_k$, dann erreicht er - bei den Periodenpreisen $\underline{p}_1,...,\underline{p}_4$ und $\underline{\underline{p}}_1,...,\underline{\underline{p}}_4$, den exogenen Mengen $\underline{v}_4,...,\underline{z}_6$ und $\underline{\underline{v}}_4,...,\underline{\underline{z}}_6$ und dem Zinssatz i - das Nutzenniveau U_k von Gleichung (6-6). Man kann also die Summe der diskontierten Periodenpauscheinkommen - analog zum Ein-Perioden-Fall - als Funktionswert einer Ausgabenfunktion interpretieren, die angibt, welches Pauscheinkommen Konsument k insgesamt benötigt, um bei den exogenen Mengen und den Gegenwartswerten der Preise der beiden Perioden ein bestimmtes Nutzenniveau zu erreichen.

(6-7) $\quad E_k = e_k\left(\underline{p}_1,...,\underline{z}_6, \underline{\underline{p}}_1,...,\underline{\underline{z}}_6, U_k\right)$

Gleichung (6-7) beschreibt die *intertemporale Ausgabenfunktion* des Konsumenten k, in der wir den Gegenwartswert des Pauscheinkommens (= die Summe der diskontierten Periodenpauscheinkommen) durch E_k ausgedrückt haben.

(6-8) $\quad E_k = \underline{E}_k + \underline{\underline{E}}_k$

(5) Nachdem wir erläutert haben, was unter der intertemporalen indirekten Nutzenfunktion und der intertemporalen Ausgabenfunktion zu verstehen ist, definieren wir nun mit Hilfe dieser Funktionen die Konzepte der intertemporalen individuellen Kompensierenden und der intertemporalen individuellen Äquivalenten Variation.

Die beiden (alternativen) Definitionsgleichungen für die *intertemporale individuelle Kompensierende Variation* ($CV_k (1 \to 2)$) lauten

(6-9) $\quad CV_k(1 \to 2) = E_k^2 - e_k\left(\underline{a}^2, \underline{\underline{a}}^2, U_k^1\right)$

und

(6-10) $\quad V_k\left(\underline{a}^2, \underline{\underline{a}}^2, E_k^2 - CV_k(1 \to 2)\right) = V_k\left(\underline{a}^1, \underline{\underline{a}}^1, E_k^1\right) = V_k^1$

Die *intertemporale individuelle Äquivalente Variation* (EV_k) ist durch Gleichung

(6-11) $\quad EV_k(1 \to 2) = e_k\left(\underline{a}^1, \underline{\underline{a}}^1, U_k^2\right) - E_k^1$

oder durch Gleichung

(6-12) $\quad V_k\left(\underline{a}^1, \underline{\underline{a}}^1, E_k^1 + EV_k(1 \to 2)\right) = V_k\left(\underline{a}^2, \underline{\underline{a}}^2, E_k^2\right) = V_k^2$

definiert.

Die Definitionsgleichungen für die intertemporalen individuellen Variationen unterscheiden sich in ihren Strukturen nicht von denjenigen des Ein-Perioden-Falles (vgl. die Gleichungen (4-1), (4-2), (5-1) und (5-2)).

Wir müssen jetzt nur die Preise, Pauscheinkommen und exogenen Mengen von zwei Perioden berücksichtigen. Die exogenen Mengen und die Preise der ersten Periode werden durch die Größe $\underline{a}$ symbolisiert, die exogenen Mengen und die Gegenwartspreise der zweiten Periode durch die Größe $\underline{\underline{a}}$.

(6-13) $\quad \underline{a} = \left\{\underline{p}_1, \ldots, \underline{z}_6\right\}$

(6-14) $\quad \underline{\underline{a}} = \left\{\underline{\underline{p}}_1, \ldots, \underline{\underline{z}}_6\right\}$

E_k steht - wie schon erwähnt - für den Gegenwartswert des Pauscheinkommens (vgl. Gleichung (6-8)).

Um die individuelle Kompensierende Variation und die individuelle Äquivalente Variation einer intertemporalen Handlung, d. h. einer Handlung, deren Folgen sich über mehrere Perioden erstrecken, zu bestimmen, müssen wir also die Handlungsfolgen, die in Preis- und Pauscheinkommensänderungen bestehen, in ihre Gegenwartswerte transformieren. Die individuelle Kompensierende Variation einer intertemporalen Handlung entspricht dann dem Gegenwartswert des Pauscheinkommens, das man dem Individuum bei den exogenen Mengen und den Gegenwartswerten der Periodenpreise und der Periodenpauscheinkommen nach Durchführung der Handlung wegnehmen (geben) muß, damit es ceteris paribus dasselbe Nutzenniveau erreicht wie vor der Handlung. Unter der individuellen Äquivalenten Variation einer intertemporalen Handlung ist der Geldbetrag zu verstehen, den man dem Individuum in der Ausganssituation geben (wegnehmen) muß, damit es ceteris paribus das Nutzenniveau realisiert, das es bei den exogenen Mengen und den Gegenwartswerten der Periodenpreise und der Periodenpauscheinkommen der Endsituation erreicht.

(6) Die Konzepte der individuellen Kompensierenden Variation und der individuellen Äquivalenten Variation im Mehr-Perioden-Fall sind *einfache*

Erweiterungen der entsprechenden Konzepte im Ein-Perioden-Fall. Alle unsere Ausführungen in Kapitel 4 und in den Abschnitten 5.1 und 5.4 gelten deshalb - entsprechend modifiziert - auch im Mehr-Perioden-Fall. (Die Modifikationen bestehen allein darin, daß wir die Begriffe "Preise" und "Pauscheinkommen" durch die Begriffe "Gegenwartswerte der Preise" und "Gegenwartswerte der Pauscheinkommen" ersetzen müssen).

Betrachten wir z.B. die Ermittlung der intertemporalen individuellen Kompensierenden Variation einer Handlung, die in der ersten Periode zu einer Preissenkung bei Gut 1 und in der zweiten Periode zu einer Preissenkung bei Gut 2 führt.

$$(6\text{-}15) \quad CV_k\left(\underline{p}_1^1 \to \underline{p}_2^1, \underline{p}_2^1 \to \underline{p}_2^2\right) = E_k^2 - e_k\left(\underline{p}_1^2, \underline{p}_2^2, \underline{p}_1^2, \underline{p}_2^2, \ldots, U_k^1\right)$$

Wegen $E_k^2 = E_k^1, \underline{p}_1^2 = \underline{p}_1^1$ und $\underline{p}_2^2 = \underline{p}_2^1$ können wir Gleichung (6-15) zu

$$(6\text{-}16) \quad CV_k\left(\underline{p}_1^1 \to \underline{p}_2^1, \underline{p}_2^1 \to \underline{p}_2^2\right)$$

$$= -\left[e\left(\underline{p}_1^2, \underline{p}_2^1, \underline{p}_1^1, \underline{p}_2^1, \ldots, U_k^1\right) - e\left(\underline{p}_1^1, \underline{p}_2^1, \underline{p}_1^1, \underline{p}_2^1, \ldots, U_k^1\right)\right]$$

$$- \left[e\left(\underline{p}_1^2, \underline{p}_2^1, \underline{p}_1^1, \underline{p}_2^2, \ldots, U_k^1\right) - e\left(\underline{p}_1^2, \underline{p}_2^1, \underline{p}_1^1, \underline{p}_2^1, \ldots, U_k^1\right)\right]$$

umformen.

Beide eckigen Klammern auf der rechten Seite von Gleichung (6-16) entsprechen Integralen über kompensierten Nachfragefunktionen (vgl. Abschnitt 4.2).

(7) Die kompensierte Nachfragefunktion $\tilde{x}_{1k}(\underline{p}_1, \underline{p}_2^1, \underline{p}_1^1, \underline{p}_2^1, \ldots, U_k^1)$ in *Übersicht 6-1a* gibt alle Preis-Mengen-Kombinationen des Gutes 1 in der Periode 1 an, die bei unverändertem Gegenwartspreis des Gutes 2 in der Periode 2 zu dem Nutzenniveau der Ausgangssituation führen. Wenn wir annehmen, daß in der ersten Periode der Preis des Gutes 1 von $\underline{p}_1^1$ auf $\underline{p}_1^2$ sinkt, dann entspricht die schraffierte Fläche in *Übersicht 6-1a* dem Wert der ersten eckigen Klammer in Gleichung (6-16).

$$(6\text{-}17) \quad = -\left[e\left(\underline{p}_{-1}^2, \underline{p}_{-2}^1, \underline{p}_{=1}^1, \underline{p}_{=2}^1, \ldots, U_k^1\right) - e\left(\underline{p}_{-1}^1, \underline{p}_{-2}^1, \underline{p}_{=1}^1, \underline{p}_{=2}^1, \ldots, U_k^1\right) \right]$$

$$= -\int_{\underline{p}_{-1}^1}^{\underline{p}_{-1}^2} \widetilde{x}_{1k}\left(\underline{p}_{-1}, \underline{p}_{-2}^1, \underline{p}_{=1}^1, \underline{p}_{=2}^1, \ldots, U_k^1\right) d\underline{p}_{-1}$$

$$= \text{Fläche ABCD}$$

Übersicht 6-1:   *Intertemporale individuelle Kompensierende Variation von Preisänderungen*

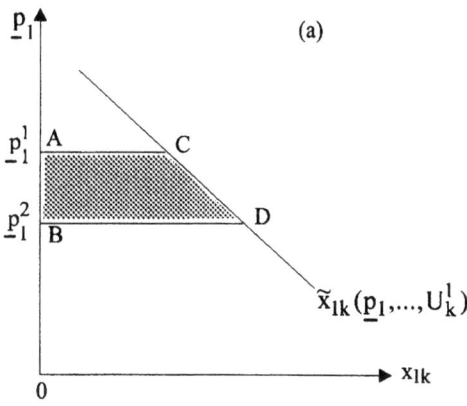

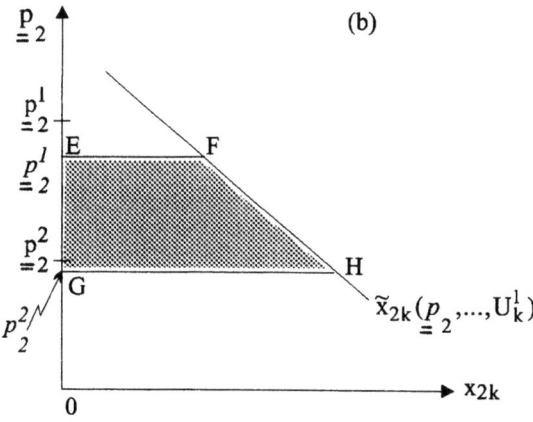

(8) Um die individuelle Kompensierende Variation der Preissenkung der zweiten Periode zu berechnen, benötigen wir die kompensierte Nachfragefunktion $\tilde{x}_{2k}(p_1^2, \underline{p}_2^1, p_{=1}^1, \underline{p}_{=2}, \ldots, U_k^1)$, die angibt, welche Mengen des Gutes 2 der Konsument k bei alternativen Gegenwartspreisen dieses Gutes in der Periode 2 konsumieren muß, wenn der Preis des Gutes 1 in der Periode 1 auf das Niveaus $\underline{p}_1^2$ gesunken ist, und wenn er das Nutzenniveau der Ausgangssituation erreichen will. Wenn der Preis des Gutes 2 in der zweiten Periode von $p_{=2}$ auf $\underline{p}_{=2}$ sinkt, dann entspricht die schraffierte Fläche in *Übersicht 6-1b* dem Wert der zweiten eckigen Klammer in Gleichung (6-16).

$$(6\text{-}18) \quad -\left[e\left(p_1^2, \underline{p}_2^1, p_{=1}^1, \underline{p}_{=2}, \ldots, U_k^1\right) - e\left(p_1^2, \underline{p}_2^1, p_{=1}^1, p_{=2}^2, \ldots, U_k^1\right)\right]$$

$$= -\int_{p_{=2}^1}^{\underline{p}_{=2}^2} \tilde{x}_{2k}\left(\underline{p}_1^2, \underline{p}_2^1, p_{=1}^1, \underline{p}_{=2}, \ldots, U_k^1\right) d\underline{p}_{=2}$$

$$= \text{Fläche EFGH}$$

Zählen wir die beiden schraffierten Flächen zusammen, dann erhalten wir die individuelle Kompensierende Variation der gesamten Handlung.

$$(6\text{-}19) \quad CV_k\left(p_1^1, \rightarrow \underline{p}_1^2, \underline{p}_2^1, \rightarrow \underline{p}_2^2\right)$$

$$= -\int_{\underline{p}_1^1}^{\underline{p}_1^2} \tilde{x}_{1k}\left(\underline{p}_1, \underline{p}_2^1, p_{=1}^1, p_{=2}^1, \ldots, U_k^1\right) d\underline{p}_1 - \int_{p_{=2}^1}^{\underline{p}_{=2}^2} \tilde{x}_{2k}\left(\underline{p}_1^2, \underline{p}_2^1, p_{=1}^1, \underline{p}_{=2}, \ldots, U_k^1\right) d\underline{p}_{=2}$$

$$= \text{Fläche ABCD} + \text{Fläche EFGH}$$

Die Analogie der Bestimmung der Kompensierenden Variation von Preisänderungen, die sich über mehrere Perioden erstrecken und von Mehrpreisänderungen innerhalb einer Periode (vgl. Abschnitt 4.3.1) ist offensichtlich.

6.2
Intertemporale kollektive Kompensierende und intertemporale kollektive Äquivalente Variation

(1) Addiert man die intertemporalen Kompensierenden Variationen bzw. intertemporalen kollektiven Äquivalenten Variationen aller von einer Handlung betroffenen Individuen, dann erhält man die zu dieser Handlung gehörende *intertemporale kollektive Kompensierende Variation* bzw. die *intertemporale kollektive Äquivalente Variation*.

(6-20) $\quad CV(1 \to 2) = \sum_k CV_k(1 \to 2)$

$$= \sum_k E_k^2 - \sum_k e_k\left(\underline{a}^2, \underline{\underline{a}}^2, U_k^1\right)$$

und

(6-21) $\quad EV(1 \to 2) = \sum_k EV_k(1 \to 2)$

$$= \sum_k e_k\left(\underline{a}^1, \underline{\underline{a}}^1, U_k^2\right) - \sum_k E_k^1$$

Auch hier gilt (wie bei den intertemporalen individuellen Variationen): Alle unsere Ausführungen zu den Wohlfahrtsmaßen der kollektiven Kompensierenden und der kollektiven Äquivalenten Variation in den vorangegangenen Kapiteln bleiben - entsprechend modifiziert - bei der Mehr-Perioden-Betrachtung gültig.

(2) In der Praxis werden die intertemporalen kollektiven Variationen als Summe von diskontierten periodenbezogenen kollektiven Variationen berechnet. Symbolisieren wir sowohl die "*Praxisvarianten*" der kollektiven Kompensierenden und der kollektiven Äquivalenten Variationen als auch die periodenbezogenen kollektiven Variationen durch Kleinbuchstaben, dann sind diese Varianten durch die Gleichungen

(6-22) $\quad cv(1 \to 2) = cv\left(\underline{p}_1^1, \ldots, \underline{z}_6^1, \underline{\underline{E}}^1 \to \underline{p}_1^2, \ldots, \underline{z}_6^2, \underline{\underline{E}}^2\right)$

$$+ cv\left(\underline{p}_1^1, \ldots, \underline{z}_6^1, \underline{\underline{E}}^1 \to \underline{p}_1^2, \ldots, \underline{z}_6^2, \underline{\underline{E}}^2\right) / (1+i)$$

bzw.

$$(6\text{-}23)\quad ev(1 \to 2) = ev\left(\underline{p}_1^1,\ldots,\underline{z}_6^1,\underline{E}^1 \to \underline{p}_1^2,\ldots,\underline{z}_6^2,\underline{E}^2\right)$$

$$+ ev\left(\underline{\underline{p}}_1^1,\ldots,\underline{\underline{z}}_6^1,\underline{\underline{E}}^1 \to \underline{\underline{p}}_1^2,\ldots,\underline{\underline{z}}_6^2,\underline{\underline{E}}^2\right)/(1+i)$$

definiert. Dabei wird angenommen, daß die periodenbezogenen kollektiven Variationen nur von dem nicht diskontierten Pauscheinkommen, den nicht diskontierten Preisen und den exogenen Mengen der jeweiligen Periode abhängen.

Die Bestimmungsgleichungen für die *periodenbezogenen kollektiven Variationen* lauten demnach

$$(6\text{-}24)\quad cv\left(\underline{p}_1^1,\ldots,\underline{z}_6^1 \to \underline{p}_1^2,\ldots,\underline{z}_6^2\right) = \Sigma_k\,\underline{E}_k^2 - \Sigma_k\,\underline{e}_k\left(\underline{a}^2,\underline{U}_k^1\right)$$

bzw.

$$(6\text{-}25)\quad ev\left(\underline{p}_1^1,\ldots\underline{z}_6^1 \to \underline{p}_1^2,\ldots\underline{z}_6^2\right) = \Sigma_k\,\underline{e}_k\left(\underline{a}^1,U_k^2\right) - \Sigma_k\,\underline{E}_k^1$$

für die Periode 1 und

$$(6\text{-}26)\quad cv\left(\underline{\underline{p}}_1^1,\ldots,\underline{\underline{z}}_6^1 \to \underline{\underline{p}}_1^2,\ldots,\underline{\underline{z}}_6^2\right) = \Sigma_k\,\underline{\underline{E}}_k^2 - \Sigma_k\,\underline{\underline{e}}_k\left(\underline{\underline{a}}^2,\underline{\underline{U}}_k^1\right)$$

bzw.

$$(6\text{-}27)\quad ev\left(\underline{\underline{p}}_1^1,\ldots,\underline{\underline{z}}_6^1 \to \underline{\underline{p}}_1^2,\ldots,\underline{\underline{z}}_6^2\right) = \Sigma_k\,\underline{\underline{e}}_k\left(\underline{\underline{a}}^1,\underline{\underline{U}}_k^2\right) - \Sigma_k\,\underline{\underline{E}}_k^1$$

für die zweite Periode.
In den Gleichungen (6-24) bis (6-27) gilt

$$(6\text{-}28)\quad \underline{U}_k^i = \underline{V}_k\left(\underline{a}^i,\underline{E}_k^i\right) \qquad i = 1,2$$

$$(6\text{-}29)\quad \underline{\underline{U}}_k^i = \underline{\underline{V}}_k\left(\underline{\underline{a}}^i,\underline{\underline{E}}_k^i\right)$$

(6-30) $\underline{a} = \{\underline{p}_1, \ldots, \underline{z}_6\}$

und

(6-31) $\underset{=}{a} = \{\underset{=}{p}_1, \ldots, \underset{=}{z}_6\}$

Um die intertemporale kollektive Kompensierende und die intertemporale kollektive Äquivalente Variation zu erhalten, berechnet man, wie schon gesagt, die Gegenwartswerte der periodenbezogenen Variationen (6-24) bis (6-27) und zählt dann diese Gegenwartswerte zusammen.

(3) Diese Vorgehensweise, so wird argumentiert, läßt sich durch *zwei Annahmen* rechtfertigen. Zm einen muß man annehmen, daß jeder Konsument k *periodische Nutzenfunktionen*

(6-32) $\underline{U}_k = \underline{U}_k(\underline{x}_{1k}, \ldots, \underline{z}_6)$

und

(6-33) $\underset{=}{U}_k = \underset{=}{U}_k(\underset{=}{x}_{1k}, \ldots, \underset{=}{z}_6)$

habe. Zum anderen muß man davon ausgehen, daß die intertemporale Nutzenfunktion jedes Konsumenten *additiv-separabel* in den Gegenwartswerten der Nutzenniveaus der periodischen Nutzenfunktionen ist.

Unter dem Gegenwartswert des Nutzenniveaus einer Periode ist der mit der *privaten Zeitpräferenzrate* r diskontierte laufende Wert des Nutzenniveaus dieser Periode zu verstehen. Nach der zweiten Annahme gilt also

(6-34) $U_k = \underline{U}_k + \underset{=}{U}_k / (1+r)$

Über die Höhe der persönlichen Zeitpräferenzrate gibt es unterschiedliche Vorstellungen, auf die wir in Kapitel 14.3 eingehen. Bei der folgenden Beurteilung des in der Praxis üblichen Verfahrens unterstellen wir aus Vereinfachungsgründen und ohne damit die Allgemeingültigkeit unserer Ausführungen einzuschränken eine persönliche Zeitpräferenzrate von Null. Gleichung (6-34) vereinfacht sich dann zu

(6-35) $U_k = \underline{U}_k + \underset{=}{U}_k$

Gelten die durch die Gleichungen (6-32), (6-33) und (6-35) festgelegten Annahmen, so wird behauptet, dann entspricht die in Gleichung (6-20) ((6-21))

definierte intertemporale kollektive Kompensierende (Äquivalente) Variation der in Gleichung (6-22) ((6-23)) definierten intertemporalen kollektiven Kompensierenden (Äquivalenten) Variation.

Im folgenden wollen wir prüfen, ob diese Behauptung richtig ist. Anhand des Ergebnisses der Prüfung können wir dann auch beurteilen, ob das in der Praxis übliche Verfahren der Ermittlung der intertemporalen kollektiven Variationen *korrekt* ist.

(4) Den Gleichungen (6-24) bis (6-27) kann man entnehmen, daß die intertemporale kollektive Kompensierende (Äquivalente) Variation (6-20) ((6-21)) dann mit der intertemporalen kollektiven Kompensierenden (Äquivalenten) Variation (6-22) ((6-23)) übereinstimmt, wenn für jedes Individuum k die intertemporale Kompensierende (Äquivalente) Variation (6-9) ((6-11)) der Summe

$$(6\text{-}36) \quad \left(\underline{\underline{E}}_k^2 - \underline{e}_k\left(\underline{\underline{a}}^2, \underline{U}_k^1\right)\right) + \left(\underline{\underline{E}}_k^2 - e_k\left(\underline{\underline{a}}^2, \underline{\underline{U}}_k^1\right)\right) / (1+i)$$

bzw.

$$(6\text{-}37) \quad \left(e_k\left(\underline{\underline{a}}^1, \underline{U}_k^2\right) - \underline{\underline{E}}_k^2\right) + \left(\underline{e}_k\left(\underline{\underline{a}}^1, \underline{\underline{U}}_k^2\right) - \underline{\underline{E}}_k^1\right) / (1+i)$$

entspricht.

Überprüfen wir zunächst, ob - unter den Annahmen (6-32), (6-33) und (6-35) - die intertemporale individuelle Kompensierende Variation (6-9) mit der durch Gleichung (6-36) definierten "Praxisvariante" übereinstimmt. Wir betrachten dazu noch einmal das Beispiel des vorigen Abschnitts, in dem wir davon ausgegangen sind, daß sich in der ersten Periode der Preis des Gutes 1 und in der zweiten Periode der Preis des Gutes 2 ändert. Berechnen wir die intertemporale individuelle Kompensierende Variation in ihrer Praxisvariante (cv_k), dann erhalten wir (nach Gleichung (6-36))

$$(6\text{-}37) \quad cv_k\left(\underline{p}_1^1 \to \underline{p}_1^2, \underline{\underline{p}}_2^1 \to \underline{\underline{p}}_2^2\right)$$

$$= \underline{\underline{E}}_k^2 - \underline{e}_k\left(\underline{p}_1^2, \underline{U}_k^1\right) + \left[\underline{\underline{E}}_k^2 - \underline{\underline{e}}_k\left(\underline{\underline{p}}_2^2, \underline{\underline{U}}_k^1\right)\right] / (1+i)$$

$$= \underline{\underline{E}}_k^2 - \underline{e}_k\left(\underline{p}_1^2, \underline{U}_k^1\right) + \underline{\underline{E}}_k^2 - \underline{e}_k\left(\underline{\underline{p}}_2^2, \underline{U}_k^1\right)$$

Der Übersichtlichkeit halber haben wir in Gleichung (6-37) nicht alle Argumente der Ausgabenfunktion angeführt. Die zweite Zeile von Gleichung (6-37) läßt sich deshalb zur dritten Zeile umformen, weil die *Ausgabenfunktion linear-homogen in den Preisen* ist. Die Ermittlung der intertemporalen individuellen Kompensierende Variation nach Gleichung (6-9) ergibt

$$(6\text{-}38) \quad CV_k\left(\underline{p}_1^1 \to \underline{p}_1^2, \underline{\underline{p}}_2^1 \to \underline{\underline{p}}_2^2\right) = E_k^2 - e_k\left(\underline{p}_1^2, \underline{\underline{p}}_2^2, U_k^1\right)$$

Wegen $E_k = \underline{E}_k + \underline{\underline{E}}_k$ gilt: Die intertemporale individuelle Kompensierende Variation (6-38) entspricht nur dann der "Praxisvariante" (6-37), wenn gilt:

$$(6\text{-}39) \quad e_k\left(\underline{p}_1^2, \underline{\underline{p}}_2^2, U_k^1\right) = \underline{e}_k\left(\underline{p}_1^2, \underline{U}_k^1\right) + \underline{\underline{e}}_k\left(\underline{\underline{p}}_2^2, \underline{\underline{U}}_k^1\right)$$

Der erste Summand auf der rechten Seite von Gleichung (6-39) gibt an, welches Einkommen Konsument k in der ersten Periode benötigt, um bei dem Preis $\underline{p}_1^2$ das Nutzenniveau $\underline{U}_k^1$ zu erreichen. Der zweite Summand bezeichnet den Betrag, über den Konsument k in der zweiten Periode verfügen muß, um bei dem diskontierten Preis $\underline{\underline{p}}_2^2$ das Nutzenniveau $\underline{\underline{U}}_k^1$ zu erreichen. Dabei wird angenommen, daß der Konsument in jeder Periode seinen Periodennutzen (6-32) bzw. (6-33) maximiert, d. h. daß er in jeder Periode sein Pauscheinkommen vollständig für die Konsumgüterkäufe ausgibt. Die Summe auf der rechten Seite von Gleichung (6-39) kann demnach auch wie folgt interpretiert werden: Über diesen Geldbetrag muß der Konsument k verfügen, der bei den Preisen $\underline{p}_1^2$ und $\underline{\underline{p}}_2^2$ das Nutzenniveau $U_k^1 = \underline{U}_k^1 + \underline{\underline{U}}_k^1$ realisieren will und dem für die Konsumgüterkäufe jeder Periode nur sein Periodeneinkommen zur Verfügung steht. Der Term auf der linken Seite von Gleichung (6-39) gibt dagegen an, welches Einkommen der Konsument k benötigt, um bei den Preisen $\underline{p}_1^2$ und $\underline{\underline{p}}_2^2$ das Nutzenniveau U_k^1 zu realisieren, wenn er über die intertemporale Aufteilung seiner Periodenpauscheinkommen *frei entscheiden* kann, (vgl. Gleichung (6-2) und (6-3)). Es ist unmittelbar einleuchtend, daß dieser Geldbetrag kleiner oder gleich der Summe auf der rechten Seite von Gleichung (6-39) ist. Er ist kleiner als diese Summe, wenn der Konsument k sich dafür entscheidet, in der ersten Periode zu sparen oder einen Kredit aufzunehmen, um dadurch ein höheres Nutzenniveau zu erreichen, als wenn er das gesamte Pauscheinkommen der ersten Periode (und nur dieses) für Konsumgüterkäufe in dieser Periode ausgibt. Die Gleichung (6-39) ist nur dann erfüllt, wenn der Konsument auf eine mögliche Ersparnisbildung oder Kreditaufnahme verzichtet.

(5) Vergleichen wir nun anhand unseres Beispiels die Bestimmungsgleichung der intertemporalen individuellen Äquivalenten Variation (6-11) mit der "Praxisvariante" (6-37). Nach Gleichung (6-37) erhalten wir in unserem Beispiel

$$(6\text{-}40) \quad ev_k\left(\underline{p}_1^1 \to \underline{p}_1^2, \underline{p}_2^1 \to \underline{p}_2^2\right) = e_k\left(\underline{p}_1^1, \underline{U}_k^2\right) - \underline{E}_k^1 + e_k\left(\underline{p}_2^1, \underline{U}_k^2\right) - \underline{E}_k^1$$

Die Ermittlung der intertemporalen individuellen Äquivalenten Variation nach Gleichung (6-11) ergibt

$$(6\text{-}41) \quad EV_k\left(\underline{p}_1^1 \to \underline{p}_1^2, \underline{p}_2^1 \to \underline{p}_2^2\right) = e_k\left(\underline{p}_1^1, \underline{p}_2^1, U_k^2\right) - E_k^1$$

Wie man erkennt, stimmen die intertemporale individuelle Äquivalente Variation (6-41) und die "Praxisvariante" (6-40) dann überein, wenn gilt:

$$(6\text{-}42) \quad e_k\left(\underline{p}_1^1, \underline{p}_2^1, U_k^2\right) = e_k\left(p_1^1, \underline{U}_k^2\right) + e_k\left(\underline{p}_2^1, \underline{U}_k^2\right)$$

Aufgrund unserer eben angestellten Überlegungen wissen wir jedoch, daß die linke Seite von Gleichung (6-42) kleiner oder gleich der rechten Seite ist.

(6) Damit können wir festhalten: Ermitteln wir für Preisänderungen bei nicht-rationierten Marktgütern die intertemporale individuelle Kompensierende (Äquivalente) Variation gemäß der Formel (6-36) ((6-37)), dann erhalten wir einen Wert, der kleiner (größer) oder gleich dem Wert ist, den wir erhalten, wenn wir die intertemporale individuelle Kompensierende (Äquivalente) Variation nach Gleichung (6-9) ((6-11)) berechnen. Man kann sich leicht klarmachen, daß man bei der Bewertung einer Handlung, die zu Preisänderungen bei den rationierten Gütern, zu Änderungen der Rationierungsschranken oder zu Änderungen des öffentlichen Güterangebotes führt, zu demselben Ergebnis kommt: In all diesen Fällen erhalten wir bei dem in der Praxis üblichen Verfahren intertemporale individuelle Kompensierende (Äquivalente) Variationen, die größer (kleiner) oder gleich der durch Gleichung (6-9) ((6-11)) definierten intertemporalen individuellen Kompensierenden (Äquivalenten) Variationen sind. Allein bei *kleinen Projekten*, also bei Handlungen, die nur zu Pauscheinkommensänderungen führen, stimmen die Berechnungen nach Gleichung (6-9) ((6-11)) und nach Formel (6-36) ((6-37)) überein.

$$(6\text{-}43) \quad CV_k\left(\underline{E}_k^1 \to \underline{E}_k^2, \underline{E}_k^1 \to \underline{E}_k^2\right) = \underline{E}_k^2 + \underline{E}_k^2 - \underline{E}_k^1 - \underline{E}_k^1$$

$$= cv_k\left(\underline{E}_k^1 \to \underline{E}_k^2, \underline{E}_k^1 \to \underline{E}_k^2\right)$$

$$= ev_k\left(\underline{E}_k^1 \to \underline{E}_k^2, \underline{E}_k^1 \to \underline{E}_k^2\right)$$

$$= EV_k\left(\underline{E}_k^1 \to \underline{E}_k^2, \underline{\underline{E}}_k^1 \to \underline{\underline{E}}_k^2\right)$$

(7) Die *intertemporale individuelle Kompensierende Variation* (6-9) und die *intertemporale individuelle Äquivalente Variation* (6-11) zeigen *zuverlässig* an, ob der Konsument k zu den Gewinnern oder Verlierern der intertemporalen Handlung zählt. Die *"Praxisvariante"* der intertemporalen individuellen Kompensierenden Variation (6-36) ist dagegen nur ein *zuverlässiger Indikator für Nutzengewinne* und die *"Praxisvariante"* der intertemporalen individuellen Äquivalenten Variation (6-37) gibt uns nur über *Nutzenverluste zuverlässige* Auskunft - wobei man in beiden Fällen voraussetzen muß, daß die Konsumenten intertemporale Nutzenfunktionen haben, die additiv-separabel in den Nutzenniveaus der periodischen Nutzenfunktionen sind. Erhalten wir für die "Praxisvariante" (6-36) einen negativen Wert, dann kann der Konsument k sowohl zu den Gewinnern als auch zu den Verlierern der Handlung zählen und die "Praxisvariante" der intertemporalen individuellen Äquivalenten Variation eines Verlierers kann auch positiv sein. Mit den in der Praxis üblichen Verfahren der Berechnung der intertemporalen kollektiven Kompensierenden und Äquivalenten Variationen (Gleichungen (6-22) und (6-23)) können wir uns also - abgesehen von kleinen Projekten - sowohl bei der Ermittlung der Wohlfahrtseffekte einer Handlung als auch bei der Ermittlung der Wohlfahrtseffekte der Rückgängigmachung der Handlung irren. Ziehen wir zur Bewertung einer Handlung die Wohlfahrtsmaße (6-20) und (6-21) heran, dann können wir uns nur in den Fällen des BOADWAY-Paradoxes irren. Also stellen die *in der Praxis üblichen Verfahren* (6-22) und (6-23) auch dann, wenn die intertemporalen Nutzenfunktionen additiv-separabel in den Nutzenniveaus der periodischen Nutzenfunktion sind, nur *Second-Best-Lösungen* dar.

Literaturverzeichnis zu Teil I

ABEL, B. (1978): Betriebswirtschaftslehre und praktische Vernunft - zwei Modelle, in: STEINMANN, H. (Hrsg.): Betriebswirtschaftslehre als normative Handlungswissenschaft, Wiesbaden
AHLHEIM, M., ROSE, M. (1992): Messung individueller Wohlfahrt, 2. Aufl., Berlin u.a.O.
AHLHEIM, M. (1993): Zur Theorie rationierter Haushalte, Heidelberg
ALBERT, H. (1980): Traktat der kritischen Vernunft, 4. Aufl., Tübingen
BOADWAY, R.W. (1974): The Welfare Foundations of Cost-Benefit-Analysis, in: The Economic Journal, Bd. 84, S. 926-939
BOADWAY, R.W., BRUCE, N. (1984): Welfare Economics, Oxford
BOHNEN, A. (1990): Zur Einführung, in: Ders. u. A. MUSGRAVE (Hrsg.): Wege der Vernunft, Tübingen
EBERT, U. (1987): Beiträge zur Wohlfahrtsökonomie, Berlin u.a.O.
GANS, O., MARGGRAF, R. (1990): Wirtschaftstheoretische Grundlagen der Kosten-Nutzen-Analyse, in: GANS, O. und EVERS I. (Hrsg.): Handbuch der volkswirtschaftlichen Beratung, Band II (AH 13), Wiesbaden
HARTMANN, M. (1991): Wohlfahrtsmessung auf interdependenten und verzerrten Märkten, Kiel
HICKS, J. (1939): The Foundations of Welfare Economics, in: The Economic Journal, Bd. 49, S. 696-712
HOTELLING, H. (1938): The General Welfare in Relation to Problems of Taxation and of Railway and Utility Rates, in: Econometrica, Bd. 6, S. 242-269
JOHANNSON, P.-O. (1987): The Economic Theory and Measurement of Environmental Benefits, Cambridge, u.a.O.
JUST, R.E., HUETH, D.L., SCHMITZ, A. (1982): Applied Welfare Economics and Public Policy, Englewood Cliffs
KALDOR, N. (1939): Welfare Propositions of Economics and Interpersonal Comparisons of Utility, in: The Economic Journal, Bd. 49, S. 549-552
KERN, M. (1979): Klassische Erkenntnislehren und moderne Wissenschaftslehre, in: RAFFEE, H. und ABEL, B. (Hrsg.) (1979): Wissenschaftstheoretische Grundfragen der Wirtschaftstheorie, München
KLÜMPER, S.-A. (1990): Zielgruppenorientierte Ernährungspolitik für Entwicklungsländer - Empirische Sektoranalyse auf der Basis ökonometrischer Nachfrage- und Angebotssysteme am Beispiel Indonesiens. Beiträge zur Südasienforschung, Bd. 133, Wiesbaden
KROMPHARDT, J. et al. (1979): Methoden der Wirtschafts- und Sozialwissenschaften, Wiesbaden
KUHLMANN, W. (1981): Ist eine philosophische Letztbegründung moralischer Normen möglich? in: Deutsches Institut für Fernstudien an der Universität Tübingen (Hrsg.): Funkkolleg Praktische Philosophie/ Ethik, Studienbegleitbrief 8, Weinheim/Basel

McKENZIE, G.W., PEARCE, I.F. (1982): Welfare Measurement: A Synthesis, in: American Economic Review, Bd. 72, S. 669-682

McKENZIE, G.W. (1983): Measuring Economic Welfare, Cambridge University Press, u.a.O.

MISHAN, E.J. (1981): Introduction to Normative Economics, New York, London

MOREY, E.R. (1984): Confuser Surplus, in: American Economic Review, Bd. 74, S. 163-173

NG, Y.-K. (1983): Welfare Economics, Rev. ed., Houndmills und London

RAWLS, J. (1951): Outline of a Decision Procedure for Ethics, in: The Philosophical Review, Bd. 60, S. 177-197

SAMUELSON, P.A. (1942): Constancy of the Marginal Utility of Income, in: LANGE, O. et al. (Hrsg.): Studies in Mathematical Economics and Econometrics, Chicago

SCITOVSKY, T. (1941): A Note on Welfare Propositions in Economics, in: Review of Economic Studies, Bd. 9, S. 77-88

SILBERBERG, E. (1991): The Structure of Economics, 2. ed., New York, London

STAHL, D.O. (1984): Monotonic Variations of Consumer Surplus and Comparative Performance Results, in: Southern Economic Journal, Bd. 51, S. 503-520

VOLLMER, G. (1982): Was können wir wissen? Eigenart und Reichweite menschlichen Erkennens, in: Ders.: Was können wir wissen? Bd. 1: Die Natur der Erkenntnis, Stuttgart

WILLIG, R.D. (1976): Consumer's Surplus without Apology, in: American Economic Review, Bd. 66, S. 589-597

Index zu Teil I

Allgemeine Variation 136ff.
Äquivalente Variation 125ff., 137, 142ff., 155ff.
- intertemporale 176ff.
Ausgabenfunktion 25ff., 92ff., 126, 128, 176, 178, 186
- intertemporale 178, 186

Bewertungen
- symmetrische 63ff.
- intransitive 68ff.
BOADWAY-Paradox 110ff.

EDGEWORTH-Tauschbox 48ff., 73ff.
Effizienzbedingungen 45, 81, 82, 117
Effizienzverbesserung 1, 45, 57, 62, 63, 71, 91, 114
Eindeutigkeitsbedingungen 147, 169

Freihandel 53ff.

Gegenwartswert 177ff.
Grenznutzen 18ff., 97ff., 128, 170ff.
Grenzrate der Substitution 18, 59, 66ff., 81ff., 169
Güterraum 45ff., 120, 155

Indifferenzkurve 14, 45ff., 115ff., 155
Intertemporale Ausgabenfunktion 178

KALDOR-HICKS-Kompensationstest 47ff.
Kleine Projekte 65
Kompensierende Variation 91ff.
- intertemporale 176ff.
Konsumentenrente 140ff.
Konsumentenrentenmaß 125, 140, 147ff., 169, 171
Kreuzpreiseffekte 35, 150
Kritisierbarkeitskriterium 6ff.

LAGRANGE-Funktion 21, 25
LAGRANGE-Multiplikator 21, 22, 23, 25
Laufender Wert 184
Letztbegründungskriterium 3ff.
Linearhomogenität 39ff.

Marktgüter 11ff., 65, 73, 92, 100ff., 161
- rationierte 11, 12, 23, 25, 109

- nicht-rationierte 11 ff.
Münchhausen-Trilemma 6

Nachfragefunktion
- additiv-separable 169ff.
- homothetische 66ff., 169ff.
- kompensierte 30ff., 103, 106, 133, 181
- normale 26, 113, 155ff.
Nicht-Marktgüter 12ff.
Nutzenfunktion 6ff., 73ff., 126, 147, 169ff.
- direkte 14ff., 176, 177
- indirekte 21ff., 170ff.
- intertemporale direkte 176
- intertemporale indirekte 177
Nutzenmöglichkeitsgrenze 45, 56ff.
Nutzenmöglichkeitskurve 45ff.
Nutzenraum 49ff.
Nutzenvergleichbarkeit 17

Öffentlich bereitgestellte Güter 12, 19

PAASCHE-Mengenindex 123
PARETO-Optimum 54ff.
PARETO-superior 46ff.
PARETO-Verbesserung 55ff.
- potentielle 45ff.
Pauscheinkommen 19ff., 65, 91ff., 166ff.
Präferenzen 11ff., 35, 63ff., 94ff., 176
- kardinal meßbare 15
- ordinal meßbare 16
Präferenzrelation 13, 63
Produktionseffizienz 53, 57, 84, 117
Produktionsstruktur
- optimale 82, 117

ROY-Identität 24

Schattenpreis 22, 30, 31, 133
SHEPHARDs Lemma 33
SCITOVSKY-Indifferenzkurve 51ff., 63ff., 74ff.
SCITOVSKY-Paradox 57ff.
SLUTSKY-Gleichung 34

Tauscheffizienz 57, 59, 66, 84, 85, 117
Transformationskurve 50ff., 86, 88, 118ff.

Umweltgüter 12, 19, 121

Wohlfahrtsmaß 91, 110ff.

YOUNGs Theorem 35, 170, 172

TEIL II Betriebswirtschaftliche Projektbewertung: Investitionsrechnung

In diesem und dem folgenden Teil des Buches (Teile II und III) beschäftigen wir uns mit der Bewertung von *kleinen* Projekten, d.h. mit der Bewertung von Maßnahmen, die zu keinen Preisänderungen führen. (Der Einfachheit halber verzichten wir in der Überschrift und im folgenden auf das Adjektiv "klein".) Die wohlfahrtsökonomische (= volkswirtschaftliche) Projektbewertung, die wir in Teil III behandeln wollen, kann als *Synthese* von Verfahren betriebswirtschaftlicher (= einzelwirtschaftlicher) Projektbewertung einerseits und spezifisch ausgestalteter kollektiver Wohlfahrtsmaße andererseits aufgefaßt werden. Die kollektiven Wohlfahrtsmaße wurden ausführlich behandelt; ihre Spezifizierung im Hinblick auf Projektbewertungen ist relativ einfach und bedarf keines eigenständigen Teiles. Gleiches gilt allerdings nicht für die Verfahren betriebswirtschaftlicher Investitionsrechnung.

In dem folgenden Teil II gehen wir daher teilweise ausführlich auf zentrale Fragestellungen betriebswirtschaftlicher Investitionsrechnung ein. Dabei stellt sich im Hinblick auf die Erfassung und Abgrenzung von Kosten und Erträgen (bzw. Einzahlungen und Auszahlungen) zunächst das grundsätzliche Problem einer sektorspezifischen Konkretisierung der Kosten- und Ertragsbestandteile von Projekten der Industrie, der Landwirtschaft, des Bildungswesens, der Verkehrswirtschaft u. dgl. Da eine nach Sektoren differenzierende Gesamtdarstellung schon aus Platzgründen auszuschließen ist, bieten sich zwei Auswege an. Eine erste Möglichkeit besteht darin, die Kosten- und Ertragskategorien weitestgehend zu *standardisieren*, während - alternativ - auch eine *exemplarische* (sektorspezifische) Vorgehensweise gewählt werden kann.

Wir haben uns hier (in Kapitel 7) für den zweiten Weg entschieden, weil uns eine stark verallgemeinernde Beschreibung zu abstrakt erschien. Die Wahl fiel auf den *Industrie*sektor, weil von den meisten Ökonomen Kenntnisse des *industriellen Rechnungswesens* erwartet werden können und somit ein relativ einfacher Einstieg möglich sein sollte. Außerdem erlaubt der Begriffsapparat der Industriebuchhaltung einen hohen Grad der *Präzisierung*. Dem Nachteil einer nur exemplarischen Darstellung wird durch gezielte Literaturhinweise begegnet.

In dem Abschnitt 7.3 lehnen wir uns in starkem Maße an das (*UNIDO-*) *"Manual for the Preparation of Industrial Feasibility Studies"* (New York 1978) an, das vom Leser bei Detailproblemen herangezogen werden kann. Zum Verständnis des genannten Abschnitts ist die Kenntnis des "Manuals" jedoch nicht erforderlich.

Im Interesse einer möglichst engen Verzahnung mit dem UNIDO-Manual wollen wir die dort empfohlene Standardgliederung für Feasibility-Studien unverändert übernehmen (UNIDO, 1978) und die für Investitionsrechnungen notwendigen Grundinformationen auf dem Hintergrund dieses Rasters diskutieren (vgl. Abschnitt 7.1.4):

I Executive summary

II Project background and history

III Market and plant capacity
    Demand and market study
    Sales and marketing
    Production programme
    Plant capacity

IV Material inputs
    Materials and inputs
    Supply programme

V Location and site
    Location
    Plant site and local conditions
    Environmental impact

VI Project engineering
    Layout and physical coverage of project
    Technology and equipment
    Civil engineering

VII Plant organization and overhead costs
    Plant organization
    Overhead costs

VIII Manpower
    Labour
    Staff

IX Project implementation

X Financial and economic evaluation
    Total investment outlay
    Project financing
    Production cost
    Commercial profitability
    National economic evaluation

Die wichtigsten *Aufgaben eines Ökonomen* sind sicherlich in den Bereichen III und X zu suchen. Hinsichtlich der absatzorientierten Studien sei hier auf die

Ausführungen des Manuals verwiesen (S. 38 ff. sowie S. 242 ff.). Auf Probleme der einzelwirtschaftlichen ("financial") und gesamtwirtschaftlichen ("economic") Bewertung wird hingegen in diesem und dem folgenden Teil des Buches ausführlich eingegangen; die Betrachtungen in Kapitel 9 ("Entscheidungsregeln") werden darüber hinaus noch im Anhang 9 A ("Dynamische Verfahren der Investitionsrechnung") vertieft. Es sei besonders darauf hingewiesen, daß in Abschnitt 7.4 gezeigt wird, inwieweit die Evaluierungsprobleme nur durch Rückgriff auf Informationen aus den Bereichen I bis IX einer Feasibility-Studie gelöst werden können. An dieser Stelle wird die Notwendigkeit einer engen Kooperation zwischen Ökonomen einerseits und den sonstigen Bearbeitern einer Feasibility-Studie andererseits (z.B. Ingenieuren, Agrarwissenschaftlern) deutlich.

Im Rahmen der (betriebswirtschaftlichen) Investitionsrechnung wird danach gefragt, ob sich aus der Sicht einer *Wirtschaftseinheit* die Durchführung eines Projekts lohnt; dies kann eine in sich abgeschlossene Fragestellung sein. Fragt man aber darüber hinaus auch nach der *gesamtwirtschaftlichen* Rentabilität eines Projekts, so ist eine (volkswirtschaftliche) Kosten-Nutzen-Rechnung (Teil III) durchzuführen; die einzelwirtschaftliche Investitionsrechnung kann insofern als eine *Vorstufe* zur gesamtwirtschaftlichen Projektbewertung interpretiert werden.

Es muß an dieser Stelle betont werden, daß sich aus dem positiven Ergebnis einer *betriebswirtschaftlichen* Investitionsrechnung *keine volkswirtschaftliche Rechtfertigung* für die Durchführung eines Projekts ableiten läßt. Entscheidungsgrundlage sollten primär die Kriterien der Kosten-Nutzen-Analyse sein. Die betriebswirtschaftliche Analyse ist aus volkswirtschaftlicher Sicht auf die Frage gerichtet, inwieweit möglicherweise geforderte *Nebenbedingungen* erfüllt sind: Trägt sich das Projekt selbst, d.h. ist externe Hilfe unnötig? Oder: Sind die privatwirtschaftlichen Anreize für einen dauerhaften Projekterfolg hinreichend? (Dies ist z.B. von Bedeutung bei Projekten, die die Förderung einer Vielzahl kleiner Produzenten, z.B. Kleinbauern, einschließen). Eine wichtige Rolle spielen betriebswirtschaftliche Analysen auch dann, wenn ausländische Investoren gewonnen werden sollen (z.B. für joint ventures); denn ohne die Aussicht auf betriebswirtschaftliche Rentabilität wird man ausländisches Kapital nicht attrahieren können.

Mit Hilfe betriebswirtschaftlicher Analysen läßt sich nicht nur der Frage nach *einzelwirtschaftlicher Tragfähigkeit* sowie hinreichender *privatwirtschaftlicher Anreize* nachgehen. Ein dritter Bereich betrifft die sog. *Tarifanalyse*, die eng mit dem Problem der Tragfähigkeit verbunden ist; wir verweisen hierzu auf Kapitel 10.

Die hier gewählte Reihenfolge "Investitionsrechnung" (Abschnitte 9.1-9.2), "Ergänzende Prüfkriterien" (Abschnitt 9.4), "Finanzierungsrechnung" (Kapitel 11) und "Kosten-Nutzen-Analyse" (Teil III) darf nicht darüber hinwegtäuschen, daß einfache Verfahren der Rentabilitätsprüfung, Liquiditätsrechnungen und auch volkswirtschaftliche Bewertungen bereits in einem *frühen Stadium* des Projektzyklus von Bedeutung sind. Vor allem ist von Anfang an im Rahmen von

Vorselektionen auf der Grundlage *volkswirtschaftlicher* Bewertungen zu entscheiden!

7 Erfassung von Kosten und Erträgen sowie von Auszahlungen und Einzahlungen

Voraussetzung für eine zuverlässige Schätzung der Rentabilität eines Projekts ist eine möglichst genaue *Erfassung* und *Prognose* von Kosten und Erträgen bzw. von Auszahlungen und Einzahlungen, die von einem Projekt in der Zukunft erwartet werden. Hiervon zu unterscheiden ist die Frage nach der richtigen *Bewertung* dieser Größen (Kapitel 8), obwohl sich beide Probleme häufig nur schwer voneinander trennen lassen.

7.1 Zeitliche Abgrenzung

7.1.1 Totalerfolg und Periodenerfolg

(1) Während der gesamten Lebenszeit einer Unternehmung (bzw. eines Projektes) werden von den Beschaffungsmärkten Produktionsfaktoren bezogen, für die die Summe der Beschaffungswerte gleich den *Auszahlungen* ist, welche die Unternehmung (das Projekt) an die Beschaffungsmärkte zu leisten hat. Diese Produktionsfaktoren werden - mit Ausnahme der im Liquidationszeitpunkt noch vorhandenen Restbestände - in Produkte umgewandelt, die auf den Absatzmärkten veräußert werden. Hierbei ist die Summe der Absatz- oder Umsatzwerte gleich den *Einzahlungen*, welche die Unternehmung (das Projekt) von den Absatzmärkten erhält. Zu diesen Einzahlungen für verkaufte Produkte kommen im Liquidationszeitpunkt noch die aus dem Verkauf der Restbestände resultierenden Einzahlungen hinzu. Die Differenz aus den gesamten Ein- und Auszahlungen wird in der Betriebswirtschaftslehre als *Totalerfolg* einer Unternehmung (eines Projekts) bezeichnet.

Bei der Bildung von Ein- und Auszahlungs*summen* muß man jedoch beachten, daß einzelne Ein- bzw. Auszahlungs*komponenten* zu unterschiedlichen *Zeitpunkten* anfallen und daher nicht ohne weiteres miteinander vergleichbar und addierbar sind. Dies ist darauf zurückzuführen, daß z.B. spätere Einzahlungen zu entgangenen Zinserträgen führen bzw. die Notwendigkeit von Zinsaufwendungen begründen, spätere Auszahlungen hingegen die Möglichkeiten zur Realisierung von Zinserträgen vergrößern bzw. Zinsaufwendungen vermindern. Um dieser Tatsache Rechnung zu tragen, diskontiert man alle Ein- und

Auszahlungen auf einen gemeinsamen Bezugszeitpunkt - üblicherweise auf den Anfang des Jahres, zu dem die ersten Einzahlungen oder/und Auszahlungen anfallen ("Zeitpunkt 0"). Die Verfahren der *Investitionsrechnung* beruhen genau auf diesem Prinzip; die Investitionsrechnung ist daher nichts anderes als eine Totalerfolgsrechnung. Der Totalerfolg tritt als sog. *Kapitalwert* in Erscheinung; es ist dies der auf den Gegenwartszeitpunkt diskontierte Wert aller Nettoeinzahlungsströme.

(2) Es sei besonders betont, daß die Wahl des Bezugszeitpunktes keinerlei Einfluß auf die relative Vorzüglichkeit eines Projekts hat. Eine Änderung des Bezugszeitpunktes kann weder das Vorzeichen der Ertrags-Kosten-Differenz eines Projekts umkehren, noch eine nach Rentabilitätskriterien gebildete Rangfolge verschiedener Projekte beeinflussen.

(3) Für die Unternehmensleitung ist es wichtig, den Erfolg bereits während des Betriebs einer Unternehmung laufend zu kontrollieren. Aus diesem Grunde zerlegt man die gesamte Lebensdauer einer Unternehmung künstlich in Teilperioden und ermittelt für jede dieser Teilperioden den *Periodenerfolg*.

Für die einzelnen *Teilperioden* kann jedoch die Differenz aus Einzahlungen und Auszahlungen nicht mehr als Erfolgsmaßstab verwendet werden, da in der Regel zwischen den Zahlungsvorgängen einerseits und der Beschaffung von Produktionsfaktoren, dem Verbrauch und dem Absatz andererseits zeitliche Verschiebungen auftreten. Die Differenz zwischen den Einzahlungen und den Auszahlungen kann nur dann einen Maßstab für den Periodenerfolg bilden, wenn erstens alle die in einer Periode verbrauchten Produktionsfaktoren in derselben Periode auch gekauft und bezahlt wurden, und wenn zweitens alle erzeugten Produkte auf den Absatzmärkten veräußert und von den Abnehmern bezahlt wurden. In allen anderen Fällen müssen die Auszahlungen durch den *Aufwand* und die Einzahlungen durch den *Ertrag* ersetzt werden. Unter dem Aufwand einer Periode versteht man den bewerteten Verzehr von Gütern und Dienstleistungen. Als Ertrag bezeichnet man den Bruttowertzuwachs, den eine Unternehmung während einer Periode erwirtschaftet hat, d.h. den Wertzuwachs ohne Berücksichtigung des hierfür angefallenen Aufwands. Die Periodenerfolgsrechnung tritt in der betriebswirtschaftlichen Praxis als *Gewinn- und Verlustrechnung* oder *Betriebsergebnisrechnung* in Erscheinung, je nachdem ob neutrale Aufwendungen und Erträge (vgl. Abschnitt 7.2) berücksichtigt werden oder nicht.

Wir halten fest: Die Investitionsrechnung ist eine *Total*erfolgsrechnung. Dennoch spielt hierin die *Periodisierung* der Zahlungsströme eine zentrale Rolle, weil die zeitliche Verschiebung der Einzahlungen und Auszahlungen über die Höhe des Kapitalwertes (Totalerfolg) mitentscheidet.

7.1.2
Vergangenheitskosten ("sunk costs")

(1) Man versteht unter Vergangenheitskosten oder - gebräuchlicher - "sunk costs" Aufwendungen früherer Perioden, die zwar einem bestimmten Projekt (und nur diesem) zuzurechnen sind, die allerdings nicht verschwinden, wenn das Projekt nicht realisiert wird. Man denke z.B. an den Bau eines 100 km langen Kanals, der bis auf die letzten 10 km fertiggestellt ist. Soll in dieser Situation entschieden werden, ob der Kanal weitergebaut werden soll oder nicht, dann stellen die letzten 10 km das "Projekt" dar, während die für die bereits existierenden 90 km aufgewandten Kosten die Vergangenheitskosten darstellen. Sie sind bereits angefallen und lassen sich nicht mehr rückgängig machen, auch dann nicht, wenn der Kanal unvollendet bleibt. Die 90 km Kanalbau stellen für das "Projekt" (= 10 km Kanalbau) eine "Vorleistung" dar, nach deren *Opportunitätskosten* zu fragen ist. Sind diese 90 km ohne die letzten 10 km nicht nutzbar ("Entwicklungsruine"), dann gehen die Vergangenheitskosten mit einem Wert von Null in die Investitionsrechnung unseres "Projektes" ein (die Opportunitätskosten sind gleich Null).

Man beachte die Analogie zum Konzept der fixen Kosten in der kurzfristigen betriebswirtschaftlichen Analyse. Fixe Kosten treten unabhängig davon auf, ob man die Produktionsmenge - bei gegebener Produktionskapazität - ausdehnt oder nicht.

(2) Aus diesen Überlegungen folgt aber *keineswegs*, daß man Vergangenheitskosten ignorieren darf. Zunächst einmal sind Informationen über die Gesamtheit aller Kosten (also auch der Vergangenheitskosten) Basis für die betriebswirtschaftliche *Preisgestaltung*. Außerdem ist es für Entscheidungsträger von Bedeutung, die Rentabilität eines Projekts unter Einschluß *aller* Kosten zu kennen; einmal um vergangene *Fehlentscheidungen* offenzulegen, darüber hinaus aber auch, um künftige Fehlentscheidungen vermeiden zu helfen.

Das Konzept der sunk costs läßt sich zudem, wie man sich leicht vorstellen kann, *mißbrauchen* - etwa in der Weise, daß man einem ausländischen Kapitalgeber die Finanzierung eines "Restprojekts" (z.B. 10 km Kanalbau) andient, das unter Einschluß der Vergangenheitskosten hoffnungslos unrentabel wäre.

7.2
Sachliche Abgrenzung: Betriebserfolg und Gesamterfolg

(1) In den meisten Unternehmungen treten Geschäftsvorfälle auf, die mit dem eigentlichen Betriebszweck, der Produktion und dem Absatz von Gütern, nichts zu tun haben, die aber trotzdem den Gesamterfolg beeinflussen. Es ist daher für die Erfolgsrechnung wichtig, den Einfluß dieser Geschäftsvorfälle zu eliminieren, um den aus dem eigentlichen Betriebszweck resultierenden Erfolg erkennen zu können. Aus diesem Grunde wird vom Gesamtaufwand

(Gesamtertrag) der sog. *neutrale Aufwand (neutrale Ertrag)* abgespalten. Hierzu zählen zum Beispiel alle Aufwandspositionen (Ertragspositionen), die durch betriebsfremde, außerordentliche oder periodenfremde Geschäftsvorfälle verursacht worden sind.

(2) Für die *Projektbewertung* mit Hilfe der Investitionsrechnung sind die *periodenfremden Geschäftsvorfälle* nicht von Bedeutung, weil diese Analyse auf die Feststellung des Totalerfolgs und nicht des Periodenerfolgs ausgerichtet ist. Auch *betriebsfremde* (hier: "projektfremde") Kosten und Erträge spielen in der Praxis der Projektanalyse kaum eine Rolle.

Außerordentliche Aufwendungen und Erträge (hier besser: Auszahlungen und Einzahlungen) sind z.B. Aufwendungen infolge von Bränden und Explosionen bzw. Erträge in Form von Versicherungsleistungen. Sofern sich abschätzen läßt, in welcher Höhe mit derartigen Aufwendungen und Erträgen "normalerweise" in der Zukunft zu rechnen ist, sind diese selbstverständlich auch in der Investitionsrechnung zu berücksichtigen.

(3) Eine Korrektur des Gesamterfolgs von Unternehmen wird im Rahmen des Konzepts neutraler Aufwendungen und Erträge nicht nur über die Abgrenzung betriebsfremder, außerordentlicher und periodenfremder Aufwendungen und Erträge vorgenommen, sondern auch mit Hilfe sog. *kalkulatorischer Kosten*.

(a) So entspricht häufig der Abschreibungsaufwand der Finanzbuchhaltung, den man als Buch- oder Bilanzabschreibung bezeichnet, nicht dem effektiven Verschleiß der Betriebsmittel, sondern weicht aus bilanzpolitischen oder sonstigen Gründen hiervon ab. Für eine aussagefähige Erfolgsrechnung sind daher in diesen Fällen die Buchabschreibungen der Finanzbuchhaltung nicht geeignet. Aus diesem Grunde ersetzt man sie durch die *kalkulatorischen Abschreibungen* der Betriebsabrechnung, die soweit als möglich dem Effektivverschleiß der Betriebsmittel entsprechen sollen.

(b) Weiterhin werden in der Finanzbuchhaltung als Zinsaufwand nur die sogenannten Buch- und Effektivzinsen erfaßt, die für in Anspruch genommenes Fremdkapital zu zahlen sind. In der Kostenrechnung werden dagegen *kalkulatorische Zinsen* für das gesamte betriebsnotwendige Kapital berücksichtigt, damit der Betriebserfolg unabhängig von der Finanzierungsstruktur ermittelt werden kann. Will man die Periodenerfolgsrechnung mit der Kostenrechnung abstimmen, so muß man daher die Buchzinsen der Finanzbuchhaltung in der Periodenerfolgsrechnung durch kalkulatorische Zinsen der Betriebsabrechnung ersetzen.

(c) In vielen Unternehmungen arbeiten Unternehmer in leitender Stellung mit, ohne für ihre Tätigkeit ein festes Gehalt zu beziehen, so daß in der Finanzbuchhaltung kein entsprechender Aufwandsposten erscheint. Im Vergleich zu anderen Unternehmen, in denen die gleichen Funktionen von leitenden Angestellten ausgeübt werden, wird daher der Periodenerfolg in der Finanzbuchhaltung zu hoch ausgewiesen. Um den richtigen Periodenerfolg zu erhalten, muß man zu dem Gesamtaufwand der Finanzbuchhaltung daher den sog. *kalkulatorischen Unternehmerlohn* addieren.

(4) Diese von der Betriebswirtschaftslehre gelehrten und in der betrieblichen Praxis angewandten Konzepte sind auch für die *Projektbewertung* von Bedeutung.

(a) Mit dem kalkulatorischen Unternehmerlohn existiert eine Kostenkategorie, der keine faktische Auszahlung entspricht. Es fließen somit unbare (*"non cash"*) Elemente in die Erfolgsrechnung ein. Daß diese in der *landwirtschaftlichen* Projektplanung in Entwicklungsländern sowohl auf der Ertrags- als auch auf der Kostenseite ein erheblich stärkeres Gewicht haben als etwa in dem betrieblichen Rechnungswesen gewerblicher Unternehmen, liegt auf der Hand. Häufig fließt ein erheblicher Teil zusätzlicher landwirtschaftlicher Produktion in den *Eigenverbrauch* (keine Einzahlung), oder es werden Produktionssteigerungen *durch den Einsatz von Familienarbeitskräften* (ohne Lohnauszahlungen) erreicht. In welcher Weise die Bewertung zu erfolgen hat, ist später zu erörtern. Hier genügt der Hinweis, daß zwar nach wie vor der Grundsatz gilt, daß allein Ein- und Auszahlungen in die Investitionsrechnung einfließen dürfen, daß diese aber durchaus auch *fiktiv* (eingesparte Ausgaben bzw. entgangene Einkommen) sein können.[1]

(b) Von zentraler Bedeutung ist in der Investitionsrechnung der *kalkulatorische Zinssatz* für das Eigenkapital. Er drückt den Zinsertrag aus, den das Eigenkapital in der nächstbesten Verwendung erzielt hätte (*Opportunitätskosten des Kapitals*). Genau mit diesem Zinssatz sind die Einzahlungsüberschüsse zu diskontieren (vgl. Kapitel 9).

(c) Gar keine Rolle spielt in der Investitionsrechnung die Unterscheidung zwischen *Abschreibungen* der Finanzbuchhaltung und der Kostenrechnung. Wie bereits dargelegt wurde, treten Abschreibungen in der Investitionsrechnung nicht in Erscheinung.

7.3
Gewinn- und Verlust- und Cash-Flow-Rechnungen

(1) Sieht man einmal von *neutralen* Aufwands- und Ertragspositionen sowie Eigenleistungen ab, dann lassen sich Aufwendungen und Erträge bzw. Auszahlungen und Einzahlungen wie folgt in Kontenform einander gegenüberstellen:

---

[1] Im Falle des Eigenverbrauchs heißt die relevante Frage, welche Auszahlungen wann zu realisieren wären, wenn der zusätzliche Eigenverbrauch durch Käufe ersetzt würde.

Übersicht 7-1: *Einzelwirtschaftliche Gewinn- und Verlust (G+V)- und Cash-Flow-Rechnung*

Aufwand	G+V	Ertrag
1. Laufende Betriebskosten (einschl. Kostensteuern)[1]		1. Verkäufe (Umsatzerlöse)
2. Zinsen [2]		2. Subventionen
3. Abschreibungen		
4. Gewinn (+) bzw. Verlust (-) vor Steuern		

[1] "Lfd. Betriebskosten" = Selbstkosten - kalkulatorische Zinsen - kalkulatorische Abschreibungen, vgl. Abschnitt 7.4
[2] Genauer: Fremdkapitalzinsen

Auszahlungen aufgrund von	Cash-Flow	Einzahlungen aufgrund von
1. Laufenden Betriebskosten (einschließlich Kostensteuern)		1. Verkäufen
2. Kapitaldienst		2. Subventionen
a. Zinsen		3. Kreditzuflüssen
b. Tilgung		
3. Anlageinvestitionen		
4. Erhöhungen des Kassenbestandes		
5. Steuern auf den Ertrag		
6. Einzahlungs- (+) bzw. Auszahlungs- (-)überschuß		

(2) Im Mittelpunkt von Bewertungen im Rahmen von Feasibility-Studien steht die *Cash-Flow-Rechnung*. Cash-Flow-Konten sind für jedes Jahr der gesamten Lebensdauer eines Projekts zu erstellen (zu prognostizieren); sie bilden die Grundlage für die Wirtschaftlichkeitsrechnung (Investitionsrechnung).

Wir haben die *Subventionen* als Ertragskategorie mit in die Cash-Flow- und die G+V-Rechnung aufgenommen. Dies erscheint insofern sinnvoll, als unentgeltliche Zahlungen des Staates aus einzelwirtschaftlicher (Empfänger-) Sicht tatsächlich einen Ertrag bzw. eine Einzahlung darstellen. Wenn jedoch primär die (privatwirtschaftliche) *Ertragskraft* einer Unternehmung festgestellt werden soll, und dies dürfte in *Projektanalysen* der Regelfall sein, dann sind die Subventionen zu eliminieren. Zudem spielen Subventionen ohnehin in solchen Projekten keine Rolle, in denen von vornherein die Tarife (Preise) so gestaltet werden, daß eine bestimmte Zielverzinsung erreicht wird (z.B. bei Projekten der Wasserversorgung).

(3) *Gewinn- und Verlustrechnungen* sind in Projektanalysen vor allem dann unabdingbar, wenn auch die in den Abschnitten 9.3 und 9.4 beschriebenen einfachen Prüfkriterien verwendet werden sollen. Darüber hinaus sind sie auch als Ergänzung der Investitionsrechnung notwendig, wenn *Ertragsteuern* in der Cash-Flow-Rechnung zu berücksichtigen sind. Die Höhe der Ertragsteuern hängt von der Höhe des *Periodenerfolgs* einer Unternehmung ab, so daß G+V-Rechnungen die Grundlage für die Berechnung dieser Steuer darstellen.

Der mit der Industriebuchhaltung vertraute Leser erkennt unschwer, daß die G+V-Rechnung der *Übersicht 7-1* auf dem *Umsatzkostenverfahren* beruht: Den verkauften Produkten werden genau diejenigen laufenden Betriebskosten gegenübergestellt, die zur Herstellung der *verkauften* Produkte notwendig waren. Geht man hingegen vom *Gesamtkostenverfahren* aus, dann erscheinen auf der Aufwandsseite *sämtliche* in einer Periode entstandenen laufenden Betriebskosten. Es ist dann notwendig, die Lagerbestandsveränderungen von Halb- und Fertigprodukten auf der Ertragsseite des G+V-Kontos zu berücksichtigen.

(4) Zwischen *Einzahlungen und Erträgen aufgrund von Verkäufen* besteht folgender einfacher Zusammenhang:

Verkäufe (Einzahlungen) = Verkäufe (Ertrag)
- Forderungszugang
+ Forderungsabgang

So sind z.B. die Einzahlungen aufgrund von Verkäufen niedriger als die entsprechenden Erträge, wenn ein Teil der verkauften Produkte in der betrachteten Periode noch nicht bezahlt wurde und dieser Forderungszugang nicht durch Bezahlung "alter" Forderungen bzw. Kundenvorauszahlungen überkompensiert wurde. Der Unterschied zwischen Einzahlungen und Erträgen hängt entscheidend von der Zahlungsmoral ab. Hierauf ist vor allem auch bei den sog. public utilities zu achten (z.B. häufig schlechte Zahlungsmoral im Bereich der Wasserversorgung).

(5) Etwas komplexer ist der Zusammenhang zwischen den *Auszahlungen aufgrund laufender Betriebskosten* und dem den *laufenden Betriebskosten* entsprechenden Periodenaufwand:

Lfd. Betriebskosten (Auszahlungen)

= Lfd. Betriebskosten (Aufwand)

+ Lagerbestandserhöhungen
(- Lagerbestandsverminderung)

bei Halb- und Fertigfabrikaten

+ Lagerbestandserhöhungen
(- Lagerbestandsverminderung)

bei Roh-, Hilfs- und Betriebsstoffen

- Zugang an Verbindlichkeiten
(+ Verminderung der Verbindlichkeiten)

Besonders anschaulich läßt sich diese buchhalterische Gleichung beschreiben, wenn man für alle Teilkomponenten positive Werte annimmt: Die in einer bestimmten Periode gekauften Materialien, Arbeitsleistungen usw. muß man zunächst einmal der Produktion solcher Güter zuordnen, die in derselben Periode auch verkauft werden (= Aufwand für verkaufte Produkte). Soweit in dieser Periode Güter produziert und nicht verkauft werden, schlagen sie sich in Lagerbestandserhöhungen bei Halb- und Fertigfabrikaten nieder. (Der Aufwand für *verkaufte* Produkte und die Lagerbestandserhöhungen bei Halb- und Fertigfabrikaten machen zusammengenommen den Aufwand für die *produzierten* Produkte aus). Darüber hinaus muß dem *Kauf* von Materialien nicht in gleicher Höhe auch ein *Verbrauch* von Materialien in derselben Periode gegenüberstehen. Wenn die Käufe höher sind als der Verbrauch, schlägt sich die Differenz in Lagerbestandserhöhungen bei diesen Materialien nieder. - Zuletzt ist noch zu beachten, daß nicht alle Materialien, Arbeitsleistungen usw. notwendigerweise in *der* Periode auch bezahlt werden müssen, in der man sie erworben hat: Erhöhen sich die Verbindlichkeiten, dann sind die Auszahlungen aufgrund laufender Betriebskosten niedriger als die von den laufenden Betriebskosten verursachten Käufe.

(6) Wesentliche Abweichungen der G+V- von der Cash-Flow-Rechnung sind bei einem Vergleich der Positionen 3 der Aufwands- bzw. Auszahlungsseiten erkennbar. Während z.B. in der Cash-Flow-Rechnung der Kaufpreis einer *Maschine* oder eines *Gebäudes* vollständig in der Periode verbucht wird, in der er voraussichtlich gezahlt werden wird (Anlageinvestition), ist bei periodengerechter Gewinnermittlung dieser Betrag auf die voraussichtlichen Jahre der Nutzung in Form von *Abschreibungen* zu verteilen.

(7) Die Positionen 3 (Einzahlung) und 2b (Auszahlung) der Cash-Flow-Rechnung haben in der G+V-Rechnung keine Entsprechung. Dies ist damit zu erklären, daß Zuflüsse und Abflüsse (Tilgung) von *Fremdkapital* zwar die Vermögens*struktur* einer Unternehmung, nicht aber die *Höhe* des (Netto-) Vermögens verändern: Bei Zuflüssen stehen einer Erhöhung der Aktiva erhöhte Verbindlichkeiten gegenüber; bei Abflüssen vermindert sich zwar der Bestand der Aktiva, die "Schulden" nehmen hingegen im gleichen Ausmaß ab. Da aber Erträge und Aufwendungen nichts anderes als (Netto)-Vermögensverminderungen bzw. -erhöhungen darstellen, können offenbar Fremdkapitalzuflüsse bzw. -abflüsse keine Ertrags- bzw. Aufwandskomponenten sein.

Die Cash-Flow-Rechnungen dienen bekanntlich, anders als die G+V-Rechnungen, nicht der Gewinnermittlung jeweils nur einer Periode, sondern der Ermittlung eines "Gewinns" (Kapitalwert), der sich aus mehr als einer Periode ergibt. Bei mehrperiodischer Gewinnermittlung sind die Zuflüsse und Abflüsse von Fremdkapital insofern "ertragswirksam", als ihre ungleiche zeitliche Verteilung (für sich genommen) zu Zinsgewinnen führt: Mit zunehmender zeitlicher Verzögerung zwischen Kreditzuflüssen und Tilgung wachsen *bei gegebenen Schuldzinsen* (Auszahlungsposition 2.a) die jährlichen, zinsbringend verwendbaren Einzahlungsüberschüsse. In der Investitionsrechnung findet dies darin seinen Niederschlag, daß die Summe der diskontierten Tilgungsbeträge niedriger ist als die Summe der diskontierten Fremdkapitalzuflüsse.

(8) Erhöhungen des *Kassenbestandes* verändern wie der Kapitaldienst nur die Vermögens*struktur*, nicht aber die *Höhe* des Nettovermögens. Insofern sind Veränderungen des Kassenbestandes ebenfalls keine Aufwands- oder Ertragskategorie des G+V-Kontos. In der Investitionsrechnung als Totalerfolgsrechnung ist die zeitliche Verteilung des Kassenbestandes aber durchaus erfolgswirksam.

Das mag ein einfaches Beispiel verdeutlichen: Wenn wir zu Projektbeginn ("heute") einen Kassenbestand von 1000 DM einrichten, so wird dieser Betrag in derselben Periode (Anfangsperiode) als "Auszahlung" erfaßt. Verändern wir im Laufe der Lebensdauer des Projekts (z.B. 10 Jahre) den durchschnittlichen Kassenbestand nicht, dann erscheint am Ende des zehnten Jahres eine "Einzahlung" von 1000 DM infolge der Betriebsauflösung. Sehen wir einmal vom Inflationsproblem ab, dann hat sich zwar unser Vermögen in Form von Kasse nicht vermindert, jedoch sind durch die Haltung nichtverzinslicher Liquidität Zinsverluste eingetreten, deren Gegenwartswert

$$1000 \text{ DM} - 1000 \text{ DM} \; \frac{1}{(1+r)^{10}}$$

beträgt (r: Diskontierungsrate).

(9) Das Cash-Flow-Konto der *Übersicht 7-1* läßt sich unmittelbar als Grundlage der Investitionsrechnung verwenden. Dabei sind einzig und allein die Einzahlungs- bzw. Auszahlungsüberschüsse der Position 6 von Bedeutung; es ist vollkommen unerheblich, in welcher Weise die Bruttoauszahlungen (= Summe der Positionen 1 bis 5) und Bruttoeinzahlungen (= Summe der Positionen 1 bis 3) gegliedert werden. Tatsächlich ist die Kategorienbildung von *Übersicht 7-1* sinnvoll, wenn man die Unterschiede zwischen einzelnen Aufwands- und Ertragspositionen einerseits sowie einzelnen Auszahlungs- und Einzahlungspositionen andererseits erklären will (also den Unterschied zwischen G+V- und Cash-Flow-Rechnung). Für *Prognose*zwecke ist das dargelegte Schema aber weniger zu empfehlen. Es ist vielmehr zweckmäßig und üblich, *die Positionen des Cash-Flow-Kontos stärker in Anlehnung an das betriebliche Rechnungswesen* (und damit auch an die G+V-Rechnung) *zu definieren*, auch wenn die Einzelpositionen für sich genommen keine Auszahlungsgrößen mehr darstellen. Es muß lediglich sichergestellt sein, daß der Saldo genau den Einzahlungs- bzw. Auszahlungsüberschuß beschreibt.

Zur Entwicklung dieses für die Prognose*praxis* hilfreichen Verfahrens bedienen wir uns des betriebswirtschaftlichen Investitionsbegriffs:

Investition = Summe der Veränderungen des Anlage- und
            Umlaufvermögens (vgl. Abschnitt 7.4)
      = Zugang an Anlagegütern
       - Abgang an Anlagegütern

± Lagerbestandsveränderungen bei Halb- und Fertigprodukten
± Lagerbestandsveränderungen bei Roh-, Hilfs- und Betriebsstoffen
± Veränderung des Kassenbestands
± Veränderung des Bestandes an Forderungen
± Veränderung des Bestandes an Verbindlichkeiten

Beachtet man weiterhin die in den Unterabschnitten (4) und (5) beschriebenen einfachen Zusammenhänge, dann läßt sich das Cash-Flow-Konto der *Übersicht 7-1* in veränderter Form schreiben:

Übersicht 7-2: *Modifizierte einzelwirtschaftliche Cash-Flow-Rechnungen*

Aufwandspositionen	Cash-Flow	Ertragspositionen
1. Laufende Betriebskosten (einschl. Kostensteuern)		1. Verkäufe 2. Subventionen 3. Kreditzuflüsse
2. Kapitaldienst a. Zinsen b. Tilgung		
3. Investitionen		
4. Steuern auf den Ertrag		
5. Einzahlungs- (+) bzw. Auszahlungsüberschuß (-)		

Im Gegensatz zum Cash-Flow-Konto der *Übersicht 7-1* sind hier die laufenden Betriebskosten und die Verkäufe keine Auszahlungs- bzw. Einzahlungsgrößen, sondern stimmen mit den entsprechenden Aufwands- und Ertragsgrößen des G+V-Kontos überein. Für eine solche Konstruktion ist lediglich die vereinfachende Annahme notwendig, daß Veränderungen der Bestände an Forderungen und Verbindlichkeiten allein in Verbindung mit Verkäufen von Produkten sowie Käufen von Vorleistungen und Arbeitsleistungen entstehen.

Fassen wir zusammen: Es ist zweckmäßig, a. die Auszahlungsposition 1 des Cash-Flow-Kontos durch die Aufwandsposition 1 des G+V-Kontos und b. die Einzahlungsposition 1 des Cash-Flow-Kontos durch die Ertragsposition 1 des G+V-Kontos zu ersetzen. Als Ausgleich ist c. anstelle der Auszahlungen aufgrund von Anlageinvestitionen und Erhöhungen des Kassenbestandes (Positionen 3 und 4 des Cash-Flow-Kontos) der Wert der Gesamtinvestitionen im Cash-Flow-Konto anzusetzen. - Die Vorteile dieses Verfahrens liegen auf der Hand: Man schätzt zunächst die in zukünftigen Perioden zu erwartenden Verkäufe und laufenden Betriebskosten voraus, ohne danach zu fragen, ob denn den Verkäufen und Kosten auch stets eine Einzahlung bzw. Auszahlung in gleicher Höhe entspricht. Tatsächlich gibt es Unterschiede zwischen Verkäufen und Einzahlungen sowie zwischen Kosten und Auszahlungen. Diese erfaßt man getrennt in einem zweiten Schritt, indem man die zukünftigen Bestände an Forderungen, Verbindlichkeiten und Lagerbeständen im Rahmen der Ermittlung des jährlich zu erwartenden Bedarfs an Umlaufkapital berechnet (vgl. zur praktischen Berechnung Abschnitt 7.4).

7.4
Ertrags- und Kostenschätzungen auf der Grundlage von Projektentwürfen

Grundlage der Investitionsrechnung sind die (geschätzten) jährlichen *Cash-Flow-Konten*. Es soll hier gezeigt werden, wie sich durch Rückgriff auf die "Abteilungen" II bis X einer Feasibility-Studie (vgl. die Vorbemerkungen zu Teil II) die einzelnen Komponenten der Cash-Flow-Rechnung gewinnen lassen. Hiermit wird eine Aufgabe beschrieben und herausgehoben, die vornehmlich *Ökonomen* zufällt.

Damit der deutschsprachige Leser seine Kenntnisse des betrieblichen Rechnungswesens besser nutzen kann, haben wir uns bei der Begriffsbildung, soweit dies möglich und sinnvoll erschien, an den (deutschen) *Industrie-Kontenrahmen* angelehnt. Die englischen Begriffe des UNIDO-Manuals wurden in Klammern gesetzt.

(1) Verkaufserlöse (Sales revenues)

Im Vergleich zu den laufenden Betriebsausgaben und den Investitionskosten ist die Struktur der Verkaufserlöse einfach: Verkaufserlöse lassen sich allein durch Rückgriff auf Abteilung III einer Feasibility-Studie gewinnen.

(2) Laufende Betriebskosten (Operating costs)

Die "laufenden Betriebskosten" sind *kein* Begriff des (deutschen) Kontenrahmens; sie sind wie folgt definiert:

Laufende Betriebskosten = Selbstkosten
                             - Abschreibungen
                             - Zinsen

Selbstkosten i.S. der (deutschen) *Kostenartenrechnung* enthalten Abschreibungen und Zinsen als *kalkulatorische* Größen. *Abschreibungen*, ob kalkulatorisch oder nicht, stellen keine Auszahlung dar und sind daher auch keine Position des Cash-Flow-Kontos (vgl. Abschnitt 7.1). Kalkulatorische *Zinsen* erscheinen nicht in dem Cash-Flow-Konto, weil sie über die Diskontierungstechnik der Investitionsrechnung berücksichtigt werden (vgl. Abschnitte 7.2 und 9.1). Soweit im folgenden Begriffe der Kostenartenrechnung auftauchen, ist also stets zu beachten, daß sie kalkulatorische Zinsen und Abschreibungen *nicht* enthalten.

Die nachstehende Aufstellung zeigt - in Anlehnung an die Kostenartenrechnung -, aus welchen Teilkomponenten sich die laufenden Betriebskosten zusammensetzen und in welchen Abteilungen einer Feasibility-Studie sie gewonnen werden:

Laufende Betriebskosten (Operating costs)
1. *Herstellkosten* (Factory costs)
   1.1 Fertigungsmaterial (Direct materials and inputs). Abteilung IV
   1.2 Fertigungslöhne (Direct manpower). Abteilung VIII
   1.3 Gemeinkosten (Factory overhead costs)
       - Löhne (Manpower costs). Abteilung VIII
       - Material (Overhead materials). Abteilung IV
       - Sonstige, z.B. Wasser, Gas (Other factory overheads). Abteilung VII
2. *Verwaltungsgemeinkosten* (Administrative overhead costs)
   2.1 Löhne (Manpower costs). Abteilung VIII
   2.2 Material (Overhead materials). Abteilung IV
   2.3 Sonstige, z.B. Versicherungen, Vermögenssteuern (Other administrative overhead costs). Abteilung VII
3. *Vertriebskosten* (Sales and distribution costs)
   3.1 Löhne (Manpower costs). Abteilung VIII
   3.2 Sonstige, z.B. Verbrauchsteuer (Others). Abteilung III

(3)   Investitionskosten (Total investment costs)
Die *Gesamtausgaben* für Investitionen werden im UNIDO-Manual unterteilt in
- Ausgaben für Anlagevermögen (Fixed investment costs),
- (zu kapitalisierende) Kosten vor Produktionsbeginn (Preproduction capital expenditure),
- Ausgaben für Umlaufvermögen (Working capital increase).
- Ähnlich wie für die laufenden Betriebskosten läßt sich aufzeigen, welche Abteilungen einer Feasibility-Studie die notwendigen Informationen zu liefern haben:

Investitionskosten (Total investment costs)
1. *Anlagevermögen* (Fixed investment)
   1.1 Erstausstattung (Initial fixed investment)
       - Grundstück (Land). Abteilung V
       - Landerschließung (Site preparation and development). Abteilung VI
       - Gebäude (Structures and civil works). Abteilung VI
       - Maschinen und Ausrüstungen (Plant machinery and equipment). Abteilung VI
       - Sonstiges Anlagevermögen, z.B. Patente (Incorporated fixed assets). Abteilung VI
   1.2 Ersatz (Replacement) Schätzungen auf der Grundlage von Abteilung VI

2. *Kapitalisierte Kosten vor Produktionsbeginn* (Preproduction capital expenditure)
   2.1 Vorstudien. Abteilung II
   2.2 Kosten der Projektimplementierung. Abteilung IX
3. Umlaufvermögen (Current assets)

Zur *Schätzung* des notwendigen *Umlaufvermögens* sind einige umfangreichere Rechnungen erforderlich (UNIDO, 1978, S. 155 ff. und S. 194 ff.). Die diesen zugrunde liegende Methodik sei hier kurz dargelegt.

(3a) Ausgangspunkt ist die Aufspaltung des Umlaufvermögens in Teilkomponenten (wiederum in Anlehnung an den Kontenrahmen der Industrie):

   3.1 Sach-Umlaufvermögen (Inventory)
      - Roh-, Hilfs- und Betriebsstoffe (Materials)
      - Bezogene Teile
      - Halbfabrikate (Work in progress)
      - Fertigfabrikate (Finished products)
      - Ersatzteile (Spare parts)

   3.2 Finanz-Umlaufvermögen
      - Kasse (Cash in hand)
      - Bankguthaben (Bank accounts)
      - Forderungen (Accounts receivable)

(3b) Im nächsten Schritt wird (z.B.) danach gefragt, welcher Bestand an *Roh-, Hilfs- und Betriebsstoffen* (L_R) mindestens notwendig ist, damit die Produktion ohne Zulieferung eine bestimmte vorgegebene Anzahl von Tagen (n) aufrechterhalten werden kann. Bezeichnet man den Jahresverbrauch mit V_R, wobei von 360 Tagen je Jahr ausgegangen wird, dann erhält man:

$$L_R(DM) = V_R \left(\frac{DM}{360\,Tage}\right) \cdot n\,(Tage) = \frac{V_R\,(DM)}{360/n}$$

Der Koeffizient 360/n gibt an, wieviel mal der Bestand L_R jährlich "umgeschlagen" wird (coefficient of turnover, Umschlagskoeffizient). Man wird n ceteris paribus um so höher ansetzen, je stärker mit diskontinuierlichen und/oder unsicheren Zulieferungen gerechnet werden muß. Ähnliche Überlegungen gelten für die eigene Lieferfähigkeit bei *Fertigprodukten*. Hierbei ist zu beachten, daß die Fertigprodukte zu den Kosten bewertet werden müssen, die sie bis zum Erreichen der "Lagerfähigkeit" verursacht haben. Es sind dies die Herstellkosten zuzüglich der Verwaltungsgemeinkosten (oder: Laufende Betriebskosten abzüglich der Vertriebskosten).

(3c) Nur eine genaue Analyse des Produktionsprozesses (Abteilung VI) gibt Aufschluß darüber, wie hoch der Wert aller noch in Bearbeitung befindlichen Produkte (*Halbfabrikate*) auf den unterschiedlichen Produktionsstufen zu einem bestimmten Zeitpunkt mindestens sein muß (L_{HF}). Dieser Betrag ist ebenfalls Bestandteil des Umlaufvermögens.

(3d) Der *Forderungsbestand* F wird von der Kreditpolitik einer Unternehmung bestimmt. Er läßt sich wie folgt berechnen:

$$F(DM) = \text{Zahlungsziel (Tage)} \cdot \text{Verkaufserlöse} \left(\frac{DM}{360 \, \text{Tage}} \right)$$

Entscheidend ist, inwieweit gewährte Zahlungsziele von den Kunden tatsächlich in Anspruch genommen werden.

Zahlungsziele mögen branchenspezifisch sein. Es ist zudem zu vermuten, daß mit zunehmendem Wettbewerb die Zahlungsziele länger und damit die Forderungsbestände ansteigen werden, was schließlich ceteris paribus das notwendige Umlaufkapital erhöht.

(3e) Für die Berechnung der Höhe des notwendigen Kassenbestandes (einschließlich Bankguthaben) gibt es keine allgemeingültigen Regeln. Im UNIDO-Manual (S. 156) wird eine Richtzahl von 5 v.H. des Umlaufkapitals angegeben.

Mit Hilfe der in den Abschnitten (3a) bis (3c) skizzierten Konzepte läßt sich die Höhe des Umlaufkapitals ermitteln. Für die Cash-Flow-Konten ist nur von Bedeutung, zu welchen Zeitpunkten das Umlaufkapital auszahlungswirksam wird. Es ist zweckmäßig, zunächst für die erste Produktionsperiode die Höhe des notwendigen Umlaufkapitals zu ermitteln und diesen Betrag in dem Cash-Flow-Konto derselben Periode als Auszahlung zu buchen. Für die nachfolgenden Perioden sind dann nur noch die Erhöhungen oder Verminderungen des Umlaufkapitals als Auszahlungen bzw. Einzahlungen zu beachten.

(3f) Korrekturen sind notwendig, wenn nicht alle Vorleistungen sofort bezahlt werden müssen. Im UNIDO-Manual (S. 194) wird dies für Rohstoffe und "utilities" (Gas, Wasser, Strom) unterstellt. Der daraus sich entwickelnde Bestand an Verbindlichkeiten (VB) läßt sich in Analogie zum Forderungsbestand berechnen:

$$VB(DM) = \text{Zahlungsziel (Tage)} \cdot \text{Einkäufe} \left(\frac{DM}{360 \, \text{Tage}} \right)$$

(Einkäufe: Rohstoffe, Gas, Wasser, Strom)

Zwischen Forderungen und Verbindlichkeiten besteht jedoch insofern ein wesentlicher Unterschied, als die Verbindlichkeiten als Entscheidungsparameter der Unternehmung angesehen werden können, Forderungen hingegen als Erwartungsparameter aufzufassen sind, der nicht unmittelbar von der Unternehmung kontrolliert werden kann.

Zunehmende Verbindlichkeiten vermindern bei gegebenen Käufen die Auszahlungen, abnehmende Verbindlichkeiten erhöhen sie. Daher sind die mit der Entwicklung des Umlaufkapitals verbundenen Ausgaben um die Veränderungen der Verbindlichkeiten zu korrigieren, wenn man Auszahlungsgrößen erhalten will. Im UNIDO-Manual berechnet man das sog. Netto-Umlaufkapital als Differenz aus Umlaufkapital im oben definierten Sinne und den Verbindlichkeiten und verwendet die jährlichen Veränderungen dieses Nettobetrages als die für die Berechnung der jährlichen Einzahlungs- und Auszahlungsüberschüsse relevanten Größen.

Die bisherigen Überlegungen lassen erkennen, warum die Auszahlungen aufgrund von Investitionskosten erst *nach* den Schätzungen der laufenden Betriebskosten ermittelt werden sollten: Bei der Berechnung des Umlaufkapitals ist man auf Unterlagen der Kostenartenrechnung angewiesen, die der Berechnung der laufenden Betriebskosten zugrunde liegt.

(4) Finanzierung

Obwohl grundsätzliche Überlegungen zu möglichen Finanzierungsquellen bereits in einem relativ frühen Stadium einer Feasibility-Studie angestellt werden sollten, ist der Entwurf eines detaillierten *Finanzierungsplans* erst dann möglich, wenn Schätzungen von Auszahlungen und Einzahlungen aufgrund von Verkaufserlösen, laufenden Betriebskosten und Investitionen vorliegen.

Die Ermittlung von Ein- und Auszahlungen, die mit Kreditzuflüssen, Zinszahlungen und Tilgungen verbunden sind, ist der Abteilung X von Feasibility-Studien zugeordnet.

(5) Ertragsteuern
Wie bereits dargelegt wurde, basiert die Schätzung von Ertragsteuern auf den (geschätzten) Aufwands- und Ertragsgrößen von *Gewinn- und Verlustrechnungen* ("Net income statement", vgl. UNIDO, 1978, S. 208). Mit Ausnahme der Abschreibungen sind mit den Cash-Flow-Rechnungen aber schon alle für die G+V-Rechnungen relevanten Einzelpositionen vorhanden, so daß allein die Aufgabe der *Abschreibungsberechnung* verbleibt. Diese läßt sich auf der Grundlage der Investitionsschätzung unschwer durchführen.

(6) Berücksichtigung unvorhersehbarer Ereignisse ("Contingency allowances")
Anfängliche Kostenschätzungen beruhen im allgemeinen auf Projektentwürfen, die widrige Umstände, wie sie vor allem bei *Baumaßnahmen* die Regel sind (z.B. Lieferschwierigkeiten, Überflutungen, Erdrutsch), nicht berücksichtigen. Über die anfänglichen Schätzungen hinausgehende Kosten sind somit zwar aufgrund dieser sog. *physical contingencies* zu erwarten, in ihrem Ausmaß aber nicht genau vorhersehbar. Über die Höhe der notwendigen *Zuschläge*, die für unterschiedliche Kostenelemente verschieden hoch sein können, lassen sich keine allgemeingültigen Regeln angeben.

Von den "physical contingencies" unterscheidet man die *"financial contingencies"* (oder "price contingencies"). Damit wird zunächst nichts anderes ausgesagt, als daß selbst dann unterschiedliche Preisentwicklungen für verschiedene Kosten- (oder auch Ertrags-) Elemente angenommen werden müssen, wenn sich die Wirtschaft inflationsfrei entwickeln würde (Änderungen der relativen Preise).

Ein anderes Problem stellt die Behandlung einer *allgemeinen Inflation* dar. Hierauf wird in einem besonderen Abschnitt (9.6) kurz eingegangen. (vgl. zu "contingency allowances" z.B. GITTINGER, 1982, S. 53 ff. und S. 393 ff.).

8 Bewertung von Gütern

Das Bewertungsproblem tritt in besonderer Schärfe hervor, wenn man die einzelwirtschaftliche Investitionsrechnung mit der gesamtwirtschaftlichen Kosten-Nutzen-Analyse vergleicht. Zur Vermeidung überflüssiger Wiederholungen wollen wir Bewertungsfragen erst in Teil III diskutieren. Wir können uns hier zunächst auf die Feststellung beschränken, daß für einzelwirtschaftliche Analysen allein Preise zur Bewertung herangezogen werden, von denen man annimmt (Prognose), daß sie tatsächlich bezahlt werden müssen bzw. erlöst werden können. Genau von diesem Prinzip sind wir bisher stets ausgegangen, so daß die in den vorangegangenen Abschnitten beschriebenen Regeln zur Erfassung von Kosten und Erträgen sowie Auszahlungen und Einzahlungen keiner Modifikation bedürfen.

9 Entscheidungsregeln

Entscheidungsregeln, *die auf der Investitionsrechnung beruhen*, können Entscheidungen selbst nicht vorwegnehmen. Sie stellen lediglich eine Entscheidungs*hilfe* dar, indem sie für ein eng begrenztes Ziel (Kapitalwertmaximierung) die bestmögliche(n) Maßnahme(n) (Projekte) identifizieren.

Die Art der anzuwendenden Entscheidungsregel ist abhängig von der Entscheidungs*situation*. Wir betrachten hierzu unterschiedliche Modellfälle. In Abschnitt 9.1 wird zunächst nur danach gefragt, ob ein vorgegebenes Projekt rentabel ist oder nicht. Die adäquaten Methoden zur Beantwortung dieser Frage sind die *Kapitalwertmethode* und die *Interne Zinsfußmethode*. Es wird gezeigt, wie sich unterschiedliche Finanzierungsschemata im Rahmen der Kapitalwertmethode berücksichtigen lassen und diskutiert, welche Probleme eine Anwendung der Internen Zinsfußmethode aufwerfen kann. In Abschnitt 9.2 stehen *mehrere Projekte* zur Auswahl. Es genügt dann nicht, lediglich nach positiver oder negativer Rentabilität zu fragen, sondern es müssen diejenigen Projekte mit positiver Rentabilität ausgewählt werden, die die vorgegebene Zielsetzung (im allgemeinen: Maximierung der Summe aller Kapitalwerte) bestmöglich erfüllen. Grundsätzlich lassen sich zwei Gründe unterscheiden, die für das Entstehen eines Auswahlproblems verantwortlich sind: Entweder sind die *Finanzierungsmittel begrenzt* (Abschnitt 9.2.1) oder aber Projekte *schließen sich gegenseitig aus* (Abschnitt 9.2.2). Das letzte Problem tritt in mehreren Varianten in Erscheinung.

In den Abschnitten 9.3 und 9.4 betrachten wir alternative Rentabilitätsmaße und ergänzende Prüfkriterien. Die letzten beiden Abschnitte berücksichtigen Unsicherheiten und Risiken (Abschnitt 9.5) und inflationäre Entwicklungen (Abschnitt 9.6).

Kapitel 9 wird durch zwei umfangreiche Anhänge (Anhang 9 A: "Dynamische Verfahren der Investitionsrechnung" und 9 B: "Finanzmathematische Grundlagen") ergänzt.

9.1 Rentabilitätsrechnung für ein gegebenes Projekt

Die hier vorgestellten sog. *dynamischen* Verfahren der Investitionsrechnung sind grundsätzlich unabhängig davon verwendbar, ob ein Projekt unter *betriebs-* oder *volkswirtschaftlichen* Gesichtspunkten analysiert wird. Dies gilt allerdings nicht für die im Zusammenhang mit der Kapitalwertmethode entwickelten

Finanzierungsmodelle. Von wenigen Ausnahmefällen abgesehen (vgl. dazu Abschnitt 9.3) sind diese nur für betriebswirtschaftliche Untersuchungen von Bedeutung.

9.1.1
Kapitalwertmethode

Ausgangspunkt unserer Betrachtungen sei ein einfaches Grundmodell mit folgenden Merkmalen:
Lebenszeit des Projekts: n Jahre
Auszahlung aufgrund einer Anfangsinvestition zum Zeitpunkt 0: a_0
Gleiche jährliche Einzahlungsüberschüsse:

$$b(= b_1 = b_2 = ... = b_n)$$

9.1.1.1
Finanzierung allein durch Eigenkapital

Der *Kapitalwert* (KW) des Projekts errechnet sich aus

$$(9\text{-}1) \quad KW = b \cdot \frac{(1+r)^n - 1}{r(1+r)^n} - a_0$$

Hierin beschreibt r den Eigenkapitalzinssatz. Er ergibt sich aus der *bestmöglichen Alternative* des Investors (Entgangene Erträge = *Opportunitätskosten des Kapitals*). Ist der Kapitalwert positiv, dann ist das Projekt "lohnend".
Im Falle ungleicher jährlicher Einzahlungsüberschüsse gilt

$$(9\text{-}2) \quad KW = \frac{b_1}{1+r} + \frac{b_2}{(1+r)^2} + ... + \frac{b_n}{(1+r)^n} - a_0$$

$$= \sum_{t=1}^{n} \frac{b_t}{(1+r)^t} - a_0$$

9.1.1.2
Finanzierung allein durch Fremdkapital

(1) Kreditlaufzeit = Projektlaufzeit. Eigenkapitalzinssatz = Fremdkapitalzinssatz

Selbst wenn das Projekt vollständig mit Hilfe von Fremdkapital finanziert wird (Kredit in Höhe der Anfangsinvestition von a_0), spielt der Eigenkapitalzinssatz eine Rolle. Mit dieser Rate verzinsen sich nämlich die im Projekt erzielbaren Einzahlungsüberschüsse.

Die Formel (9-1) läßt sich unmittelbar verwenden. r gibt gleichzeitig den Eigenkapitalzinssatz (r_E) und den Fremdkapitalzinssatz (r_F) an ($r = r_E = r_F$). Methodisch gibt es somit keinen Unterschied zum Fall 9.1.1.1.

Im vorliegenden Fall 9.1.1.2(1) ist der *Rückzahlungsmodus* bezüglich des Fremdkapitals nicht von Bedeutung. Es ist also gleichgültig, ob der Kredit erst am Ende der Projektlaufzeit in voller Höhe oder etwa in gleichmäßigen jährlichen Tilgungsraten zurückgezahlt wird; die Höhe des Kapitalwertes bleibt davon unberührt. Dies ist einfach darauf zurückzuführen, daß bei Übereinstimmung von Fremd- und Eigenkapitalzinssatz der Investor die Einzahlungsüberschüsse zum selben Zinssatz anlegen kann, zu dem er den Kredit erhalten hat. Es ist dann unerheblich, ob der Investor mit Hilfe von Einzahlungsüberschüssen den Kredit tilgt und damit seine "Schulden" (und Schuldzinsen) vermindert, oder ob er den Schuldenbestand (und die Schuldzinsen) unverändert läßt und die anfallenden Einzahlungsüberschüsse zinsbringend "anlegt".

(2) Kreditlaufzeit ≤ Projektlaufzeit. Eigenkapitalzinssatz < Fremdkapitalzinssatz

In diesem Fall ist klar, daß man den Kredit so schnell wie möglich zurückzahlen sollte (die *Kreditlaufzeit zu minimieren* ist), weil durch Rückzahlung des Kredits mehr Zinsen eingespart werden können, als die anderweitige "Anlage" der Einzahlungsüberschüsse an Zinserträgen erzielt.

(a) Zur Berechnung des (maximalen) Kapitalwertes ist daher zunächst einmal zu ermitteln, in welchem *Mindestzeitraum* sich die Kreditschuld tilgen läßt, wenn die in jedem Jahr anfallenden Einzahlungsüberschüsse vollständig zur Kreditrückzahlung zur Verfügung stehen.

Bezeichnet man die gesuchte minimale Kreditlaufzeit mit m ($m \leq n$), dann läßt sich folgende Formel verwenden:

$$(9\text{-}3) \quad m = \log \frac{1}{1 - \frac{a_0}{b} \cdot r_F} \Big/ \log(1 + r_F)$$

Da a_0, b und r_F bekannt sind, läßt sich m leicht errechnen. m geht sodann in die Kapitalwertberechnung ein.

$$(9\text{-}4) \quad KW = b \cdot \frac{(1 + r_E)^{n-m} - 1}{r_E (1 + r_E)^n}$$

Hierin gibt n-m den Zeitraum an, in dem "Schulden" nicht mehr existieren und die Einzahlungsüberschüsse daher vollständig dem Projekt zufallen.

(b) Es ist denkbar, daß der Kreditnehmer sich verpflichtet, nach einem *vorher vereinbarten Tilgungsplan* den Kredit zurückzuzahlen und von diesem Plan nicht abzuweichen. Es sei hier beispielhaft angenommen, daß das Fremdkapital erst am Ende der Projektlaufzeit zurückzuzahlen ist, über die gesamte Projektlaufzeit also die volle Höhe des Fremdkapitals im Projekt verbleibt. Bei ausschließlicher Fremdkapitalfinanzierung von a_0 fallen dann jährlich Zinszahlungen in Höhe von $r_F \cdot a_0$ an, so daß die jährlichen Einzahlungsüberschüsse $b - r_F \cdot a_0$ betragen. Der Barwert der Nettoerträge errechnet sich dann aus

$$(9\text{-}5) \quad BW = (b - r_F \cdot a_0) \cdot \frac{(1 + r_E)^n - 1}{r_E (1 + r_E)^n}$$

Andererseits haben wir am Ende der Projektlaufzeit eine Auszahlung in Höhe von a_0, deren Barwert

$$\frac{a_0}{(1 + r_E)^n}$$

beträgt. Hieraus folgt für den Kapitalwert der Investition:

$$(9\text{-}6) \quad KW = (b - r_F \cdot a_0) \cdot \frac{(1 + r_E)^n - 1}{r_E (1 + r_E)^n} - \frac{a_0}{(1 + r_E)^n}$$

9.1.1.3
Gemischte Finanzierung

(1) Kreditlaufzeit = Projektlaufzeit. Eigenkapitalzinssatz = Fremdkapitalzinssatz

Es gelten die Ausführungen des Unterabschnitts 9.1.1.2(1): Der Rückzahlungsmodus berührt nicht die Höhe des Kapitalwerts; zu verwenden ist die Formel (9-1).

(2) Kreditlaufzeit ≤ Projektlaufzeit. Eigenkapitalzinssatz < Fremdkapitalzinssatz

(a) Wie in Unterabschnitt 9.1.1.2 (2)(a) sollte der Kredit in Höhe von $a_0^F < a_0$ (Eigenkapital: $a_0 - a_0^F = a_0^E$) so schnell wie möglich zurückgezahlt werden. Die *(minimale) Kreditlaufzeit* kann man mit Hilfe von Formel (9-3) berechnen.

(9-3) $\quad m = \log \dfrac{1}{1 - \dfrac{a_0^F}{b} \cdot r_F} / \log(1 + r_F)$

Dieser Fall läßt sich so interpretieren, daß in den ersten m Jahren keine Nettoerträge anfallen und sich daher das Eigenkapital (a_0^E) erst in dem Zeitraum m bis n verzinst. In Anlehnung an Gleichung (9-4) ergibt sich der Kapitalwert aus

(9-7) $\quad KW = b \cdot \dfrac{(1 + r_E)^{n-m} - 1}{r_E (1 + r_E)^n} - a_0^E$

(b) Bei *fixierter Rückzahlung* des Kredits zum Zeitpunkt n errechnet sich der Kapitalwert wie folgt:

(9-8) $\quad KW = \left(b - r_F \cdot a_0^F\right) \cdot \dfrac{(1 + r_E)^n - 1}{r_E (1 + r_E)^n} - \dfrac{a_0^F}{(1 + r_E)^n} - a_0^E$

9.1.2 Annuitätenmethode

Die Annuitätenmethode stellt eine *Variante der Kapitalwertmethode* dar. Sie beruht auf dem Grundgedanken, daß der Kapitalwert einer Investition genau dann positiv ist, wenn die "durchschnittlichen" jährlichen Einzahlungen größer sind als die "durchschnittlichen" jährlichen Auszahlungen. In dem bisher einfachsten Fall gleicher jährlicher (Netto-) Einzahlungen in Höhe von b und ausschließlicher Fremdkapitalfinanzierung von a_0 besteht das Problem darin, den Betrag a_0 in eine Reihe gleichbleibender jährlicher Auszahlungen ("Annuitäten": c) zu transformieren, deren Barwert gerade a_0 entspricht.

(9-9) $\quad a_0 = c \cdot \dfrac{(1 + r_F)^n - 1}{r_F (1 + r_F)^n}$

bzw.

(9-10) $\quad c = a_0 \cdot \dfrac{r_F (1 + r_F)^n}{(1 + r_F)^n - 1}$

Ist die Bedingung b > c erfüllt, dann ist der Kapitalwert der Investition positiv. Der Multiplikator rechts von a_0 ist nichts anderes als der reziproke Rentenbarwertfaktor und heißt *Annuitätenfaktor*.

In der Regel werden auch die jährlichen Einzahlungen im Zeitablauf ungleichmäßig anfallen. Dies ist unproblematisch, weil sich eine ungleichmäßige in eine gleichmäßige Zahlungsreihe überführen läßt. Man braucht lediglich den Barwert der Reihe $b_1, b_2, ..., b_n$ zu errechnen, um diesen Betrag dann anschließend mit dem Annuitätenfaktor zu multiplizieren.

9.1.3
Interne Zinsfußmethode

(1) Der interne Zinsfuß (IZF) ist *definiert* als derjenige Zinsfuß, bei dem der Kapitalwert der Investition den Wert Null annimmt.

$$(9\text{-}11) \quad KW = b \cdot \frac{(1+IZF)^n - 1}{IZF \cdot (1+IZF)^n} - a_0 = 0$$

Zum Verständnis dieses Konzepts sollte man sich zunächst vor Augen führen, daß der Kapitalwert bei gegebener Anfangsauszahlung (a_0) und bei gegebenen zukünftigen Einzahlungen (b) eine monoton sinkende Funktion des Zinssatzes ist. Hieraus folgt: Ist der Zinssatz kleiner als der IZF, dann ist der Kapitalwert positiv (das Projekt wird akzeptiert), ist er größer als der IZF, dann nimmt der Kapitalwert einen negativen Wert an (das Projekt wird abgelehnt). Demnach gibt der interne Zinsfuß darüber Auskunft, wie hoch die Kapitalkosten maximal ansteigen dürfen ("kritischer Wert"), damit noch ein positiver Kapitalwert erzielt werden kann. Man spricht in der wirtschaftstheoretischen Literatur auch von der *"internal rate of return"* oder *"marginal efficiency of capital"*.

Bedingung für die Vorteilhaftigkeit einer Investition ist also

(9-12) r < IZF

Gleichung 9.11 läßt sich mit elementaren Mitteln nicht mehr lösen, wenn n > 3 ist. Man muß daher auf Hilfstechniken zurückgreifen (vgl. Anhang 9 A).

(2) Als spezifischer *Vorteil* der Internen Zinsfußmethode wird im allgemeinen angesehen, daß man - z.B. bei Eigenkapitalfinanzierung - den Eigenkapitalzinssatz (= Opportunitätskosten des Kapitals) nicht genau zu kennen braucht, um über die Vorteilhaftigkeit einer Investition entscheiden zu können. Hat man z.B. einen IZF von 20% errechnet, dann ist lediglich festzustellen, ob die Kapitalkosten kleiner oder größer als 20% sind - der exakte Wert ist nicht notwendigerweise zu ermitteln.

In diesem Zusammenhang wird der interne Zinsfuß häufig als die im Projekt erzielbare *tatsächliche* ("effektive") *Verzinsung* des anfangs eingesetzten Kapitals interpretiert. Dies ist allerdings nur dann richtig, wenn sich die Einzahlungsüberschüsse genau zu dem IZF des Projekts anderweitig wieder "anlegen" lassen (vgl. Anhang 9 A).

Kapitel 9: Entscheidungsregeln

(3) Dem genannten Vorteil der IZF-Methode stehen jedoch Nachteile gegenüber.

(a) Die Vorteilhaftigkeitsbedingung (9-12) setzt die Existenz eines *einheitlichen Zinssatzes* (r; Kapitalkosten) voraus. Diese Bedingung ist im allgemeinen für *volkswirtschaftliche* Kosten-Nutzen-Analysen erfüllt (vgl. Abschnitt 7.1.1), nicht aber stets für betriebswirtschaftliche Entscheidungsprobleme. Bei Existenz mehrerer relevanter Zinssätze (z.B. r_E und r_F) müssen beide Zinssätze kleiner als der IZF sein, wenn man sicher sein will, daß der Kapitalwert einen positiven Wert annimmt. Die Bedingungen r_E < IZF *und* r_F < IZF sind zwar hinreichend für einen positiven Kapitalwert, aber keineswegs stets notwendig, so daß man u.U. ein Projekt wegen z.B. r_F > IZF und r_E < IZF ablehnt, obwohl der Kapitalwert positiv ist. Das ist in diesem Falle dann besonders bedenklich, wenn der Fremdkapitalanteil relativ gering ist.

(b) Die Vorteilhaftigkeitsbedingung (9-12) ist an die Voraussetzung gebunden, daß ein sog. reiner Investitionstyp vorliegt: Die Auszahlungsüberschüsse (z.B. a_0 zum Zeitpunkt 0) fallen stets *vor* den Einzahlungsüberschüssen an. Es gibt aber auch sog. reine *Desinvestition*stypen, die durch eine umgekehrte Zahlungssequenz charakterisiert sind: die Auszahlungsüberschüsse folgen den Einzahlungsüberschüssen. In diesem Falle ist das Vorteilhaftigkeitskriterium (9-12) umzukehren.

(9-13) r > IZF

Nur wenn der Kapitalzinssatz größer als der IZF ist, kann ein positiver Kapitalwert der Desinvestition erwartet werden.

(4) Aus der Existenz "reiner" Desinvestitionstypen allein läßt sich allerdings noch kein Nachteil der IZF-Methode herleiten, weil die Leistungsfähigkeit der Methode durch einfache Umkehrung des Vorteilhaftigkeitskriteriums erhalten bleibt. Probleme können erst im Falle sog. *Mischtypen* auftreten. Das mit Mischtypen verbundene Phänomen der *Mehrwertigkeit* (es existiert nicht nur *eine* Lösung für den IZF) tritt zwar auch bei den sog. reinen Typen auf, verursacht dort aber keine Entscheidungsschwierigkeiten.

(a) Im Falle *"reiner" Investitionstypen* wirft die Existenz mehrwertiger Lösungen keine Probleme auf: Ist die Summe der (undiskontierten) Kosten kleiner als die Summe der (undiskontierten) Erträge, dann gibt es nur *einen positiven* IZF. Dieser ist mit dem Zinssatz zu vergleichen, der die Opportunitätskosten des Kapitals angibt.

Gibt es hingegen nur *negative* IZF, dann muß die Summe der Erträge kleiner sein als die Summe der Kosten. Eine Annahme des Projekts kann dann in Betracht kommen, wenn es einen (negativen) IZF gibt, der (absolut genommen) kleiner ist als der absolute Wert der (negativen) Opportunitätskosten des Kapitals. Ein solches Ergebnis ist z.B. denkbar in Zeiten starker Inflation mit negativen Realzinsen.

(b) Im Falle *"reiner" Desinvestitionstypen* wirft die Existenz mehrwertiger Lösungen auch keine Probleme auf: Ist die Summe der (undiskontierten) Kosten größer als die Summe der Erträge, dann gibt es wiederum nur *einen positiven* IZF. Dieser ist mit dem Zinssatz zu vergleichen, der die Opportunitätskosten des Kapitals angibt (z.B. r). Bei IZF < r kann das Projekt akzeptiert werden.

Ist die Summe der Erträge größer als die Summe der Kosten, so gibt es nur negative IZF und das Projekt wird bei positiven Opportunitätskosten des Kapitals akzeptiert.

(c) Neben den genannten "reinen" Typen gibt es jedoch auch *Mischtypen*. Sie sind im einfachsten Fall (3 Perioden) entweder dadurch charakterisiert, daß primären Einzahlungen (+) Auszahlungen (-) folgen, die wiederum in der letzten Periode von Einzahlungen (+) abgelöst werden (+ - +), oder aber die Sequenz folgt dem Muster (- + -).

Das Vorliegen eines Mischtyps kann erhebliche Probleme aufwerfen:
- Mischtypen können mehr als einen positiven IZF (*Mehrdeutigkeit*) hervorbringen. Es ist ohne weitere Auswertungen und damit verbundene Rechnungen nicht erkennbar, welcher IZF relevant ist.
- Selbst wenn nur ein positiver IZF existiert, bleibt ohne weitere Rechnungen unklar, *welches* der beiden oben genannten *Kriterien* anzuwenden ist ((9-12) oder (9-13)).
- Es ist sogar möglich, daß ein *reeller* IZF nicht einmal existiert. Da hieraus nicht notwendigerweise folgt, daß es auch keinen positiven Kapitalwert gibt, ist die IZF-Methode hier nicht verwendbar.

In der *Praxis* sind Mischtypen dann von Bedeutung, wenn *innerhalb* der normalen Projektlaufzeit mit *Reinvestitionen* zu rechnen ist. Als Beispiel mag ein Staudammprojekt dienen: Da Turbinen im allgemeinen eine erheblich geringere Lebensdauer aufweisen als die Dämme selbst (etwa 20 Jahre bzw. 40-50 Jahre), sind von vornherein Reinvestitionen in Form neuer Turbinen einzuplanen.

9.2
Projektauswahl

9.2.1
Auswahl von sich nicht gegenseitig ausschließenden Projekten bei begrenzten Finanzierungsmitteln

(1) Ziel sei die Maximierung der Summe der Kapitalwerte aller Einzelprojekte. Die Kapitalwertsumme wird bei begrenzten Finanzierungsmitteln sicherlich dann den größtmöglichen Wert annehmen, wenn man die Projekte mit den *höchsten Kapitalwerten je Einheit Investitionskapital* auswählt, d.h. wenn man die Projekte nach der Relation

Kapitel 9: Entscheidungsregeln

$$(9\text{-}14) \quad R_i = \frac{KW_i}{a_0^i}$$

selektiert. Hierin bezeichnet KW_i den Kapitalwert des Projekts i und a_0^i das Investitionskapital desselben Projekts. R_i gibt dann an, wieviel DM Kapitalwert je eine DM Investitionskapital sich im Projekt erzielen lassen.

In Rentabilitätsrechnungen verwendet man häufig *Ertrags-Kosten-Relationen* (EKR). Eine spezifische EK-Relation läßt sich bilden, indem man die Summe der diskontierten Einzahlungsüberschüsse ("Ertrag": EÜ) auf die anfänglichen Investitionskosten (a_0) bezieht.

$$(9\text{-}15) \quad EKR = \frac{E\ddot{U}}{a_0}$$

Wegen

$$(9\text{-}16) \quad KW = E\ddot{U} - a_0$$

kann man auch schreiben

$$(9\text{-}17) \quad R = \frac{E\ddot{U} - a_0}{a_0} = \frac{E\ddot{U}}{a_0} - 1 = EKR - 1$$

Hiernach läuft die Selektion der Projekte nach dem Kriterium "Kapitalwert je eine DM Investitionskapital" (R) auf das gleiche Ergebnis hinaus wie eine Selektion gemäß EK-Relation.

EK-Relationen lassen sich jedoch in unterschiedlicher Weise bilden (und damit *manipulieren*). Zum Beispiel kann man in den Zähler die Summe der diskontierten Einzahlungen (vor Abzug der laufenden jährlichen Auszahlungen) schreiben und zu den anfänglichen Investitionskosten (a_0) im Nenner die Summe der diskontierten laufenden Auszahlungen addieren. Man erhält dann eine EK-Relation, die Bruttobeträge aufeinander bezieht.

$$(9\text{-}18) \quad EKR^* = \frac{E\ddot{U} + AU}{a_0 + AU}$$

Hierin bezeichnet AU die Summe der diskontierten Auszahlungen. Übersteigt die Summe der diskontierten Einzahlungsüberschüsse (EÜ) die Investitionskosten (a_0), d.h. ist der Kapitalwert positiv, dann ist EKR* kleiner als EKR.

Man kann selbstverständlich stets mit Hilfe von EK-Relationen ermitteln, ob sich grundsätzlich eine Investition lohnt, d.h. ob der Kapitalwert positiv ist. Unabhängig davon, wie man "Kosten" und "Erträge" gegeneinander saldiert, muß die EK-Relation bei positivem Kapitalwert stets größer als 1 sein. Als Selektionskriterium *bei begrenzter Kapitalverfügbarkeit* kommt aber allein die spezielle Relation (9-15) in Betracht!

(2) Häufig wird der *interne Zinsfuß* als Selektionskriterium bei begrenzten Finanzierungsmitteln gewählt. Hiervor ist jedoch zu warnen, und zwar aus folgenden Gründen:

(a) Einmal gelten nach wie vor die oben formulierten Einwände, wonach erstens möglicherweise unklar bleibt, ob das *"Investitionskriterium"* oder aber das *"Desinvestitionskriterium"* anzuwenden ist, zweitens *mehrere positive IZF* existieren können und drittens ein reeller IZF möglicherweise überhaupt *nicht existiert*. Es ist allerdings einzuräumen, daß diese Fälle in der Praxis nicht dominierend sind.

(b) Hinter der Anwendung des internen Zinsfußes als Selektionskriterium bei begrenzten Finanzierungsmitteln steht die Idee, daß der IZF die tatsächliche ("effektive") Verzinsung des in einem Projekt gebundenen Kapitals angibt; es sollen also die "bestverzinslichen" Projekte ausgesucht werden. Wir haben darauf hingewiesen, daß der IZF nur ein Spezialfall des *effektiven Zinssatzes* ist und daher möglichst nur auf begründete Spezialfälle angewendet werden sollte (IZF = effektiver Zinssatz, wenn sich die Einzahlungsüberschüsse gerade wieder zum IZF anlegen lassen).

(c) Aber selbst wenn wir den IZF durch den allgemeineren effektiven Zinssatz ersetzen, führt die Selektion nicht stets zu dem gleichen Ergebnis wie die zieladäquate Auswahl nach dem Kriterium des höchsten Kapitalwertes je DM Investitionskapital. Abweichungen ergeben sich dann, wenn die *Laufzeiten* der zur Auswahl stehenden Projekte unterschiedlich sind. Das Kriterium des effektiven Zinssatzes (und damit auch das des IZF) tendiert zu einer u.U. ungerechtfertigten Bevorzugung hochverzinslicher kurzlebiger Projekte. (Dieser Einwand gilt nicht, wenn es nach Beendigung eines kurzfristigen Projekts möglich ist, wiederum ein hochverzinsliches Projekt anzuschließen.). Es ist allerdings möglich, das Kriterium des effektiven Zinssatzes so zu modifizieren, daß es als Selektionskriterium verwendbar wird. Dies wird in Anhang 9 A gezeigt.

9.2.2
Auswahl von sich gegenseitig ausschließenden Projekten

(1) Wir wollen vier unterschiedliche *Typen* von sich ausschließenden Projekten unterscheiden:
- Soll man durch Anlegen von Baumplantagen auf Getreideernten in den nächsten Jahren verzichten, um höhere Erträge in der Zukunft zu erzielen? Dies ist der klassische Fall, in dem *gegebene Faktormengen* (z.B. Boden) *unterschiedlich verwendet* werden können.

- Soll in einem Projekt der Wiederaufforstung das dafür vorgesehene Land mit Hilfe von Maschinen oder manuell vorbereitet werden? Hier ist der *Ertrag gegeben* und die *optimale Faktorkombination* wird gesucht.
- Soll eine ältere Maschine, die grundsätzlich noch verwendbar ist, durch eine neue ersetzt werden? Dies ist die Frage nach dem *optimalen Ersatzzeitpunkt*.
- Wann sollte ein Projekt begonnen werden? Dies ist die Frage nach dem *optimalen Projektbeginn*. (Projekt "heute" schließt Projekt "morgen" aus).

(2) Das *Ziel* sei wiederum die Maximierung des Kapitalwertes. Daraus folgt unmittelbar: Bei sich gegenseitig ausschließenden Projekten ("entweder / oder") wird das Projekt mit dem *größten Kapitalwert* ausgewählt. Soweit *finanzielle Begrenzungen* existieren, sind diese selbstverständlich auch hier zu beachten; sie können u.U. die Realisierbarkeit einzelner Projekte von vornherein ausschließen.

Wir wollen hier die problemadäquaten Verfahren nur kurz skizzieren; Beispielsrechnungen sind in Anhang 9 A zu finden.

(a)   Maximierung des Ertrags bei gegebenen Faktormengen
Dieser Fall wirft keine neuen Probleme auf. Für die alternativen Verwendungen sind die Kapitalwerte zu berechnen und miteinander zu vergleichen. Die Alternative mit dem höchsten Kapitalwert wird ausgewählt.

(b)   Optimale Faktorkombination
Für alternative Produktionsverfahren (charakterisiert durch Investitionsausgaben und Ausgaben für laufende Betriebskosten) sind die Barwerte zu errechnen. Ausgewählt wird das Verfahren, das den niedrigsten *Barwert* (niedrigste Kosten) aufweist.

(c)   Optimaler Ersatzzeitpunkt
Zur Lösung dieses Problems kann zwar auf die oben beschriebenen Diskontierungsverfahren zurückgegriffen werden, allerdings sind einige Zusatzüberlegungen notwendig, die den hier vorgegebenen Rahmen sprengen. Wir verweisen daher auf die Beispielrechnung in Anhang 9 A.

(d)   Optimaler Projektbeginn
Eine kurze beispielhafte Erklärung soll das Grundproblem verdeutlichen: Zur Diskussion stehe die Errichtung eines Staudammes zum Zwecke der Energieerzeugung. Die Rentabilität eines solchen Projekts wird entscheidend von den Preisen alternativer Energieträger (z.B. Ölpreis als Ertragskomponente des Staudammprojekts) und den Investitionskosten bestimmt. Es sind Verläufe der Ölpreis- und Investitionskostenentwicklung denkbar, die das Projekt erst dann rentabel werden lassen, wenn es nicht sofort, sondern zu einem späteren Zeitpunkt begonnen wird (z.B. bei stark steigenden Ölpreisen in der Zukunft und weniger stark steigenden Investitionskosten). Sensitivitätsanalysen sind in solchen Fällen von zentraler Bedeutung (vgl. Abschnitt 9.5).

Hinweise darauf, ob sich eine zeitliche Verschiebung lohnt oder nicht, gibt das sog. *first year of return criterion*. Man ermittelt hierzu den Gegenwartswert der Nettoerträge des ersten Jahres (b_1 - Abschreibungen)/(1+r) und bezieht diesen auf die Investitionskosten (a_0). Diese Größe mißt die Kapitalrentabilität des ersten Jahres und kann mit den Kapitalkosten (r) verglichen werden. Eine Verschiebung des Projekts lohnt sich hiernach, wenn die Kapitalkosten die Rentabilität des ersten Jahres übersteigen. Man hat also die Vorstellung, daß sich das mit einem Verlust behaftete erste Jahr vermeiden läßt, indem man den Projektbeginn einfach um ein Jahr verschiebt. - Der Leser sei aber vor einer schematischen Anwendung dieses Kriteriums gewarnt. Denn es hat nur dann einen Sinn, wenn die anfänglichen Projektverluste tatsächlich durch einen verfrühten Projektbeginn verursacht werden. Soweit Anfangsverluste unvermeidlich sind, etwa weil stets eine Lernphase zu überbrücken ist, kann man diese selbstverständlich nicht durch zeitliche Verschiebungen eliminieren.

9.2.3
Alternative Rentabilitätsmaße

(1) Die bisherigen Betrachtungen waren allein auf die *Eigenkapitalrentabilität* abgestellt. Dies setzte die Kenntnis eines Finanzplanes voraus, weil andernfalls die mit dem Fremdkapitaleinsatz verbundenen Cash-Flows (Zufluß von Krediten; Kapitaldienst) nicht hätten erfaßt werden können.

Aber auch wenn der Projektanalytiker weiß, daß ein Projekt ohne Fremdkapitaleinsatz nicht realisierbar sein wird, kann es sinnvoll sein, in einem ersten Schritt die Rentabilität ohne Berücksichtigung von Fremdkapital zu ermitteln. Da damit (vorläufig) unterstellt wird, das notwendige *Gesamt*kapital könne allein durch Eigenkapital aufgebracht werden, reflektiert der sich aus diesem Ansatz ergebende interne Zinsfuß (näherungsweise) die *Gesamtkapitalrentabilität*. Der Projektanalytiker kann damit potentiellen Kapitalgebern die Ertragsfähigkeit des Projekts demonstrieren.

(2) Es wurde oben dargelegt (s. Einleitung zu Abschnitt 9.1), daß unterschiedliche Finanzierungsmodelle, sieht man von wenigen Ausnahmen ab, für *betriebswirtschaftliche* Untersuchungen von Bedeutung sind. Hieraus folgt auch, daß man sich in *volkswirtschaftlichen* Analysen im allgemeinen ausschließlich für die Gesamtkapitalrentabilität interessiert.

Soweit Geber von Eigenkapital gesucht werden, ist es allerdings empfehlenswert, die Eigenkapitalrentabilität (mit Berücksichtigung von Fremdfinanzierung) auszuweisen. Man kann sich leicht überlegen, daß die Eigenkapitalrentabilität die Gesamtrentabilität stets übersteigt, wenn der die Gesamtrentabilität ausdrückende interne Zinsfuß höher ist als der Fremdkapitalzinssatz.

Sofern ein Projekt überhaupt rentabel ist, d.h. sofern die Gesamtkapitalrentabilität (GR) einer Investition die Höhe der Fremdkapitalzinsen (r_F) übersteigt (GR > r_F), läßt sich die Eigenkapitalrentabilität über eine Erhöhung der Fremdkapital/Eigenkapital-Relation steigern. Dies kann man leicht zeigen. Auszugehen ist von folgender Gewinngleichung:

(9-19) $G = GR \cdot (K_E + K_F) - r_F \cdot K_F$

(G: Gewinn; $K_E + K_F$: Gesamtkapital als Summe von Eigen- und Fremkapital; r_F: Fremdkapitalzinssatz). Hieraus folgt bei Berücksichtigung der Definition für die Eigenkapitalrentabilität (ER = G/K_E)

$$(9\text{-}20) \quad ER = GR + (GR - r_F) \cdot \frac{K_F}{K_E}$$

Bei gegebener Gesamtkapitalrentabilität (GR) und bei gegebenem Zinssatz für das Fremdkapital (r_F) steigt somit die Eigenkapitalrentabilität mit zunehmender Fremdkapitalfinanzierung an. Man spricht in der angelsächsischen Literatur von dem sog. *leverage-Effekt*, d.h. von der "Hebelwirkung" wachsender Verschuldung auf die Eigenkapitalrentabilität.

9.3 Mehrzweckprojekte: Allokation von "Joint Costs"

Betrachten wir zur Verdeutlichung der Problematik ein Beispiel (GITTINGER, 1982, S. 233 ff.): Ein Staudammprojekt diene der Bewässerung, der Energiegewinnung sowie der Verbesserung der Flußschiffahrt. Folgende Kostenstruktur (Kosten[1] in Form von Barwerten) sei geschätzt worden:

	Bewässerung	Energie	Schiffahrt	Insgesamt
Gesamtkosten				43.111
Zurechenbare Kosten	5.696	5.824	8.142	19.662
Verbleibende Kosten				23.449

Von den Gesamtkosten in Höhe von 43.111 läßt sich offenbar ein Betrag von 19.662 den Teilaktivitäten unmittelbar zuordnen (Die Kosten aufgrund der Installation von Generatoren für die Gewinnung von Elektrizität sind z.B. der Aktivität "Energie" anzulasten.). Man nennt diese direkt zurechenbaren Kosten auch *separable costs* - Es verbleibt ein Betrag von 23.449, der von den Aktivitäten gemeinsam verursacht wird (*joint costs*) und der nach einem sinnvollen Schlüssel aufzuteilen ist (vergleichbar der Zurechnung von Gemeinkosten in Mehrproduktunternehmen).

Zur Konstruktion eines solchen *Schlüssels* kann man sich z.B. an den *Vorteilen* orientieren, die den Einzelaktivitäten durch die Realisierung des Projekts jeweils zuwachsen. Um diese Vorteile zu ermitteln, fragt man danach, wie teuer für eine Einzelaktivität die Realisierung einer Alternative (z.B. Bewässerung durch Pumpen) wäre, die die gleiche Leistung erbrächte wie das

---

[1] Rechnungseinheit: CFAF (= African Financial Community Francs)

Staudammprojekt. Sind dies im Bewässerungsbereich z.B. 16.678, dann "spart" die Bewässerungsbehörde durch den Staudammbau genau diesen Betrag. Da ihr aber auch 5.696 im Zusammenhang mit dem Staudamm direkt angelastet werden können, verbleibt ein Nettovorteil von 10.982 (16.678 - 5.696). Ähnliche Rechnungen sind für die anderen Aktivitäten anzustellen:

	Bewässerung	Energie	Schiffahrt	Insgesamt
Alternativkosten	16.678	16.457	24.798	57.933
Zurechenbare Kosten	5.696	5.824	8.142	19.662
"Zumutbare Kosten	10.982 (28,7%)	10.633 (27,8%)	16.656 (43,5%)	38.271 (100%)

Die sog. "zumutbaren Kosten" sind mit den o.a. Nettovorteilen identisch. Sie geben für jede Aktivität den Maximalbetrag an, mit dem sie jeweils an den joint costs beteiligt werden können. So wäre z.B. für die Bewässerungsbehörde das Staudammprojekt uninteressant, wenn sie mit 11.000 an den joint costs beteiligt würde; die Realisierung der Alternative (Pumpen) wäre vorteilhafter.

Der Schlüssel für die Zurechnung der joint costs ergibt sich aus den prozentualen Anteilen der Einzelaktivitäten an den insgesamt anfallenden Nettovorteilen (38.271); man spricht von der *separable costs-remaining benefits method*. Das Ergebnis des Zurechnungsverfahrens gibt folgende Tabelle wieder:

	Bewässerung	Energie	Schiffahrt	Insgesamt
Allokation der verbleibenden Kosten	6.730	6.519	10.200	(23.449)
Zurechenbare Kosten	5.696	5.824	8.142	(19.662)
Allokation der Gesamtkosten	12.426	12.343	18.342	(43.111)

Die erste Zeile der Tabelle enthält die Summe der nicht direkt zurechenbaren Kosten in Höhe von 23.449, die gemäß dem "Schlüssel" 28,7%; 27,8% bzw. 43,5%, den Teilaktivitäten zugeordnet sind..

9.4
Ergänzende Prüfkriterien

Aus dem betrieblichen Rechnungswesen sind einfache Kennziffern bekannt, die häufig ergänzend zur Projektanalyse herangezogen werden. Sie können wegen ihrer Einfachheit bereits in einem sehr *frühen Stadium der Projektanalyse* sehr hilfreich sein. Soweit sich nämlich durch grobe Abschätzungen erkennen läßt, daß mit einem positiven Kapitalwert oder einer ausreichend hohen internen Verzinsung nicht zu rechnen ist, können durch diese Vorauswahl die relativ aufwendigen Verfahren der Investitionsrechnung auf eine kleinere Anzahl erfolgversprechender Projekte konzentriert werden.

9.4.1
Einfache Rentabilitätskriterien ("simple rate of return")

Die einfache Eigenkapitalrentabilität (ER) ist wie folgt definiert:

$$(9\text{-}21) \quad ER = \frac{\text{Gewinn}}{\text{Eigenkapital}}$$

Der Gewinn ist als sog. Flußgröße (Dimension DM/Periode) der *G+V-Rechnung* eines "normalen", d.h. eines als repräsentativ angesehenen Jahres zu entnehmen. Informationen über die Höhe des Eigenkapitals (Bestandsgröße mit der Dimension DM/Zeitpunkt) liefern der *Finanzplan* (vgl. Kapitel 11) oder die (prognostizierten) *Bilanzen* ("balance sheet"). Geschätzt werden muß das *durchschnittliche* im Projekt *gebundene* Eigenkapital.

(1) Es ist zunächst zu fragen, inwieweit eine so einfache Kennziffer wie die Eigenkapitalrentabilität eine Hilfe bei der Beurteilung *eines* einzelnen vorgegebenen Projekts sein kann. Man kann sich an folgenden Faustregeln orientieren:

a. Ist für ein normales Jahr mit normaler Kapazitätsauslastung die Eigenkapitalrentabilität niedriger als die angenommene Eigenkapitalverzinsung (Opportunitätskosten), dann wird man das Projekt ablehnen können; aufwendige Diskontierungsrechnungen lassen sich dann umgehen.

b. Wenn für ein normales Jahr die Eigenkapitalrentabilität größer ist als die angenommene Eigenkapitalverzinsung, dann sollte man auf Diskontierungsverfahren nur verzichten, wenn
– die Eigenkapitalrentabilität über die Zeit wenig streut,
– die Differenz zwischen Eigenkapitalrentabilität und Eigenkapitalverzinsung relativ groß ist.

(2) Als Auswahlkriterium bei *begrenzten Finanzierungsmitteln* sollte man die Eigenkapitalrentabilität nur dann verwenden, wenn
– die Eigenkapitalrentabilität über die Zeit wenig streut,
– *oder* die Eigenkapitalrentabilität eines Projekts A stets (also in jeder Periode) größer oder kleiner ist als die Eigenkapitalrentabilität eines Alternativprojekts B
– *und* sich die Laufzeiten der zu vergleichenden Projekte wenig unterscheiden.

(3) Wie der interne Zinsfuß und der effektive Zins ist die Eigenkapitalrentabilität ein *relatives* Maß und daher bei der Auswahl *sich gegenseitig ausschließender (rentabler) Projekte* nicht verwendbar.

9.4.2
Einfache Effizienzkriterien

Ergänzend zu den Rentabilitätsrechnungen kann man Kennziffern errechnen und diese mit entsprechenden Werten ähnlicher Projekte (geplanter oder bereits realisierter) *vergleichen*, um Hinweise auf die relative Effizienz des vorliegenden Projekts zu erhalten. Man mag für Vergleiche zunächst auch wieder die
- einfache Kapitalrentabilität
- heranziehen, daneben aber auch
- die Umsatzrentabilität (Gewinn/Umsatz; "return on sales"),
- die "operation ratio" (Lfd. Kosten/Umsatz),
- die Umschlagskoeffizienten (coefficient of turnover; vgl. Abschnitt 7.4) für Rohstoff- und Fertigwarenlager.

Anmerkungen zur Aussagefähigkeit dieser groben Kennziffern findet man in den meisten einführenden Lehrbüchern der Betriebswirtschaftslehre (z.B. WÖHE, 1996).

9.5
Unsicherheit und Risiko

(1) In den *Kapitalwert* als zentrales Prüfkriterium geht eine Vielzahl *prognostizierter* Mengen und Preise ein. Daß sich diese Mengen und Preise in der Zukunft tatsächlich einstellen, ist keineswegs sicher. Um diesen Unsicherheiten Rechnung zu tragen, kann man versuchen, den Grad der Unsicherheit zu quantifizieren, indem nach den *Wahrscheinlichkeitsverteilungen* aller einzelnen Mengen und Preise gefragt wird. (Diese "quantifizierte Unsicherheit" bezeichnet man als *Risiko*). Liegen darüber Informationen vor, dann ist es grundsätzlich möglich, hieraus eine Wahrscheinlichkeitsverteilung für den Kapitalwert abzuleiten. Diese gibt uns an, wie "sicher" wir sein können, daß sich der Kapitalwert innerhalb bestimmter Grenzen einstellen wird. Von besonderem Interesse sind bei Prüfung *eines einzelnen* vorgegebenen Projekts Informationen darüber, mit welcher Wahrscheinlichkeit man damit rechnen kann, daß der Kapitalwert größer als Null sein wird.

Wahrscheinlichkeitsverteilungen von Kapitalwerten lassen sich jeweils durch den *Erwartungswert* ("durchschnittlich zu erwartender Kapitalwert") und die *Streuung* (z.B. Standardabweichung) charakterisieren. Soll man nun aus zwei sich gegenseitig ausschließenden Projekten A und B eines als das vorteilhaftere auswählen, so können Entscheidungsschwierigkeiten auftreten. Dies z.B. dann, wenn etwa der erwartete Kapitalwert von A größer ist als der von B, gleichzeitig die Streuung der möglichen Kapitalwerte von A so groß ist, daß, im Gegensatz zu B, nicht einmal ein negativer Kapitalwert ausgeschlossen werden kann. Selbst wenn man den Kapitalwert als einzig gültiges Maß für die Vorteilhaftigkeit eines

Projekts ansieht, ist eine Entscheidung nur bei Kenntnis der *subjektiven* Einstellung des Entscheidungsträgers zum Risiko möglich.

(2) In der *Bewertungspraxis* wird i.d.R. auf das Rechnen mit Erwartungswerten verzichtet, weil man vor dem Aufwand zurückschreckt oder/und Informationen über Wahrscheinlichkeitsverteilungen nicht vorliegen. Hieraus darf aber keinesfalls der Schluß gezogen werden, man könne die Überlegungen des Unterabschnittes (1) ignorieren.

(a) Wenn der *Erwartungswert* des Kapitalwertes als sinnvolles Kriterium für die Vorteilhaftigkeit eines Projekts anzusehen ist, dann muß der Projektanalytiker darauf *vertrauen*, daß seine Einzelschätzung des Kapitalwertes nicht allzuweit von dem zugehörigen Erwartungswert entfernt ist. Fehler sind allerdings unvermeidlich, weil im allgemeinen die Einzelschätzung des Kapitalwertes nicht einmal dann als Erwartungswert angesehen werden könnte, wenn alle in die Kapitalwertberechnung eingehenden Mengen und Preise Erwartungswerte wären.

(b) Auch ein *Streuungsmaß* läßt sich ohne Informationen über die Wahrscheinlichkeitsverteilungen nicht berechnen. Dennoch muß man auf Risikoüberlegungen nicht völlig verzichten. In der Praxis sind sog. *Sensitivitätstests* üblich; sie zeigen, wie die Höhe des Kapitalwertes auf unterschiedliche Prognosewerte von Preisen und Mengen reagiert. Dabei empfiehlt sich eine Beschränkung der Untersuchung auf einige wenige zentrale Größen, für die einerseits Abweichungen vom Schätzwert vermutet werden können *und* von deren Schwankungen andererseits starke Wirkungen auf die Höhe des Projekterfolges ausgehen.

Nützliche Informationen lassen sich mit Hilfe unterschiedlicher *Verfahren* gewinnen. Man kann einmal danach fragen, wie stark der Kapitalwert auf eine *vorgegebene* und als nicht "unwahrscheinlich" eingeschätzte Schwankung reagiert - bei Konstanz aller sonstigen Einflußgrößen. Eine alternative Vorgehensweise besteht in der Ermittlung sog. *kritischer Werte*. Diese geben an, wie stark eine Einflußgröße unter der Voraussetzung eines nicht negativen Kapitalwertes maximal sinken oder steigen darf.

Nicht zu empfehlen ist bei Unkenntnis von Wahrscheinlichkeitsverteilungen die Annahme mehrerer für denkbar gehaltener Werte für jeweils jede der als wichtig eingestuften Einflußgrößen und ein anschließendes "Durchspielen" einer Vielzahl von Kombinationen. Wenn z.B. lediglich drei Einflußgrößen als "bedeutend" eingestuft werden (etwa der Verkaufspreis, die Produktionsmenge und der Lohnsatz) und man für jede dieser Größen nur jeweils zwei mögliche Werte annimmt, dann lassen sich bereits acht verschiedene Kapitalwerte errechnen. Dem Argument zu hohen Rechenaufwands kann man heute u.U. mit dem Hinweis auf hinreichend große Rechnerkapazitäten beggnen. Wesentlich schwerer wiegt der Einwand, daß man mit einem Satz von acht Kapitalwerten wenig anfangen kann, wenn keine Informationen über die Wahrscheinlichkeit ihres Eintritts vorliegen. Nicht nutzlos erscheint hingegen die Berechnung des "schlechtesten" aller Kapitalwerte, d.h. die Beschreibung des *"worst case"* (etwa:

niedrigste Schätzwerte für Verkaufspreise und Verkaufsmengen, kombiniert mit höchsten Schätzwerten für Kosten).

Darüber, welche Einflußgrößen sich in der Praxis als wesentlich erwiesen haben, liegen Informationen vor. Es sind dies für die Industrie z.B. technologische Veränderungen, die Produktionskapazität, die Länge der Konstruktions- und Anlaufphase (UNIDO, 1978, S. 183). Im Rahmen landwirtschaftlicher Projektplanung sind besonders zu beachten: die Verkaufspreise, die Erträge, die Konstruktionskosten, die Anlaufphase (GITTINGER, 1982, S. 364 ff.).

(3) Ähnlich wie man Diskontierungsmethoden durch einfache Prüfkriterien ergänzt, gibt es auch für die Behandlung von Problemen der Ungewißheit und des Risikos ergänzende *Einfachstverfahren*.

(a) "Pay-back"-Periode
Mit der Pay-back-Periode ist nichts anderes gemeint als der Zeitraum, der notwendig ist, um durch zukünftige Nettoerlöse das anfangs eingesetzte Kapital zurückzugewinnen. Je länger die Pay-back-Periode ist, um so höher wird c.p. das Projektrisiko eingestuft. Die Anwendung dieser offensichtlich recht groben Methode mag dann ihre Berechtigung haben, wenn ökonomische und vor allem auch *politische Instabilitäten* weit in die Zukunft reichende Planungen in besonderem Maße erschweren.

(b) Break-even-Analyse
Ebenso wie die einfachen Rentabilitätskennziffern basiert die Break-even-Analyse auf der Periodenerfolgsrechnung (G+V-Rechnung). Sie ist auf die Berechnung des sog. break even point (BEP) ausgerichtet, d.h. auf die Bestimmung der Produktionsmenge oder Kapazitätsauslastung (einer als "normal" angesehenen Periode), bei der die Gesamtkosten (fixe und variable Kosten) gerade durch die Verkaufserlöse gedeckt werden. Ein hoher BEP signalisiert insofern ein relativ hohes Risiko, als die Unternehmung (das Projekt) gegenüber Schwankungen der Kapazitätsauslastung verwundbar erscheint. Ein hoher BEP läßt sich auf hohe fixe Kosten und/oder einen niedrigen Deckungsbeitrag (= Produktpreis minus variable Stückkosten) zurückführen.

Break-even-Analysen lassen sich leicht mit *Sensitivitätsanalysen* kombinieren. Soweit man Break-even-Analysen überhaupt als hilfreich ansieht, erscheint es sinnvoll danach zu fragen, welche Veränderungen wichtiger Einflußgrößen von Erlösen und Kosten bei normaler Kapazitätsauslastung die Gewinne verschwinden lassen (Berechnung "kritischer Werte").

9.6
Berücksichtigung von Inflationsprozessen

(1) Verwendet man nominale Größen, dann errechnet sich der Barwert einer Zahlungsreihe $p_0 \cdot x_0, p_1 \cdot x_1, p_2 \cdot x_2$ wie folgt:

$$(9\text{-}22) \quad BW = p_0 \cdot x_0 + \frac{p_1 \cdot x_1}{1+r_N} + \frac{p_2 \cdot x_2}{(1+r_N)^2}$$

p_0, p_1, p_2 : Preise eines Gutes zu den Zeitpunkten 0,1 bzw. 2
x_0, x_1, x_2 : Mengen eines Gutes zu den Zeitpunkten 0,1 bzw. 2
r_N : Nominaler Zinssatz

(2) Es sei weiter angenommen, daß die allgemeine Inflationsrate der Volkswirtschaft f betrage und sich *alle* Einzelpreise mit dieser Rate im Zeitablauf verändern *(keine inflationsbedingten relativen Preisänderungen)*. Für das oben betrachtete Gut gilt dann offenbar $p_1 = p_0 \cdot (1+f)$ und $p_2 = p_0 \cdot (1+f)^2$. Der Barwert der Zahlungsreihe läßt sich somit auch wie folgt schreiben:

$$(9\text{-}23) \quad BW = p_0 \cdot x_0 + \frac{p_0(1+f)x_1}{1+r_N} + \frac{p_0(1+f)^2 x_2}{(1+r_N)^2}$$

oder

$$(9\text{-}23a) \quad BW = p_0 \cdot x_0 + \frac{p_0 \cdot x_1}{\frac{1+r_N}{1+f}} + \frac{p_0 \cdot x_2}{\left(\frac{1+r_N}{1+f}\right)^2}$$

Man schreibt häufig auch kürzer

$$(9\text{-}24) \quad BW = p_0 \cdot x_0 + \frac{p_0 \cdot x_1}{1+r} + \frac{p_0 \cdot x_2}{(1+r)^2}$$

r bezeichnet den *realen* Zinssatz.

(3) Aus einem Vergleich von Gleichung (9-22) mit Gleichung (9-24) folgt: Verändern sich im Zuge eines Inflationsprozesses die relativen Preise nicht, dann ist es unerheblich, ob wir im Rahmen von Investitionsrechnungen zu *laufenden* Preisen bewertete Größen mit Hilfe des *nominalen* Zinssatzes oder zu *konstanten* Preisen bewertete Größen mit Hilfe des *realen* Zinssatzes diskontieren. Der reale Zinssatz ist dabei wie folgt definiert:

$$(9\text{-}25) \quad r = \frac{1+r_N}{1+f} - 1$$

r läßt sich also leicht ermitteln.

(4) Im Falle (inflationsbedingter) *relativer Preisänderungen* steigen die Preise einzelner Produkte *nicht* genau im Ausmaß der allgemeinen Inflationsrate (f). Rechnet man mit nominalen Größen, und beträgt die jährliche Preissteigerungsrate eines einzelnen Gutes f', dann erhält man analog zu Gleichung (9-23)

$$(9\text{-}26) \quad BW = p_0 \cdot x_0 + \frac{p_0(1+f')x_1}{1+r_N} + \frac{p_0(1+f')^2 x_2}{(1+r_N)^2}$$

Bei Berücksichtigung von Gleichung (9-25) kann man auch schreiben

$$(9\text{-}27) \quad BW = p_0 \cdot x_0 + \frac{p_0 \left(\frac{1+f'}{1+f}\right) \cdot x_1}{1+r} + \frac{p_0 \left(\frac{1+f'}{1+f}\right)^2 \cdot x_2}{(1+r)^2}$$

Hieraus folgt: Rechnet man mit realen Preisen, dann sind für diejenigen Güter, die nicht im Ausmaß der durchschnittlichen volkswirtschaftlichen Preissteigerungsrate "inflationieren", die *Abweichungen* von der allgemeinen Inflationsrate zu ermitteln (die sog. relative Inflation). Diese betragen

$$\frac{1+f'}{1+f}$$

Beispiel: Wird geschätzt, daß die zukünftige allgemeine Inflationsrate 10% betragen wird, die inländischen Ölpreise hingegen mit einer Rate von 14% steigen werden, dann beträgt die reale Ölpreissteigerung im Inland

$$\frac{1+f'}{1+f} - 1 = \frac{1,14}{1,10} - 1 = 0,0364 \, (3,64\%)$$

Sind die Preissteigerungsraten sehr klein, dann kann man auch die Näherungsformel f' − f verwenden.

Ein Vergleich der Gleichungen (9-26) und (9-27) führt uns zu derselben Schlußfolgerung wie die Überlegungen zu Unterabschnitt (1): Es ist für die Höhe des Kapitalwertes unerheblich, ob wir Nominalwerte mit Hilfe des *nominalen* Zinssatzes oder deflationierte (Real-)Werte mit Hilfe des *realen* Zinssatzes diskontieren. Diese Aussage ist letztlich eine Tautologie: Durch die Einführung des

Begriffs "realer Zinssatz" wird derselbe Tatbestand nur mit anderen Worten umschrieben.

(5) Die Aussagen der Unterabschnitte (1) und (3) gelten uneingeschränkt auch für das Konzept des *internen Zinsfußes*. Dies ergibt sich aus folgenden einfachen Überlegungen: Der interne Zinsfuß ist definiert als derjenige Zinssatz, der den Kapitalwert gleich Null werden läßt. Da wir wissen, daß die Höhe des Kapitalwertes *stets* unabhängig davon ist, ob mit nominalen oder realen Größen gerechnet wird, gilt dies auch für den Spezialfall einer Diskontierung mit Hilfe des internen Zinsfußes, der uns auf einen Kapitalwert von Null führt.

Damit gilt auch für den internen Zinsfuß die Gleichung (9-25), die man jetzt in folgender Form schreiben kann:

$$(9\text{-}28) \quad IZF_R = \frac{1 + IZF_N}{1 + f} - 1$$

IZF_R : Realer interner Zinsfuß
IZF_N : Nominaler interner Zinsfuß

Ist man also an der Höhe des *realen* internen Zinsfußes interessiert, dann läßt dieser sich auf zweierlei Weise errechnen: Entweder man ermittelt ihn direkt, indem man in die zugehörige Formel deflationierte Werte einsetzt, oder aber man errechnet zunächst den IZF_N auf der Grundlage der Nominalwerte und deflationiert den IZF_N in einem zweiten Schritt nach der Vorschrift (9-25).

(6) *Wirtschaftlichkeitsrechnungen* für verschiedene Projekte, die sich nicht auf dieselben Zeiträume beziehen, sind schwer *vergleichbar*, wenn sie unterschiedliche Inflationskomponenten enthalten. Im Interesse einer einheitlichen Präsentation ist es daher ratsam, die Rechnungen auf der Grundlage *deflationierter* (Real-)Größen durchzuführen.

Im Gegensatz zu der (einzel- oder gesamtwirtschaftlichen) Investitionsrechnung selbst sollten *Finanzierungsrechnungen* (vgl. Kapitel 11), die der Erhaltung des finanziellen Gleichgewichts dienen (Vermeidung von Liquiditätsengpässen), nur *Nominalgrößen* enthalten. Dies deshalb, weil Finanzierungsdefizite auch nominal abzudecken sind.

Anhang 9 A:
Dynamische Verfahren der Investitionsrechnung

Vorbemerkungen

In diesem Anhangsteil werden die im Haupttext verwendeten Investitionskriterien geschlossen beschrieben, hergeleitet und begründet sowie darüber hinaus Zusammenhänge zwischen ihnen dargestellt. Einige der hier zu findenden Präzisierungen mögen dem eiligen Leser vielleicht zu ausführlich erscheinen (etwa die Diskussionen zu unterschiedlichen Investitionstypen). Wir hielten sie dennoch für notwendig, weil in der Bewertungsliteratur zu findende Unschärfen eine Fülle vermeidbarer Mißverständnisse verursacht haben. Dies gilt vor allem für das Konzept des internen Zinsfußes, das in der Praxis projektorientierter Entwicklungsplanung weit verbreitet ist und gerade auch deswegen einer kritischen Analyse bedarf.

Wie im Haupttext haben wir auch hier auf eine eingehendere Diskussion der sogenannten *Vermögensendwertmethode* - dem Pendant zur Kapitalwertmethode, die man als "Barwertmethode" bezeichnen könnte - verzichtet. Ein einfaches praktisches Anwendungsbeispiel liefert der Fall (1) (a) in Abschnitt A.1.1. Ebenso wie die Kapitalwertmethode besitzt auch die Methode des internen Zinsfußes ein Pendant: es ist dieses die sogenannte *Sollzinssatzmethode*. Zwischen der Sollzinssatzmethode und der Vermögensendwertmethode besteht ein ähnlicher Zusammenhang wie zwischen der Kapitalwertmethode und der Methode des internen Zinsfußes (vgl. hierzu: BLOHM und LÜDER, 1991).

A.1
Rentabilitätsrechnung für ein gegebenes Projekt

Beispiel 9A-1:
Projekt: Düngemittelfabrik. Lebenszeit: $T = 10$ Jahre
Erforderliches Anfangskapital: $a_0 = 20$ Mill. DM (Auszahlung am Ende des Jahres 0)
Bauzeit: 1 Jahr (Jahr 0)
Produktionsbeginn: Anfang des Jahres 1
Schrottwert nach 10 Jahren: Null
Preis für Düngemittel: 1400 DM/T
Kapazität: 10 000 T/Jahr
Fixe Kosten: 1 Mill. DM/Jahr
Variable Stückkosten: 900 DM/T
Verkaufserlöse: 1400 DM/T · 10 000 T/Jahr = 14 Mill. DM/Jahr
Variable Gesamtkosten: 900 DM/T · 10 000 T/Jahr = 9 Mill. DM/Jahr
Totale Gesamtkosten: 1 Mill. DM/Jahr + 9 Mill. DM/Jahr.

Hieraus ergeben sich, wie man leicht nachrechnen kann, die Auszahlungen ("Kosten") und Einzahlungen ("Erlöse") der *Übersicht 9A-1*.

Übersicht 9A-1: Cash Flow (CF; in Mill. DM)

Jahr	Kosten	Erlöse	Cash Flow
0	20	-	-20
1	10	14	4
2	10	14	4
3	10	14	4
4	10	14	4
5	10	14	4
6	10	14	4
7	10	14	4
8	10	14	4
9	10	14	4
10	10	14	4

Anhang 9 A: Verfahren

Es soll mit Hilfe geeigneter Methoden die Frage beantwortet werden, ob das Beispielsprojekt als rentabel angesehen werden kann. Dabei unterstellen wir unterschiedliche Finanzierungsmodalitäten.

A.1.1 Kapitalwertmethode

(1)   Finanzierung allein durch Eigenkapital

(a)   Erste mögliche Vorgehensweise: Vergleich zum Zeitpunkt t = T
Frage: Welchen (DM-)Wert erreicht das Kapital nach Ablauf von 10 Jahren (T = 10), wenn entweder der Betrag in Höhe von 20 Mill. DM in Wertpapieren angelegt, oder aber zur Realisierung eines Düngemittelprojektes verwendet wird?

Alternative 1:   Wertpapieranlage (Aufzinsung eines Betrages über T Jahre; Wiederanlage der Zinserträge zu 10 %)

(9A-1)
$$EW_W \text{ (Endwert/Wertpapiere)}$$
$$= a_o (1+r)^T$$
$$= 20 \text{ Mill. DM} \cdot (1,1)^{10}$$
$$= 20 \text{ Mill. DM} \cdot 2,59$$
$$= 51,87 \text{ Mill.}$$

Alternative 2:   Düngemittelfabrik (Anwendung der Rentenendwertformel; Wiederanlage der jährlichen Nettoerträge zu 10%)

(9A-2)
$$EW_{DF} \text{ (Endwert/Düngemittelfabrik)}$$
$$= CF \cdot \frac{(1+r)^T - 1}{r}$$
$$= 4 \text{ Mill. DM} \cdot \frac{(1,1)^{10} - 1}{0,1}$$
$$= 4 \text{ Mill. DM} \cdot 15,9$$
$$= 63,75 \text{ Mill. DM}$$

Offensichtlich ist es lukrativer, den Betrag in Höhe von 20 Mill. DM einem Düngemittelprojekt zur Verfügung zu stellen, als denselben Betrag in Wertpapieren anzulegen. Zu beachten ist dabei allerdings, daß von *Risiko*überlegungen abstrahiert wurde.

Im Falle der Wertpapierverzinsung (EW_W) wurde unterstellt, daß die Zinsen dem Kapital jeweils am Ende des Jahres zugeschlagen werden. Ähnlich wurde für das Düngemittelprojekt unterstellt, daß die jährlichen Nettobeträge jeweils am Ende des Jahres anfallen (daher: Verwendung *nachschüssiger Rentenendwertfaktoren*).

(b) Zweite mögliche Vorgehensweise: Vergleich zum Zeitpunkt t = 0
Frage: Wie groß müßte der Wertpapierbestand zum Zeitpunkt 0 sein, wenn die Wertpapiere einen ebensolchen Strom von Erträgen erzeugen sollen wie eine Düngemittelfabrik mit einem Anfangskapital von 20 Mill. DM?
Wenn b die jährlichen Nettoerträge darstellt, erhält man nach Multiplikation mit dem *Rentenbarwertfaktor* für nachschüssige Renten einen Barwert von

(9A-3) $\quad BW = b \dfrac{(1+r)^T - 1}{r(1+r)^T}$

Barwert im Beispiel:

$$BW = 4 \text{ Mill. DM} \cdot \dfrac{1,59}{0,259} = 24,58 \text{ Mill. DM}$$

Der Ertragsstrom der Düngemittelfabrik entspricht somit einem zu 10% verzinslichen Wertpapierbestand in Höhe von 24,58 Mill.DM. Das sind 4,58 Mill.DM mehr als das Anfangskapital von 20 Mill. DM ausmacht.

Der Eigentümer einer Fabrik, deren Inbetriebnahme ein Anfangskapital von 20 Mill. DM erfordert, ist offenbar - unter Berücksichtigung der zukünftigen Erträge - um 4,58 Mill. DM "reicher" als ein Wertpapiereigentümer, der über ein Wertpapiervermögen von ebenfalls 20 Mill. DM verfügt.

Man nennt die Differenz aus dem Anfangskapital von 20 Mill. DM und dem Barwert der Erträge von 24,58 Mill. DM auch den *Kapitalwert (KW)* der Investition. Er gibt gleichsam den aus der Sachinvestition erzielbaren "Vermögenszuwachs" an. Ist der Kapitalwert positiv, dann wird die Durchführung der Sachinvestition empfohlen.

Formal gilt

(9A-4) $\quad KW = b \cdot \dfrac{(1+r)^T - 1}{r(1+r)^T} - a_0 \quad (a_0 = \text{Anfangskapital})$

In unserem Beispiel gilt

$$KW = 4 \text{ Mill. DM} \cdot \dfrac{15,9}{2,59} - 20 \text{ Mill. DM} = 4,58 \text{ Mill. DM}$$

Nach den bisherigen Annahmen fielen die positiven Nettoerträge in jährlich gleichen Beträgen an. Diese Annahme ermöglichte die unmittelbare Anwendung der Rentenrechnung. Im Falle *ungleicher* Beträge sind die Nettoerträge jeweils individuell zu diskontieren.

(9A-5) $$KW = \frac{b_1}{1+r} + \frac{b_2}{(1+r)^2} + \ldots + \frac{b_n}{(1+r)^T} - a_0 = \sum_{t=1}^{T} \frac{b_t}{(1+r)^t} - a_0$$

Eine Vorstellung von dem Gewicht der einzelnen *Diskontierungsfaktoren* $(1 + r)^{-t}$ vermittelt *Übersicht 9A-2*.

Übersicht 9A-2: *Diskontierter Cash Flow (in Mill. DM) bei alternativen Zinssätzen*

Jahr	Cash Flow	Diskontierungs-faktoren für 10 %	Diskontierter Cash Flow (10%)	Diskontierungs-faktoren für 20 %	Diskontierter Cash Flow (20 %)
0	-20.00	1.000	-20.00	1.000	-20.00
1	4.00	0.909	3.64	0.833	3.33
2	4.00	0.826	3.30	0.694	2.78
3	4.00	0.751	3.00	0.579	2.32
4	4.00	0.683	2.73	0.482	1.93
5	4.00	0.621	2.48	0.402	1.61
6	4.00	0.564	2.26	0.335	1.34
7	4.00	0.513	2.05	0.279	1.12
8	4.00	0.467	1.87	0.233	0.93
9	4.00	0.424	1.70	0.194	0.78
10	4.00	0.386	1.54	0.162	0.65
KW			4.57		-3.21

Man erkennt z.B. aus der vorletzten Zeile von Spalte 2, daß ein Geldbetrag, der erst in 10 Jahren zur Verfügung steht, nur gut ein Drittel desselben Betrags "wert" ist, der bereits heute verfügbar ist. Außerdem verdeutlicht ein Vergleich der Spalten 3 und 5 den Einfluß einer Zinssatzänderung auf die Höhe des Kapitalwertes und damit auf die Rentabilität des Projekts: Eine Verdoppelung des Zinssatzes macht das Projekt offensichtlich unrentabel (KW = -3.21 < 0).

(2) Finanzierung allein durch Fremdkapital

(a) Kreditlaufzeit = Projektlaufzeit. Eigenkapitalzinssatz = Fremdkapitalzinssatz

Erste Modellvorstellung: Der Kredit in Höhe von 20 Mill. DM wird *am Ende der Projektlaufzeit* (nach 10 Jahren) einschließlich aufgelaufener Zinsen zurückgezahlt (Zinssatz 10 %).
Bei *Endwertbetrachtung* erhält man wieder

$$EW_K \text{ (Endwert / Kredit)} = a_0 \cdot (1+r)^T = 51{,}87 \text{ Mill. DM}$$

$$EW_{DF} \text{ (Endwert / Fabrik)} = CF \cdot \frac{(1+r)^T - 1}{r} = 63{,}75 \text{ Mill. DM}$$

Auch aus dieser Rechnung ergibt sich die Vorteilhaftigkeit des Projektes und somit kein Unterschied zum Fall (1): Am Ende der Projektlaufzeit steht dem Investor ein Betrag zur Verfügung (63,75 Mill. DM), der die Ansprüche des Kreditgebers zum selben Zeitpunkt (51,87 Mill. DM) übersteigt.

Der Inverstor kann sich in diesem Zusammenhang auch für die Frage interessieren, welcher (fiktive) Nettoeigenkapitalbestand ("Ertragswert") ihm heute zufließt, wenn er sich für die Investition tatsächlich entscheidet (*Barwertbetrachtung*).

$$BW_K \text{ (Barwert / Kredit)} = a_0^F = 20 \text{ Mill. DM}$$

$$BW_{DF} \text{ (Barwert / Fabrik)} = 4 \text{ Mill.} \cdot \frac{(1+r)^T - 1}{r(1+r)^T} = 24{,}58 \text{ Mill. DM}$$

Wiederum gibt es keinen Unterschied zum Grundmodell (= Modell mit ausschließlicher Eigenkapitalfinanzierung).

Zweite Modellvorstellung: Wie Modell 1, jedoch wird der Kredit in Höhe von 20 Mill. DM in gleichen jährlichen Beträgen (Tilgung und Zinszahlungen) zurückgezahlt (*Annuitätentilgung*).

Der Vergleich der beiden Anlagearten muß nun auf jährlicher Basis erfolgen, indem die *jährlich* anfallenden Rückzahlungen (Zinsen und Tilgungsbeträge) den *jährlichen* Erlösen des Projektes gegenüber gestellt werden.

Im Falle von Annuitätentilgung gilt

$$(9A\text{-}6) \quad c = a_0^F \cdot \frac{r(1+r)^T}{(1+r)^T - 1}$$

Man nennt c die *Annuität* und den Ausdruck

$$(9A\text{-}7) \quad \frac{r(1+r)^T}{(1+r)^T - 1} = \frac{0{,}1(1+0{,}1)^{10}}{(1+0{,}1)^{10} - 1} = 0{,}1627$$

Annuitätenfaktor. Die Annuität enthält die Tilgungsbeträge und die Zinszahlungen auf die jeweilige Restschuld.

In unserem Beispiel gilt

$$c = 20 \text{ Mill. DM} \cdot 0{,}1627 = 3{,}254 \text{ Mill. DM}$$

Es fallen somit jährliche Zahlungen an den Kreditgeber in Höhe von 3,254 Mill. DM an. Wir wissen andererseits, daß sich durch das Düngemittelprojekt jährlich 4 Mill. DM Erlöse erzielen lassen. Aus einem Vergleich dieser Zahlungsausgänge und -eingänge folgt sofort, daß sich die Investition lohnt.

Im vorliegenden Fall ist es unerheblich, ob der Kredit in gleichmäßigen, jährlichen Beträgen (Annuitäten) oder aber als Summe am Ende der Projektlaufzeit zurückgezahlt wird: Der Kapitalwert der Investition bleibt der gleiche. Dies ist darauf zurückzuführen, daß der Investor anfallende Nettoerträge zum selben Zinssatz anlegen kann, zu dem er auch Kredite erhält. Es ist also gleichgültig, ob er den Kredit tilgt und damit seine Schulden (und Schuldzinsen) vermindert, oder ob er den Schuldenbestand (und die Schuldzinsen) unverändert läßt und die anfallenden Erträge zinsbringend anlegt. Wir wollen dieses Ergebnis auch formal bestätigen.

Der *Kapitalwert* der Investition ergibt sich in der zweiten Modellvorstellung aus folgender Gleichung:

(9A-8) $$KW = (b - c) \cdot \frac{(1+r)^T - 1}{r(1+r)^T}$$

Bei Beachtung von Gleichung (9A-6) erhält man

(9A-9) $$KW = b \cdot \frac{(1+r)^T - 1}{r(1+r)^T} - a_0^F \cdot \frac{r(1+r)^T}{(1+r)^T - 1} \cdot \frac{(1+r)^T - 1}{r(1+r)^T}$$

oder

(9A-9a) $$KW = b \cdot \frac{(1+r)^T - 1}{r(1+r)^T} - a_0^F$$

Dies ist aber genau das Ergebnis der ersten Modellvorstellung, d.h. der Rückzahlungsmodus hat keinen Einfluß auf die Höhe des Kapitalwertes.

Dritte Modellvorstellung: Wie Modell 1, doch werden die *Zinsen* auf das Fremdkapital *jährlich* gezahlt.

Wird a_0^F am Ende der Projektlaufzeit zurückgezahlt, dann fallen in jedem Jahr Zinszahlungen in Höhe von $r \cdot a_0^F$ an. Die jährlichen Nettoerträge betragen bei Berücksichtigung der jährlichen Zinszahlungen $b - r \cdot a_0^F$. Der Barwert der Nettoerträge beträgt somit

$$\left(b - r \cdot a_0^F\right) \cdot \frac{(1+r)^T - 1}{r(1+r)^T}$$

Andererseits haben wir zum Ende der Projektlaufzeit eine Auszahlung in Höhe von a_0^F (Kreditrückzahlung), deren Barwert

$$\frac{a_0^F}{(1+r)^T}$$

beträgt. Hiernach ergibt sich dann der Kapitalwert aus der Differenz zweier Barwerte.

(9A-10) $\quad KW = \left(b - r \cdot a_0^F\right) \cdot \frac{(1+r)^T - 1}{r(1+r)^T} - \frac{a_0^F}{(1+r)^T}$

Einfache Umformungen ergeben

(9A-11) $\quad KW = b \cdot \frac{(1+r)^T - 1}{r(1+r)^T} - a_0^F \cdot \frac{(1+r)^T - 1}{(1+r)^T} - a_0^F \cdot \frac{1}{(1+r)^T}$

$\qquad\qquad = b \cdot \frac{(1+r)^T - 1}{r(1+r)^T} - a_0^F$

Trotz verändertem Finanzierungsmodell erhält man somit wieder den gleichen Kapitalwert.

(b) Kreditlaufzeit ≤ Projektlaufzeit. Eigenkapitalzinssatz < Fremdkapitalzinssatz

In diesem Fall ist der Kredit so schnell wie möglich zurückzuzahlen (die Kreditlaufzeit ist zu minimieren), weil durch Rückzahlung des Kredits mehr Zinsen eingespart werden können (Annahme im Beispiel: 10%), als die Anlage der Erlöse an Zinserträgen erbringt (Annahme im Beispiel: 8%).

Zur Berechnung des (maximalen) Kapitalwertes der Investition ist daher zunächst einmal zu ermitteln, in welchem *Mindestzeitraum* sich die Kreditschuld tilgen läßt, wenn der in jedem Jahr erwirtschaftete Nettoertrag in Höhe von b vollständig zur Rückzahlung des Kredits verwendet wird.

Bezeichnet man die gesuchte Kreditlaufzeit mit m (m ≤ T), dann ist von folgendem Ansatz auszugehen:

(9A-12) $\quad b \cdot \frac{(1+r_F)^m - 1}{r_F} = a_0^F (1+r_F)^m$

Anhang 9 A: Verfahren

Zur Erläuterung dieses Ansatzes empfiehlt es sich, die Positionen der Vertragspartner (Kreditgeber, Kreditnehmer) zu betrachten. Der *Kreditgeber* (z.B. eine Bank) mag bei einer eigenen Alternativverzinsung in Höhe von r_F eine Rückzahlung in Höhe von $a_0^F(1+r_F)^m$ nach m Jahren in Form einer Einmalzahlung verlangen. Andererseits ist dieser Rückzahlungsmodus für unseren *Kreditnehmer* vergleichsweise ungünstig, weil er annahmegemäß sein eigenes Kapital weniger lukrativ anlegen kann als die Bank $r_E < r_F$. Er wird also der Bank einen anderen Rückzahlungsmodus anbieten, der diese nicht schlechter stellt, seine eigene Position hingegen - bei Berücksichtigung der genannten Restriktionen - verbessert. Sein Angebot an die Bank wird lauten, bis zur vollständigen Tilgung des Kredits *jährlich* b (DM) zu zahlen (dies ist seine maximale Leistungsfähigkeit). Verwendet die Bank die Rückzahlungen zur Wiederanlage (zum Zinssatz r_F), dann erzielt sie bis zum Zeitpunkt m einen Endwert in Höhe von $b[(1+r_F)^m - 1]/r_F$. Da dieser Betrag ebenso groß sein soll wie $a_0^F(1+r_F)^m$, was durch das Gleichheitszeichen in Gleichung (9A-12) ausgedrückt wird, kann die Bank das Angebot akzeptieren.

Nun wissen wir allerdings nicht, wie groß m ist. Da aber in Gleichung (9A-12) alle anderen Größen bekannt sind, läßt sich m leicht ermitteln. Wir formen dazu Gleichung (9A-12) zunächst in geeigneter Weise um.

(9A-12a) $$\frac{(1+r_F)^m - 1}{r_F(1+r_F)^m} = \frac{a_0^F}{b}$$

oder

(9A-12b) $$(1+r_F)^m = \frac{1}{1 - \frac{a_0^F}{b} r_F}$$

Durch Logarithmieren erhält man

(9A-13) $$m \cdot \log(1+r_F) = \log \frac{1}{1 - \frac{a_0^F}{b} r_F}$$

oder

(9A-13a) $$m = \log \frac{1}{1 - \frac{a_0^F}{b} r_F} \bigg/ \log(1+r_F)$$

Bei der Berechnung von m wollen wir annehmen, daß nach wie vor ein Fremdkapitalzins von 10% gilt ($r_F = 0,1$).

$$m = \log \frac{1}{1 - 5 \cdot 0,1} / \log 1,1$$

$$= \frac{\log 2}{\log 1,1} = \frac{0,3010}{0,04139} = 7,27$$

Es ist also möglich, den Kredit innerhalb von 7,27 Jahren vollständig zu tilgen.

Die Höhe des *Kapitalwertes* der Investition hängt jetzt entscheidend von der möglichen Verzinsung des Eigenkapitals (r_E) ab. Man erhält den *Endwert* der *nach* der Kredittilgung anfallenden Erlöse (die *vor* der Kredittilgung angefallenen Erlöse wurden zur Rückzahlung verwendet) durch

(9A-14) $$EW = b \cdot \frac{(1 + r_E)^{T-m} - 1}{r_E}$$

Dem entspricht ein *Barwert* und damit Kapitalwert in Höhe von

(9A-15) $$BW = \frac{EW}{(1 + r_E)^T} = b \cdot \frac{(1 + r_E)^{T-m} - 1}{r_E (1 + r_E)^T} = KW$$

Nehmen wir einen Zinssatz von $r_E = 0,08$ an, dann erhält man einen Kapitalwert in Höhe von

$$KW = 4 \text{ Mill. DM} \cdot \frac{(1,08)^{2,73} - 1}{0,08 (1,08)^{10}}$$

$$= 4 \text{ Mill. DM} \cdot 1,3537$$

$$= 5,41 \text{ Mill. DM}$$

Dieser Kapitalwert ist höher als der des Modellfalls (a) (4,56 Mill. DM), weil hier die *Opportunitätskosten des Eigenkapitals* niedriger sind als dort (8 % anstelle von 10 %).

Es ist genau zu beachten, wie der Betrag von 5,41 Mill. DM inhaltlich zu *interpretieren* ist. Der Endwert von Gleichung (9A-14) wurde mit Hilfe des Eigenkapitalzinssatzes, d.h. mit dem Faktor $1 / (1 + r_E)^T$, auf den Zeitpunkt 0 diskontiert. Dies bedeutet, daß man durch das Projekt so gestellt wird, als hätte man heute einen Wertpapierbestand in Höhe von 5,41 Mill. DM zur Verfügung, der sich jährlich mit r_E verzinst. Dies bedeutet aber *nicht*, daß uns das Projekt in die Lage versetzt, gleichsam im Vorgriff auf zukünftige Erträge über diesen Betrag auch heute *tatsächlich* verfügen zu können.

Letzteres würde die Aufnahme eines Kredits voraussetzen, der ja mit r_F verzinst werden muß. Die maximale Höhe dieses Kredits läßt sich ermitteln, indem man den Endwert von Gleichung (9A-14) mit Hilfe dieses Kreditzinssatzes (= r_F) diskontiert (KW = 4,5 Mill. DM).

A.1.2
Interne Zinsfußmethode

(1)   *Hilfstechniken zur Berechnung des IZF*

(a)   *Sekantenverfahren 1: Lineare Interpolation mit Hilfe einer Tabelle*

Die Gleichung zur Bestimmung des IZF (s. Gleichung (9-11) im Haupttext) läßt sich umformen zu

$$(9A\text{-}16) \quad \frac{(1+\text{IZF})^T - 1}{\text{IZF}(1+\text{IZF})^T} = \frac{a_0}{b}$$

Auf der linken Seite der Gleichung steht ein Rentenbarwertfaktor. Rentenbarwertfaktoren sind in Abhängigkeit vom Zinssatz (hier: IZF) und von der Anzahl der Perioden (T) tabelliert, d.h. man kann den Zinssatz ermitteln, wenn der Rentenbarwertfaktor und die Laufzeit (T) bekannt sind. In unserem Beispiel nimmt der Rentenbarwertfaktor den Wert

$$\frac{a_0}{b} = \frac{20 \text{ Mill. DM}}{4 \text{ Mill. DM}} = 5 \text{ an; } \quad T \text{ ist gleich } 10$$

In der Tabelle (Finanzmathematische Tabelle: "Barwertfaktoren") ist zwar der Wert 5 nicht ausgewiesen, wohl aber findet man die Werte 5,019 und 4,833. Durch lineare Interpolation erhält man eine Näherungslösung.

5,019 entspricht einem Wert von 15 %

4,833 entspricht einem Wert von 16 %

Der Differenz in Höhe von 5,019 - 4,833 = 0,186 entspricht somit ein Prozentpunkt; demnach entsprechen einer Differenz von 5,019 - 5 = 0,019

$$\frac{0,019}{0,186} \cdot 1\% = 0,10 \text{ Prozentpunkte}$$

Der IZF beträgt daher näherungsweise 15% + 0,10% = 15,1 %.

Für praktische Entscheidungsvorbereitungen ist das Interpolationsverfahren sicherlich überflüssig. Denn man muß sich stets vergegenwärtigen, daß die in die Rechnungen eingehenden Cash flow-Werte geschätzte Zukunftswerte sind, die, je nach Projekttyp, stets mit mehr oder weniger großen Fehlern behaftet sein werden. Demgegenüber fallen Differenzen, wie sie bei Verwendung von Barwerttabellen auftreten, kaum oder gar nicht ins Gewicht. Es dürfte daher im vorliegenden Beispiel ausreichen, von einem IZF zu sprechen, der "in der Nähe von 15%" liegt.

(b) *Sekantenverfahren 2: Lineare Interpolation auf der Grundlage von A-priori-Schätzungen*

Es wird davon ausgegangen, daß der Graph der Funktion KW = KW(r) im relevanten Bereich (0 < r < 1) annähernd linear verläuft. Man berechnet sodann zwei Punkte, indem einmal ein Diskontierungssatz r_1 gewählt wird, von dem angenommen werden kann, daß sich aus ihm ein positiver Kapitalwert ergibt, umgekehrt wird ein zweiter Diskontierungssatz r_2 vorgegeben, der einen negativen Kapitalwert erwarten läßt.

Die berechneten Punkte werden linear miteinander verbunden; der Schnittpunkt dieser Geraden mit der r-Achse kennzeichnet die gesuchte Näherungslösung des IZF.[1]

Beispiel:

$$KW = 4 \cdot \frac{(1+r)^{10} - 1}{r(1+r)^{10}} - 20$$

ergibt

für r_1 = 0,12 KW_1 = +2,6

und

für r_2 = 0,18 KW_2 = −2,02

---

[1] Es sei in Erinnerung gerufen, daß der IZF derjenige Zinssatz ist, der den Kapitalwert verschwinden läßt (KW = 0). Grafisch entspricht dem die Nullstelle der Funktion KW = KW(r).

Übersicht 9A-3: *Grafische Ermittlung des IZF*

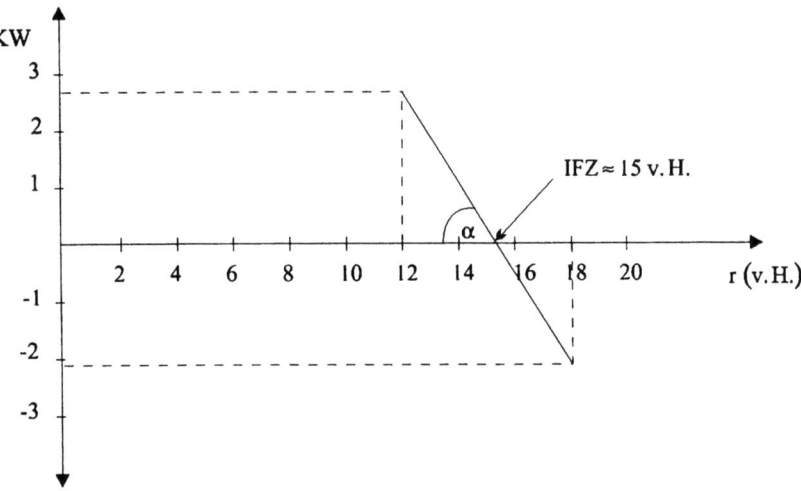

Es ist offensichtlich, daß die Approximation um so ungenauer ist, je stärker die Kurve *gekrümmt* ist, d.h. je stärker die 2. Ableitung von KW = KW(r) von 0 abweicht. Dies ist wiederum um so eher der Fall, je kleiner a_0 bzw. je größer die Summe der undiskontierten Erträge ist. Bei *gegebener* Funktion wird zudem der IZF um so mehr *überschätzt,* je weiter entfernt von der r-Achse die zunächst berechneten Punkte liegen. - Wegen IZF ≈ 15% > r = 10% kann im Beispielsfall das Projekt akzeptiert werden.

Für die *praktische Berechnung* des IZF ist selbstverständlich keine *Grafik* notwendig. Die grafische Darstellung soll lediglich unsere Vorgehensweise verdeutlichen. Grundlage für die *rechnerische* Erstellung eines Schätzwertes $\hat{r}$ für den IZF ist folgende Beziehung (vgl. *Übersicht 9A-3*):

(9A-17) $\tan \alpha = \dfrac{KW_1}{\hat{r} - r_1}$

Hieraus folgt durch Auflösung nach $\hat{r}$

(9A-17a) $\hat{r} = r_1 + \dfrac{KW_1}{\tan \alpha}$

Der Tangens des Winkels α ist aber auch

(9A-18) $\tan \alpha = \dfrac{KW_1 - KW_2}{r_2 - r_1}$

Man erhält dann durch Substitution die gesuchte Schätzformel

(9A-19) $\quad \hat{r} = r_1 + KW_1 \cdot \dfrac{r_2 - r_1}{KW_1 - KW_2}$

Beispiel:

$$\hat{r} = 0{,}12 + 2{,}6 \cdot \dfrac{0{,}06}{4{,}62}$$

$$= 0{,}12 + 0{,}034 = 0{,}154 \quad (15{,}4\%)$$

Um eine grobe Vorstellung davon zu erhalten, welchen *Fehler* wir *durch lineare Approximation* begehen, betrachten wir den einfachen Fall einer Investition, die über 2 Perioden läuft ($-a_0$, b_1, b_2) und deren Nettoerträge jährlich in gleichen Beträgen anfallen sowie positiv sind ($b_1 = b_2 = b > 0$); außerdem sei $2b > a_0$.
Aus

$$KW = -a_0 + \dfrac{b}{r+1} + \dfrac{b}{(r+1)^2}$$

erhält man durch Umformen mit

$$KW = \dfrac{-a_0 r^2 + (b - 2a_0)r + (2b - a_0)}{r^2 + 2r + 1}$$

die übliche Form einer gebrochenen rationalen Funktion (vgl. Übersicht 9A-4).

In dem uns interessierenden Bereich hat die Funktion einen *degressiven (also nicht-linearen) Verlauf*; sie verläuft asymptotisch zu den Geraden $r = -1$ und $KW = -a_0$, schneidet die KW-Achse im Punkt $(0, -a_0 + 2b)$ und die r-Achse bei einem Wert $r < 1$.

Weniger bequem läßt sich der interne Zinsfuß ermitteln, wenn die *Projekteinzahlungen nicht gleichmäßig* erfolgen. Die Kapitalwerte KW_1 und KW_2 können dann im Rahmen des *Sekantenverfahrens 2* mit Hilfe der folgenden Formel berechnet werden:

(9A-20) $\quad KW = \displaystyle\sum_{t=1}^{T} b_t \cdot \dfrac{1}{(1 + IZF)^t} - a_0 = 0$

Für IZF sind hier alternativ die Größen r_1 und r_2 einzusetzen.

Übersicht 9A-4: *Graph der Funktion KW = KW (r)*

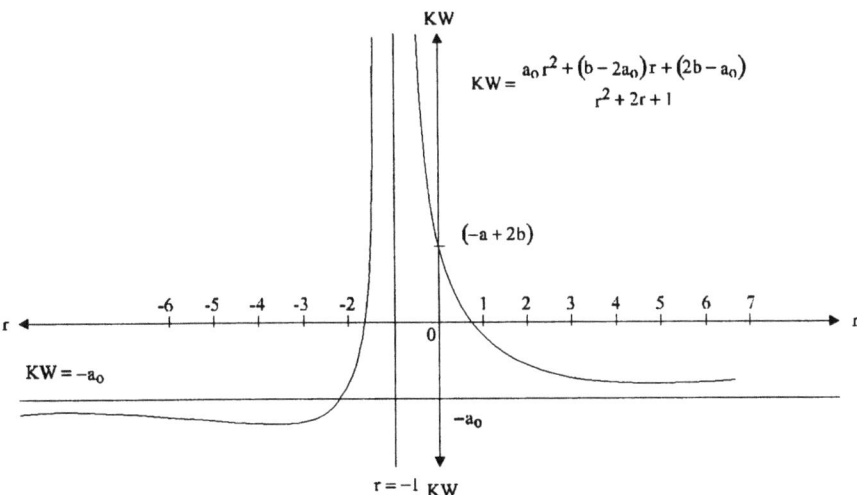

Das Sekantenverfahren 1 ist im Falle ungleichmäßiger Nettoeinzahlungen nicht anwendbar, weil, wie man aus Gleichung (9A-16) erkennen kann, eine konstante Nettoeinzahlungsgröße b existieren muß. Es ist auch nicht möglich, mit Hilfe der Annuitätenmethode zunächst die Reihe ungleichmäßiger in eine Reihe gleichmäßiger Einzahlungen zu transformieren; denn diese Vorgehensweise setzt die Kenntnis des Zinssatzes voraus, der hier gerade gesucht wird.

(c) *NEWTONsches Tangentenverfahren*
Die bisherigen Überlegungen dürften hinreichend verdeutlicht haben, daß die Bestimmung des IZF auf die Ermittlung der Nullstelle einer nicht-linearen Funktion (Kapitalwert KW als Funktion des Zinssatzes r) hinausläuft. Auf diese Fragestellung paßt genau ein von NEWTON entwickeltes Iterationsverfahren, das wir zunächst in allgemeiner Form vorstellen wollen.

Ausgangspunkt sei die Grafik von *Übersicht 9A-5*.

Wie bei den bisherigen Verfahren benötigt man einen ersten Versuchswert (hier: x_h), von dem man glaubt, daß er nicht allzu weit von der wahren Nullstelle (hier: x^*) entfernt liegt. Da die Funktion y = f(x) bekannt ist, kann man auch den zugehörigen Funktionswert $y_h = f(x_h)$ errechnen.

Übersicht 9A-5 läßt nun erkennen, daß der Schnittpunkt der Tangente an Punkt (x_h, y_h) mit der Abszisse (= Punkt (x_{h+1}, 0)) näher an der gesuchten Nullstelle x^* liegt als der Ausgangswert x_h; x_{h+1} ist also ein besserer Schätzwert für x^* als x_h. Eine weitere Verbesserung der Schätzung läßt sich erreichen, wenn man eine Tangente an Punkt (x_{h+1}, y_{h+1}) legt und wiederum einen Schnittpunkt (x_{h+2}, 0) mit der Abszisse ermittelt; x_{h+2} ist offensichtlich ein besserer Schätzwert als x_{h+1}. Durch weitere Wiederholungen kommt man dem wahren Wert x^* beliebig nahe.

Übersicht 9A-5: *Approximative Bestimmung der Nullstelle einer Funktion*

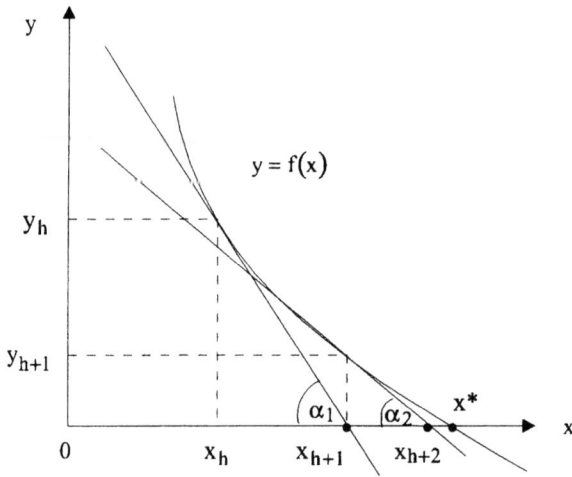

Für die praktische Berechnung des ersten Schätzwertes x_{h+1} ist es zweckmäßig, von der Steigung der Tangente an Punkt (x_h, y_h) auszugehen. Diese kann in zweifacher Weise gemessen werden - entweder durch den Tangens des Winkels α_1 oder durch die Bestimmung der ersten Ableitung der Funktion $y = f(x)$ in Punkt (x_h, y_h).

Es gilt daher

$$(9A\text{-}21) \qquad \tan\alpha_1 = \frac{y_h}{x_{h+1} - x_h} = f'(x_h)$$

Durch Substitution von y_h durch $f(x_h)$ und Auflösen nach x_{h+1} erhält man die NEWTONsche Formel.

$$(9A\text{-}21a) \qquad x_{h+1} = x_h - \frac{f(x_h)}{f'(x_h)}$$

Diese Formel läßt sich nun unmittelbar für IZF-Schätzungen verwenden; man braucht lediglich die allgemeine Funktion $y = f(x)$ durch die Funktion $KW = KW(r)$ zu ersetzen, die den Kapitalwert als Funktion des Zinssatzes beschreibt.

Man hat für den Fall *ungleichmäßiger* jährlicher Nettoeinzahlungen

$$(9A\text{-}22) \qquad KW(r) = \sum_{t=1}^{T} b_t (1+r)^{-t} - a_0$$

und

$$(9A\text{-}23) \quad KW'(r) = \sum_{t=1}^{T} -t \cdot b_t (1+r)^{-t-1}$$

Hieraus folgt für die NEWTONsche Formel

$$(9A\text{-}24) \quad r_{h+1} = r_h - \frac{\sum_{t=1}^{T} b_t (1+r_h)^{-t}}{\sum_{t=1}^{T} -t \cdot b_t (1+r_h)^{-t-1}}$$

Mit Hilfe dieses Ansatzes läßt sich der erste Schätzwert für IZF, d.h. die Größe r_{h+1}, unmittelbar errechnen. Erscheint einem dieser Wert noch nicht genau genug, dann kann die Rechnung wiederholt werden, indem man jetzt in Formel (9A-24) r_h durch r_{h+1} sowie r_{h+1} durch r_{h+2} ersetzt.

Zuletzt wollen wir noch auf den Fall *gleichmäßiger* jährlicher Nettoeinzahlungen eingehen, zumal hierauf auch unsere *Beispielsrechnung* paßt. Ausgangspunkt muß bekanntlich die Gleichung

$$(9A\text{-}25) \quad KW(r) = b \frac{(1+r)^T - 1}{(1+r)^T \cdot r} - a_0$$

sein. Man erhält für die erste Ableitung

$$(9A\text{-}26) \quad KW'(r) = b \left[\frac{1}{(1+r)^T \cdot r^2} + \frac{T(1+r)^{T-1}}{r(1+r)^{2T}} - \frac{1}{r^2} \right]$$

Beispiel: $\quad b = 4; \quad T = 10; \quad a_0 = 20$

Erste Schätzung: $\quad r_h = 0{,}15$

$KW(r_h) = 4 \cdot 5{,}01876 - 20$

$KW'(r_h) = 4 \,(10{,}9859 + 14{,}329 - 44{,}\overline{4}\,)$

$\qquad\qquad = -76{,}518$

$$r_{h+1} = 0{,}15 - \frac{0{,}075}{-76{,}518} = 0{,}15098 \;(15{,}098\%)$$

(2) *Interne und effektive Verzinsung*

Will man die im Projekt erzielbare tatsächliche ("effektive") Verzinsung (z) des anfangs eingesetzten Kapitals ermitteln, dann ist zunächst einmal zu klären, zu welchem Zinssatz sich die jährlich anfallenden Erträge (b) "rentierlich anlegen" lassen. Beträgt dieser Zinssatz r, dann steht dem Investor am Ende der Projektlaufzeit ein Betrag in Höhe von

$$(9A\text{-}27) \quad b \cdot \frac{(1+r)^T - 1}{r} = EW$$

zur Verfügung (Rentenendwert). Soll andererseits ein Betrag a_0 (= anfangs eingesetztes Kapital) nach T Jahren auf genau diesen Rentenendwert anwachsen, dann gilt

$$(9A\text{-}28) \quad a_0(1+z)^T = b \cdot \frac{(1+r)^T - 1}{r}$$

Der Kapitalbetrag a_0 müßte also zu einem Zinssatz z angelegt werden können, wenn er nach T Jahren auf einen Betrag angewachsen sein sollte, den das vorliegende Projekt zu erzeugen vermag. Wir nennen z den *durch ein Projekt effektiv erzielbaren Zinssatz*.

Um das Konzept des internen Zinsfußes mit dem der effektiven Verzinsung vergleichen zu können, formen wir Gleichung (9A-16) um zu

$$(9A\text{-}29) \quad a_0(1+IZF)^T = b \cdot \frac{(1+IZF)^T - 1}{IZF}$$

Eine Gegenüberstellung von Gleichung (9A-28) und Gleichung (9A-29) macht deutlich, daß bei der Errechnung des internen Zinsfußes angenommen wird, die Projekterträge ließen sich immer wieder zum internen Zinsfuß IZF anlegen. Der Ausdruck

$$b \cdot \frac{(1+IZF)^T - 1}{IZF}$$

gibt die Summe der mit dem IZF aufgezinsten Projekterträge an (Rentenendwert).

Somit stellt der IZF lediglich einen *Sonderfall des effektiven Zinssatzes* dar: Nur wenn es einem Investor gelingt, seine Projekterträge ebenso anzulegen wie das Anfangskapital a_0, ist es gerechtfertigt, den internen Zinsfuß als ein Maß für die im Projekt erzielbare Verzinsung des anfangs eingesetzten Kapitals zu interpretieren!

(3) *Problematik der IZF-Methode*
(a) Wenn die Verzinsung der Projekterträge nicht zum IZF erfolgt, dann kann der Kapitalwert offenbar nicht beim IZF, sondern nur beim *effektiven Zinssatz* (z) den Wert Null annehmen. Das läßt sich ohne weiteres mit Hilfe von

Gleichung (9A-28) bestätigen. Der effektive Zinssatz z, wie er sich in Gleichung (9A-28) ergibt, ist also das allgemeinere und darum auch außerhalb des IZF-Spezialfalls einzig richtige Konzept. Diese Vorgehensweise ist sogar noch mit einem praktischen Vorteil verbunden, weil die *Berechnung von z - im Gegensatz zum IZF - keine besonderen Probleme aufwirft.*

Die Beliebtheit des IZF-Konzepts ist wohl zu einem großen Teil darauf zurückzuführen, daß man zu seiner Berechnung keine Informationen über die Wiederanlagemöglichkeiten der Projekterträge benötigt. Dies ist jedoch ein Scheinvorteil, denn implizit nimmt man ja an, daß die Projekterträge zum IZF wieder angelegt werden können.

(b)   Es ist ferner darauf hinzuweisen, daß der Vergleich des effektiven Zinssatzes z bzw. des IZF einerseits mit dem Zinssatz r andererseits nur dann eine unmittelbar anwendbare Methode zur Feststellung der Vorteilhaftigkeit eines Investitionsobjektes sein kann, wenn es *genau einen* Zinssatz r gibt, zu dem der Investor Geld leihen und verleihen kann. Existieren hingegen (beispielsweise) unterschiedliche Zinssätze für Fremd- und Eigenkapital, dann fehlt offenbar die eindeutige Vergleichsbasis.

(c)   *Investition vs. Desinvestition*

Beispiel 9A-2:

Es sei ein Landpachtvertrag mit 20jähriger Laufzeit zu bewerten. In den ersten 4 Jahren werden 100 Pesos Nettoerlöse pro Jahr erwartet und im fünften Jahr Drainageinvestitionen in Höhe von 1.500 Pesos notwendig. In den darauffolgenden Jahren 6 bis 20 kann mit jährlichen Nettoerlösen in Höhe von 200 Pesos gerechnet werden. Gefragt wird nach der Höhe des internen Zinsfußes.

Das Problem läßt sich nur durch Probieren lösen, d.h. man gibt unterschiedliche Zinssätze (r) vor und fragt nach der jeweiligen Höhe des Kapitalwertes. Nimmt der Kapitalwert die Größe Null an, dann ist der IZF gefunden. Man kann etwa nach einem Schema vorgehen, wie es in *Übersicht 9A-6* dargestellt ist.

Die zugehörige Grafik findet sich in *Übersicht 9A-7*.

Offenbar gibt es in diesem Beispiel zwei positive IZF: Die Landpacht lohnt sich, wenn die Opportunitätskosten des Kapitals (= Zinssatz r) kleiner als (ungefähr) 25 % oder aber größer als (ungefähr) 42 % sind.

Warum ab einer bestimmten Grenze *steigende Opportunitätskosten des Kapitals (r) vorteilhaft* werden, ist hier klar erkennbar: Die Erträge der fernen Zukunft nehmen mit einem Anstieg des Zinssatzes von 30% auf 40% zwar stark ab (um 84), noch stärker sinken aber durch den Zinsanstieg die Kosten des fünften Jahres (um 125). Die Erträge der nahen Zukunft sinken durch den Zinsanstieg verhältnismäßig schwach (um 32). *Es ist also die Verminderung der "Gegenwartskosten" der Investition, die hier schließlich den Ausschlag gibt.*

Bei dem Sprung von 20% auf 30% sinkt der Kapitalwert hingegen: Absolute Kostenverminderung (um 199) und absolute Verminderung der Erträge der ferneren Zukunft (um 200) halten sich noch die Waage, den Ausschlag gibt die Verminderung der Erträge der ersten 4 Jahre.

Übersicht 9A-6: Schema zur Bestimmung des IZF (2 positive Lösungen)

Zeitpunkte	0	1	2	3	4	5	6	7	8	20
Cash Flow	0	+100	+100	+100	+100	-1500	+200	+200	+200	+200
Ansatz zur Berechnung des KW	KW	$= b_1 \dfrac{(1+r)^4 - 1}{r(1+r)^4}$				$- \dfrac{a_5}{(1+r)^5}$		$+ b_2 \dfrac{(1+r)^{20-5} - 1}{r(1+r)^{20}}$		
r in %										
20		+32				+259	-603			+376
25		-3				+236	-492			+253
30		11				+217	-404			+176
40		-2				+185	-279			+92
45		+7				+172	-234			+69
42		+2				+180	-260			+82

Übersicht 9A-7: Zwei positive IZF als Nullstellen der Kapitalwertfunktion
$KW = KW(r)$

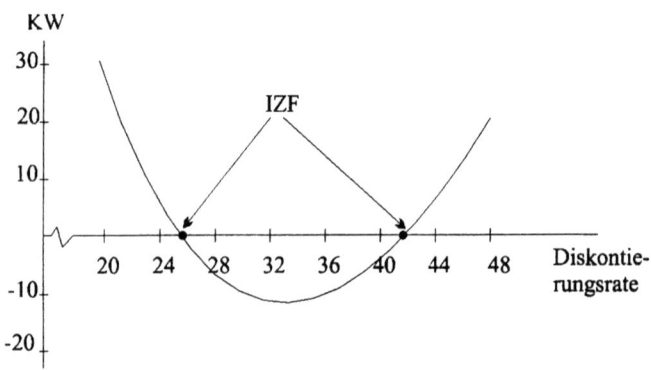

Eine *ökonomische Charakterisierung* des vorliegenden Problems mehrwertiger positiver Lösungen erlaubt die grundsätzliche Unterscheidung in Investitionsprojekte und Desinvestitionsprojekte. Unter *Investitionsobjekten* verstehen wir in diesem Zusammenhang Projekte, bei denen anfangs die Kosten, später aber die Erlöse überwiegen; die Vorzeichensequenz der Nettoeinzahlungen und -auszahlungen ist - +. In diesem Falle nimmt der Kapitalwert mit steigendem Zinssatz stets ab. Es gibt (höchstens) *einen positiven* kritischen Wert (IZF), bei dem der Kapitalwert verschwindet. Unter *Desinvestitionsprojekten* versteht man hingegen Projekte mit anfänglichen Nettoeinzahlungen

und späteren Nettoauszahlungen; die Vorzeichensequenz der Zahlungen ist + - .
In diesem Falle nimmt der Kapitalwert mit steigendem Zinssatz stets zu. Es gibt
wiederum (höchstens) *einen positiven* kritischen Wert (IZF), bei dem der
Kapitalwert verschwindet. Hieraus folgt: Investitionsprojekte werden akzeptiert,
wenn der IZF *größer* ist als r, Desinvestitionsprojekte werden akzeptiert, wenn
der IZF *kleiner* ist als r (vgl. *Übersicht 9A-8*).

Übersicht 9A-8:   *Kapitalwertfunktionen von Investitions- und Desinvestitionsobjekten*

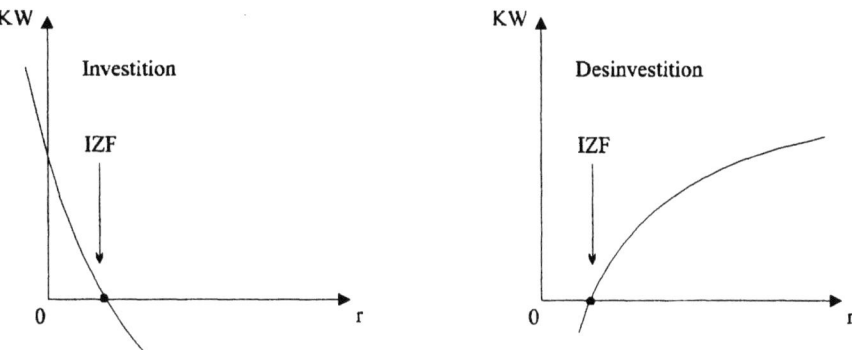

In dem vorliegenden Beispiel (*Übersicht 9A-8*) wird offenbar ein Modelltyp
dargestellt, der Elemente *beider* "reinen" Typen enthält ("Mischtyp").

(d)   Zur Problematik von Mischtypen
Ausgangspunkt der Analyse sei ein einfaches Zwei-Perioden-Modell.
Zahlungsreihe: b_0, b_1, b_2
Vereinfachte Schreibweise: $1 + IZF = q$
Der um 1 vermehrte IZF ergibt sich aus folgender Gleichung:

(9A-30) $$b_0 + \frac{b_1}{q} + \frac{b_2}{q^2} = 0$$

oder

(9A-31) $$b_0 \cdot q^2 + b_1 \cdot q + b_2 = 0$$

Das Problem der Ermittlung des IZF reduziert sich somit im 2-Perioden-Fall
auf die Lösung einer quadratischen Gleichung.
Die Lösungsformel lautet allgemein für $a \cdot x^2 + b \cdot x + c = 0$

$$(9A\text{-}32) \quad x_{1,2} = \frac{-b \pm \left(b^2 - 4ac\right)^{\frac{1}{2}}}{2a}$$

Bei der Verwendung der *finanzmathematischen* Notation kann man schreiben

$$(9A\text{-}33) \quad q_{1,2} = \frac{-b_1 \pm \left(b_1^2 - 4b_0b_2\right)^{\frac{1}{2}}}{2b_0}$$

oder

$$(9A\text{-}34) \quad IZF_{1,2} = \frac{-b_1 \pm \left(b_1^2 - 4b_0b_2\right)^{\frac{1}{2}}}{2b_0} - 1$$

Mischtypen lassen sich am besten auf dem Hintergrund "reiner" Typen charakterisieren.

Vorzeichensequenz "reiner" *Investitions*projekte:

	b_0	b_1	b_2
	(-)	(+)	(+)
oder	(-)	(-)	(+)

Vorzeichensequenz "reiner" Desinvestitionsprojekte:

	b_0	b_1	b_2
	(+)	(+)	(-)
oder	(+)	(-)	(-)

Vorzeichensequenz von Mischtypen:

	b_0	b_1	b_2
	(+)	(-)	(+)
oder	(-)	(+)	(-)

(da) "Reine" Investitionstypen

Betrachten wir zunächst ein einfaches Zahlenbeispiel zum "reinen" Investitionstyp. Folgende Zahlungsreihe sei gegeben:

b_0	b_1	b_2
-100	50	70

Man erhält hieraus

$$IZF_{1,2} = \frac{-50 \pm (2500 + 28000)^{\frac{1}{2}}}{-200} - 1$$

$$= \frac{-50 \pm 174{,}6}{-200} - 1$$

$$IZF_1 = 1{,}123 - 1 = 0{,}123 \quad (12{,}3\%)$$

$$IZF_2 = -0{,}623 - 1 = -1{,}623 \quad (-162{,}3\%)$$

Einer der Lösungswerte ist negativ (IZF_2). Diskontiert man die Zahlungsreihe mit q_1 bzw. q_2, so erhält man für $q_1 = 1{,}123$ die Zahlungsreihe

$$-100 \qquad \frac{50}{1{,}123} \qquad \frac{70}{(1{,}123)^2}$$

bzw.

$$-100 \qquad 44{,}50 \qquad 55{,}50$$

deren Summe (= Kapitalwert) Null ergibt und für $q_2 = -0{,}623$ die Zahlungsreihe

$$-100 \qquad \frac{50}{-0{,}623} \qquad \frac{70}{0{,}388}$$

bzw.

$$-100 \qquad -80{,}25 \qquad 180{,}25$$

deren Elemente sich ebenfalls zu Null addieren.

Die Summe

$$b_0 + \frac{b_1}{q} + \frac{b_2}{q^2}$$

der quadratischen Gleichung (9A-30) (der Kapitalwert der Zahlungsreihe) wird also bei *negativem* Zinssatz dadurch gleich Null, daß die Abzinsungsfaktoren q und q^2 *alternierende* Vorzeichen aufweisen.

Generell gilt für "reine Investitionstypen" im Zwei-Perioden-Fall

(9A-35) $\quad b_1 < \left(b_1^2 - 4b_0 \cdot b_2\right)^{\frac{1}{2}}$

$b_0 < 0$

$b_2 > 0$

so daß in

(9A-33) $\quad q_{1,2} = \dfrac{-b_1 \pm \left(b_1^2 - 4b_0 \cdot b_2\right)^{\frac{1}{2}}}{2b_0}$

der Wurzelausdruck und daher auch der Abzinsungsfaktor q stets sowohl einen negativen als auch einen positiven Wert annehmen.

Weiter kann man nun nach den Größenordnungen des *internen Zinsfußes* im Falle "reiner" Investitionstypen fragen. Wegen IZF = q - 1 ist zunächst klar, daß *stets ein negativer IZF existiert*, weil es auch stets einen *negativen Abzinsungsfaktor q gibt*.

Darüber hinaus ist zu überlegen, ob dem *positiven Abzinsungsfaktor* nicht auch ein negativer IZF entsprechen kann, so daß u.U. "reine" Investitionstypen im Zwei-Perioden-Fall nur negative IZF aufweisen. Das wäre grundsätzlich der Fall bei 0 < q < 1, denn dann entspräche dem positiven Abzinsungsfaktor q ein negativer IZF = q - 1 < 0.

Wir erhalten bei einer Zahlungsreihe mit der Vorzeichensequenz (- + +) als *eine* Lösung der Gleichung

(9A-30) $\quad b_0 + \dfrac{b_1}{q} + \dfrac{b_2}{q^2} = 0$

einen positiven Wert q < 1 und somit einen negativen IZF, wenn die Summe aus den nichtdiskontierten Erträgen b_1 und b_2 kleiner ist als der absolute Wert von b_0 (Kosten). Das gleiche gilt bei einer Vorzeichensequenz (- - +), wenn b_2 kleiner ist als der absolute Wert der undiskontierten Summe aus b_0 und b_1.

Hieraus folgt: *"Reine" Investitionstypen besitzen im Zwei-Perioden-Fall mindestens einen negativen IZF.*

(db) "Reine" Desinvestitionstypen
Für *"reine" Desinvestitionstypen* gilt im Zwei-Perioden-Fall

(9A-36) $\quad b_1 < \left(b_1^2 - 4b_0 \cdot b_2\right)^{\frac{1}{2}}$

$b_0 > 0$

$b_2 < 0$

so daß der Abzinsungsfaktor q wiederum stets einen negativen und einen positiven Wert annimmt.

Auch hier kann man nach den Größenordnungen des *internen Zinsfußes* bei *positivem* Abzinsungsfaktor q fragen. Betrachten wir dazu wieder die Gleichung

(9A-30) $\quad b_0 + \dfrac{b_1}{q} + \dfrac{b_2}{q^2} = 0$

Ist b_0 positiv und sind b_1 und b_2 negativ, dann muß q kleiner als 1 und damit der IZF negativ sein, wenn die Summe der (undiskontierten) Kosten ($b_1 + b_2$) kleiner ist als die Summe der (undiskontierten) Erträge (b_0). Das gleiche gilt, wenn b_0 und b_1 positiv sind (Erträge), b_2 negativ ist (Kosten) und wiederum die Kosten niedriger sind als die Erträge.

Hieraus folgt: *"Reine" Desinvestitionstypen besitzen im Zwei-Perioden-Fall mindestens einen negativen IZF.*

(dc) Mischtypen sind im Zwei-Perioden-Fall dadurch charakterisiert, daß b_0 und b_2 gleiche Vorzeichen aufweisen. Daher gilt

(9A-37) $\quad b_1 > \left(b_1^2 - 4 b_0 \cdot b_2\right)^{\frac{1}{2}}$

$b_0 > 0 \quad$ bei $\quad b_1 < 0$

$b_0 < 0 \quad$ bei $\quad b_1 > 0$

Wegen der ersten Ungleichung bestimmt das Vorzeichen von b_1 das Vorzeichen des Zählers in Gleichung (9A-33).

Ist b_1 z.B. negativ, dann wird der Zähler in Gleichung (9A-33) positiv. Da zu einem negativen b_1 stets ein positives b_0 gehört, wird auch der Abzinsungsfaktor q positiv.

Ist b_1 dagegen positiv, dann wird der Zähler in Gleichung (9A-33) negativ. Da zu einem positiven b_1 stets ein negatives b_0 gehört, wird der Abzinsungsfaktor q wiederum positiv.

Wir kommen somit zu dem Ergebnis, daß der *Abzinsungsfaktor q im Zwei-Perioden-Fall stets einen positiven Wert annimmt.*

Fragen wir weiter nach den Größenordnungen des *internen Zinsfußes*. Hier ist festzustellen, daß, da q nie negativ sein kann, *ein negativer IZF nicht existieren muß*. Dies ist aber gleichbedeutend mit der *möglichen Existenz zweier positiver IZF (Mehrdeutigkeit).*

Darüber hinaus ist denkbar, daß für Mischtypen *nicht einmal eine reellwertige Lösung* existiert. Aus Gleichung (9A-33) geht unmittelbar hervor, daß eine reelle Wurzel nur existiert, wenn die Bedingung

(9A-38) $\quad 4b_0 \cdot b_2 < b_1^2$

erfüllt ist.

Diese Bedingung ist stets erfüllt, wenn b_0 und b_2 ungleiche Vorzeichen haben. Dies ist bei den "reinen" Typen immer der Fall, so daß lediglich Mischtypen *konjugiert komplexe Wurzeln* hervorbringen können.

Beispiel:

b_0	b_1	b_2
+2	-5	+5

Der IZF ist zu bestimmen aus

$$b_0 + \frac{b_1}{q} + \frac{b_2}{q^2} = 0$$

bzw.

$$q_{1,2} = \frac{-b_1 \pm \left(b_1^2 - 4b_0 \cdot b_2\right)^{\frac{1}{2}}}{2b_0}$$

$$= \frac{5 \pm (25 - 40)^{\frac{1}{2}}}{4} = \frac{5 \pm (-15)^{\frac{1}{2}}}{4}$$

Hiermit ist allerdings nur gesagt, daß kein reeller Zinssatz existiert, bei dem der Kapitalwert (KW) des Zahlungsstromes gleich Null wird, d.h. bei dem der Graph der Funktion

(9A-39) $\quad KW = KW(q) = b_0 + b_1 \cdot q^{-1} + b_2 + b_2 \cdot q^{-2}$

eine Nullstelle besitzt. Es existiert in unserem Beispielsfall jedoch ein positiver reeller Zinssatz, bei dem der Kapitalwert einen *kleinstmöglichen* Wert annimmt.

(9A-40) $\quad \dfrac{dKW}{dq} = -b_1 \cdot q^{-2} - 2b_2 \cdot q^{-3} = 0$

Hieraus folgt

$$q = -2\frac{b_2}{b_1} = 2 \cdot \frac{5}{-5} = 2$$

mit

$$KW(q = 2) = 2 - \frac{5}{2} + \frac{5}{4} = 0{,}75$$

Daß KW = 0,75 tatsächlich der *minimale* Kapitalwert ist, ergibt sich aus

(9A-41) $\quad \dfrac{d^2 KW}{dq^2} = 2b_1 \cdot q^{-3} + 6 \cdot b_2 \cdot q^{-4} = 0{,}625 (> 0)$

Einen nachträglichen Überblick zur Problematik unterschiedlicher Projekttypen vermittelt *Übersicht 9A-9*.

Übersicht 9A-9:   *Alternative Projekttypen und ihre Eigenschaften*

	Zahlungsreihe: $b_0 \quad b_1 \quad b_2$		
	Diskontierte Reihe:	$KW = b_0 + \dfrac{b_1}{q} + \dfrac{b_2}{q^2} = 0 \quad q = 1 + IZF$	
	Reiner Investitionstyp (Normalfall)	Reiner Desinvestitionstyp	Mischtyp
Vorzeichensequenz	$-\ +\ +$ $-\ -\ +$	$+\ +\ -$ $+\ -\ -$	$-\ +\ -$ $+\ -\ +$
Abzinsungsfaktor		$q_{1,2} = \dfrac{-b_1 \pm (b_1^2 - 4b_0 b_2)^{\frac{1}{2}}}{2b_0}$	
Existenz von konjugiert komplexen Wurzeln	nein	nein	möglich
Summe der undiskontierten Erträge größer als Summe der undiskontierten Kosten	Es gibt genau einen IZF > 0. Projekt wird akzeptiert, wenn IZF > r	Es gibt nur negative IZF. Projekt wird akzeptiert, wenn (0 >) IZF < r	Es können mehrere positive IZF auftreten.
Summe der undiskontierten Erträge kleiner als Summe der undiskontierten Kosten	Es gibt nur negative IZF. Projekt wird akzeptiert, wenn IZF > r (< 0)	Es gibt genau einen IZF > 0. Projekt wird akzeptiert, wenn IZF < r	Entscheidungsschwierigkeit

A.2
Projektauswahl

A.2.1
Begrenzte Finanzierungsmittel

Beispiel 9A-3:
Fortsetzung von Beispiel 9A-1. Projekt des Beispiels 9A-1 sei hier "Projekt A". Zusätzliche Projekte: B und C. Gefragt wird nach der optimalen Rangfolge.

Nicht beachtet wird hier die Möglichkeit, ein zunächst herausfallendes Projekt später in Angriff zu nehmen, wenn sich die Finanzierungsbedingungen aufgrund von Cash flows schon angelaufener Projekte verbessert haben.

Übersicht 9A-10: Cash Flow (in Mill. DM) für 3 Projekte

Jahr	Projekt A	Projekt B	Projekt C
0	-20	-40	-20
1	4	8	14
2	4	8	14
3	4	8	-
4	4	8	-
5	4	8	-
6	4	8	-
7	4	8	-
8	4	8	-
9	4	8	-
10	4	-	-
KW (r=10%)	4,58	6,07	4,3
KW/a_0	22,9%	15,2%	21,5%
IZF	15,1%	13,7%	25,8%
z (r=10%)	12,4%	11,7%	21,2%

Bei Verwendung des Kriteriums KW/a_0 lautet die Rangskala: A, C, B
Rangskala nach internem Zinsfuß: C, A, B
Rangskala nach effektivem Zinssatz: C, A, B

Würden z.B. nur 20 Mill. DM Kapital im Jahr 0 zur Verfügung stehen, so hätte man nach dem Kriterium KW/a_0 Projekt A, nach den Kriterien IZF und z hingegen Projekt C zu realisieren.

Nun ist klar: Soll die *Kapitalwertsumme maximiert* werden, dann kann nur das Kriterium KW/a_0 die richtige Antwort geben. Dies ist im vorliegenden Beispiel offenkundig: Nur *ein* Projekt kann bei knappen Finanzierungsmitteln realisiert werden, so daß die Kapitalwertsumme nur aus dem Kapitalwert dieses einen

Projekts besteht; den höchsten Kapitalwert erzeugt Projekt A (KW = 4,58 Mill. DM).

Man kann allerdings noch überlegen, wie die beiden anderen Methoden modifiziert werden müssen, damit man auf das gleiche Ergebnis geführt wird wie mit Hilfe des Kriteriums KW/a_0. Hierbei ist zu beachten: Der IZF ist nur ein Spezialfall von z; es genügt daher, wenn wir uns ausschließlich mit dem Kriterium z beschäftigen.

Der grundlegende "Fehler", der bei Verwendung des effektiven Zinssatzes z als Auswahlkriterium in unserem Beispiel begangen wird, besteht in einem nicht adäquaten Vergleich von Projekten mit *unterschiedlichen Laufzeiten*. Die durchschnittliche Verzinsung von Projekt C beträgt zwar 21,4 % für die Projektlaufzeit von 2 Perioden (m); will man Projekt C aber mit Projekt A vergleichen, das eine 10-jährige Laufzeit (T) besitzt, dann ist noch zu fragen, wie sich bei Wahl von Projekt C das Kapital in den Perioden 3 bis 10 (T - m Jahre) verzinsen würde; für diese "Restlaufzeit" (T - m) gilt ein Zinssatz in Höhe von r.

Welche Höhe hat der effektive Zinssatz (z*), wenn wir die Verzinsung des Kapitals zum Zinssatz r in der Restlaufzeit berücksichtigen?

Ausgangspunkt sei Gleichung

(9A-28) $\quad a_0(1+z)^m = b \cdot \dfrac{(1+r)^m - 1}{r}$

mit deren Hilfe sich der unmodifizierte effektive Zinssatz z berechnen läßt. Bei Berücksichtigung der Verzinsung in der Restlaufzeit ist der Endwert nach m Jahren, also

$$b \cdot \dfrac{(1+r)^m - 1}{r}$$

T - m Jahre aufzuzinsen, so daß man für den effektiven Zinssatz (z*) den Ansatz

(9A-42) $\quad a_0(1+z^*)^T = b \cdot \dfrac{(1+r)^m - 1}{r} \cdot (1+r)^{T-m}$

erhält. Hiernach soll der Kapitalbetrag a_0, der zu einem - noch zu bestimmenden - Zinssatz (z*) für T Jahre angelegt würde, auf einen Endbetrag anwachsen, wie er auch vom Projekt, verbunden mit einer r-prozentigen Verzinsung der Erträge in der Restlaufzeit, erreicht wird.

Aus Gleichung (9A-42) folgt

$$(9A\text{-}43)\quad 1+z^* = \left[\frac{b}{a_0} \cdot \frac{(1+r)^m - 1}{r} \cdot (1+r)^{T-m}\right]^{\frac{1}{T}}$$

oder

$$(9A\text{-}44)\quad 1+z^* = \left(\frac{b}{a_0} \cdot \frac{1}{(1+r)^m} \cdot \frac{(1+r)^m - 1}{r}\right)^{\frac{1}{T}} (1+r)$$

oder

$$(9A\text{-}45)\quad \left(\frac{1+z^*}{1+r}\right)^T = \frac{b}{a_0} \cdot \frac{1}{(1+r)^m} \cdot \frac{(1+r)^m - 1}{r}$$

Andererseits wird der Kapitalwert pro Investitionskapitaleinheit des Projekts mit m-jähriger Laufzeit durch Gleichung

$$(9A\text{-}46)\quad \frac{KW}{a_0} = \frac{b}{a_0} \cdot \frac{(1+r)^m - 1}{r(1+r)^m} - 1$$

bzw.

$$(9A\text{-}47)\quad 1 + \frac{KW}{a_0} = \frac{b}{a_0} \cdot \frac{1}{r(1+r)^m} \cdot \frac{(1+r)^m - 1}{r}$$

bestimmt. Ein Vergleich der Gleichungen (9A-45) und (9A-47) ergibt

$$(9A\text{-}48)\quad \left(\frac{1+z^*}{1+r}\right)^T = 1 + \frac{KW}{a_0}$$

bzw.

$$(9A\text{-}48a)\quad z^* = (1+r)\left(1 + \frac{KW}{a_0}\right)^{\frac{1}{T}} - 1$$

Aus dieser Gleichung geht hervor: Bei *gegebenem Zinssatz r* (Alternativverzinsung) ist der *modifizierte effektive Zinssatz* z^* eine monoton steigende Funktion des Kapitalwertes pro Kapitaleinheit. Ist also in einem Projekt A der Kapitalwert pro Kapitaleinheit größer als der entsprechende Wert für Projekt C, dann gilt auch $z^*_A > z^*_C$. Die Ordnung der Projekte nach dem Kriterium KW/a_0 führt zum gleichen Resultat wie die Ordnung der Projekte nach dem Kriterium z^*.

Wir wollen dieses Ergebnis noch einmal mit Hilfe unseres *Beispiels 9A-3* bestätigen. Es gilt gemäß Gleichung (9A-44)

(9A-44a) $\quad z^* = \left(\dfrac{b}{a_0} \cdot \dfrac{1}{(1+r)^m} \cdot \dfrac{(1+r)^m - 1}{r} \right)^{\frac{1}{T}} (1+r) - 1$

Projekt C:

$$z^*_C = \left(\frac{b}{a_0} \cdot \frac{1}{(1+0,1)^2} \cdot \frac{(1+0,1)^2 - 1}{0,1} \right)^{\frac{1}{10}} (1+0,1) - 1$$

$$= \left(\frac{14}{20} \cdot 1,736 \right)^{\frac{1}{10}} (1+0,1) - 1$$

$$= 1,019655 \cdot 1,1 - 1 = 1,1216 - 1 = 12,16\%$$

Zum Vergleich: Der unmodifizierte effektive Zinssatz beträgt $z_C = 21,2\%$.
Projekt A:
Für dieses Projekt mit der längsten Laufzeit (T) gilt selbstverständlich

$$z^*_A = z_A = 12,4\%$$

Wegen $z^*_A = 12,4\% > z^*_C = 12,16\%$ wird, wie im Falle des Kapitalwertkriteriums, Projekt A dem Projekt C vorgezogen.
Anmerkungen:
(1) Auf dem Hintergrund dieser Überlegungen ist eine Methode zu sehen, die den IZF als eine Art *Rationierungsinstrument* verwendet. Man fragt, ob bei Verwendung eines bestimmten Zinssatzes alle Projekte mit positivem Kapitalwert bei den gegebenen finanziellen Beschränkungen verwirklicht werden können. Ist die Summe des erforderlichen Anfangskapitals noch größer als die Summe der verfügbaren Finanzierungsmittel, dann erhöht man den Zinssatz so lange, bis notwendiges Anfangskapital und verfügbare Finanzierungsmittel in Übereinstimmung gebracht sind. Der zugehörige Zinssatz ist nichts anderes als der IZF des "schlechtesten" aller akzeptierten Projekte.

Diese Methode weicht zunächst von der üblicheren Vorgehensweise ab, nach der man für alle Projekte jeweils den IZF ermittelt und die Projekte sodann nach diesem Kriterium ordnet. Die Projektauswahl ist jedoch in beiden Fällen die gleiche: Nach der "üblichen" Methode verwirft man alle Projekte mit einem IZF < IZF_{min}, wenn IZF_{min} den internen Zinsfuß des "schlechtesten" aller akzeptierten Projekte angibt. Die "Rationierungsmethode" bedeutet hingegen nichts anderes, als daß alle Projekte nicht akzeptiert werden, deren Kapitalwerte - errechnet auf der Grundlage der Diskontierungsrate IZF_{min} - negativ werden. Es ist klar, daß diese Projekte einen IZF < IZF_{min} aufweisen müssen.

(2) Es sei noch darauf hingewiesen, daß mit Hilfe des Kriteriums KW_i / a_0^i die Optimallösung verfehlt werden kann, wenn die Investitionsaufwendungen der einzelnen Projekte in Relation zu den insgesamt verfügbaren Mitteln relativ groß sind und dann möglicherweise nach Auswahl der "besten" Projekte ein großer Finanzierungsrest ungenutzt bleibt. Relativ "schlechte" Projekte (gemessen am KW_i / a_0^i) können u.U. Bestandteil der Optimallösung werden, weil sie mithelfen, den Finanzrahmen weitgehend auszuschöpfen. Mit Hilfe von *Entscheidungsbaumverfahren* lassen sich derartige Lösungen finden (MÜLLER-MERBACH, 1975, Spalte 1820).

A.2.2
Auswahl von sich gegenseitig ausschließenden Projekten

(1)   Maximierung des Ertrags bei fixen Faktormengen
Beispiel 9A-3a:
Nehmen wir an, allein die Düngemittelprojekte A und B in Beispiel 3 würden zur Diskussion stehen und sich gegenseitig ausschließen, dann ist nach dem bisher Gesagten klar: Projekt B ist vorzuziehen, weil es einen größeren Kapitalwert aufweist.

$$KW_B > KW_A$$

Zwar ist der KW pro eingesetzte Kapitaleinheit bei Projekt A größer, jedoch ist dies hier nicht entscheidend, da die Finanzierungsmittel nicht begrenzt sind. Offensichtlich wirkt sich zugunsten von Projekt B aus, daß es relativ groß ist und somit ein großer Kapitalbetrag günstiger angelegt werden kann als anderswo (zum Alternativzinssatz r).

Man demonstriert die (selbstverständlich nicht stets geltende) Überlegenheit eines größeren (B) über ein kleineres Projekt (A) häufig mit Hilfe der Konstruktion eines *hypothetischen* Projektes (B-A).

Übersicht 9A-11: Restprojekt-Methode

Jahr	Projekt A	Projekt B	Projekt B-A
0	$a_o = 20$	$a_o = 40$	$a_o = 40 - 20 = 20$
1	4	8	$8 - 4 = 4$
2	4	8	4
3	4	8	4
4	4	8	4
5	4	8	4
6	4	8	4
7	4	8	4
8	4	8	4
9	4	8	4
10	4	-	$0 - 4 = -4$
Barwert der Erlöse	24,58	46,07	21,49
KW	4,58	6,07	1,49
KW/ao	22,9%	15,2%	

Man stellt sich also vor, das größere Projekt B würde aus dem Projekt A und einem (fiktiven) Restprojekt B-A bestehen. Ist der Kapitalwert von Projekt B-A positiv, dann erwirtschaftet man mit Projekt B nicht nur den Kapitalwert des Projekts A, sondern darüber hinaus zusätzlich den Kapitalwert von B-A.

Sonstige Kriterien: Wenn KW/a_0 kein adäquates Kriterium bei der Projektwahl zur Maximierung des Ertrags bei fixen Faktormengen ist, dann gilt dies auch für den modifizierten (unterschiedliche Laufzeiten berücksichtigenden) effektiven Zinssatz z*. Der nichtmodifizierte effektive Zinssatz z ist im Grunde nur ein Spezialfall von z*, IZF ist wiederum nur ein Spezialfall von z. Auch diese Kriterien sind daher hier nicht relevant.

(2) Optimale Faktorkombination

"We may illustrate this with a forestry project in Tunisia for which the analysis is laid out in table 5-8 and figure 5-1. It is proposed to clear an area covered with maquis, a scrubby underbrush found in the Mediterranean region, at the rate of 400 hectares a year for five years in order to prepare the ground for reforestation. Two technological alternatives are available. The land can be cleared manually at a cost of $47,850 a year spread evenly over the five-year period for an undiscounted total cost of $239,250. Alternatively, tractors and clearing equipment could be purchased and the area cleared mechanically at a lower undiscounted total cost of $215,008. The mechanical clearing alternative involves a large initial capital expenditure of $90,700; after that, however, operation and maintenance costs are only some $25,000 a year.

The proper choice between these two alternatives must allow for the time value of money. If a discount rate of 10 percent is assumed, we find the mechanical alternative continues to be cheaper and has the lower present worth. At 15 percent, however, we find the manual method has the lower present worth and, hence, costs less. If we subtract year by year the cost stream of the cheaper undiscounted alternative - in this case the mechanical clearing - from the more expensive undiscounted alternative - the manual clearing - and then find the discount rate which brings the stream of the differences between the cost streams to zero we will find that discount rate at which the present worths of the two alternatives are equal (hence, the term equalizing discount rate). From an economic standpoint, at this rate we are indifferent between the alternatives. (This discount rate may also be derived graphically as illustrated in figure 5-1.) In the Tunisian example, this crossover or equalizing discount rate is 14 percent. If our opportunity cost of capital were 10 percent, we would prefer the mechanical clearing alternative assuming our criteria were based strictly on cost grounds. If the opportunity cost of capital were 15 percent, we would prefer the manual clearing alternative even though it is the more expensive in absolute (undiscounted) terms. If the opportunity cost of capital were 14 percent, we would be essentially indifferent between the alternatives.

Übersicht 9A-12: *(Table 5-8) TUNISIA: Choice between Mechanical and Manual Land Clearing Alternatives Illustrating Crossover Discount Rate* [a]

Year	Manual Clearing Alternative				
	Wages	Other Costs	Total Costs	Present Worth 10 %	Present Worth 15 %
1	$ 44,050	$ 3,800	$ 47,850		
2	44,050	3,800	47,850		
3	44,050	3,800	47,850		
4	44,050	3,800	47,850		
5	44,050	3,800	47,850		
Total	$ 220,250	$ 19,000	$ 239,250	$ 181,399	$ 160,393

Year	Mechanical Clearing Alternative				
	Equipment Cost	Operation and Maintenance	Total Costs	Present Worth 10 %	Present Worth 15 %
1	$ 90,700[b]	$ 21,586	$ 112,286	$ 102,068	$ 97,689
2	-	25,134	25,134	20,761	19,001
3	-	25,134	25,134	18,876	16,538
4	-	26,227	26,227	17,913	15,002
5	-	26,227	26,227	16,287	13,035
Total	$ 90,700	$ 124,308	$ 215,008	$ 175,905	$ 161,265

Anhang 9 A: Verfahren 273

Crossover Discount Rate			
Year	Differences between Cost Streams	Present Worth 10 %	Present Worth 15 %
1	$ -64,436	$ -58,572	$ -56,059
2	+22,716	+18,763	+17,173
3	+22,716	+17,060	+14,947
4	+21,623	+14,769	+12,368
5	+21,623	+13,428	+10,747
Total	$ +24,242	$ +5,448	$ -824

Crossover discount rate $= 10 + 5 \left(\dfrac{5,448}{6,272}\right) = 14\,\%$

$6,272 = 5,448 - (-824)$

a) All prices at market prices.
b) Tractor and clearer CIF Tunis. Taxes included.

Source: Adapted from personal communication with Mr. Hans Warfvinge, Swedish International Development Authority, December 1971.

Übersicht 9A-13: *(Figure 5-1) TUNISIA: Choice between Mechanical and Manual Land Clearing Alternatives Illustrating Graphical Derivation of Crossover Discount Rate*

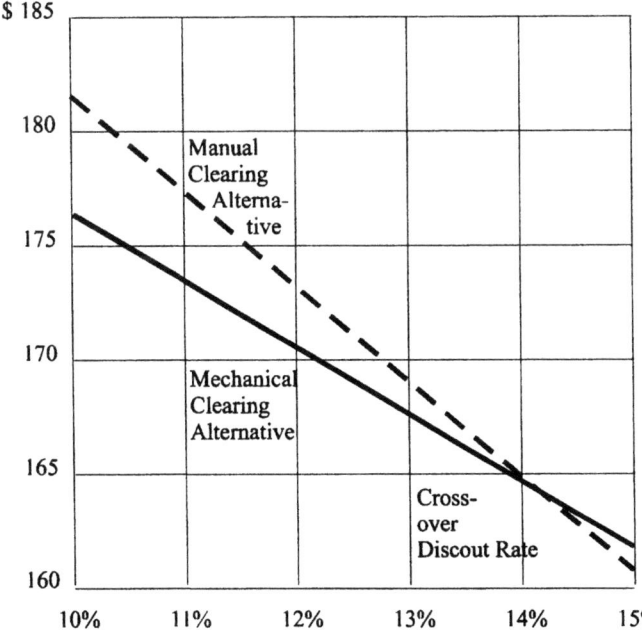

"In Tunisia, where the opportunity cost of capital is probably very little if any less than 14 percent, the manual alternative would doubtlessly be chosen if for no other reason than the employment effect it would have. Note, too, that the example uses market prices." (GITTINGER, 1982, S. 386-389).

Auch in diesem Fall ist der KW das ausschlaggebende Auswahlkriterium; denn nicht die Finanzierungssumme, sondern die Zahl der Alternativen ist begrenzt.

(3)   Optimaler Ersatzzeitpunkt
(a) Ausgangspunkt unserer Überlegungen sei die *Übersicht 9A 14* (REISCH und ZEDDIES, 1977, S. 80).

Übersicht 9A-14:   Ermittlung des optimalen Ersatzzeitpunktes einer Dauerkultur
Optimale Nutzungsdauer einer Rebanlage bei identischem Ersatz
(Anlagekosten: A = 22.400 DM; q-1 = 0,06)

Jahr	Erlöse	var. Kosten	Deckungs-beitrag	Deckungs beitrag disk.	Summe der disk. Deckungs-beiträge	Durchschn. Deckungs-beiträge
t	DM	DM	DM	DM	DM	
	1	2	3	4	5	6
0	-	-	-22.400	-22.400	-	-
1	-	1.500	-1.500	-1.415	-23.815	-25.244
2	-	800	-800	-712	-24.527	-13.377
3	5.000	2.100	2.900	2.435	-22.092	-8.265
4	10.000	3.400	6.600	5.228	-16.864	-4.867
5	15.000	4.000	11.000	8.220	-8.644	-2.052
6	15.000	4.000	11.000	7.755	-889	-181
7	15.000	4.000	11.000	7.316	6.427	1.151
.						
.						
.						
19	15.000	4.000	11.000	3.636	67.760	6.073
20	14.700	4.200	10.500	3.274	71.034	6.193
21	14.100	4.400	9.700	2.854	73.888	6.280
22	13.200	4.600	8.600	2.386	76.274	6.335
23	12.000	4.800	7.200	1.885	78.159	6.353
24	10.800	5.000	5.800	1.432	79.591	6.342
25	9.600	5.200	4.400	1.025	80.616	6.307

In der 1. Spalte werden die undiskontierten Erlöse und in der 2. Spalte die undiskontierten variablen Kosten beschrieben. Die 3. Spalte enthält, mit Ausnahme des Betrages zum Zeitpunkt t = 0, die Differenzen aus Erlösen und variablen Kosten; zum Zeitpunkt t = 0 entstehen Anlagekosten in Höhe von 22.400 DM. Spalte 3 stellt nichts anderes dar als eine Nettoertragsreihe, wie sie bisher stets als Grundlage zur Berechnung der Rentabilität eines Projekts verwendet wurde.

Spalte 4 enthält die auf den Zeitpunkt 0 diskontierten Nettoerträge. Man könnte nun, um die *Frage nach der Rentabilität des Projekts* (der Rebanalge) zu beantworten, die diskontierten Deckungsbeiträge der Spalte 4 über alle 25 Jahre (die gesamte Lebensdauer der Rebanlage) aufaddieren und erhielte den Kapitalwert. Dieser ist sicher positiv und man könnte das Projekt grundsätzlich akzeptieren. Dies ist jedoch nicht das hier zu lösende Problem. Gefragt wird vielmehr nach dem *optimalen Ersatzzeitpunkt*, d.h. nach der Nutzungsdauer von Rebanlagen, die die *Summe* der Kapitalwerte der heutigen Rebanlage und *aller zukünftigen Rebanlagen* maximiert.

Geht man von der Vorstellung aus, daß sich im Zeitablauf der Ersatz der Rebanlagen unendlich oft wiederholen kann, dann erhält man folgendes Bild:

$$
\begin{array}{cccccc}
KW_0 & KW_1 & KW_2 & KW_3 & KW_4 & \\
\hline
0 & k & 2k & 3k & 4k & \text{usw.}
\end{array} \longrightarrow t
$$

Hierin bezeichnet KW_0 den Kapitalwert der ersten, zum Zeitpunkt $t = 0$ erstellten Rebanlage. KW_1 bezeichnet entsprechend den Kapitalwert der zweiten, zum Zeitpunkt $t = k$ erstellten Rebanlage usw. Bei *identischer Ersatzbeschaffung* und *unveränderten Preisrelationen* stimmen die Kapitalwerte KW_0, KW_1, KW_2 usw. überein.

Nun wissen wir, daß man mit Hilfe der *Annuitätenmethode* jedem Gegenwartswert und damit jedem KW eine gleichförmige Reihe von jährlich anfallenden Zahlungen zuordnen kann. Bezeichnet man diese - in gleicher Höhe wiederkehrenden - Zahlungen mit b sowie den zu jedem Zeitpunkt 0, k, 2k, 3k, usw. gehörenden stets gleichen Kapitalwert mit KW, dann gilt

(9A-49) $\quad b = KW \cdot \dfrac{r(1+r)^k}{(1+r)^k - 1}$

Die Erträge aller identisch wiederholten Rebanlagen lassen sich auch als ewige Rente auffassen, die jährlich in Höhe von b anfällt. Der Kapitalwert (S), der aus der Summe der identisch wiederholten Rebanlagen resultiert, ergibt sich dann aus

(9A-50) $\quad S = b \cdot \dfrac{1}{r}$

Hiernach wird *S genau dann ein Maximum erreichen, wenn auch b maximal ist*. Damit ist unsere Aufgabe klar umrissen: Wir haben den Ersatzzeitpunkt zu finden, bei dem b maximal wird.

Dieser Aufgabe wird Übersicht 9A-14 gerecht; zu betrachten sind die letzten beiden Spalten.

(aa) Bei einer extrem kurzen Nutzungsdauer von *einem* Jahr (k = 1) würde sich für die erste Rebanlage (und damit auch für alle anderen zukünftigen Rebanlagen) ein Kapitalwert von -23.815 ergeben. Dem entspricht bei 6 %iger Verzinsung eine (hier einmalige) "Rente" von

$$b(1) = KW(1) \cdot \frac{1}{\frac{(1+r)^k - 1}{r(1+r)^k}} = \frac{-23.815}{0,943} = -25.244$$

(ab) Bei einer Nutzungsdauer von *zwei* Jahren erhielte man einen Kapitalwert von -24.527. Dem entspricht eine (jetzt: zweimalige) Rente von

$$b(2) = \frac{-24.527}{1,833} = -13.377$$

(ac) Diese Rechnungen werden für jedes Jahr (für jede potentielle Nutzungsdauer) durchgeführt, um das größte b (t) zu finden. Das maximale b ergibt sich bei t = k = 23, d.h. die Nutzungsdauer von 23 Jahren ist optimal.

(b) Ein zweites Beispiel beschreibt *Übersicht 9A-15* (REISCH und ZEDDIES, 1977, S. 78). Während im ersten Beispiel der Ertrag *maximal* werden sollte, geht es hier um die *Minimierung der Kosten*.

Übersicht 9A-15: *Ermittlung des optimalen Ersatzzeitpunktes einer Maschine*
Optimale Nutzungsdauer eines 40-kW-Schleppers und Zeitpunkt des Ersetzens (Anschaffungspreis 25.000 DM, Reparaturen geschätzt nach SCHAEFER-KEHNERT, Wiederveräußerungswert in Anlehnung an Gebrauchtschlepperpreise)

Jahr	Wiederver- äußerungs- wert	Reparatur- kosten	Kosten im Jahr[1]	Σ der diskont. Kosten[2]	Diskont. Wieder- ver- äußerungs wert	Gesamt- kosten (Sp.4-5)	Durch- schnitts kosten[2] (Sp.6 verrentet)
t	DM	DM	DM	DM	DM	DM	DM
	1	2	3	4	5	6	7
0		25.000	25.000				
1	20.000	-	3.730	28.519	18.868	9.651	10.230
2	17.500	420	4.150	32.212	15.575	16.637	9.074
3	15.300	-	3.730	35.344	12.846	22.498	8.417
4	14.500	2.380	6.110	40.184	11.485	28.699	8.282
5	11.780	420	4.150	43.285	8.803	34.482	8.186
6	9.560	-	3.730	45.915	6.740	39.175	7.967
7	11.540	8.640	12.370	54.142	7.675	46.467	8.324
8	9.520	420	4.150	56.746	5.973	50.773	8.176
9	7.200	-	3.730	58.945	4.262	54.692	8.041
10	7.000	2.380	6.110	62.365	3.909	58.456	7.942
11	4.900	420	4.150	64.552	2.581	61.971	7.857
12	5.700	4.000	7.730	68.393	2.833	65.560	7.820
13	5.040	4.640	8.370	72.317	2.363	69.954	7.902
14	3.600	420	4.150	74.153	1.592	72.561	7.806
15	3.450	2.380	6.110	76.703	1.440	75.263	7.749
16	2.850	1.920	5.650	78.926	1.122	77.804	7.699
17	3.000	4.500	8.230	81.983	1.114	80.869	7.718
18	2.610	5.000	8.730	85.041	914	84.127	7.770
19	1.860	3.000	6.730	87.265	615	86.650	7.766
20	1.450	2.000	5.730	89.052	452	88.600	7.724

1) Reparaturkosten + 3.730 DM für Betriebsstoffe und Versicherung
2) p = 6 %

Die Vorgehensweise ist grundsätzlich die gleiche wie im ersten Beispiel. Die Gesamtkosten werden jeweils in eine Rente (hier bezeichnet als "Durchschnittskosten"; das sind die durchschnittlich *pro Jahr* - und nicht pro Stück - anfallenden Gesamtkosten) zerlegt. Es ist der Zeitpunkt zu finden, zu dem diese "Durchschnittskosten" minimal sind. (Man beachte, daß es hier auch lokale Minima gibt.). In dem stark vereinfachten Fall der Übersicht 9A-15, der technische Neuerungen nicht berücksichtigt (!), liegt die optimale Lebensdauer der Maschinen bei 16 Jahren.

Einen komprimierten Überblick über die hier insgesamt dargestellten Entscheidungsregeln der Investitionsrechnung vermittelt *Übersicht 9A-16.*

Übersicht 9A-16: Entscheidungsregeln der einzelwirtschaftlichen Projektbewertung

Entscheidungs-problem	Ziel	Entscheidungsregeln	
		Kapitalwert-methoden	Zinsfußmethoden
Rentabilität eines gegebenen Projektes	Bestimmung der Rentabilität	$KW > 0$	Es existiert genau ein r: IZF oder z
			Es existiert kein einheitliches r: Methode nicht adäquat
Auswahl von Projekten bei begrenzten Finanzierungs-mitteln	Maximierung der Summe der KW aller Einzel-projekte $\Sigma KW_i = max$	$R_i = \dfrac{KW_i}{a_i^0}$	Gleiche Laufzeit: IZF oder z Ungleiche Laufzeiten: z*
Auswahl sich gegenseitig ausschließen-der Projekte	Auswahl des Projektes mit dem höchsten KW	KW	Methode nicht adäquat

Anhang 9 B:
Finanzmathematische Grundlagen

Die finanzmathematischen Grundlagen sind unterteilt in "Zinseszinsrechnung" und "Tilgungsrechnung".

Abweichend vom Hauptteil verwenden wir hier die in der Finanzmathematik übliche Notation: "n" steht für die Anzahl der Perioden, "T" steht für den Tilgungsbetrag.

B.1
Zinseszinsrechnung

Die Zinseszinsrechnung gliedert sich in die Betrachtung einmaliger und mehrmaliger Zahlungen.

B.1.1
Einmalige Zahlung

Symbole: BW: Barwert oder Gegenwartswert
EW: Endwert oder Zukunftswert
r: Zinssatz

(1) Aufzinsung

Fragestellung: Auf welchen End- oder Zukunftswert wächst ein Anfangskapital BW (d.h. ein Kapitalbetrag BW, der zu Beginn der ersten bzw. am Ende der nullten Periode zur Verfügung steht) nach T Jahren bei einem Jahreszinssatz von r?

Dabei soll (auch im folgenden stets) die Zinsgutschrift am Periodenende erfolgen, genauso wie auch der Zukunftswert am Ende der n-ten Periode zur Verfügung steht: Berechnet wird der Endwert bei *nachschüssigem Zins*. Angenommen wird ferner, daß die Perioden gleich lang sind, was bei "Periode = Jahr" ja bereits impliziert ist.

Nach einem Jahr wächst ein Anfangskapital BW bei einem Jahreszinssatz von r auf

$$EW_1 = BW + r \cdot BW = (1+r)BW$$

Dieser Betrag steht also am Ende der ersten Periode zur Verfügung.

Nach einem weiteren Jahr wächst der Kapitalbetrag EW_1 auf

$$EW_2 = EW_1 + r \cdot EW_1 = (1+r)EW_1$$

$$= (1+r)(1+r)BW = (1+r)^2 BW$$

Daher: Nach n Jahren (bis zum Ende des n-ten Jahres) und einem Jahreszinssatz von r wächst das Anfangskapital von BW auf einen Endwert von

(9B-1) $\quad EW_n = (1+r)^n BW = BW \cdot q^n \quad \text{mit} \quad q = 1+r$

Dies ist die sog. *Aufzinsungsformel*. Man nennt q^n den *Aufzinsungsfaktor* für das Jahr n und den Zinssatz r. Die Aufzinsungsfaktoren sind tabelliert für bestimmte Jahre t = 1, ..., n und für unterschiedliche Zinssätze.

(2) Abzinsung
Fragestellung: Welcher Kapitalbetrag (BW) ist heute bei einem herrschenden Jahreszinssatz r "anzulegen", wenn in n Jahren ein Betrag von EW zur Verfügung stehen soll? Da wir wieder von nachschüssiger Zinszahlung ausgehen, muß EW wiederum am Ende des n-ten Jahres zur Verfügung stehen. Aus der Aufzinsungsformel, Gleichung (9B-1), folgt unmittelbar durch Umstellung

(9B-2) $\quad BW = EW \cdot \dfrac{1}{(1+r)^n} = EW(1+r)^{-n} = EW \cdot q^{-n}$

Dies ist die sog. *Abzinsungsformel*. Man nennt $\dfrac{1}{(1+r)^n}$ den *Abzinsungsfaktor* oder *Diskontierungsfaktor*. Abzinsungsfaktoren sind in Abhängigkeit von unterschiedlichen Zinssätzen sowie unterschiedlichen Jahren t = 1,..., n tabelliert.
Zur Charakterisierung von BW und EW sagt man auch häufig, ein Betrag in Höhe von BW heute (z.B. 1.000,- DM) sei ebensoviel "wert" wie ein Betrag EW (z.B. 1.469,33 DM), der bei einem geltenden Zinssatz r (z.B. 8%) nach n (z.B. 5) Jahren verfügbar ist.

(3) Nichtganzjährige Verzinsungsperioden
Zinssätze sind in der Regel als *Jahres*zinssätze angegeben. Andererseits gibt es aber auch Zinssätze, die für Perioden von unter einem Jahr festgesetzt sind, z.B. Halbjahreszinssätze, Monatszinssätze u.a. Es stellt sich nun die Frage, wie von einem Zinssatz für eine kürzere als eine Einjahresperiode auf den entsprechenden Jahreszins geschlossen werden kann.
Wenn m die Zahl der *Verzinsungsperioden innerhalb eines Jahres* angibt und $\bar{r}$ der einer Periode zugehörige Zinssatz ist, dann ergibt sich aus BW am Ende der Periode ein Wert von

$$EW_1^+ = BW(1+\bar{r})$$

Nach zwei Perioden

$$EW_2^+ = EW_1^+(1+\bar{r}) = BW(1+\bar{r})^2$$

Nach m gleichen Teilperioden oder einem Jahr erhält man

$$EW_m^+ = BW(1+\bar{r})^m$$

Abgesehen von der unterschiedlichen Bezeichnung, r für den Jahreszinssatz und $\bar{r}$ für den Monatszinssatz, ergibt sich der Wert eines Kapitalbetrags nach n (Jahres-)Perioden bzw. m (Teiljahres-)Perioden also nach dem gleichen Schema. Man erkennt dies bei einem Vergleich mit der Aufzinsungsformel (9B-1).

Von Interesse ist nun, ob der Jahreszinssatz bei einmaliger Zinszahlung und der auf das Jahr umgerechnete Zinssatz bei Zinszahlungen über Teilperioden übereinstimmen. Diese Fragestellung kann in mehrere Formen gekleidet werden.

Erste Fragestellung: Angenommen, die Bank sage (wieder über m gleiche Teilperioden) eine Verzinsung von $\bar{r}$ pro Periode zu. Wie groß muß dann der entsprechende Jahreszinssatz r_e sein, wenn der Bankkunde als Anleger nach einem Jahr den gleichen Endwert erhalten soll? Bei dieser Fragestellung ist der unterjährige Zins bekannt und *gefragt wird nach dem Jahreszins*.

Offenbar muß gelten

$$BW(1+\bar{r})^m = BW(1+r_e)$$

Hieraus folgt

(9B-3) $r_e = (1+\bar{r})^m - 1$ bzw. $r_e = \bar{q}^m - 1$ mit $\bar{q} = 1+\bar{r}$

r_e ist der *effektive* Jahreszinsfuß.

Da bei mehrmaliger Zinsgutschrift im Jahr auch Zinseszinsen berechnet werden, ist es klar, daß der effektive Jahreszinsfuß höher ist als das bloße m-fache des Periodenzinssatzes.

Zweite Fragestellung: Angenommen, die Bank verlange eine jährliche Verzinsung zum Satz von r. Wie groß muß dann der Periodenzinssatz (r_k) sein, damit der Zinsaufwand des Bankkunden als Kreditnehmer trotz mehrmaliger Zinszahlungen innerhalb eines Jahres nicht größer ist als bei einmaliger Zinszahlung? Bei dieser Fragestellung ist der Jahreszins bekannt und *gefragt wird nach dem unterjährigen Zins*.

Offenbar muß gelten

$$BW(1+r_k)^m = BW(1+r)$$

Hieraus folgt

(9B-4) $r_k = (1+r)^{\frac{1}{m}} - 1$ bzw. $r_k = q^{\frac{1}{m}} - 1$

r_k nennt man den *konformen* Zinsfuß.

Zur Interpretation dieses Zinssatzes ist es aufschlußreich, den linken Teil der Äquivalenzformel, aus der r_k bestimmt wurde, auszumultiplizieren.

$$BW(1+r_k)^m = \underbrace{BW}_{\text{Kreditsumme}} +$$

$$+ \underbrace{r_k BW + r_k BW \cdot (1+r_k) + r_k BW \cdot (1+r_k)^2 + \ldots + r_k BW \cdot (1+r_k)^{m-1}}_{\text{Verzinste Zinszahlungen zu m Terminen innerhalb eines Jahres}}$$

Die Zinszahlungen bei mehrmaliger Leistung an die Bank betragen $r_k \cdot BW$ *zu jedem Termin*. Da der Kreditnehmer jedoch diese Zahlungen auch anlegen könnte (bzw. die Bank diese Zahlungen zu ihrem Vorteil verwenden kann), müssen sie zu r_k verzinst werden, wenn eine Äquivalenz zur einmaligen Zinszahlung am Jahresende erreicht werden soll. Der Wert der Zinszahlungen unter dem Jahr ist also umso größer, je früher sie erfolgen.

Beispielrechnung:

Die Bankkundin erhält einen Kredit BW = 1.000,- DM zu einem Jahreszinssatz von r = 0,2 , also zu 20 Prozent. Wie hoch ist der Betrag, den sie bei vierteljährlicher Zinszahlung (also m = 4) zu zahlen bereit ist?

Aus der Formel für den konformen Zinssatz (9B-4) ergibt sich: $r_k \approx 0,047$, d.h. die vierteljährliche Zinszahlung beträgt 47,-DM.

1. Die erste Zahlung Ende März könnte sie noch über 3 (= m - 1) Dreimonatsperioden anlegen (bzw. die Bank kann damit solange wirtschaften). Das heißt, der Wert der Zahlung Ende Dezember beträgt $(1 + r_k)^3 \cdot r_k BW = 1,047^3 \cdot 47$,-DM $\approx 53,94$ DM.
2. Die zweite Zahlung Ende Juni könnte sie noch über zwei Dreimonatsperioden anlegen; ihr Wert Ende Dezember wäre dann $1,047^2 \cdot 47$,-DM $\approx 51,52$ DM.
3. Ebenso ergibt sich für die dritte Zahlung Ende September ein Endwert von 49,21 DM.
4. Die letzte Zahlung kann nicht mehr verzinst werden, hat also einen Wert von 47,- DM.

Die Summe der aufgezinsten Zinszahlungen ergibt annähernd 200,- DM, also die Summe, die die Kundin bei einmaliger Zinszahlung zum Jahresende aufbringen müßte.

(4) Gemischte Verzinsung

Es handelt sich um eine Mischung aus ganzjähriger und nichtganzjähriger Verzinsung. Die Ergebnisse aus den Abschnitten (1), "Aufzinsung", und (3), "Unterjährige Verzinsung", sind zu kombinieren.

Gesucht sei der Endwert nach n Jahren und zusätzlichen p Teilperioden. Nach wie vor sei das Jahr in m Teilperioden unterteilt. Bekannt sei auch der Jahreszinsfuß r.

1. Ansatz: Verzinsung in zwei Schritten

Zunächst wird für die n Ganzjahresperioden die einfache Endwertformel angewendet, anschließend wird dieser Endwert mit Hilfe der unterjährigen Endwertformel über p Teilperioden auf den endgültigen Endwert aufgezinst.

Erster Schritt: Anwendung der Aufzinsungsformel (9B-1).

$$EW_n = BW(1+r)^n$$

Zweiter Schritt: Verzinsung von EW_n mit dem konformen Zinsfuß.

$$EW_{np} = EW_n(1+r_k)^p$$

Daraus folgt

(9B-5) $\quad EW_{np} = BW(1+r)^n(1+r_k)^p$

Dies ist die *erste Formel für die gemischte Verzinsung*. r_k kann mit der Formel für den konformen Zinssatz (9B-4) aus r berechnet werden, wenn m bekannt ist.

2. Ansatz: Unmittelbare Anwendung der einfachen Endwertformel

Man kann den Betrag BW auch über eine gebrochene Anzahl von Jahren aufzinsen. Dabei ist n die Anzahl der ganzen Jahre, $\frac{1}{m}$ der Jahresbruchteil, den eine Periode umfaßt, $p \cdot \frac{1}{m}$ also der Jahresbruchteil, den p Perioden umfassen. Für die gesamte Verzinsungszeit ergeben sich also $n + \frac{p}{m}$ Jahre.

Beispiel: Das Kapital BW soll über zwei Jahre und neun Monate, also *zweidreiviertel* Jahre zum Jahreszinssatz r verzinst werden. Dann ist n = 2, m = 4 und p = 3. Eingesetzt in die Aufzinsungsformel (9B-1) ergibt dies

(9B-6) $\quad EW_{np} = BW(1+r)^{n+\frac{p}{m}}$

$$= BW(1+r)^n(1+r)^{\frac{p}{m}}$$

Dies ist die *zweite Formel für die gemischte Verzinsung*. Beide Ansätze lassen sich ineinander überführen, indem r_k in der Formel (9B-5) durch die rechte Seite der Formel (9B-4) ersetzt wird.

$$EW_{np} = BW(1+r)^n \left[1 + (1+r)^{\frac{1}{m}} - 1\right]^p$$

$$= BW(1+r)^n (1+r)^{\frac{p}{m}}$$

(5) Bankpraxis bei nichtganzjährigen Verzinsungsperioden

Bei nichtganzjährigen Verzinsungsperioden verwenden Banken meist den sogenannten *relativen Zinssatz*, der nicht über eine Äquivalenz zu einem Jahreszinssatz berechnet wird.

Allgemein ist der relative Zinssatz wie folgt definiert:

(9B-7) $\quad r_r = \dfrac{r}{m}$

wobei m die Zahl der gleichlangen Teilperioden eines Jahres und r den Jahreszinssatz angibt. Wie im vorangegangenen Abschnitt ist dann $\frac{1}{m}$ der Jahresbruchteil, den eine Periode umfaßt, und auf den hier der Jahreszinssatz angewendet wird. Für die Aufzinsung über eine halbes Jahr verwendet man dann beispielsweise den Faktor

$$1 + \frac{r}{2}$$

Es gilt stets (Behauptung)

$r_r > r_k \Leftrightarrow$

$\dfrac{r}{m} > (1+r)^{\frac{1}{m}} - 1 \Leftrightarrow$

$1 + \dfrac{r}{m} > (1+r)^{\frac{1}{m}}$

Dies läßt sich zeigen, wenn man $(1+r)^{\frac{1}{m}}$ in eine binomische Reihe entwickelt. Die *allgemeine Formel für die binomische Reihe* lautet in diesem Fall

(9B-8) $\quad |x| < 1, \ \alpha \in \Re \ \Rightarrow \ (1+x)^\alpha = \sum_{k=0}^{\infty} \binom{\alpha}{k} x^k$

$$\text{mit } \binom{\alpha}{k} = \prod_{\tau=1}^{k} \frac{\alpha - \tau + 1}{\tau}$$

oder bei Verwendung der finanzmathematischen Notation

$$(1+r)^{\frac{1}{m}} = \sum_{k=0}^{\alpha} \binom{1/m}{k} r^k$$

$$\text{mit } \binom{1/m}{k} = \prod_{\tau=1}^{k} \frac{\frac{1}{m} - \tau + 1}{\tau}$$

Ausmultipliziert ergibt sich für die ersten vier Summanden

(9B-9) $\quad (1+r)^{\frac{1}{m}} = 1 + \frac{r}{m} + \frac{\frac{1}{m}\left(\frac{1}{m}-1\right)}{2!} r^2 + \frac{\frac{1}{m}\left(\frac{1}{m}-1\right)\left(\frac{1}{m}-2\right)}{3!} r^3 + \ldots$

Wegen $r < 1$ ist die Summe der Glieder rechts von $\frac{r}{m}$ kleiner als Null, was man beweisen kann. Man sieht nämlich, daß
1. die Klammerausdrücke im Zähler, die "Multiplikatoren", negativ sind, da $\frac{1}{m} < 1$ für $m > 1$,
2. bei ungeraden τ (wie bspw. beim vierten Summanden mit r^3) eine gerade Anzahl negativer Multiplikatoren im Zähler steht, der Summand also positiv wird,
3. bei geraden τ (wie bspw. beim dritten Summanden mit r^2) eine ungerade Anzahl negativer Multiplikatoren im Zähler steht, der Summand also negativ wird.

Man muß und kann dann noch für den Allgemeinfall beweisen, daß bei paarweise betrachteten Summanden der negative den positiven stets (betragsmäßig) überwiegt (s. Annex 1).

Die Verwendung des relativen Zinssatzes führt also zu einem höheren Endwert als die Aufzinsung mit dem entsprechenden konformen Zinsfuß.

(6) Organisches Wachstum
Während in Abschnitt (5) der Anlage- oder Kreditbetrag nur über eine *Teilperiode* zum relativen Zinssatz verzinst wurde, soll der Gesamtzeitraum hier wieder ein Jahr betragen.

Analog zur Aufzinsungsformel (9B-1) gilt auch für eine *Verwendung des relativen Zinssatzes* bei einer Verzinsung über m gleiche (Teil-)Perioden eines Jahres

$$EW_1 = BW\left(1 + \frac{r}{m}\right)^m$$

Beispiel:
Nehmen wir an, der Kapitalbetrag BW (= 1.000,- DM) solle nur ein Jahr bei der Bank verbleiben, die Bank sage aber eine vierteljährliche Verzinsung zu (Jahreszins r = 10%), dann erhält man für den Endwert am Ende des Jahres

$$EW_1 = 1000,-DM\left(1 + \frac{0,1}{4}\right)^4 \approx 1104,-DM$$

Definieren wir eine neue Größe

$$u = \frac{m}{r}$$

dann können wir auch schreiben

$$EW_1 = BW\left(1 + \frac{1}{u}\right)^{u \cdot r}$$

oder

$$EW_1 = BW\left[\left(1 + \frac{1}{u}\right)^u\right]^r$$

Wir interessieren uns nun für den Fall, daß der Verzinsungszeitraum von einem Jahr in *unendlich viele Teilperioden* zerlegt wird, für die *jeweils der relative Zinssatz* gelten soll. Mathematisch bilden wir also den Grenzwert des obigen Ausdrucks für u gegen unendlich. Es gilt

$$\lim_{u \to \infty}\left(1 + \frac{1}{u}\right)^u = e$$

Hierin ist e = 2,71828 ... (EULERsche Zahl: Basis der natürlichen Logarithmen).
Daher kann man im Falle infinitesimal kleiner Verzinsungsperioden schreiben

(9B-10) $\quad EW_1 = BW \cdot e^r$

Man sagt, das Anfangskapital wachse organisch oder unterliege einer *Momentanverzinsung*. Bei Verwendung des relativen Zinssatzes statt des konformen Zinssatzes kommt es, wie schon oben dargelegt, also zur Begünstigung des Kapitalgebers - und das umso mehr, je kleiner die Teilperioden sind.

B.1.2
Mehrjährige Einzahlungen

(1) *Periodisch ungleichmäßige Zahlungen*
Fragestellung: Auf welchen End- oder Zukunftswert wachsen die jeweils am Ende des Jahres ("nachschüssig") erfolgten Zahlungen?
Wir gehen hier wieder von einer jährlichen Verzinsung zum Satz r aus. Es gilt für den Endwert der ersten Einzahlung (b_1)

$$EW(1) = b_1 (1+r)^{n-1}$$

b_1 fällt am Ende des (ersten) Jahres an, wird also über n - 1 Perioden verzinst. Entsprechend gilt für den Endwert der zweiten Einzahlung (b_2)

$$EW(2) = b_2 (1+r)^{n-2}$$

und für den Endwert der n-ten (letzten) Einzahlung (b_n)

$$EW(n) = b_n (1+r)^0 = b_n$$

Man erhält dann die Summe aller Endwerte (EW) aus

(9B-11) $\quad EW = \sum_{t=1}^{n} EW(t) = \sum_{t=1}^{n} b_t (1+r)^{n-t} \quad$ bzw. $\quad \sum_{t=1}^{n} b_t \cdot q^{n-t}$

EW in dieser Endwertformel gibt also den Wert des in n Jahren akkumulierten und verzinsten Kapitals zum Ende des n-ten Jahres an. Will man den Barwert (BW) dieses Kapitals errechnen, d.h. den Wert des Kapitals zum Zeitpunkt 0, dann ist EW lediglich auf diesen Zeitpunkt zu diskontieren.

$$BW = \frac{EW}{q^n} = \frac{1}{q^n} \sum_{t=1}^{n} b_t \cdot q^{n-t}$$

Durch einfache Umformung erhält man auf der rechten Seite der Gleichung einen Ausdruck, der sich leicht interpretieren läßt.

(9B-12) $$BW = \sum_{t=1}^{n} \frac{q^{n-t}}{q^n} b_t \text{ bzw. } BW = \sum_{t=1}^{n} q^{-t} b_t$$

In dieser *Barwertformel* erscheint der Barwert BW als Summe der Barwerte aller Einzahlungen von $t = 1$ bis $t = n$.

(2) Periodisch gleichmäßige Zahlungen (Rentenrechnung)
Es handelt sich um einen Sonderfall der unter (1) behandelten mehrjährigen Einzahlungen mit

$$b_1 = b_2 = \ldots = b_n = b$$

Endwertberechnung:
Die Summe

$$EW = \underbrace{b}_{\text{letzte Zahlung}} + \underbrace{b(1+r)}_{\text{vorletzte Zahlung}} + \ldots + \underbrace{b(1+r)^{n-1}}_{\text{erste Zahlung}}$$

stellt nichts anderes als eine (endliche) geometrische Reihe dar.
Diese geometrische Reihe hat n Summanden (Glieder), die eine geometrische Folge bilden. Um die Summe dieser Reihe durch eine geschlossene Formel darstellen zu können, betrachten wir neben der obigen Reihe die Reihe

$$(1+r)EW = b(1+r) + b(1+r)^2 + \ldots + b(1+r)^n$$

Die Differenz dieser beiden Reihen ergibt

$$(1+r)EW - EW = b(1+r)^n - b$$

Hieraus folgt

$$EW \cdot r = b\left[(1+r)^n - 1\right]$$

bzw.

(9B-13) $$EW = b\frac{(1+r)^n - 1}{r} \text{ bzw. } EW = b\frac{q^n - 1}{q - 1}$$

Dies ist die *Rentenendwertformel*. Eine Frage, auf die der Endwert einer Rentenzahlung Antwort geben soll, ist zum Beispiel: "Welche Summe steht einem nach n Jahren zur Verfügung, wenn bei einem Zinssatz r jährlich ein Betrag von b angelegt wird?" Die Rentenendwertformel (9B-13) gilt für sogenannte *nachschüssige* Renten, d.h. für gleichbleibende jährliche Zahlungen, die *am Ende* eines Jahres erfolgen.

Die *vorschüssige* Rentenzahlung wird nicht weiter ausgeführt - es ist hierbei lediglich zu beachten, daß alle Rentenzahlungen zu Beginn der Periode erfolgen und somit je eine Periode länger verzinst werden. So gibt es bei gleicher Periodenzahl ("n") auch *keine unverzinste Schlußzahlung* (b_n) mehr. Entsprechend ergibt sich als Endwert einer vorschüssigen Rente

$$EW^{vorschüssig} = (1+r)EW^{nachschüssig}$$

Man kann sich umgekehrt auch fragen, welche Rente einem bestimmten Endwert entspricht, oder: "Welchen Betrag muß ich bei einem gleichbleibenden Zinssatz von r jährlich sparen, wenn ich in n Jahren eine Summe von EW zur Verfügung haben will?" Die Formel zur Berechnung ergibt sich aus der Rentenendwertformel (9B-13):

(9B-14) $$b = \frac{r}{(1+r)^n - 1}EW \text{ bzw. } b = \frac{q-1}{q^n - 1}EW$$

Dies ist die *Formel mit dem Rückwärtsverteilungsfaktor*.

Analog zu oben ergibt sich die *Rentenbarwertformel* durch Umstellen aus der Rentenendwertformel (9B-13).

(9B-15) $$BW = \frac{EW}{q^n} = b\frac{q^n - 1}{q^n(q-1)}$$

Der Barwert gibt Antwort etwa auf Fragen wie: "Wieviel muß man heute zum Zinssatz r anlegen, damit man über n Jahre jedes Jahr den Betrag b erhalten kann?" oder: "Wieviel Geld brauche ich, wenn ich heute eine Schuld ablösen will, die ich sonst binnen n Jahren bei einem Kreditzinssatz von r mit einer jährlichen Ratenzahlung von b getilgt hätte?"

Exkurs: Rentenbarwertfaktor für eine "ewige" Rente.
Gefragt wird hier nach einer zeitlich unbegrenzten Rentenzahlung (b), die aus einem gegenwärtigen Betrag von BW (Barwert) geleistet werden kann. Den Zusammenhang zwischen Barwert und Rente beschreibt für *endliche*

Rentenzahlungen die Rentenbarwertformel (9B-15). Der Rentenbarwertfaktor für eine unendliche Rentenzahlung ergibt sich dann wie folgt:

$$\lim_{n \to \infty} \frac{q^n - 1}{q^n(q-1)} = \lim_{n \to \infty} \frac{1 - \frac{1}{q^n}}{q - 1} = \frac{1}{q-1} = \frac{1}{r}$$

Dies ist der Rentenbarwertfaktor für ewige Renten. Hieraus folgt unmittelbar die *Rentenbarwertformel für ewige Renten*.

(9B-16) $\quad BW = b \cdot \frac{1}{r}$

Man sagt auch häufig, BW sei durch "Kapitalisierung" von b entstanden.

Auch im Zusammenhang mit dem Barwert kann man die Fragestellung wieder umkehren: "Wie hoch muß die jährlich gleichbleibende *Annuität* (s.u.) sein, mit der ich beim (Soll-) Zinssatz von r in n Jahren einen Kredit in Höhe von BW tilge, den ich jetzt aufnehme?" oder: "Wie hoch muß beim Zinssatz r und einer Laufzeit von n Jahren die jährliche Rente sein, die mich für eine Barauszahlung in Höhe von BW jetzt sofort kompensiert?" Die Formel zur Berechnung ergibt sich aus der Rentenbarwertformel (9B-15).

(9B-17) $\quad b = \frac{q^n(q-1)}{q^n - 1} BW$

Dies ist die *Formel mit dem Kapitalwiedergewinnungsfaktor*.

B.2
Tilgungsrechnung

Erfolgt die Finanzierung einer Investition mit Fremdkapital, so stellt sich die Frage nach der Art der Rückzahlung der Kreditschuld.

B.2.1
Allgemeine Regeln

Die Rückzahlung eines Kredits kann im Laufe einer von vornherein vereinbarten Zeit und einer ebenfalls im voraus festgelegten Weise erfolgen. Der Rückzahlungsbetrag (die *Annuität*) umfaßt den *Tilgungsbetrag* sowie die *Zinsen* auf die jeweils existierende *Restschuld*.

Jahreszahlung = Zinsen (Z)
(= Annuität A) + Tilgungsbetrag (T)

Folgende Regeln sind zu beachten:
- Die *Anfangsschuld* zum Zeitpunkt 0, a_0, wird nur durch die Tilgungsbeträge T von Jahr zu Jahr verringert.
- Die *Restschuld* zu Beginn des Jahres m, also nach m - 1 Jahren, beträgt
  $a_m = a_0 - (T_1 + T_2 + ... + T_{m-1})$
  Somit gilt für m = 1 dann $a_1 = a_0$.
- Ist n die *Gesamtzahl aller Tilgungsjahre* (Laufzeit), so gilt $a_{n+1} = 0$, also
  $a_0 = T_1 + T_2 + T_3 + ... + T_{n-1} + T_n$

Ein Tilgungsplan soll den Verlauf eines Tilgungsvorgangs übersichtlich machen. Aus ihm sind für jedes Tilgungsjahr vor allem die Restschuld, Zins- und Tilgungsbetrag sowie die jährliche Gesamtzahlung für die Abwicklung der Schuld zu ersehen:

Zeit	Restschuld zu Anfang eines Jahres	Zinsen am Ende eines J.	Tilgung am Ende eines J.	Annuität

Je nachdem, wie sich diese Beträge entwickeln, unterscheidet man verschiedene Zahlungsmodi.

Der Fall, daß die *gesamte Schuld* (also Anfangsschuld + Zinszahlung) erst nach Ablauf der vereinbarten Zeit getilgt wird, soll jetzt außer acht bleiben; nach der *Endwertformel* (9B-1) ist bekannt, welcher Gesamtbetrag zurückzuzahlen ist.

Anders sehen die Fälle aus, in denen die *Restschuld stets abnimmt*. Die Zinszahlung ist recht einfach zu bestimmen, sie entfällt immer auf die (verbleibende) Restschuld. Je nachdem aber, wie sich die Annuität, also die Summe von Zinszahlung und Tilgungsbetrag, und der Tilgungsbetrag im Zeitablauf entwickeln, unterscheidet man 3 Arten von Tilgung:

a. Tilgung ist variabel	Annuität ist variabel	Tilgung in unregelmäßigen Annuitäten (oder: allgemeine Formulierung)
b. Tilgungsbetrag bleibt konstant (T = "Rate" = const.)	Annuität ist variabel	Ratentilgung
c. Tilgung ist variabel	Annuität bleibt konstant	Tilgung in gleichen Annuitäten (Annuitätentilgung)

B.2.2
Tilgung in ungleichmäßigen Annuitäten

Zeit	Restschuld zu Beginn der Periode	Zinsanteil	Tilgungsanteil	Annuität
1	$a_1 = a_0$	$Z_1 = a_0 \cdot r$	T_1	$T_1 + Z_1$
2	$a_2 = a_0 - T_1$	$Z_2 = (a_0 - T_1) \cdot r$	T_2	$T_2 + Z_2$
3	$a_3 = a_0 - T_1 - T_2$	$Z_3 = (a_0 - T_1 - T_2) \cdot r$	T_3	$T_3 + Z_3$
.				
.				
.				
n	$a_n = a_0 - \sum_{t=1}^{n-1} T_t$	$Z_n = (a_0 - \sum_{t=1}^{n-1} T_t) \cdot r$	T_n	$T_n + Z_n$

Dieser Tilgungsplan kann als allgemeine Form angesehen werden, da, wie oben erwähnt, die Zinszahlung immer auf die Restschuld angewendet wird, die sich aus Anfangsschuld abzüglich der bislang geleisteten Tilgungsbeträge zusammensetzt

(Beispiel für $t = n$: $Z_n = a_n \cdot r = (a_0 - \sum_{t=1}^{n-1} T_t) \cdot r$). Die Tilgungsbeiträge sind nicht näher definiert, es gilt zumeist: $T_1 \neq T_2 \neq T_3 \neq \ldots \neq T_n$ (d.h. die Tilgungsbeträge sind nur zufällig gleich).

Für eine variable Laufzeit kann man sich zum Beispiel vorstellen, daß die Fremdkapitalzinsen höher sind als die Eigenkapitalzinsen, d.h. Rückflüsse aus einer Investition lassen sich nicht genauso zinsbringend anlegen, wie gleichzeitig Zinsen auf das geliehene Kapital gezahlt werden müssen. Der Schuldner wird dann versuchen, so schnell wie möglich zu tilgen: Was aus dem Rückfluß einer Periode übrigbleibt, nachdem die Zinsen gezahlt wurden, wird zur Tilgung verwendet. Ziel ist also, den Rückzahlungszeitraum so kurz wie möglich zu halten (vgl. hierzu Abschnitt A.1.1(2)(b) von Anhang 9 A).

In den beiden folgenden Fällen liegt der *Rückzahlungszeitraum* fest.

B.2.3
Ratentilgung

Zeit	Restschuld zu Beginn der Periode	Zinsanteil	Tilgungs-anteil	Annuität
1	$a_1 = a_0$	$Z_1 = a_0 \cdot r$	T	$A_1 = T + Z_1 = T + a_0 \cdot r$
2	$a_2 = a_0 - T$	$Z_2 = (a_0 - T) \cdot r$	T	$A_2 = T + Z_2 = T + (a_0 - T) \cdot r$
3	$a_3 = a_0 - 2T$	$Z_3 = (a_0 - 2T) \cdot r$	T	$A_3 = T + Z_3 = T + (a_0 - 2T) \cdot r$
.				
.				
.				
n	$a_n = a_0 - (n-1)T$	$Z_n = [a_0 - (n-1)T] \cdot r$	T	$A_n = T + [a_0 - (n-1)T] \cdot r$

Es gilt:
- Die *Tilgungsbeträge bleiben konstant* (Definition der Ratentilgung).
$$T_t = T = \text{const.}$$
- Daher wird die Schuld über n Jahre durch n gleiche Tilgungsbeträge abbezahlt.
$$a_0 = n \cdot T$$
- Die Restschuld verringert sich von Periode zu Periode um den gleichen Betrag T.
$$a_t = a_{t-1} - T$$
- Daher verringert sich die Zinszahlung von Periode zu Periode um den Betrag $r \cdot T$.
$$Z_t = Z_{t-1} - T \cdot r$$
- Da der Tilgungsbetrag konstant bleibt, verringert sich die Annuität im Gleichschritt der Zinszahlung.
$$A_t = A_{t-1} - T \cdot r$$

Aus den beiden letzten Gleichungen geht hervor, daß die Zinsen und Annuitäten von Jahr zu Jahr um $r \cdot 100\%$ des konstanten Tilgungsbetrags abnehmen; "es werden Zinsen gespart".

B.2.4
Annuitätentilgung

Im Gegensatz zur Ratentilgung, bei der die Belastung des Schuldners zu Anfang der Tilgungszeit am größten und dann von Jahr zu Jahr (mit der Zinszahlung) abnimmt, soll bei der Annuitätentilgung die *jährliche Belastung (Zinszahlung + Tilgung) unverändert* bleiben.

Also: $A = Z_t + T_t = \text{const.}$

Den Tilgungsplan bei Annuitätentilgung tabellarisch darzustellen, erscheint bei den sich ergebenden abstrakten Ausdrücken relativ unübersichtlich. Deshalb

soll jede Periode einzeln berechnet werden, wobei A die gleichbleibende Annuität sei.
1. Periode t = 1:
   - Restschuld: $a_1 = a_0$
   - Zinszahlung: $Z_1 = r \cdot a_1 = r \cdot a_0$
   - Tilgungsbetrag: $T_1 = A - Z_1 = A - r \cdot a_0$
2. Periode t = 2:
   - Restschuld: $a_2 = a_1 - T_1 = a_0 - A + r \cdot a_0 = (1 + r) \cdot a_0 - A$
   - Zinszahlung: $Z_2 = r \cdot a_2 = r \cdot [(1 + r) \cdot a_0 - A]$
   - Tilgungsbetrag: $T_2 = A - Z_2 = A - r \cdot (1 + r) \cdot a_0 + r \cdot A = (1 + r) \cdot A - r \cdot (1 + r) \cdot a_0 = (1 + r)(A - r \cdot a_0)$

Da A = const., nimmt also T_2 gegenüber T_1 um den gleichen Betrag zu, um den Z_2 gegenüber Z_1 abnimmt.

3. Periode t = 3:
   - Restschuld: $a_3 = a_2 - T_2 = (1 + r) \cdot a_0 - A - (1 + r) \cdot A + r \cdot (1 + r) a_0$
     $= (1 + r) \cdot a_0 + r \cdot (1 + r) \cdot a_0 - A - (1 + r) \cdot A$
     $= (1 + r)^2 \cdot a_0 - [1 + (1 + r)] \cdot A$
   - Zinszahlung: $Z_3 = r \cdot a_3 = r \cdot (1 + r)^2 \cdot a_0 - r \cdot [1 + (1 + r)] \cdot A$
   - Tilgungsbetrag: $T_3 = A - Z_3 = A - r \cdot (1 + r)^2 \cdot a_0 + r \cdot [1 + (1 + r)] \cdot A$
     $= A \cdot [1 + r(1 + (1 + r))] - r(1 + r)^2 \cdot a_0$
     $= A \cdot (1 + r)^2 - r \cdot (1 + r)^2 \cdot a_0$
     $= (A - r \cdot a_0)(1 + r)^2$

Aus den Berechnungen ist ersichtlich, daß für den *Tilgungsbetrag in Periode t bei Annuitätentilgung* gilt

(9B-19) $\quad T_t = (1+r)^{t-1} \cdot (A - r \cdot a_0)$

$= (1+r)^{t-1} \cdot T_1$

Weiterhin gilt natürlich:

$$Z_t = A - T_t = A - (1+r)^{t-1} \cdot T_1$$

Aus der Formel (9B-19) können die Tilgungsbeträge jeder Periode berechnet werden, und da sich die Anfangsschuld aus der Summe aller Tilgungsbeträge zusammensetzt, gilt

$$a_0 = T_1 + T_1 \cdot (1+r) + \ldots + T_1 \cdot (1+r)^{n-1}$$

Dies ist wieder eine geometrische Reihe, d.h. es folgt gemäß der Rentenendwertformel (9B-13)

Anhang 9 B: Finanzmathematik

$$a_0 = T_1 \cdot \frac{(1+r)^n - 1}{r}$$

Wegen $T_1 = A - r \cdot a_0$ kann diese Gleichung umgeformt werden zu

$$a_0 = A_1 \cdot \frac{(1+r)^n - 1}{r} - r \cdot a_0 \cdot \frac{(1+r)^n - 1}{r} \Leftrightarrow$$

$$a_0 + a_0 \cdot \left((1+r)^n - 1\right) = A \cdot \frac{(1+r)^n - 1}{r} \Leftrightarrow$$

$$a_0 \cdot (1+r)^n = A \cdot \frac{(1+r)^n - 1}{r} \Leftrightarrow$$

$$a_0 = A \cdot \frac{(1+r)^n - 1}{r \cdot (1+r)^n}$$

Auflösen nach A ergibt

(9B-20) $$A = \frac{(1+r)^n \cdot r}{(1+r)^n - 1} a_0$$

Nach dieser Formel kann man A berechnen, da auf der rechten Seite nur noch bekannte Größen stehen.

Aus der Rentenendwertformel und der Annuitätenformel (9B-20) folgt

$$A = T_1 \cdot (1+r)^n$$

Die Annuitätenformel (9B-20) ist bereits bekannt: Es ist die Auflösung der Rentenbarwertformel (9B-15) nach dem konstanten Betrag b, hier A, die die Antwort auf die Frage gab: "Wie hoch muß die jährlich gleichbleibende Ratenzahlung sein, mit der man beim (Soll-) Zinssatz von r in T Jahren einen Kredit in Höhe von a_0 tilgt, der jetzt gewonnen wird?"

Die Annuitätenformel wurde aus dem Tilgungsplan abgeleitet, damit ihre Entstehung erkennbar wird und eine Interpretationshilfe zur Verfügung steht. Wenn man hingegen einen *konkreten Tilgungsplan* bei Annuitätentilgung aufstellt, ist umgekehrt vorzugehen. Man berechnet
− zunächst die Annuität mit dem Kehrwert der Rentenendwertformel,

– dann die erste Zinszahlung aus Zinssatz und Anfangsschuld, mit Hilfe derer man
– den ersten Tilgungsbetrag, also Annuität abzüglich der Zinszahlung, ausrechnen kann.

Man hat jetzt alles beisammen, um in die zweite Runde zu gehen. Die drei Beträge (Restschuld, Zinszahlung, Tilgungsbetrag) sind solange zu berechnen, bis die Restschuld zu Beginn der letzten Periode, a_n, gerade dem Tilgungsbetrag in der letzten Periode T_n entspricht.

Annex 1

Beweis zur Behauptung: Der relative Zinssatz ist größer als der konforme Zinssatz

Behauptung (s. hierzu Gleichung (9B-9)):

$$\sum_{v=2}^{\infty} \frac{\frac{1}{m} \cdot \left(\frac{1}{m}-1\right)\left(\frac{1}{m}-2\right)\cdots\left(\frac{1}{m}-v+1\right)}{n!} \cdot r^v < 0$$

Beobachtung: Für *gerade* v steht im Zähler des Bruchs eine ungerade Anzahl negativer Multiplikatoren ($\frac{1}{m}<1$), ist der Summand also negativ. Für v *ungerade* ist umgekehrt der Summand positiv.

Wenn also bewiesen wird, daß die Teilsumme jeweils zweier aufeinanderfolgender Summanden der unendlichen Reihe (v = k und v = k + 1) negativ ist (der negative Summand dem Betrage nach also stets größer ist als der positive Summand), gilt die Behauptung.

Sei o.B.d.A. k gerade und k + 1 ungerade.

$$\frac{\frac{1}{m} \cdot \left(\frac{1}{m}-1\right)\left(\frac{1}{m}-2\right)\cdots\left(\frac{1}{m}+1-k\right)}{k!} \cdot r^k + \frac{\frac{1}{m} \cdot \left(\frac{1}{m}-1\right)\left(\frac{1}{m}-2\right)\cdots\left(\frac{1}{m}+1-(k+1)\right)}{(k+1)!} \cdot r^{k+1}$$

$$= \frac{\frac{1}{m} \cdot \left(\frac{1}{m}-1\right)\cdots\left(\frac{1}{m}+1-k\right)}{k!} \cdot r^k + \frac{\frac{1}{m} \cdot \left(\frac{1}{m}-1\right)\cdots\left(\frac{1}{m}+1-k\right)\cdot\left(\frac{1}{m}+1-(k+1)\right)}{(k+1)!} \cdot r^{k+1}$$

$$= \frac{\frac{1}{m} \cdot \left(\frac{1}{m}-1\right)\cdots\left(\frac{1}{m}+1-k\right)}{k!} \cdot r^k \left[1 + \frac{\frac{1}{m}+1-(k+1)}{k+1} \cdot r\right]$$

$$= \underbrace{\frac{\frac{1}{m} \cdot \left(\frac{1}{m}-1\right)\cdots\left(\frac{1}{m}+1-k\right)}{k!} \cdot r^k}_{< 0 \text{ nach Annahme}} \cdot \underbrace{\left[1 - \frac{k-\frac{1}{m}}{k+1} \cdot r\right]}_{=: A}$$

Das Vorzeichen von A kann wie folgt bestimmt werden:

$$1 - \frac{k - \frac{1}{m}}{k+1} \cdot r = 1 - \frac{k}{k+1} \cdot r + \underbrace{\frac{1}{\underbrace{m}_{>0} \cdot \underbrace{(k+1)}_{>0}} \cdot \underbrace{r}_{>0}}_{>0} > 1 - \underbrace{\frac{k}{k+1}}_{<1} \cdot r > 0,$$

da sowohl $1 > r > 0$ als auch $1 > \frac{k}{k+1} > 0$.

Es gilt also

$$\frac{\frac{1}{m} \cdot \left(\frac{1}{m} - 1\right) \cdots \left(\frac{1}{m} + 1 - k\right)}{k!} \cdot r^k \cdot \left[1 - \frac{k - \frac{1}{m}}{k+1} \cdot r\right] < 0,$$

q.e.d.

Annex 2

Herleitung der Rentenendwertformel aus der allgemeinen Formel für die geometrische Reihe

Die allgemeine Formel für die geometrische Reihe lautet:

$$x \neq 1, \quad n \in \mathbb{N}: \quad \sum_{i=0}^{n-1} x^i = \frac{1-x^n}{1-x}$$

bzw.

$$\sum_{i=0}^{n-1} x^i = \frac{-(x^n - 1)}{-(x-1)} = \frac{x^n - 1}{x-1}$$

Im Prinzip wurde diese Formel schon oben bei der Ableitung der Rentenendwertformel bewiesen.

Die Endwertformel für periodisch ungleichmäßige Zahlungen b_t, (9B-11), lautete

$$\sum_{t=1}^{n} b_t (1+r)^{n-t}$$

Für periodisch gleichmäßige Zahlungen gilt: $\forall\, t : b_t = b$. Somit kann man umformen.

$$\sum_{t=1}^{n} b \cdot (1+r)^{n-t} = b \cdot \sum_{t=1}^{n} (1+r)^{n-t}$$

$$= b \cdot \sum_{t=1}^{n} (1+r)^n \cdot (1+r)^{-t}$$

$$= b \cdot (1+r)^n \cdot \sum_{t=1}^{n} (1+r)^{-t}$$

$$= b \cdot (1+r)^n \cdot \sum_{t=1}^{n} \left(\frac{1}{1+r}\right)^t$$

Die Summanden sind jetzt in der richtigen Form: der Ausdruck $\frac{1}{1+r}$ entspricht dem x in der Ausgangsgleichung, die Hochzahl t dem i. Jetzt müssen nur noch die Summationsgrenzen geändert werden.

$$b \cdot (1+r)^n \cdot \sum_{t=1}^{n}\left(\frac{1}{1+r}\right)^t = b \cdot (1+r)^n \cdot \sum_{t=0}^{n-1}\left(\frac{1}{1+r}\right)^{t+1}$$

$$b \cdot (1+r)^n \cdot \sum_{t=0}^{n-1}\left(\frac{1}{1+r}\right)^t \cdot \left(\frac{1}{1+r}\right)$$

$$= b \cdot (1+r)^n \cdot \left(\frac{1}{1+r}\right) \cdot \sum_{t=0}^{n-1}\left(\frac{1}{1+r}\right)^t$$

$$= b \cdot (1+r)^{n-1} \cdot \sum_{t=0}^{n-1}\left(\frac{1}{1+r}\right)^t$$

Nun sind die Summationsgrenzen richtig umgeformt, und wir können die Ausgangsformel anwenden.

$$b \cdot (1+r)^{n-1} \cdot \sum_{t=0}^{n-1}\left(\frac{1}{1+r}\right)^t = b \cdot (1+r)^{n-1} \cdot \frac{1-\left(\frac{1}{1+r}\right)^n}{1-\left(\frac{1}{1+r}\right)}$$

$$= b \cdot (1+r)^{n-1} \cdot \frac{1-\left(\frac{1}{1+r}\right)^n}{\frac{1+r-1}{1+r}}$$

$$= b \cdot (1+r)^{n-1} \cdot (1+r) \cdot \frac{1-\left(\frac{1}{1+r}\right)^n}{r}$$

$$= b \cdot \frac{(1+r)^n - 1}{r}$$

Dies ist genau die Rentenendwertformel (9B-13). Die Rentenbarwertformel läßt sich analog herleiten.

Annex 3:
Finanzmathematische Tabellen

Tabelle 1: Abzinsungsfaktoren: $(1+i)^{-t} = q^{-t}$

Tabelle 2: Barwertfaktoren: $BF(i,t) = \dfrac{(1+i)^t - 1}{(1+i)^t \cdot i} = \dfrac{q^t - 1}{q^t(q-1)}$

Tabelle 1: Abzinsungsfaktoren, Blatt 1 (1% bis 16%)

t	1%	2%	3%	4%	5%	6%	7%	8%	9%	10%	11%	12%	13%	14%	15%	16%
1	.990	.980	.971	.962	.952	.943	.935	.926	.917	.909	.901	.893	.885	.877	.870	.862
2	.980	.962	.943	.924	.907	.890	.873	.857	.842	.826	.812	.797	.783	.770	.756	.743
3	.971	.942	.915	.889	.864	.840	.816	.794	.772	.751	.731	.712	.693	.675	.657	.641
4	.961	.924	.888	.855	.823	.792	.763	.735	.709	.683	.658	.635	.614	.592	.572	.552
5	.951	.905	.863	.822	.784	.747	.713	.681	.650	.621	.594	.568	.542	.519	.497	.476
6	.942	.888	.837	.790	.746	.705	.667	.630	.596	.564	.534	.506	.480	.456	.432	.411
7	.933	.871	.813	.760	.710	.665	.622	.583	.547	.513	.482	.453	.426	.399	.376	.354
8	.924	.853	.790	.731	.677	.627	.582	.541	.502	.467	.434	.404	.376	.351	.327	.305
9	.914	.837	.766	.702	.645	.592	.544	.500	.460	.424	.391	.360	.333	.307	.285	.263
10	.905	.821	.744	.676	.614	.558	.509	.463	.423	.386	.352	.322	.294	.270	.247	.226
11	.897	.804	.723	.649	.584	.527	.475	.429	.387	.350	.317	.288	.261	.237	.215	.196
12	.887	.788	.701	.625	.557	.497	.444	.397	.356	.319	.286	.256	.231	.207	.187	.168
13	.879	.773	.681	.601	.531	.469	.415	.368	.326	.290	.258	.230	.204	.182	.162	.145
14	.870	.758	.661	.577	.505	.442	.388	.340	.299	.263	.232	.204	.181	.160	.141	.126
15	.861	.743	.642	.555	.481	.417	.362	.315	.275	.239	.209	.183	.159	.140	.123	.108
16	.853	.729	.623	.534	.458	.394	.339	.292	.252	.218	.188	.163	.142	.123	.107	.093
17	.844	.714	.605	.513	.436	.371	.316	.271	.231	.198	.170	.146	.125	.108	.093	.080
18	.836	.700	.588	.494	.416	.350	.296	.250	.213	.180	.153	.130	.111	.094	.081	.069
19	.828	.686	.570	.475	.395	.331	.277	.232	.193	.164	.137	.116	.098	.083	.070	.060
20	.820	.673	.553	.456	.377	.312	.258	.215	.179	.149	.124	.103	.087	.073	.061	.051
21	.811	.660	.538	.439	.359	.294	.242	.199	.163	.135	.112	.093	.077	.064	.053	.044
22	.803	.647	.522	.422	.342	.278	.225	.184	.150	.123	.101	.083	.068	.056	.047	.038
23	.796	.634	.507	.406	.326	.262	.211	.170	.138	.112	.090	.073	.060	.049	.040	.033
24	.788	.622	.492	.390	.310	.247	.197	.158	.127	.102	.082	.066	.053	.043	.035	.028
25	.780	.609	.477	.375	.295	.233	.185	.146	.116	.092	.074	.059	.047	.038	.030	.024
26	.772	.598	.464	.361	.281	.220	.172	.135	.106	.084	.066	.053	.042	.033	.027	.021
27	.764	.586	.450	.347	.268	.207	.161	.125	.098	.076	.060	.047	.037	.029	.023	.018
28	.757	.574	.437	.333	.255	.196	.150	.116	.089	.069	.054	.041	.032	.026	.020	.016
29	.749	.563	.424	.321	.243	.185	.141	.107	.082	.063	.048	.038	.029	.022	.017	.014
30	.742	.552	.412	.308	.231	.174	.131	.099	.076	.057	.044	.033	.026	.020	.015	.012
40	.672	.452	.307	.209	.142	.097	.067	.046	.031	.022	.015	.011	.007	.005	.004	.003
50	.608	.372	.228	.141	.087	.054	.034	.021	.014	.009	.006	.004	.002	.002	.001	.001

Tabelle 1: Abzinsungsfaktoren, Blatt 2 (16% bis 100%)

t	16%	17%	18%	19%	20%	22%	24%	26%	28%	30%	35%	40%	45%	50%	75%	100%
1	.862	.855	.847	.840	.833	.820	.806	.794	.781	.769	.741	.714	.690	.667	.571	.500
2	.743	.730	.718	.707	.694	.672	.651	.630	.611	.592	.548	.510	.475	.444	.327	.250
3	.641	.625	.609	.593	.579	.550	.524	.499	.476	.455	.407	.365	.328	.296	.187	.125
4	.552	.533	.516	.499	.482	.452	.423	.397	.373	.350	.301	.260	.227	.198	.106	.063
5	.476	.456	.437	.419	.402	.370	.341	.315	.291	.269	.223	.186	.156	.132	.061	.031
6	.411	.390	.370	.352	.335	.303	.275	.250	.227	.207	.165	.133	.107	.087	.035	.015
7	.354	.333	.314	.296	.279	.249	.222	.198	.178	.159	.123	.095	.074	.059	.020	.008
8	.305	.285	.266	.248	.233	.203	.179	.157	.139	.123	.090	.068	.051	.039	.011	.004
9	.263	.244	.225	.209	.194	.167	.145	.125	.108	.094	.067	.048	.036	.026	.007	.002
10	.226	.208	.191	.176	.162	.137	.116	.099	.085	.073	.050	.035	.024	.017	.003	.001
11	.196	.177	.162	.148	.135	.112	.095	.079	.066	.056	.037	.024	.017	.012	.002	—
12	.168	.152	.137	.124	.112	.092	.074	.062	.052	.043	.027	.018	.011	.008	.001	—
13	.145	.130	.116	.104	.093	.076	.061	.050	.040	.033	.020	.012	.008	.005	.001	—
14	.126	.111	.099	.087	.078	.062	.050	.039	.032	.025	.015	.009	.005	.003	—	—
15	.108	.095	.084	.074	.065	.050	.039	.031	.024	.020	.011	.007	.004	.002	—	—
16	.093	.081	.071	.062	.054	.042	.032	.025	.019	.015	.009	.005	.002	.002	—	—
17	.080	.070	.060	.052	.045	.034	.026	.020	.015	.012	.006	.003	.002	.001	—	—
18	.069	.059	.051	.043	.038	.028	.021	.016	.012	.009	.004	.002	.001	.001	—	—
19	.060	.051	.043	.037	.031	.023	.017	.012	.009	.007	.004	.002	.001	—	—	—
20	.051	.043	.037	.031	.026	.018	.013	.010	.007	.005	.002	.001	.001	—	—	—
21	.044	.037	.031	.026	.022	.016	.011	.008	.006	.004	.002	.001	—	—	—	—
22	.038	.031	.026	.022	.018	.012	.009	.006	.004	.003	.001	.001	—	—	—	—
23	.033	.027	.022	.018	.015	.011	.007	.005	.003	.002	.001	.001	—	—	—	—
24	.028	.024	.019	.015	.013	.008	.006	.004	.003	.002	.001	—	—	—	—	—
25	.024	.019	.016	.013	.010	.007	.004	.003	.002	.001	.001	—	—	—	—	—
26	.021	.017	.014	.011	.009	.006	.004	.002	.002	.001	—	—	—	—	—	—
27	.018	.015	.011	.009	.007	.004	.003	.002	.001	.001	—	—	—	—	—	—
28	.016	.012	.010	.008	.006	.004	.003	.002	.001	.001	—	—	—	—	—	—
29	.014	.010	.008	.006	.005	.003	.002	.001	.001	.001	—	—	—	—	—	—
30	.012	.009	.007	.006	.004	.003	.001	.001	.001	.001	—	—	—	—	—	—
40	.003	.001	.001	.001	.001	—	—	—	—	—	—	—	—	—	—	—
50	.001	.001	.001	.001	.001	—	—	—	—	—	—	—	—	—	—	—

Tabelle 2: Barwertfaktoren, Blatt 1 (1% bis 16%)

t	1%	2%	3%	4%	5%	6%	7%	8%	9%	10%	11%	12%	13%	14%	15%	16%
1	.990	.980	.971	.962	.952	.943	.935	.926	.917	.909	.901	.893	.885	.877	.870	.862
2	1.970	1.942	1.914	1.886	1.859	1.833	1.808	1.783	1.759	1.736	1.713	1.690	1.668	1.647	1.626	1.605
3	2.941	2.884	2.829	2.775	2.723	2.673	2.624	2.577	2.531	2.487	2.444	2.402	2.361	2.322	2.283	2.246
4	3.902	3.808	3.717	3.630	3.546	3.465	3.387	3.312	3.240	3.170	3.102	3.037	2.975	2.914	2.855	2.798
5	4.853	4.713	4.580	4.452	4.330	4.212	4.100	3.993	3.890	3.791	3.696	3.605	3.517	3.433	3.352	3.274
6	5.795	5.601	5.417	5.242	5.076	4.917	4.767	4.623	4.486	4.355	4.230	4.111	3.997	3.889	3.784	3.685
7	6.728	6.472	6.230	6.002	5.786	5.582	5.389	5.206	5.033	4.868	4.712	4.564	4.423	4.288	4.160	4.039
8	7.652	7.325	7.020	6.733	6.463	6.210	5.971	5.747	5.535	5.335	5.146	4.968	4.799	4.639	4.487	4.344
9	8.566	8.162	7.786	7.435	7.108	6.802	6.515	6.247	5.995	5.759	5.537	5.328	5.132	4.946	4.772	4.607
10	9.471	8.983	8.530	8.111	7.722	7.360	7.024	6.710	6.418	6.145	5.889	5.650	5.426	5.216	5.019	4.833
11	10.368	9.787	9.253	8.760	8.306	7.887	7.499	7.139	6.805	6.495	6.206	5.938	5.687	5.453	5.234	5.029
12	11.255	10.575	9.954	9.385	8.863	8.384	7.943	7.536	7.161	6.814	6.492	6.194	5.918	5.660	5.421	5.197
13	12.134	11.348	10.635	9.986	9.394	8.853	8.358	7.904	7.487	7.103	6.750	6.424	6.122	5.842	5.583	5.342
14	13.004	12.106	11.296	10.563	9.899	9.295	8.746	8.244	7.786	7.367	6.982	6.628	6.303	6.002	5.724	5.468
15	13.865	12.849	11.938	11.118	10.380	9.712	9.108	8.559	8.061	7.606	7.191	6.811	6.462	6.142	5.847	5.575
16	14.718	13.578	12.561	11.652	10.838	10.106	9.447	8.851	8.313	7.824	7.379	6.974	6.604	6.265	5.954	5.669
17	15.562	14.292	13.166	12.166	11.274	10.477	9.763	9.122	8.544	8.022	7.549	7.120	6.729	6.373	6.047	5.749
18	16.398	14.992	13.754	12.659	11.690	10.828	10.059	9.372	8.757	8.201	7.702	7.250	6.840	6.467	6.128	5.818
19	17.226	15.678	14.324	13.134	12.085	11.158	10.336	9.604	8.950	8.365	7.839	7.366	6.938	6.550	6.198	5.877
20	18.046	16.351	14.877	13.590	12.462	11.470	10.594	9.818	9.129	8.514	7.963	7.469	7.025	6.623	6.259	5.929
21	18.857	17.011	15.415	14.029	12.821	11.764	10.836	10.017	9.292	8.649	8.075	7.562	7.102	6.687	6.312	5.973
22	19.660	17.658	15.937	14.451	13.163	12.042	11.061	10.201	9.442	8.772	8.176	7.645	7.170	6.743	6.359	6.011
23	20.456	18.292	16.444	14.857	13.489	12.303	11.272	10.371	9.580	8.883	8.266	7.718	7.230	6.792	6.399	6.044
24	21.243	18.914	16.936	15.247	13.799	12.550	11.469	10.529	9.707	8.985	8.348	7.784	7.283	6.835	6.434	6.073
25	22.023	19.523	17.413	15.622	14.094	12.783	11.654	10.675	9.823	9.077	8.422	7.843	7.330	6.873	6.464	6.097
26	22.795	20.121	17.877	15.983	14.375	13.003	11.826	10.810	9.929	9.161	8.488	7.896	7.372	6.906	6.491	6.118
27	23.560	20.707	18.327	16.330	14.643	13.211	11.987	10.935	10.027	9.237	8.548	7.943	7.409	6.935	6.514	6.136
28	24.316	21.281	18.764	16.663	14.898	13.406	12.137	11.051	10.116	9.307	8.602	7.984	7.441	6.961	6.534	6.152
29	25.066	21.844	19.188	16.984	15.141	13.591	12.278	11.158	10.198	9.370	8.650	8.022	7.470	6.983	6.551	6.166
30	25.808	22.396	19.600	17.292	15.372	13.765	12.409	11.258	10.274	9.427	8.694	8.055	7.496	7.003	6.566	6.177
40	32.835	27.355	23.115	19.793	17.159	15.046	13.332	11.925	10.757	9.779	8.951	8.244	7.634	7.105	6.642	6.234
50	39.196	31.424	25.730	21.482	18.256	15.762	13.801	12.233	10.962	9.915	9.042	8.304	7.675	7.133	6.661	6.246

Anhang 9 B: Finanzmathematik

Tabelle 2: Barwertfaktoren, Blatt 2 (16% bis 100%)

t	16%	17%	18%	19%	20%	22%	24%	26%	28%	30%	35%	40%	45%	50%	75%	100%
1	.862	.855	.847	.840	.833	.820	.806	.794	.781	.769	.741	.714	.690	.667	.571	.500
2	1.605	1.585	1.566	1.547	1.528	1.492	1.457	1.424	1.392	1.361	1.289	1.224	1.165	1.111	.898	.750
3	2.246	2.210	2.174	2.140	2.106	2.042	1.981	1.923	1.868	1.816	1.696	1.589	1.493	1.407	1.085	.875
4	2.798	2.743	2.690	2.639	2.589	2.494	2.404	2.320	2.241	2.166	1.997	1.849	1.720	1.605	1.191	.938
5	3.274	3.199	3.127	3.058	2.991	2.864	2.745	2.635	2.532	2.436	2.220	2.035	1.876	1.737	1.252	.969
6	3.685	3.589	3.498	3.410	3.326	3.167	3.020	2.885	2.759	2.643	2.385	2.168	1.983	1.824	1.287	.984
7	4.039	3.922	3.812	3.706	3.605	3.416	3.242	3.083	2.937	2.802	2.508	2.263	2.057	1.883	1.307	.992
8	4.344	4.207	4.078	3.954	3.837	3.619	3.421	3.241	3.076	2.925	2.598	2.331	2.108	1.922	1.318	.996
9	4.607	4.451	4.303	4.163	4.031	3.786	3.566	3.366	3.184	3.019	2.665	2.379	2.144	1.948	1.325	.998
10	4.833	4.659	4.494	4.339	4.192	3.923	3.682	3.465	3.269	3.092	2.715	2.414	2.168	1.965	1.328	.999
11	5.029	4.836	4.656	4.487	4.327	4.035	3.777	3.544	3.335	3.147	2.752	2.438	2.185	1.977	1.330	1.000
12	5.197	4.988	4.793	4.611	4.439	4.127	3.851	3.606	3.387	3.190	2.779	2.456	2.196	1.985	1.331	1.000
13	5.342	5.118	4.910	4.715	4.533	4.203	3.912	3.656	3.427	3.223	2.799	2.468	2.204	1.990	1.332	1.000
14	5.468	5.229	5.008	4.802	4.611	4.265	3.962	3.695	3.459	3.249	2.814	2.477	2.210	1.993	1.333	1.000
15	5.575	5.324	5.092	4.876	4.675	4.315	4.001	3.726	3.483	3.268	2.825	2.484	2.214	1.995	1.333	1.000
16	5.669	5.405	5.162	4.938	4.730	4.357	4.033	3.751	3.503	3.283	2.834	2.489	2.216	1.997	1.333	1.000
17	5.749	5.475	5.222	4.990	4.775	4.391	4.059	3.771	3.518	3.295	2.840	2.492	2.218	1.998	1.333	1.000
18	5.818	5.534	5.273	5.033	4.812	4.419	4.080	3.786	3.529	3.304	2.844	2.494	2.219	1.999	1.333	—
19	5.877	5.585	5.316	5.070	4.844	4.442	4.097	3.799	3.539	3.311	2.848	2.496	2.220	1.999	1.333	—
20	5.929	5.628	5.353	5.101	4.870	4.460	4.110	3.808	3.546	3.316	2.850	2.497	2.220	1.999	1.333	—
21	5.973	5.665	5.384	5.127	4.891	4.476	4.121	3.816	3.551	3.320	2.852	2.498	2.221	2.000	1.333	—
22	6.011	5.696	5.410	5.149	4.909	4.488	4.130	3.822	3.556	3.323	2.853	2.498	2.222	2.000	1.333	—
23	6.044	5.723	5.432	5.167	4.925	4.499	4.137	3.827	3.559	3.325	2.854	2.499	2.222	2.000	1.333	—
24	6.073	5.747	5.451	5.182	4.937	4.507	4.143	3.831	3.562	3.327	2.855	2.499	2.222	2.000	1.333	—
25	6.097	5.766	5.467	5.195	4.948	4.514	4.147	3.834	3.564	3.329	2.856	2.499	2.222	2.000	1.333	—
26	6.118	5.783	5.480	5.206	4.956	4.520	4.151	3.837	3.566	3.330	2.856	2.500	2.222	2.000	1.333	1.000
27	6.136	5.798	5.492	5.215	4.964	4.524	4.154	3.839	3.567	3.331	2.856	2.500	2.222	2.000	1.333	1.000
28	6.152	5.810	5.502	5.223	4.970	4.528	4.157	3.840	3.568	3.331	2.856	2.500	2.222	2.000	1.333	—
29	6.166	5.820	5.510	5.229	4.975	4.531	4.159	3.841	3.569	3.332	2.856	2.500	2.222	2.000	1.333	—
30	6.177	5.829	5.517	5.235	4.979	4.534	4.160	3.842	3.569	3.332	2.856	2.500	2.222	2.000	1.333	—
40	6.234	5.871	5.548	5.258	4.997	4.544	4.166	3.846	3.571	3.333	2.856	2.500	2.222	2.000	—	—
50	6.246	5.880	5.554	5.262	4.999	4.545	4.167	3.846	3.571	3.333	2.856	2.500	2.222	2.000	—	—

10 Tarifanalyse

Die bisherige Vorgehensweise bestand in der Ermittlung des Kapitalwertes oder des internen Zinsfußes auf der Grundlage von Kosten- und Ertragsschätzungen. Denkbar ist auch der umgekehrte Weg: Man gibt einen festen Kapitalwert oder eine feste Kapitalverzinsung als Zielgröße vor und fragt nach der erforderlichen Höhe einer ins Gewicht fallenden Ertrags- oder Kostenkomponente, die Entscheidungsparameter des Projektträgers ist.

Hier sei angenommen, in einem Projekt werde nur ein Produkt erzeugt, der Produktpreis sei frei wählbar und die Zielverzinsung (r) sei vorgegeben. Nimmt man - wie allgemein üblich - weiterhin an, mit der *Zielverzinsung* sei eine vorgegebene *interne* Verzinsung gemeint, dann ist von folgendem Ansatz auszugehen, falls Kosten und Erträge über die Zeit nicht als konstant angesehen werden können:

$$(10\text{-}1) \quad \sum_{t=1}^{n} \frac{p \cdot x_t}{(1+r)^t} - \sum_{t=1}^{n} \frac{c_t}{(1+r)^t} - a_0 = 0$$

p : Produktpreis (Entscheidungsparameter)
x_t : Physischer Ertrag der Periode t
c_t : Kosten (Wertgröße) der Periode t

(Zum Vergleich und zur Erinnerung: Die Nettoeinzahlungsüberschüsse ("Nettoerträge"), die wir mit b_t bezeichnet haben, betragen $b_t = p \cdot x_t - c_t$).

Gleichung (10-1) ist nach der Größe p aufzulösen.

$$(10\text{-}2) \quad p = \frac{\sum_{t=1}^{n} \frac{c_t}{(1+r)^t} + a_0}{\sum_{t=1}^{n} \frac{x_t}{(1+r)^t}}$$

Man beachte, daß im Zähler der rechten Seite von Gleichung (10-2) monetäre Größen (c_t), im Nenner hingegen physische Größen (x_t) diskontiert werden. Dividiert man den Zähler durch den Nenner, dann ergibt sich ein Wert mit der Dimension DM/Mengeneinheit; dies ist genau die Dimension des Produktpreises.

Man muß zur Ermittlung des unbekannten Preises p nicht notwendigerweise von einer Zielverzinsung in Form eines vorgegebenen *internen Zinsfußes* ausgehen. Möglich ist auch die Verwendung des *effektiven Zinsfußes* (vgl. Anhang 9.A); vorzugeben ist dann neben dem effektiven Zinsfuß selbst auch die Alternativverzinsung. Hierauf sei hier nicht näher eingegangen.

Bei Verwendung eines dynamischen Investitionskriteriums wie dem des internen Zinsfußes spricht man von *"dynamischer Tarifanalyse"*. Wird hingegen auf die (statischen) Einfachverfahren des Abschnitts 9.4 zurückgegriffen, nennt man die Tarifanalyse *"statisch"*. So kann man z.B. danach fragen, wie hoch der Produktpreis sein muß, damit sich Kosten und Erträge gerade ausgleichen, der Gewinn also den Wert Null annimmt. Bei *Infrastrukturprojekten* ist es eine vielgeübte Praxis, die Preise (Tarife) so zu setzen, daß das Projekt nicht illiquide wird. Soweit, wie ebenfalls häufig praktiziert, nur eine Deckung der laufenden Betriebskosten angestrebt wird, sind notwendig werdende Reinvestitionen durch staatliche Zuschüsse zu finanzieren (nicht selten bei "sozialen Zwecken" dienenden Infrastrukturprojekten).

11 Einzelwirtschaftliche Konsistenzplanung: Finanzierungsrechnung und Kreditwürdigkeitsprüfung

(1) Wir wissen bereits aus Abschnitt 7.4(4), daß die Existenz eines Finanzplanes eine Voraussetzung für die Erstellung eines vollständigen Cash-Flow-Kontos ist. Mit Position 2 auf der Auszahlungsseite und Position 3 auf der Einzahlungsseite wird der Finanzplan in das Cash-Flow-Konto integriert (vgl. Abschnitt 7.3, *Übersicht 7-1*). Wir widmen dem Finanzplan hier einen besonderen Abschnitt, um zu betonen, daß bei der Projektplanung nicht nur auf die Bedingung einer hinreichenden *Rentabilität* zu achten ist. Die ökonomische Lebensfähigkeit einer Unternehmung kann nur dann als gewährleistet angesehen werden, wenn sie auch stets ihren Zahlungsverpflichtungen nachkommen kann (Bedingung einer hinreichenden *Liquidität*).

(2) Es gibt unterschiedliche *Verfahren* zur Konstruktion eines Finanzplans. Ein einfacher und zweckmäßiger Ausgangspunkt ist die Gesamtheit der prognostizierten Cash-Flow-Konten *ohne* die Finanzpositionen ("Kapitaldienst" und "Zufluß von Krediten"). Durch Kumulation der sich daraus ergebenden jährlichen Einzahlungs- bzw. Auszahlungsüberschüsse über die Zeit lassen sich dann für jedes Jahr die Finanzierungsdefizite oder -überschüsse ermitteln (*dynamisches* Verfahren). Diese bilden die Grundlage zur Planung von Einzahlungen in Form von Eigen- und Fremdkapital (zur "Deckung" der Defizite) sowie zur Planung des Kapitaldienstes (Verwendung von Überschüssen zur Tilgung und Zahlung von Schuldzinsen).

(3) Finanzierungsrechnungen werden noch häufiger als Rentabilitätsrechnungen mit *Risiko*überlegungen verknüpft. Leitgedanke ist, daß eine Unternehmung auch bei Eintritt sehr widriger Umstände in der Lage sein soll, ihren Zahlungsverpflichtungen nachzukommen. Dies ist nicht zuletzt eine Forderung der Kreditgeber (Prüfung auf *Kreditwürdigkeit*).

In der Praxis werden u.a. folgende einfache (*statische*) Prüfkriterien verwendet:

$$(11\text{-}1) \quad \text{Liquiditätsgrad (current ratio)} = \frac{\text{Bruttoumlaufvermögen (current assets)}}{\text{Verbindlichkeiten (current liabilities)}}$$

$$(11\text{-}2) \quad \text{Verschuldungskoeffizient (debt-equity-ratio)} = \frac{\text{Fremdkapital (long-term liabilities)}}{\text{Eigenkapital + Fremdkapital (equity)}}$$

$$(11\text{-}3) \quad \text{Schuldendienstquote (debt service ratio)} = \frac{\text{Gewinn + Abschreibung + Schuldzinsen}}{\text{Tilgung + Schuldzinsen}}$$

Wir müssen zur Interpretation wiederum auf die einführende Literatur zur Betriebswirtschaftslehre verweisen (z.B. WÖHE, 1996). Anzumerken ist, daß die Kriterien (11-1) und (11-2) auf Informationen beruhen, die *Bilanzen* (balance sheet) zu entnehmen sind; Kriterium (11-3) stützt sich hingegen auf Informationen aus G+V- (Gewinn, Abschreibungen, Schuldzinsen) und Finanzierungsrechnungen (Tilgung).

Literaturverzeichnis zu Teil II

ASIAN DEVELOPMENT BANK (1983): A Guide to the Economic Appraisal of Projects in Developing Countries, London

BLOHM, H., LÜDER, K. (1991): Investition. Schwachstellen im Investitionsbereich des Industriebetriebes und Wege zu ihrer Beseitigung, 7. Auflage, München

BRENT, R.J. (1990): Project Appraisal for Developing Countries, New York u.a.O.

BRIDGER, G.A. und WINPENNY, J.T. (1983): Planning Development Projects. A Practical Guide to the Choice and Appraisal of Public Sector Investments (Overseas Development Administration), London

CLIFTON, D.S. und FYFFE, D.E. (1977): Project Feasibility Analysis. A Guide to Profitable New Ventures, New York u.a.O.

CURRY, S., WEISS, J. (1993): Project Analysis in Developing Countries, New York

DÄUMLER, K.-D. (1984): Unterjährige Zinsperioden - Finanzmathematisches Tabellenwerk, Berlin

GANS, O. (1990): Schwerpunkte der Projekt- und Programmplanung: Betriebswirtschaftliche ("Financial") und volkswirtschaftliche ("Economic") Investitionsrechnung, in: GANS, O. und EVERS I. (Hrsg.): Handbuch der volkswirtschaftlichen Beratung, Band I (C.IV), Baden-Baden

GANS, O. (1990): Dynamische Verfahren der Investitionsrechnung, in: GANS, O. und EVERS I. (Hrsg.): Handbuch der volkswirtschaftlichen Beratung, Band II (AH 16), Baden-Baden

GITTINGER, J.P. (1982): Economic Analysis of Agricultural Projects, Baltimore u.a.O.

IHRIG, H., PFLAUMEN, P. (1997): Finanzmathematik, 5. Auflage, München

IRVIN, G. (1978): Modern Cost-Benefit Methods. An Introduction to Financial, Economic and Social Appraisal of Development Projects, London u.a.O.

KRUSCHWITZ, L. (1995): Investitionsrechnung, 6. Auflage, Berlin u.a.O.

KUYVENHOVEN, A., MENNES, L.B.M. (1985): Guidelines for Project Appraisal. An Introduction to the Principles of Financial, Economic and Social Cost-Benefit Analysis for Developing Countries, The Hague

LAL, D. (1974): Methods of Project Analysis: A Review, World Bank Staff Occasional Papers No. 16, Washington

MÜLLER-MERBACH, H. (1975): Heuristische und Entscheidungsbaumverfahren, in: Handwörterbuch der Betriebswirtschaftslehre, Stuttgart

REISCH, E., ZEDDIES, J. (1977): Einführung in die landwirtschaftliche Betriebslehre, Bd. 2: Spezieller Teil, Stuttgart

SCHMIDT, R.H., TERBERGER, E. (1996): Grundzüge der Investitions- und Finanzierungstheorie, 3. Auflage, Wiesbaden

UNIDO (1978): Guide to Practical Project Appraisal. Social Benefit-Cost-Analysis in Developing Countries, New York

UNIDO (1978): Manual for the Preparation of Industrial Feasibility Studies, New York

UNIDO (1983): Feasibility-Studien für Industrieprojekte, Wien

WÖHE, G. (1996): Einführung in die allgemeine Betriebswirtschaftslehre, 19. Auflage, München

Index zu Teil II

Abschreibungen 202, 204, 206, 209, 213, 227
– kalkulatorische 202
Abzinsungsformel 280
Administrative overhead costs *Siehe* Verwaltungsgemeinkosten
Alternativkosten *Siehe* Opportunitätskosten
Anfangsauszahlung 222
Anfangskapital 240, 242, 256, 279, 280, 287
Anlageinvestitionen 204, 208
Anlagevermögen 210
Annuitäten 221f., 244f., 291ff.
Annuitätenfaktor 222, 244
Annuitätenmethode 221, 253, 275
Annuitätentilgung 244, 291ff.
Aufwand 200, 202, 204ff., 233
– neutraler 202f.
Aufwendungen 202
– außerordentliche 202
Aufzinsung 241, 279, 283ff.
Aufzinsungsfaktor 280
– realer 235
Aufzinsungsformel 280ff., 286
Auszahlungen 195, 199f., 203ff., 209, 212ff., 221, 225, 240, 242, 245ff., 271
Auszahlungsüberschuß 204, 208

Balance sheet *Siehe* Bilanz
Barwert 220ff., 235, 279, 287ff.
Barwertfaktoren 249
Betriebsabrechnung 202
Betriebserfolg 201f.
Betriebsergebnisrechnung 200
Betriebskosten 204f., 208ff., 227
– laufende 208ff., 227
Betriebsstoffe 205
Betriebswirtschaftslehre 203, 310
Bezugszeitpunkt 200
Bilanz 231, 310
Binomische Reihe 284
Break-even-Analyse 234
Bruttoauszahlungen 207
Bruttoeinzahlungen 207
Buchzinsen 202

Cash Flow
– diskontierter 243
Cash-Flow-Konto 207f., 212
Cash-Flow-Rechnung 203, 207, 213
Coefficient of turnover *Siehe* Umschlagskoeffizient
Contingencies
– physical 213
Contingency allowances 213
Current assets *Siehe* Umlaufvermögen

Desinvestition 257
Desinvestitionskriterium 226
Desinvestitionsprojekte 258
Desinvestitionstyp 265
– reiner 223
Diskontierungsfaktoren 243
Diskontierungsrate 207
Diskontierungsverfahren 227

Effizienzkriterien
– einfache 232
Eigenkapitalrentabilität 228ff.
Eigenkapitalzinssatz 218f., 243
Eigenverbrauch 203
Einzahlungen 195
Einzahlungsüberschuß 204, 218, 220, 225
Endwert 241, 247ff., 267, 279ff.
Endwertbetrachtung 243
Endwertformel 283, 287, 291, 299
Entwicklungsplanung 239
Ersatzzeitpunkt
– optimaler 227, 274, 277
Ertrag
– neutraler 202
Erträge 195, 202f., 223ff.
– außerordentliche 202
– betriebsfremde 202
– periodenfremde 202
Ertrags-Kosten-Relationen 225
Ertragsschätzung 209
Ertragsteuern 213
Ertragswert 244
Erwartungswert 232f.

Factory costs *Siehe* Herstellkosten

Faktorkombination
- optimale 227
Feasibility-Studie 195f., 210, 212
Finanzbuchhaltung 202
Finanzierung 203, 218, 219, 222, 228, 229, 231, 241, 243, 290, 257, 310
- gemischte 212, 218ff.
Finanzierungsplan 212
Finanzierungsrechnung 237, 309
First year of return criterion 227
Fixed investment Siehe Anlagevermögen
Fixed investment costs Siehe Ausgaben für Anlagevermögen
Forderungsabgang 205
Forderungsbestand 211
Forderungszugang 205
Fremdkapital 202, 206, 219f., 228f., 243, 245, 290, 310
Fremdkapitalzinssatz 219, 229

Gesamterfolg 201
Gesamtkapitalrentabilität 228f.
Gesamtkosten
- totale 240
- variable 240
Gewinn 200, 203ff., 213, 229, 231f., 308, 310
Gewinn- und Verlustrechnung 200, 203

Halb- und Fertigfabrikate 205
Herstellkosten 210
Hilfsstoffe 205

Industrie-Kontenrahmen 209
Inflation 213, 223, 235, 236
Infrastrukturprojekte 308
Internal rate of return Siehe interner Zinsfuß
Interne Zinsfußmethode 217, 222, 249
Investitionsbegriff
- betriebswirtschaftlicher 207
Investitionskosten 209ff, 225f.
Investitionskriterium 226, 239
Investitionsprojekte 258
Investitionsrechnung 197, 202f., 215, 217, 239
- betriebswirtschaftliche 195
- dynamische Verfahren 239
Investitionstyp 239, 260ff.
- reiner 223

Jahreszinsfuß
- effektiver 281
Joint costs 229, 230

Kapital
- ausländisches 197

Kapitaldienst 204, 208, 309
Kapitalkosten 222, 223, 228
Kapitalwert 200, 217ff., 230ff., 242ff., 253ff., 261ff., 275ff., 307
Kapitalwertmaximierung 217
Kapitalwertmethode 217, 218, 239, 241
Kapitalwiedergewinnungsfaktor 290
Kosten 195, 201, 202
- betriebsfremde 202
- fixe 201, 234, 240
- kalkulatorische 202
- Minimierung 276
- periodenfremde 202
Kostenartenrechnung 209
Kostenrechnung 202, 203
Kostensteuern 204, 208
Kreditlaufzeit 219f., 243, 246
Kreditwürdigkeitsprüfung 309

Lagerbestandsveränderungen 208
Leverage-Effekt 229
Liquidationszeitpunkt 199
Liquidität 207, 309

Marginal efficiency of capital Siehe interner Zinsfuß
Momentanverzinsung 287

Net income statement Siehe Gewinn- und Verlustrechnung
Nettoeinzahlungen
- ungleichmäßige 254
Nettoerträge 220f., 227, 241f., 245, 252, 307
NEWTONsche Formel 254f,

Operating costs Siehe Laufende Betriebskosten
Operation ratio 232
Opportunitätskosten 201, 222, 230, 257
Opportunitätskosten des Kapitals 203, 218, 222, 248

Pay-back-Periode 234
Periodenerfolg 199
Preisänderungen
- relative 236
Preproduction capital expenditure 210
Projektauswahl 224, 266, 270
Projektbeginn
- optimaler 227
Projektbewertung
- betriebswirtschaftliche 195
Projekte
- begrenzte Finanzierungsmittel 224
- sich gegenseitig ausschließende 224, 226

Projektlaufzeit 219f., 243ff., 256
Projektplanung
- landwirtschaftliche 203
Prüfkriterien
- einfache 205

Rechnungswesen 195, 230
Reinvestitionen 224, 308
Rentabilität 197ff., 217, 227, 228, 243, 278, 309
Rentabilitätskriterien
- einfache 231
Rentabilitätsmaße
- alternative 217, 228
Rente
- ewige 275, 290
- nachschüssige 242, 289
Rentenendwertfaktoren
- nachschüssige 242
Rentenrechnung 243, 288
Restschuld 244, 291ff.
Return on sales *Siehe* Umsatzrentabilität
Risiko 232ff., 241
Rückwärtsverteilungsfaktor 289
Rückzahlungsmodus 219, 245, 247

Sales and distribution costs *Siehe* Vertriebskosten
Sales revenues *Siehe* Verkaufserlöse
Schlußzahlung 289
Schuldzinsen 206, 219, 245, 309, 310
Sekantenverfahren 249f., 253
Selbstkosten 204, 209
Sensitivitätsanalyse 227
Sensitivitätstests 233
Separable costs-remaining benefits method 230
Simple rate of return *Siehe* Rentabilitätskriterien
Sollzinssatzmethode 239
Steuern auf den Ertrag 204, 208
Stückkosten
- variable 240
Subventionen 204, 208
Sunk costs 201

Tangentenverfahren
- NEWTONsches 253
Tarifanalyse 307
Tarife 204, 308
Tilgung 204, 206, 208, 244, 247, 291ff., 309, 310
Tilgungsplan 220, 291ff.
Tilgungsrechnung 279, 290
Total investment costs *Siehe* Investitionskosten

Totalerfolg 199, 200

Umlaufkapital 209f., 212
Umlaufvermögen 211, 309
Umsatzerlöse *Siehe* Verkäufe
Umsatzkostenverfahren 205
Umsatzrentabilität 232
Umschlagskoeffizient 211, 232
UNIDO-Manual 196, 209
Unsicherheit 232
Unternehmerlohn
- kalkulatorischer 202

Verbindlichkeiten 205, 208f., 212, 309
Vergangenheitskosten *Siehe* sunk costs
Verkäufe 204f., 208
Verkaufserlöse 209, 240
Verlust 203f., 213, 228
Vermögen 206
Vermögensendwertmethode 239
Vermögenszuwachs 242
Vertriebskosten 210
Verwaltungsgemeinkosten 210
Verzinsung
- effektive 222, 255
- gemischte 283, 284
Verzinsungsperioden
- nichtganzjährige 280
Vorleistungen 212

Wachstum
- organisches 286
Working capital *Siehe* Umlaufkapital

Zahlungen
- periodisch gleichmäßige 288
- periodisch ungleichmäßige 287
Zahlungsreihe 235, 259ff.
Zielverzinsung 307
Zinsaufwendungen 199
Zinsen 204
- kalkulatorische 202
- nachschüssige 279
Zinserträge 199, 241
Zinseszinsrechnung 279
Zinsfuß
- interner 222ff., 231, 237, 249ff., 278
- konformer 282, 283, 285
- nominaler 237
- realer 237
Zinssatz 256
- effektiver 226, 256
- nominaler 235
- realer 235, 237
- reeller 264

J.v. Hagen, A. Börsch-Supan, P.J.J. Welfens (Hrsg.)

Springers Handbuch der Volkswirtschaftslehre

Springers VWL-Handbuch stellt die wichtigsten Gebiete der Volkswirtschaftslehre vor und bietet damit Studenten, Praktikern und Wissenschaftlern umfassendes, prüfungs- und praxisrelevantes Wissen. Das Handbuch bringt dem Leser volkswirtschaftliche Fragen, Methoden und Ergebnisse sowie die Möglichkeiten und Grenzen ökonomischer Analyse nahe und zeigt zugleich, wie interessant das Fach Volkswirtschaftslehre ist.

1 Grundlagen

1996. X, 392 S. 10 Abb., 1 Tab. Brosch. DM **49,80**; öS 363,60; sFr 44,50 ISBN 3-540-61263-7

Band 1 behandelt die mikro- und makroökonomische Theorie, die neuesten Entwicklungen der Vertragstheorie, die Ökonometrie, die Industrie-, Arbeitsmarkt- und Umweltökonomik sowie die Analyse der Finanz-intermediäre.

2 Wirtschaftspolitik und Weltwirtschaft

1996. XII, 449 S. 26 Abb., 28 Tab. Brosch. DM **49,80**; öS 363,60; sFr 44,50 ISBN 3-540-61262-9

Band 2 behandelt aktuelle Fragen und alternative Konzeptionen der Wirtschafts- und Finanzpolitik, der Geld-, Sozial- und Wettbewerbspolitik und der internationalen Wirtschaftsbeziehungen. Die Darstellung wird abgerundet durch Fakten, institutionelle und wirtschaftspolitische Entwicklungen in der EG, in Japan und den USA sowie den Entwicklungs-ländern und den Transformationswirtschaften Mittel- und Osteuropas.

Preisänderungen vorbehalten.

Springer-Verlag, Postfach 31 13 40, D-10643 Berlin, Fax 0 30 / 8 27 87 - 3 01 / 4 48, e-mail: orders@springer.de   d&p.3740.MNT/SF

W. Lachmann
Volkswirtschaftslehre 1
Grundlagen
Unter Mitarbeit von E.J. Jahn
3., überarb. u. erw. Aufl. 1997. XII, 313 S. 87 Abb.,
11 Tab. Brosch. **DM 36,-**; öS 262,80; sFr 32,50
ISBN 3-540-61972-0

Dieses einführende Lehrbuch zur Volkswirtschaftslehre stellt die theoretischen Grundlagen dar und geht auf die wirtschaftspolitischen Konsequenzen zur Lösung wirtschaftlicher Probleme ein. Neuere Entwicklungen, wie die der Wirtschaftsethik, finden ebenfalls Berücksichtigung. Besonders wird im vorliegenden Buch auf den Werdegang wirtschaftswissenschaftlicher Überlegungen, Theoreme und Probleme eingegangen. Bei der Behandlung wirtschaftspolitischer Fragestellungen bietet das Buch auch umfassende analytische und theoretische Grundlagen sowohl im mikroökonomischen als auch im makroökonomischen Bereich.

Volkswirtschaftslehre 2
Anwendungen
1995. XVII, 413 S. 33 Abb. Brosch. **DM 39,80**;
öS 290,60; sFr 35,50 ISBN 3-540-58823-X

A. Heertje, H.-D. Wenzel
Grundlagen der Volkswirtschaftslehre
5., überarb. u. erw. Aufl. 1997. XVIII, 682 S. 120 Abb.,
36 Tab. (Bd. 1) Brosch. **DM 45,-**; öS 328,50;
sFr 40,50 ISBN 3-540-62952-1

Dieses einführende Lehrbuch bietet eine systematische Darstellung aller relevanten Gebiete der Volkswirtschaftslehre.

Die vorliegende fünfte Auflage ist vollständig überarbeitet und um drei Kapitel erweitert: In einem neuen einführenden Kapitel wird eine komprimierte Gesamtschau über den Gegenstand, die Probleme und die Methoden der Volkswirtschaftslehre gegeben, und ein neues zweites Kapitel resümiert die volkswirtschaftliche Ideengeschichte. Entsprechend seiner Bedeutung wurde der Teil „Internationale Wirtschaft" um ein Kapitel erweitert. Besonderes Gewicht legen die Autoren auf die Darstellung der Staatstätigkeit in marktwirtschaftlichen Ökonomien.

L. Goerke, M.J. Holler
Arbeitsmarktmodelle
1997. XII, 312 S. 48 Abb., 3 Tab. Brosch. **DM 49,90**;
öS 364,30; sFr 44,50 ISBN 3-540-62693-X

Dieses Buch führt in die Grundmodelle der Arbeitsmarkttheorie ein. Im Mittelpunkt dieses gut verständlichen Einführungslehrbuches zur Arbeitsmarkttheorie steht die Analyse der optimalen Unternehmensform, von Arbeitnehmerunternehmen, ökonomischen Gewerkschaftsmodellen und Effizienzlöhnen.

H. Tomann
Stabilitätspolitik
Theorie, Strategie und europäische Perspektive
1997. XII, 317 S. 9 Abb., 7 Tab. Brosch. **DM 49,80**;
öS 363,60; sFr 44,50 ISBN 3-540-62957-2

Dieses Lehrbuch untersucht die Implikationen einer Dominanz der Geldwertstabilisierung für alle Bereiche der Stabilitätspolitik. In die Untersuchung werden auch die stabilitätspolitischen Strategien einer künftigen Europäischen Währungsunion einbezogen.

G. Illing
Theorie der Geldpolitik
Eine spieltheoretische Einführung
1997. XV, 383 S. 73 Abb., 8 Tab. Brosch. **DM 39,90**;
öS 291,30; sFr 36,- ISBN 3-540-62716-2

Welche Anreize für inflationäre Prozesse gehen von Stabilisierungspolitik und Staatsverschuldung aus? Welche Bedeutung kommt der Unabhängigkeit von Zentralbanken zu? Das Buch vermittelt die theoretischen Modelle in intuitiver Weise und vertieft sie anhand von aktuellen Beispielen.

Preisänderungen vorbehalten.

Springer-Verlag, Postfach 31 13 40, D-10643 Berlin, Fax 0 30 / 827 87 - 3 01 / 4 48 e-mail: orders@springer.de

MIX
Papier aus verantwortungsvollen Quellen
Paper from responsible sources
FSC® C105338

If you have any concerns about our products,
you can contact us on
ProductSafety@springernature.com

In case Publisher is established outside the EU,
the EU authorized representative is:
**Springer Nature Customer Service Center GmbH
Europaplatz 3, 69115 Heidelberg, Germany**

Printed by Libri Plureos GmbH
in Hamburg, Germany